나무의 신화

이학사

나무의 신화
Mythologie des arbres

지은이/ 자크 브로스
옮긴이/ 주향은
펴낸이/ 강동권
펴낸곳/ (주) 이학사

1판 1쇄 발행/ 1998년 9월 18일
2판 1쇄 발행/ 2000년 5월 20일
3판 2쇄 발행/ 2016년 3월 15일

등록/ 1996년 2월 2일 (등록번호 제03-948호)
주소/ 서울시 종로구 율곡로 65(안국동 17-1) 우03061
전화/ 02-720-4572 · 팩스/ 02-720-4573
홈페이지/ ehaksa.kr
이메일/ ehaksa@korea.com
페이스북/ facebook.com/ehaksa · 트위터/ twitter.com/ehaksa

한국어판 ⓒ (주) 이학사, 1998. Printed in Seoul, Korea.
ISBN 978-89-6147-103-9-03210

MYTHOLOGIE DES ARBRES by Jacques Brosse
Copyright ⓒ Librairie Plon, 1989
All rights reserved.
Original edition is published by Librairie Plon.

Korean Translation Copyright ⓒ 1998 by EHAK Publishing Co., Ltd.
All rights reserved.
Korean edition is published by arrangement with Librairie Plon.

이 책의 한국어판 저작권은 Librairie Plon과 독점 계약한 (주) 이학사가 가지고 있습니다.
저작권법에 의해 한국 내에서 보호를 받는 저작물이므로 무단 전재와 무단 복제를 금합니다.

* 책값은 뒤표지에 표시되어 있습니다.

* 이 책(3판)은 2판과 본문의 내용이 동일하나 책의 제본 방식이 양장에서 무선철로 변경되어
  관련 규정에 의거, 판이 바뀌었습니다.

Mythologie des arbres

나무의 신화

자크 브로스 지음·주향은 옮김

이학사

❋ 일러두기

1. 인명, 지명 및 신화에 나오는 신의 이름은 국립국어연구원에서 편찬한 표준국어대사전의 표기를 기준으로 하였다.

2. 부호의 쓰임은 다음과 같다.
    『 』: 책의 제목
    「 」: 작품 속의 장 제목
    ( ) : 지은이의 부연 설명
     * : 옮긴이의 주

서문

태초부터 인간의 운명은 나무와 매우 밀접한 관계를 맺어 왔다. 그러나 우리는 이 둘의 관계가 갑작스럽게 단절된 이후 우리 인류에게 어떤 일이 일어났는지 묻지 않을 수 없다.

오늘날 전 세계적으로 산림들이 무분별하게 벌채되고 있으며, 인쇄되자마자 버려지는 종이의 소비량이 계속 증가하고 있다는 사실을 모르는 사람은 없다. 그러나 어느 누구도 이러한 자연의 파괴를 진지하게 생각하려고 하지 않는다는 점에 바로 문제의 심각성이 있다.

만약 살아남기를 원한다면, 우리는 너무 늦기 전에 우리가 약탈한 자연을 회복시키고, 수천 년 전의 균형과 조화를 되살려야 할 것이다.

『프랑스의 나무들-역사와 전설』에서, 필자는 고대 사회에서 나무가 얼마나 중요한 역할을 차지했었는지 말한 바 있다. 그러나 그때 언급했던 여러 예들은 광범위한 전체 중 일부에 불과했다. 30년 전부터 나무에 관해 글을 써 오면서 필자는 가능한 한 깊이 있게 조사하려고 노력했으며, 이제 독자 여러분은 이 책에서 그 결과들을 확인할 수 있을 것이다.

고대의 종교들을 연구하다 보면, 우리는 거의 모든 종교에서 그들이 신성하게 여겼던 나무에 제의祭儀를 올리고 있음을 발견할 수 있는데, 그중에서도 가장 숭배되던 나무는 우주목宇宙木이었다. 우주목은 자연적인 동시에 초자연적이며, 물질적인 동시에 추상적인 우주를 지배하고 있는 축으로 세계의 중심 기둥이다. 일반적으로 알려져 있는 신화들을 보면 우리는 매우 오래된 하나의 사실을 발견할 수 있는데, 그것은 나무들이 삼세계, 즉 땅 속 깊은 곳과 땅의 표면과 하늘을 서로 연결하는 통로로서의 특권을 부여 받았고, 그래서 특히 신의 현존을 드러내는 존재로 여겨지고 있었다는 것이다.

우주론적이고 통일적이며 결코 사라지지 않는 이런 체계는, 여러 세기와 여러 문명을 거쳐오는 동안 몇 안되는 단편들로만 남게 된 전승들을 통해 전해지고 있다. 그러나 이러한 단편들은 알아보기 어렵고 너무 무질서한 상태로 우리에게 전해지는 경우가 허다하기 때문에, 그 얽힌 타래들을 풀기 위해서는 신중함과 더불어 인내심이 요구된다.

나무의 신화를 재구성하기 위한 모든 시도에는 우선 수목학에 대한 지식이 반드시 필요함에도 불구하고, 이 학문이 불러일으키는 많은 문제들은 그것의 여러 본질과 특수성에 관한 정확한 지식에 의해서만 해결될 수 있기 때문에, 수목학은 각각 고유한 원리를 가진 별개의 여러 분야들을 다시 정리하는 이와 같은 일에는 충분치 않을지도 모른다. 그래서 필자는 감히 이런 모험을 감행하는 데 있어서 몇몇 안내자의 도움을 받았는데, 그중 첫 번째 서열에 클로드 레비-스트로스를 놓으려고 한다. 왜냐하면 이 책은 그의 "야생의 사고 pensée sauvage"로부터 근본적인 영향을 받았기 때문이다.

얼핏 사람들의 일상적인 관심들과는 거리가 먼 것처럼 보이는 우리의 탐구는 기원에 있어서 궁극적으로 레비-스트로스와 일치하고 있다. 왜냐하면 "천지 창조로부터 인간을 고립시켰던 서양의 휴머니즘은 인간에게서 보호색을 박탈해 버렸다. 그 순간부터 인간은 자신의 능력의 한계를 더 이상 알지 못하게 되고, 스스로를 파괴하기에 이르렀기"[1] 때문이다. 이제 우리는 인간을 현대 사상 대신에 자연에, 세속적인 것을 성스러운 것에, 일상적인 것을 신성한 것에 연결시켜 주는 우주적 질서를 재발견할 수 있는 기회를 갖게 되었다.

라 드비니에-르 베르디에 1985~1988

---

1) 클로드 레비-스트로스와 디디에 에리봉 『가깝고도 먼De près et loin』(Édition Odile Jacob, Paris, p.225~226)

차례

서문 5

1 제1장 대지의 한가운데서 13
이그드라실 물푸레나무 14
웁살라의 왕들로부터 크레타의 미노스까지 24
물푸레나무의 신, 포세이돈 28
세계 전역의 우주목 31
사실적 몽상 38

2 제2장 신비의 사다리 42
샤먼의 자작나무 46
성녀 브리지트와 성촉절 51
자작나무, 독버섯 그리고 소마 53
깨우침의 성스러운 무화과나무 62
아슈밧타, 거꾸로 세워진 나무 73
세피로스의 나무 76

3 제3장 신탁을 내리는 참나무 79
도도네의 성소 79
제우스 나이오스에서 크레타의 제우스까지 89
그리스와 이탈리아의 성스러운 참나무 96
유럽에서의 참나무 숭배 제의 108
드루이드 승려들의 겨우살이와 발데르 신 112

제4장 마법의 수액 — 124
- 디오니소스 단드리테스 — 129
- 의례儀禮적인 교수絞首와 풍요 — 139
- 담쟁이덩굴과 디오니소스적 광기 — 144
- 바쿠스, 포도나무의 신 — 150
- 디오니소스와 신비의 수액 — 154

제5장 나무 신의 죽음과 부활 — 160
- 성스러운 소나무의 축제들 — 162
- 아티스, 원초적 희생 — 165
- 피누스 피네아 — 172
- 마르시아스, 매달린 신 — 174
- 아도니스, 몰약沒藥 — 178
- 포이닉스, 종려나무-대추야자나무 — 187
- 오시리스의 나무들 — 192

제6장 성스러운 숲과 나무들의 영혼 — 206
- 신성한 숲 — 208
- 숲의 박해자들 — 214
- 브로셀리앙드의 숲 속에서 — 217
- 멀린, 나무 인간 — 222
- 나무들의 영혼 — 226
- 다프네, 월계수 — 229
- 레우케, 은백양 — 232
- 필뤼라, 보리수 — 233
- 피튀스, 검은 소나무 — 234
- 카뤼아, 호두나무 — 235
- 퓔리스, 편도나무 — 237
- 퀴파리소스, 실편백 — 238
- 퓌라모스와 티스베, 뽕나무 — 238
- 필레몬과 바우키스 — 240
- 살아남은 이교도들 — 245

제7장 사로잡힌 숲 252
저주 받은 사냥꾼, 성 위베르와 오리나무의 왕 260
엘프, 루틴, 코리간 268
요정들의 본성에 관하여 275
마법의 막대기, 마녀의 빗자루와 헤르메스의 지팡이 279
처녀림과 환상적 현실 289

제8장 열매, 신화 그리고 역사 306
올리브나무와 아테네의 건설 309
로마의 기원, 마르스의 무화과나무 320
헤스페리데스의 사과나무 333

제9장 에덴 동산에서 나무 십자가까지 344
타락에서 속죄로 353
이새의 나무 362
아리마태아 사람 요셉의 산사나무 363

맺음말 367
옮기고 나서 369
원주보기 373
찾아보기 412

제1장 대지의 한가운데서

　그 옛날 인간이 지구상에 모습을 드러내기 훨씬 이전, 거대한 한 그루의 나무가 하늘까지 뻗어 있었다. 우주의 축인 그 나무는 삼세계를 가로지르고 있었는데, 뿌리는 지하 깊숙이 박혀 있었고 가지들은 천상에 닿아 있었다. 땅속에서 길어 올려진 물은 수액이 되고, 태양은 잎과 꽃 그리고 열매를 생겨나게 하였다. 이 나무를 통해 하늘에서 불이 내려왔고, 나무는 구름들을 모아 엄청난 비를 내리게 하였다. 곧게 뻗은 나무는 천상과 지하의 심연 사이를 연결하고 있었고, 이로써 우주는 영원히 재생될 수 있었다. 모든 생명의 원천인 나무는 수많은 생명체들을 보호했고, 그들에게 양식을 주었다. 뱀은 나무의 뿌리를 휘감고 있었고, 새들은 가지 위에 앉아 있었다. 신들도 이 나무에서 휴식을 취하곤 했다.
　우리는 지구상의 모든 곳과 모든 전승 속에서 이 같은 우주목의 존재를 발견하게 되며, 그 자취가 사라진 곳에서조차도 한때는 우주목이 존재했으리라고 추측할 수 있다.

이그드라실, 물푸레나무

현재 전해지는 게르만의 신화에 관한 텍스트들은 중세 스칸디나비아 시인들에 의해 기록된 것으로 웅장함과 신비로움이 깃들어 있다.

스노리 스튀를뤼손은 1178년에 태어나 1241년에 사망한 아이슬란드의 정치가이자 작가로, 자신이 쓴 『에다』에서 세계의 축인 동시에 버팀목인 이그드라실이라는 거대한 물푸레나무에 관한 그 유명한 묘사를 하고 있다. 스노리의 『에다』는 1220년에서 1230년 사이에 씌어졌지만, 그보다 훨씬 이전 시대의 전승들을 반영하고 있다. 『에다』는 몇 세기에 걸쳐 구전되어 오는 동안 잊혀지기 시작한 북구 신화의 산문 요약본이다. 스노리는 자신의 조국에서뿐만 아니라 노르웨이에서도 여러 자료들을 체계적으로 수집했다.

「뵐루스파」나 여자 선지자의 예언에 등장하는 진화론적이고 종말론적인 우주의 충격적인 모습을 묘사하는 것은 『에다』가 유일하지만, 또 다른 텍스트들에서도 확인할 수 있는 이그드라실에 대한 그의 묘사는 모든 측면에서 대단히 중요하다. 그것은 우주목의 신화가 분명히 비교적 늦게 등장한 것이기는 하지만, 이 신화가 "전체적인 일관성을 가져야만 하는 무수한 종류의 성스러운 신화와 전승에 대해 통일적이며 기준이 되는 원리"[1]를 갖고 있기 때문이다.

이그드라실은 모든 나무들 중에서도 가장 크고 훌륭한 나무이다. 가지들은 온 세상 위로 뻗어 나가 하늘에 닿아 있었다. 나무에는 세계를 곧게 떠받치는 엄청나게 큰 세 개의 뿌리가 있었다. 첫 번째 뿌리는 신들의 세계인 아스가르드 안에 박혀 있었고, 두 번째 뿌리는 인류 이전에 있었던 "서리 거인"*의 집

---

* 『에다』에 의하면 최초에 세계에는 어둠과 빛만이 존재하였다. 안개로 덮인 어둠의 세계에는 하나의 샘이 있었고 여기에서 열두 개의 냇물이 흘러나왔는데, 이 냇물이 흘러가면서 얼음이 되었다. 빛의 세계에서 불어온 따뜻한 바람에 얼음이 녹으면서 증기가 위로 올라가 구름이 되고, 이 구름에서 '이미르'라는 서리 거인과 '아우둠믈라'라고 하는 암소가 태어났다.

에, 세 번째 뿌리는 죽은 자가 머무르는 곳인 니플하임(니프헬이라고도 불린다)에 닿아 있었다. 이 세 번째 뿌리 근처에서는 "대지에 물을 공급"하고 인류에게 삶의 터전을 만들어 주는 "모든 강물의 원천"인 흐베르겔미르 샘이 솟아나고 있었다. 죽은 자들이 사는 곳에서 나온 지하수에서 모든 생명이 태어나는 것이다. 여기에서 우리는 대중 신앙에서 흔히 볼 수 있는 하나의 모티브, 즉 신성한 강물에 몸을 담금으로써 수태를 하게 되는 여인들의 예를 발견할 수 있다. 두 번째 뿌리 옆에는 미미르의 샘이 흐른다. 그곳에 입술을 적시는 사람들은 지식과 지혜를 얻을 수 있지만, 명상이란 이름을 가진 샘의 주인은 그곳에 사람들이 접근하는 것을 금지하였다. 그러나 그 자신은 매일같이 샘에서 길어 올린 심오한 지식으로 가득 차 있었다.

전설에 따르면, 무지개를 의미하는 비프로스트에 의해 서로가 연결되어 있는 신들의 지하 세계와 천상 거주지에 닿는 첫 번째 뿌리 밑에는 세 번째 샘이 있었다. 세 번째 샘은 모든 샘들 가운데 가장 신성한 곳으로, 그곳은 노른느 중에서 가장 나이가 많은 우르드가 돌보고 있었다. 노른느는 오래된 법과 관습을 집행하는 자들로서 그들만이 운명을 결정할 수 있었다. 그들은 인간들의 운명뿐만 아니라 신들 자신의 운명도 결정했는데, 신들도 영원불멸할 수 없었기 때문에 그들 역시 누구나 갖고 있는 운명으로부터 벗어날 수는 없었다. 처음에는 노른느 가운데 가장 연장자이며 '운명'을 의미하는 우르드만 있었던 것 같다. 실 잣는 세 명의 여인들로 그려지는 노른느는 그리스와 로마 신화의 모에라이와 파르카에로부터 영향을 받았던 것 같다. 파르카에처럼 노른느는 차오르고, 가득 차고, 이지러지는 달의 세 가지 측면을 의미하는데, 그것은 자연의 생명에 리듬을 맞추는 것이고, 또한 인간의 삶의 세 시기인 청년기, 성년기, 노년기와도 일치하고 있다.

노른느는 물푸레나무의 가지들이 메마르거나 썩지 않도록 매일같이 우르드의 샘에서 물을 길어 올리고, 샘 주변에 있는 진흙을 파서 그것들을 물푸레나무에 뿌렸다. 샘 안에 떨어지는 모든 것은 달걀 껍질 안쪽의 얇은 막처럼 하얗게 변했다. 다시 말해 모든 것은 최초의 순수함으로, 탄생 이전의 기원으로 돌아가는 것이다. 샘 안에 살고 있는 한 쌍의 백조가 그 순수한 백색의 옷을 입게 되었고, 이로부터 "그 이름(백조)을 가진 새의 종種"이 유래하게 되었다. 그리하여 우르드의 샘은 '청춘의 샘'이 되었다. 신들은 회의를 하고, 분쟁들을 해결하고, 그리고 재판을 열기 위하여 이 샘의 주변에 모였다. 이렇게 해서 이 운명의 샘은 모든 살아 있는 존재들이 만들어지는, 잠재성과 씨앗과 싹틈의 세계, 물과 부식토의 세계를 나타내게 되었다.

이그드라실이 뿌리를 통해 중첩된 지하의 세 영역, 즉 신들의 영역과 선사시대 거인들의 영역과 인간 조상들의 영역을 지상으로 떠오르게 하면, 그 물푸레나무의 줄기는 하늘과 땅 사이에 있는 중간층으로 인간들이 사는 곳인 미드가르드를 가로지르게 되며, 그 나무의 꼭대기는 신들의 천상 거주지인 아스가르드에까지 닿는다.

그러나 이처럼 강력한 힘을 가진 우주목도 끊임없이 위협을 받는다. 거대한 뱀 니드호그가 우주목의 세 번째 뿌리를 휘감고 있는데, 이 뱀 역시 높은 가지 위에 살고 있는 독수리로부터 매일 공격을 받고 있다. 네 마리의 사슴들은 어린 새싹들이 돋아나기가 무섭게 그것들을 뜯어먹으며 나뭇가지 사이를 뛰어다닌다. 이그드라실의 무성한 나뭇잎은 다른 동물들의 은신처가 되었는데, 자신의 젖으로 오딘의 무사들을 먹여 살렸던 염소 하이드룬과, 뱀과 독수리 사이를 이간질하느라 나무를 오르락내리락하는 다람쥐 라타토스크가 바로 그들이다. "많은 일들을 알 수 있었던" 독수리는 신들의 오랜 적인 거인들이 공격 태세를 갖추는 것을 발견하는 즉시 이 사실을 신들에게 알릴 수 있도록 높은 곳에 앉아 지평선을 감시한다. 몇몇 시편들에는 한 마리의 황금 닭이 나무 꼭대기에 앉아 있는 독수리의 역할을 하는 것으로 묘사되기도 한다. 그러나 세상을 생명의 힘과 파괴의 힘 사이에 존재하는 끊임없는 투쟁의 공간이라고는 말할 수 없을 것이다.

이그드라실은 '이그의 준마'라는 뜻으로, 이그는 오딘(우단)의 이름들 중 하나이다. 오딘은 가장 오래된 최초의 신으로 "모든 신들의 아버지"이다. 오딘은 원래 전쟁의 신이지만 후일 지혜와 신비로운 지식의 주인이 된다. 그는 세 차례의 비의적秘儀的 시련을 겪음으로써 최상의 지식을 가진 완전한 신이 되는데, 그 시련 중 두 가지가 이그드라실과 직접적인 관계가 있다.

엘프 요정, 악마, 거인 등 만나는 모든 이들에게 미친 듯이 질문을 해대던 오딘은 모든 이들 가운데 가장 현명한 자인 샘지기 미미르와 이야기를 나누게 된다. 그러나 미미르는 샘 안에 모습을 감춘 채 오딘에게 한쪽 눈을 뽑아주지 않으면 샘물을 마실 수 없노라고 말한다. 그후 오딘이 원래 신들의 것인 "시인들의 꿀물"*을 감춘 것은 다른 세계였지만, 가장 충격적인 세 번째의 시련이 일어난 것은 물푸레나무의 가지들에서이다.

『에다』의 시편들 중 「하바말」에서 오딘은 다음과 같이 토로한다.

> 나는 알고 있나니,
> 바람에 쓰러진 나무에 매달려
> 아홉 낮 아홉 밤을 보냈네.
> 창에 찔리어
> 오딘에게 보내지니
> 나 자신 스스로에게 희생되누나.

이 시편에서, 십자가에 매달린 채 백인대장의 창에 심장을 찔린 예수 그리스도가 떠오르지 않는가? 이 시편들은 게르만족에게 그리스도교가 전파되고 나서 한참 후에 지어진 것이기 때문에 후대인들은 오딘의 희생에 대한 이야기가 예수의 수난에서 영감을 받았다고 생각했다. 그러나 역사가들은 이러한 해석을 거부한다. 왜냐하면 오딘이 나무에 매달린 것은 고통 받는 인간들을

---

* 오딘의 궁전에서 연회가 베풀어질 때 죽은 영웅들에게 제공되던 음료. 암염소에게서 짠 벌꿀술로 하이드룬이라 불렸다.

제1장 대지의 한가운데서 17

구제하기 위한 것이 아니라 더 많은 마술적 힘을 획득하기 위한 것이었기 때문이다. 이것은 아일랜드와 북아시아의 샤먼들에게서도 발견되는 현상으로, 그들도 이와 유사한 의식2)을 행했다. 이들에게서는 마술적 특징이 두드러져서, 그들은 아무 때나 마음대로 형체를 바꾸고 위장된 모습으로 마법을 행하는 능력과 죽은 자와 대화하고 그들에게서 비밀을 캐낼 수 있는 힘을 소유하고 있었다. 마침내 오딘은 종마種馬들 가운데 가장 빠르고 여덟 개의 발굽을 가진 슬라이프니르에 올라탄다. 오딘의 곁에는 세상에서 일어나는 온갖 사건들을 그에게 알려 주는 두 마리 까마귀가 동행한다. 이그드라실이 '오딘의 준마'—오딘은 자신의 말을 나무의 맨 꼭대기에 매어 놓는다—라는 의미를 갖고 있기 때문에, 교수대는 "목 매달린 자의 말"이라고 불린다. 그리고 오딘에게 바쳐진 희생양들이 나무에 매달렸다는 사실 또한 우리는 알고 있다.

스스로 상처 입은 오딘은 물과 양식을 갈구하며 제의적·입문적 죽음을 받아들이고, 이 죽음을 통해 최상의 지식, 즉 또 다른 세계의 신비한 언어인 룬 문자*를 얻는다.

> 그들은 내게 아무런 은혜도,
> 고기 한 점, 물 한 방울조차 주지 않았도다.
> 두 눈을 내리깔고
> 울부짖으며 그것들을 잡으려 하나니,
> 이윽고 나는 다시 추락하도다.

여기서 "두 눈을 내리깔고"라는 시행은 매우 흥미로운 부분이다. 왜냐하면 오딘은 이미 미미르에게 한쪽 눈을 주어 버려서 외눈박이이기 때문이다. 그

---

* 고대 북유럽의 표음 문자로, 주로 마술적인 목적으로 사용되었다고 한다. 예를 들어 '해로운 문자'는 적에게 재난을 불러일으키는 데 사용되었고, '이로운 문자'는 병을 고치거나 재난을 막는 데 쓰였다.

러므로 오딘은 장님이나 다름없다. 시인이 실수를 한 것이 아니기 때문에 오딘의 눈은 육신이 아닌 정신의 두 눈을 의미한다고 보아야 할 것이다. 이제 오딘은 시력을 잃는 대신 선지자가 된 것이다. 바로 이 부분이 모든 전승들에서 자주 등장하는 모티브이다. 방랑 시인, 켈트족이나 게르만족의 음유 시인, 호메로스와 같은 그리스의 음창 시인이나 음영 시인이 바로 그런 경우에 해당하는데, 이들은 장님인 동시에 예언자로 등장하는 경우가 많다. 그들의 실명은 신들로부터 받은 선지자적 힘의 조건으로 여겨지기도 했지만 때로는 신들이 내린 벌로도 이해됐는데, 그것은 그들이 보아서는 안되는 것까지도 볼 수 있는 능력을 가지고 있었기 때문이다. 아테나 여신이 목욕하는 모습을 보았다는 이유로 장님이 되는 테이레시아스나, 자신의 의지와는 무관하게 근친상간을 범하고 스스로 눈을 파내는 오이디푸스가 그 예가 될 수 있다. 그러나 이들은 더 이상 물리적인 빛을 볼 수 없는 대신 신성한 빛을 관조할 수 있는 능력을 갖게 된다.

룬 문자의 마술적 힘에 의해 자유의 몸이 된 오딘은 갑자기 활기와 젊음을 되찾게 되고, 부활하여 무사의 신으로서뿐 아니라 시인과 현자, 다시 말해 샤먼들의 신이 된다.

그러나 바그너에 의해 유명해진 "신들의 황혼", 더 정확하게는 "힘의 운명"인 라그나뢰크*가 도래하면 오딘 역시 다른 모든 신들과 마찬가지로 종말을 맞이하게 된다. 『에다』에 등장하는 가장 아름다운 시편들 중 하나로서 10세기경에 기록된 「뵐루스파」는 다음과 같이 세상의 종말을 묘사하고 있다.[3]

"먼저 혹독한 겨울이 찾아올 것이니, 눈보라가 사방에서 몰아치고 태양은 빛을 잃을 것이다. 여름이 없는 세 번의 겨울이 연거푸 찾아오고, 이 겨울이

---

*언젠가 세상의 멸망이 올 거라는 북방 민족의 믿음. 모든 것이 멸망하고 난 뒤의 새로운 대지에는 부정과 비참함이 자취를 감추고, 신과 인간이 함께 행복하게 살 수 있다고 한다.

끝나면 또다시 겨울이 세 차례에 걸쳐 반복될 것이다. 그 동안 전 세계는 전쟁에 휩싸일 것이다. 형제들은 이익을 다투며 서로를 죽이고, 자식과 아비는 서로에게 관대한 마음을 잃으니, 살인과 근친상간이 횡행하리라……. 늑대가 태양을 삼키고 또 다른 늑대가 달을 삼켜 버리니, 별들이 하늘에서 자취를 감출 것이다. 대지와 모든 산이 흔들리고 무너지리라. 나무는 뿌리째 뽑힐 것이다. 모든 관계들(이제까지 약화되어 있었던 악의 긴장 관계들)이 끊어지고 이 힘들이 세상을 전복시키리라. 거대한 늑대 펜리르(신들의 최대의 적으로 죄수로 갇혀 있다)가 사슬을 풀어 버리니 신들도 위험에 처하게 되리라."

신들 역시 부정과 죄를 쌓았기 때문에 이런 운명을 맞게 되는 것이다. 오딘은 조언을 구하기 위해 군대를 이끌고 미미르의 샘으로 간다. 그러나 이그드라실은 벌벌 떨며 금방이라도 무너질 것처럼 보인다. 결국 오딘은 죽어 늑대 펜리르의 먹이가 되고, 대부분의 신들이 오딘과 더불어 자취를 감추게 된다.

그렇지만 이러한 대혼란 속에서도 이그드라실만은 살아남는다. 폭풍우가 지나간 후에 "땅이 바다 속에서 솟아나와 녹음이 우거진 아름다운 모습을 드러내고", 새로운 태양이 하늘에 모습을 나타낸다. 그 하늘에 죽은 신들의 아들 신들이 살게 된다. 혼란의 초기에 살해된 선신善神 발데르가 이때 부활한다. 전 우주에 걸친 화재에도 불타지 않은 물푸레나무 숲에서 한 쌍의 남녀가 기적적으로 살아남았으니, 그들이 바로 리프와 리프트라지르이다. 이들은 아침에 핀 장미를 양식으로 하여 새로운 인류의 조상이 된다.

오딘, 오에니르 그리고 로뒤르 신은 폐허가 된 대지를 편력하고 난 후 두 그루의 나무 밑둥 아래에서 인류를 창조한다. 그들은 남자를 '아스크르'로, 여자를 '엠블라'라고 불렀다. 아스크르는 우주적 물푸레나무에서 차용한 것이고, 엠블라는 느릅나무를 뜻하는 엘므라elmla와 유사하다. "그들로부터 인류가 생겨났다. 인류는 미드가르드에 살게 되었는데, 그곳은 하늘과 지하의 심연 사이의 땅 위에 길게 펼쳐진 중간적인 세계였다." 인간이 나무에서 태어났다는 생각은 인도-유럽 어족의 전통 사회에서는 일반적인 것이다. 우리는 호메로스의 작품에서도 이러한 생각을 발견할 수 있으며, 헤시오도스가 "물푸레나무와 바위에 대해 이야기하다"라든가 "물푸레나무와 바위 주변에"라는 표현을 사용하고 있음을 볼 수 있다. 이 표현은 '물푸레나무와 바위에서 나온 인간들의 기원 이야기까지 거슬러 올라간다'라는 의미를 함축하고 있다.

고인돌, 신석神石(셈 어족에서는 "신의 집"을 의미), "세계의 중심"인 그리스의 옴팔로스, 그리고 인도의 링가 같은 성스러운 돌과 근원목根源木을 서로 연관 짓는 것은 대부분의 전승들4)에서 흔히 찾아볼 수 있다. 이 두 가지는 자유로운 "정신", 발아할 준비가 되어 있는 씨앗, 잠재적인 존재의 저장소로 간주되며, 수태의 능력을 보유하고 있었다. 그들의 상징적인 의미는 대립적인 동시에 보완적이었다. 장-폴 루5)가 지적한 바대로 "나무가 생과 사의 순환 주기에 복종하는 반면, 돌은 정태적 생명의 상징이 되었다. 최초의 조상들이 돌을 세워 그 위에 자신들의 메시지를 새겨 놓은 이래" 돌은 변하지 않고 항상 그대로였다. 그러나 "영원한 재생의 놀라운 선물"을 소유한 자인 나무는 "동적인 생명의 상징"이 된다. 이것은 이원론적인 우주의 구조와 관계가 있는데, 오늘날 우리는 베르베르인들에게서 그 흔적을 재발견한다. 그들의 해석은 주관적이긴 해도, 별다른 주목을 끌지 못했던 다음의 사실을 이해하는 데 큰 도움을 준다. "인간의 근본 원리들인 두 영혼의 결합은 '나무-바위'라는 쌍으로 표현된다. 전자는 여성적 원리를, 후자는 남성적 원리를 표현한다. 민간 전승 속에서 나무는 분명 식물의 영혼인 '네프nefs'에 그늘과 습기를 제공하며, 특히 "새처럼" 높은 곳에 앉아 있는 섬세한 영혼인 '루rruh'의 버팀목이다. 식물의 영혼은 바위나 돌 속에 존재한다. 돌 사이에서 솟아나오는 샘들은 단지 저 깊은 세계에서 유래한 풍요의 상징일 뿐이다."6)

나무와 돌의 한 쌍에게 바쳐지는 의식儀式의 흔적들은 아주 먼 과거에서도 발견할 수 있다. 크노소스의 유적지를 발굴한 아더 에번스 경은 1901년에 발표한 논문7)에서 나무와 성스러운 돌들에게 바쳐진 경배 사이의 상호 관련성을 강조하였다. 그는 이러한 공동 의례가 크레타에서 그리스 본토로 전해졌다는 것에 주목한다. 한 예로 아테네에서는 아테나 여신의 성스러운 올리브 나무와 신전의 기둥을 함께 숭배했다는 것이다. 호메로스와 헤시오도스는 이미 당시에도 보잘것없는 잔재에 불과한 이 같은 관례를 언급하고 있다.

이러한 우주목과 관련된 믿음은 역사 시대의 게르만족에게도 오랫동안 있어 왔다. 그들은 거대한 나무가 우주를 떠받치고 있다고 생각했다. 몇몇 종족들은 언덕 위에 아주 커다란 나무 기둥을 세웠다. 우리에게 알려진 그 기둥들 가운데 하나가 우주 기둥 '이르민술'인데, 색슨족들은 이 기둥이 하늘의 궁륭을 떠받치고 있다고 생각했다. 연대기 편찬자인 루돌프 폰 풀다가 언급한 "모든 것을 지탱하는 우주의 기둥"은 772년 색슨족을 정벌하러 가던 샤를마뉴 대왕에 의해 파괴된 "종교적 우상물"이었다. 게르만족은 이 기둥 주위에 그들의 주거지를 만들었다. 주거지는 각각의 소우주를 구성하며, 지붕은 우주의 축에 의해 지탱되는 하늘을 의미한다.

AD 1세기 말, 타키투스는 엘베, 오데르, 라 바르타 그리고 라 비스튈에 걸친 거대한 영토를 점령했던 게르만족인 셈논 민족의 성소에 관해 다음과 같이 기술한다. "오래전부터 이들의 예언자들은 한 숲을 숭배하였는데, 이곳에는 경건한 공포감이 도사리고 있었다. 같은 혈통을 지닌 모든 종족들의 대표는 그 숲에 모여 인간을 제물로 바치는 무시무시한 이교도 의식을 거행했다……. 이 장소는 일종의 성소聖所로 여겨졌는데, 사람들은 자신들의 나라가 바로 이곳에서 탄생했으며, 이곳에 세상을 다스리는 신성이 있다고 믿었다. 또한 그 숲 너머에 존재하는 모든 것들은 자신들의 나라에 복속되기 위해 만들어졌다고 생각했다."[8] 셈논 민족의 나무 또한 스웨덴의 웁살라에 있던 나무처럼 바로 "세계의 중심"으로 인식되고 있었던 것이다. 우리는 11세기 브레멘의 수도사이자 신학자인 아담의 『아킬롱 섬에 관한 기록』을 통해 이를 알 수 있다.

"모든 것이 금으로 뒤덮인 신전 안에서 사람들은 세 개의 신상神像―오딘, 토르, 프레이를 향해 제의를 올린다……. 이 신전의 주변에는 여름이나 겨울이나 항상 푸른 거대한 나무 한 그루가 가지를 넓게 드리우고 있었다. 그것이 어떤 종류의 나무인지는 아무도 모른다. 또한 진흙탕이 하나 있는데, 그 근처에서 이교도들은 희생 제의를 올리는 관습이 있었다. 그들은 이 진흙탕 속에 살아 있는 사람을 빠뜨렸다. 빠진 자가 다시 올라오지 않게 되면 그들은 자신들이 바친 제물이 신들에게 받아들여져 소원이 실현될 수 있다고 믿었다." 이 진흙탕은 나무 밑에서 솟아오른 샘물로 만들어진다. 이것은 이그드라실의 첫 번째 뿌리 곁을 흐르는 우르드의 샘을 상기시키지 않는가?

한편 9년마다 온 나라에서 몰려든 여러 종족들이 웁살라에 모였다. 그들은 각기 아홉 개씩(7과 9는 물푸레나무의 생명의 리듬을 의미하는 성스러운 숫자이다)의 "각 종류의 남성 창조물"을 공물로 가지고 왔다. 공물은 경우에 따라 말과 개, 또는 사람일 수도 있었다. 이 희생 제물들은 신전 가까이에 위치한 성스러운 나무 안에 매달려 있었다. 한 그리스도교인은 스승인 아담에게, 자신이 어지럽게 매달린 일흔두 구의 시체를 본 적이 있다고 자신 있게 말했다. 여기서 72는 9의 여덟 배수이다. 이 시체들은 그러므로 여덟 종족의 조공을 의미한다. 희생자들의 죽음은 전통적으로 신성한 행위로 간주되고 있었으며, 매우 정확한 규범에 따라 집행되었다. 나무에 매달린 그들의 목은 종종 창으로 찔리기도 했으며, 어떤 희생자들은 꿀통 속에 빠져 죽기도 하였다. 이러한 여러 특징들은 위의 제물들이 오딘에게 바쳐지는 것이었음을 증명하고 있다. 덴마크의 '라이레'나 노르웨이의 '스키린그살'에서도 우리는 이 같은 희생 제물을 찾아볼 수 있다. 아담에 따르면 이 유혈 참극에는 "외설적인 노래"가 뒤따랐다고 하며, 또한 12세기 덴마크의 역사가인 삭소 그라마티쿠스에 의하면 "첨탑의 종소리와 여자들의 과장된 몸짓"이 함께했다고 한다.

웁살라의 왕들로부터 크레타의 미노스까지

웁살라에서는 9년마다 스웨덴 각 종족들의 왕이 모여 서로의 힘을 겨뤘던 것 같다. 왕은 원래 9년의 재임 기간이 끝나면 살해되도록 정해져 있었다. 그러나 왕의 아들이 아버지를 대신하여 희생 제물로 바쳐지기도 했는데, 이 인간 제물은 신성한 나무나 이 나무를 둘러싼 숲 속에 매달리게 된다. 이러한 고대의 관습은 스노리 스튀틀뤼손의 『잉글링가 사가』와 「헤임스크링글라」[9]에 나타난 온 왕을 보면 알 수 있다. 자신의 운명으로부터 벗어나고자 이 스웨덴 왕은 오딘에게 자신의 장남을 바친다. 신은 제물을 수락하고, 온 왕에게 앞으로 나머지 아들들을 9년마다 한 명씩 제물로 바치라고 명령한다. 왕에게는 열 명의 아들이 있었으므로 그는 오랫동안 왕위를 지킬 수 있었다. 여덟 번째 제물을 바쳐야 할 시기에 이르렀을 때 온 왕은 자리에 누워 지내야 할 정도로 노쇠해졌다. 그러나 누운 채로나마 왕위에 머무르고 싶었던 그는 9년째가 되었을 때 다시 아홉 번째 아들을 제물로 바친다. 그리하여 9년 동안을 또 살 수 있게 되지만 이제는 어린아이처럼 우유병을 빨아야 하는 지경에까지 이른다. 드디어 열 번째 아들의 차례가 되었다. 그러나 모든 스웨덴 백성들이 반대하고 나선다. 왕은 죽고, 웁살라의 언덕 아래 묻힌다. 그는 9년씩 아홉 번, 즉 81년 동안 왕위에 있었고 백 살이 넘도록 살았다.

자세하게 설명되어 있지는 않지만 9라는 숫자는 중요한 의미를 지니고 있다. 부차적으로 중요한 또 하나의 숫자는 7인데, 이는 왕이 일곱 번째 아들을 제물로 바치고 나서 쇠약기에 접어들기 때문이다. 이들 숫자의 중요성은 온 왕의 통치가 신성한 나무와 연관이 있다는 사실에서도 증명된다. 삭소 그라마티쿠스[10]에 의하면 오딘과 관련된 전설은 이러한 사실을 잘 보여 주고 있다. 당시 웁살라의 왕은 오딘이었는데, 그의 악행에 화가 난 다른 신들이 그를 지옥으로 보내고 대신 그 자리에 마법사 우르를 앉히려고 했다. 신들은 그에게 신적 권능과 더불어 오딘의 이름을 부여한다. 새로운 오딘이 9년을 통치하지만 마지막 순간에 그는 진짜 오딘에게 왕권을 넘겨준다. 이 신화적인 이야기는 웁살라의 신비한 여러 의식들을 설명해 주고 있다.

스칸디나비아 왕권의 기원에 관한 역사는 두 가지 중요한 요소들을 포함하고 있는데, 그것은 이 요소들이 다른 환경들, 특히 에게 해를 둘러싼 세계와 그리스에서도 발견되고 있기 때문이다. 하나는 8 내지 9년[11]으로 끝나는 제한된 통치 기간이 원래대로 왕이 죽거나 아들이 대신 제물로 희생됨으로써 막을 내린다는 점이다. 다른 하나는 왕권과 신성한 나무 사이에 밀접한 관계가 있다는 사실이다. 후자에 관해서는 앞으로 다시 다루게 될 것이다.[12] 전자를 기반으로 이제부터 우리는 고대 그리스 세계에서 통용되던 몇 가지 관습들에 대해 언급하고자 한다.

크레타에는 왕이자 사제였던 와낙스Wanax―이 말은 주인, 보호자 그리고 구제자라는 뜻을 갖고 있다[13]―라는 인물이 있었는데, 그의 이름은 미노스[14]였다. 사람들은 그를 제우스의 아들이라고 여겼으며, 『오디세이아』에는 그가 "위대한 제우스의 동료"[15]로 등장한다. 그는 9년 동안 크레타를 통치하였다. 시간의 주인―그는 서력을 정했다―이자 풍요의 분배자로서 그의 권능은 어느 누구도 넘볼 수 없었다. 그러나 통치 기간이 끝날 때가 되자 "그에게 불어넣어졌던 신의 권능"[16]도 서서히 없어진다. 그 힘을 다시 채워야만 했기에 미노스는 "9년마다, 이 표현보다는 오히려 100달마다" 섬 중앙에 솟아 있는 성산聖山 이다에 오르곤 한다. 이곳은 "달의 3신"으로서, 운명의 여신들인 노른느에 해당되는 세 명의 신탁의 요정들이 어린 제우스를 키웠던 곳이다. 이 요정들 중 한 명이 아드라스테이아라는 이름을 가진 제우스의 유모인데, 그녀는 물푸레나무의 여신[17]이었다가 후에 모든 교만과 무절제, 오만과 폭력을 심판하는 여자 판관이 된 네메시스와 동일 인물이다. 네메시스는 질투심이 강했으므로 성공의 뒤에는 반드시 불행이 시작되게 만들었다. 성공은 인간을 교만하게 만들어, 인간으로 하여금 다른 인간을 경멸하게 하고 스스로를 신과 동일하다고 믿게 하였다. "그 어떤 존재도 벗어날 수 없는 것"이라는 뜻을 가진 이 이름이 암시하는 대로 네메시스는 노른느 우르드와 유사하다. 반면 아드라스테이아라는 "겸손하게 행동하면서 신들의 질투를 피한다"[18]는 의미를 갖고 있다.

이다의 동굴 속에 들어간 미노스는 자신의 아버지인 신과 마주칠 것이라고 생각했다. 그는 자기가 저질렀던 과오를 인정하고 아버지의 정당한 판결에 굴복하여 새로운 통치를 위한 가장 훌륭한 법을 받아들이고자 했다. 미노스가 동굴에 머무르는 동안 섬 전체는 불안에 떨었다. 여기저기에서 인간일 것이 분명한 제물이 그를 위하여 바쳐졌는데, 이는 북유럽의 신화에서 죽음에 직면한 왕을 대신하여 희생물이 바쳐졌던 것과 유사하다. 제물은 일곱 명의 젊은 남녀였다. 사람들은 이들을 이다의 동굴, 즉 미궁 속에 살고 있는 미노타우로스에게 바쳤으며, 이 같은 행사는 9년마다 되풀이되었다. 테세우스가 괴물을 물리쳤을 때, 그는 "뿔이 놓인 제단 주위를 돌며 학춤을 추었다." 이는 그가 왕이 될 차례가 되었음을 의미한다. 여기서도 우리는 신성한 물푸레나무의 숫자인 9와 7을 다시 한번 보게 된다.

여기에서 우리는 미노스가 이다에 올라가 조언을 구했던 대상이 정말로 제우스였는가 하는 의문을 가지게 된다. 사실 성산의 제우스는 당시 어린아이에 불과했으며, 요정들, 특히 물푸레나무와 운명의 여신인 아드라스테이아-네메시스가 그를 키우고 있었다. 오히려 이 여신이 왕의 자질이나 허물에 관해 발설하고 왕을 처단하거나 사면할 수 있었으며, 노른느나 모에라이처럼 어느 정도 왕의 통치 연한을 늘려 주기도 했다. 그렇다면 여기서 게르만족의 신성한 물푸레나무와 네미의 신성한 숲에서 누마 왕에게 여러 법령들을 받아 적도록 한 에게리아 요정을 비교해 보는 것이 가능하지 않겠는가?

8~9년의 간극은 추정컨대 통치권의 약화와 일치한다. 정확하게 만 아흔아홉 달, 혹은 팔 년 넉 달이 되는 이러한 주기는 그리스에서 상당한 중요성을 갖는다. 고대의 관습은 살인범을 나라에서 추방하여 8~9년 동안 속죄하도록 했던 것 같다. 핀다로스에 따르면, 내세에서 8년에 걸쳐 스스로를 정화시키

고 자신의 죄를 속죄한 사자死者는 9년째가 되는 해에 "영광스런 왕, 지혜로운 승리자인 무사의 모습으로"[19] 부활한다. 델포이에서 개최된 아폴론 축제 경기[20]는 원래 8년마다 열렸으며, 아테네의 올림피아 경기[21]는 크레타의 이다 산에서 살고 있던 '닥틸로스인'들에 의해 처음 열린 것으로 여겨진다. 이 경기는 4년을 주기로 열리기 전까지는 아폴로 경기처럼 8년마다 개최되었던 것 같다. 3세기 로마의 천문학자 켄소리누스 역시 그리스인들의 성대한 문화적 제전이 이러한 주기를 따르고 있다고 기록하고 있다. 이러한 주기는 초기 고대 시대에는 군주제와 밀접한 연관을 가지고 있었다. 델포이의 대관식 축제와 테베의 월계수 축제는 모두 9년마다 성대하게 개최되던 의식으로 왕권의 부활과 분명 일치한다. 스파르타에서는 8년마다 어느 달 밝은 밤에 민선 의원들이 모여 하늘에 제의를 올렸다. 이때 유성流星이 보이면, 그들은 왕이 신들을 모욕했다고 결론 짓고 그의 왕권을 정지시켰다.

우리가 문제 삼았던 것은 무엇이 시간적 주기성을 규정할 수 있는가 하는 것이었다.[22] 오늘날 이 문제는 해결된 것처럼 보인다. 폴 파우르가 지적한 대로 이는 "정확히 몇 달 후에 거대한 천체들이 원래의 자기 위치로 되돌아오는가 하는 것을 아는 것, 다시 말해서 태음력의 마지막과 태양력의 마지막을 서로 일치하게 하는 것"의 문제이다. 그러므로 "아흔아홉 달의 주기만이…… 계절의 추이와 거의 일치할 수 있으며, 그리하여 달과 태양의 운행이 서로 일치하게 된다. 또한 그 주기만이, 왕(태양)이 드러내는 사회적인 삶의 과정과 자연(달)의 진행 과정에 조화를 부여할 수 있다." 농업의 융성은 달력에 의존하는데, 달력의 제정은 통치자의 기본적인 의무였고, 그래서 왕은 우선적으로 달력을 제정할 수밖에 없었다. "시간이 재생되는 동안 왕은 사회를 재생시킨다."[23] 새로운 주기의 시작과 더불어 새로운 세대가 시작되는 것으로 여겨지고 있었다.

우리의 연구가 목표하는 바를 위해서, 이제 우리는 움살라 왕의 위상과 도리아 침입 이전의 그리스 시대와 고대 그리스 시대의 통치자들의 위상을 서로 비교하여 그들의 왕권과 물푸레나무 사이의 관계를 정립해 볼 필요가 있을 것 같다.

물푸레나무의 신, 포세이돈

그리스 신화에서 제우스에게 참나무가 바쳐진 것처럼 물푸레나무는 포세이돈[24]에게 바쳐졌다. 포세이돈이라는 이름은 어원이 정확히 알려져 있지는 않지만 고대성의 흔적을 가지고 있으며, '포티돈Potidon'이라고도 한다. 그레이브스[25]에 따르면 그리스인들에게 이 말은 다음과 같은 표면적 의미를 가진다. 즉, '마실 것을 주다'라는 뜻인 '포티조potidzo'와 수풀이 우거진 산인 '이다ida'가 결합하여 "숲이 우거진 산 속에서 마실 것을 주는 자"라는 의미를 갖게 된 이 단어는 크노소스와 필로스에 있는 미케네 문명의 서판에 새겨져 있는 것으로 보아 틀림없이 아주 오래된 신성인 샘과 급류의 신성을 내포하고 있을 것이다. 크로노스의 세 아들인 하데스, 포세이돈, 그리고 헤시오도스의 『신통기』[26]에 따르면 가장 나중에 태어난 제우스가 자신들의 영토를 정한 후에도 "바다의 제우스"(포세이돈)는 샘과 강 그리고 물에서 태어난 식물을 계속 지배하였다. 그러나 포세이돈은 처음에는 대지의 신이었다. 그의 별칭 '가이에코스gaiechos'*에는 이러한 의미가 잘 나타나고 있으며, 플루타르코스 역시 이를 "땅을 지배하는 자"와 "땅의 주인"을 뜻하는 말로 해석하고 있다. 포세이돈이 바다의 신이 되었을 때조차, 그는 "생명의 수액 혹은 지진과 관계된 땅을 움직이는 활동적인 힘"[27]이라는 자신의 원래 소명에 따라 사실상 "지축을 흔드는 자"[28]인 지진의 신으로 남아 있었다. 포세이돈이 시간적

---

* '땅을 진동하는'의 뜻으로, 포세이돈은 다른 별칭 '엔노시가에우스Ennosigaeus', 즉 '대지를 뒤흔드는 신'으로도 불린다.

으로 먼저 등장하는 것은, 바빌로니아인들과 마찬가지로 그리스 신화학자들도 땅이 물 위에 있다고 생각한 것으로 잘 설명된다. 제우스는 하늘을, 하데스는 지하 세계를, 포세이돈은 물을 다스리는 것에 합의하였을 때도 땅은 공동의 소유였다. 땅에 관련된 신화의 모든 역사는 땅을 정복하기 위한 그들의 시도, 즉 각자 지진과 해일海溢을 일으켜 공동의 소유지를 독차지하려는 모든 시도의 역사였다. 포세이돈은 그리스의 굽이치는 강들을 분리하고, 그곳에 만灣과 제방을 쌓았으며, 벽을 부수었다. 그리하여 해저의 분화가 일어나고 거기서 퀴클라데스*와 스포라데스**가 생겨났다. 신의 분노를 산 아틀란티스 섬은 해저가 분화될 때 바다 밑으로 가라앉게 된다.

  원래 땅의 속성은 말이 가지고 있는 성질로 설명된다. 이 둘의 관계는 매우 밀접하다. 포세이돈은 어머니 레아가 자기 대신 어린 망아지를 아버지 크로노스에게 갖다 주었기 때문에 살아남을 수 있었다.29) 전설에 따르면 밤과 신비의 아들인 말은 땅 속에서 솟아나왔다고 한다. 지축을 울리며 뛰어오르는 말발굽 소리는 피의 솟구침과 수액의 상승을 연상시킨다. 천둥을 내리고 비를 몰고 오는 물푸레나무와 마찬가지로, 굽이치는 물과 연관된, 불의 창조자인 말은 지칠 줄 모르는 맹렬함과 돌진성 그리고 무서운 분노로 인하여 신화 속에 등장하는 포세이돈의 성격을 연상시킨다. 한편 우주목인 이그드라실은 오딘의 준마로서, 땅을 다스리기 이전에는 "폭풍의 수호신"이자 밤의 뇌우였었다.30) 우리는 앞서 미미르의 도움으로 오딘이 마지막에 가서 입문 의식을 통과하고 성스러운 룬 문자를 발견하여 예언의 능력을 얻게 된 경위를 보았다. 포세이돈은 아폴론이 태어나기 이전에 벌써 퓌르콘31)이라 불리는 예언자의 중개로 델포이에서 예언을 했다고 한다. 이러한 사실은 불을 통한, 아마 신성한 물푸레나무가 일으켰을 천둥에 의한 예언의 양식을 암시하고 있다.

---

* 에게 해에 있는 24개의 섬.
** 퀴클라데스를 제외한 에게 해의 다른 섬들.

만약 게르만족의 신이 마지막에 죽게 되어 그의 자리를 후손들에게 넘겨준다면, 과거의 권능을 상실한 포세이돈은 저항과 반란을 시도한다고 해도 결국은 새로운 법과 자신의 아우 제우스의 통치에 복종해야만 할 것이다.

그리스인들의 계속되는 침입을 기록하고 있는 자료에 의하면 아이올리스인들은 결국 제우스를 섬기는 아카이아인들에게 정복된다. 아이올리스인들은 트로이를 정복한 포세이돈의 추종자들이다.[32] 포세이돈의 후계자라고 생각하던 몇몇 왕들은 스스로 포세이돈의 섬인 아틀란티스에 은거하였다. 플라톤은 이들 통치자들이 신의 후예였다고 말한다.[33] 아카이아인들에게 정복당한 이 고대 왕국과 '황금 양털'의 신화 속에서 우리는 그 흔적을 발견할 수 있다. 이 전설 속의 영웅은 아이올리스 왕 아타마스이다. 아레스에 의해 죽음을 당하는 이 황금 양은 테오파네스와 포세이돈의 아들이었다. 테오파네스를 끔찍이 사랑한 포세이돈은 수많은 구혼자들로부터 그녀를 떼어 놓으려고 그녀를 크루미사 섬(얼어붙은 섬)으로 데려간다. 그녀를 연모하는 많은 남성들이 뒤를 따르려고 하자 포세이돈은 소녀를 암양으로 변하게 한다. 이아손은 아르고 호의 선원들과 함께 황금 양털을 찾으러 떠나는데, 이 황금 양털은 그가 다시 세우려던 고대 왕국의 상징이었다. 결국 이아손은 삼촌 펠리아스가 찬탈한 아버지 아이손의 왕관을 되찾게 된다. 마지막으로 포세이돈의 백성인 아이올리스인들에 관해 말하기로 하자. 헤시오도스는 이 민족을 세 번째 인종, 즉 "물푸레나무에서 연유한" 청동인이라고 말하고 있다.[34] "이 사람들은 단지 아레스의 노동, 눈물의 샘 그리고 폭력의 산물만을 사랑한다. 그들은 빵을 먹지 않으며,[35] 날카로운 칼날처럼 차가운 심장을 갖고 있다. 육체는 강인하고, 힘센 그들의 두 팔은 굴복할 줄 모른다. 무구武具는 청동으로 만들어져 있었다. 집도, 일을 하는 데 쓰이는 도구도 모두 청동으로 만들어졌다. 이는 당시 철이 존재하지 않았기 때문이다."[36] 헤시오도스가 묘사한, 완전한 견고성의 상징들인 물푸레나무와 청동 사이의 이와 같은 연관성은 고대 그리스인들의 무구에서도 찾아볼 수 있다. 그들의 청동 무기에는 물푸레나무로 만들어진 손잡이가 달려 있었다. 물푸레나무는 유연하면서도 견고한 것으로 알려져 있으며, 오늘날에도 목재로 사용되고 있다. 그리스의 '멜리아melia'는 물푸레나무와 창(물푸레나무로 만들어진)이라는 두 가지 뜻을 가지고 있다. 이 표현들은 『일리아드』와 『오디세이아』에 자주 나온다.

아득히 먼 옛날 아틀란티스에서 살던 반항적인 이 청동 종족은 섬을 뒤흔든 대지진으로 말미암아 세상에서 모습을 감춘다. 이 대지진은 게르만-스칸디나비아 신화에 등장하는 오딘 치세 말기의 대변동에 비유될 수 있을 것이다. 여기서도 마찬가지로 세상에 "신들의 황혼기"가 도래하면 인간들은 서로를 죽이고 마침내 지상에서 사라지게 된다. 헤시오도스의 말을 빌리자면, 청동인들은 "자신들의 팔에 쓰러지고 짓눌려, 얼어붙고 누추한 하데스의 땅을 향해 몸을 떨면서 길을 떠났다"고 한다. 이것은 『에다』에 등장하는 우주의 대겨울, 라그나뢰크를 떠올리게 한다.

세계 전역의 우주목

오래전으로 거슬러 올라가 물푸레나무에 관한 하나의 예를 살펴보면서 우리는 우주목의 근본적인 세 가지 특징들을 구체적으로 정의할 수 있었고, 또한 시·공간적인 이유로 인해 거의 서로가 영향을 미칠 수 없었던 문명권들 내에서 우주목과 관련된 신앙과 제도가 존재한다는 사실을 발견할 수 있었다. 이러한 유사성은 다른 모든 정황들 속에서 우리가 발견하게 될, 동일하지는 않지만 최소한 비교 가능한 하나의 사유 양식에서 파생한다. 이와 같은 여러 가지 예들에 비추어 볼 때, 우주목은 우주의 구성체와 인간이 이 우주에서 차지하고 있는 위치를 설명하고 있는 신화들 가운데 가장 인상적이고 풍부하며 보편적인 상징이라고 할 수 있다.

나무가 드문[37] 파라오의 나라 이집트에서는 태양이 뜰 때 신들이 키가 큰 성스러운 무화과나무 위 왕좌에 앉는다.[38)] 숲은 "신들을 감싸고", "그들에게 생명을 준다."[39)] 반대로 태양이 질 때는 세계와 태양을 포함한 모든 것의 창조자인 신성한 암소 하토르, 즉 "무화과나무의 부인"이 그 자리에 앉았다. 매우 관대한 하토르는 나뭇잎에서 솟아올라 이제 막 임종한 자들에게 물과 환영의 빵을 나누어주며 그들을 맞이한다. 새의 모습을 한 영혼들은 무화과나무 가지 위에 몸을 의지하였고, 썩지 않는 숲은 생명을 잃은 육신의 마지막 피난처가 되었다. 이 성목聖木을 통해 영혼들은 영원불멸한 신들의 세계 한가운데로 되돌아올 수 있었다. 이들은 단지 유한한 생명의 시대에 잠시 머물렀던 것이다.

메소포타미아의 에리두에는 키스카누 나무가 솟아 있었다. 아주 오래된 수메르의 전승을 반영하고 있는 바빌로니아의 찬가는 그 나무에 대해 다음과 같이 노래한다.

에리두에는 검은 '키스카누'가 자신이 창조했던 신성한 장소에서 솟아나왔으니
그의 광채는 빛나는 라피스-라줄리 바로 그것이었네.
그는 '압수'를 향하여 뻗어 있었노라.
그곳은 풍요로운 에리두에 있는 에아의 회랑回廊이라네.
그의 거주지는 바우를 위한 휴식의 장소이니…….[40)]

에리두는 에아 신의 신성한 도시였다. 수메르어로 "물의 집"을 뜻하는 에아라는 이름은 셈족에 의해 불려지던 것으로, 그들의 조상은 "땅의 주인" 엔키라고 불렀다. 엔키는 "신들의 아버지", "우주의 창조주", "운명의 주인"이라고도 불렸다. 에리두는 세계의 중심이었고, 이곳에서 나라 전체에 물을 대는 샘이 솟아났다. 키스카누는 천상에서 나오고, 라피스-라줄리는 별들로 뒤덮인 어둡고 푸른 밤을 나타낸다. 키스카누의 가지는 곧장 땅을 둘러싸고 있는 대양으로 뻗어 나가고, 땅은 대양 위에서 휴식을 취한다. 그의 뿌리들은 근원적 미궁인 '압수'에까지 뻗어 내려가는데, 엔키는 바로 이곳에서 태어났다. 키스카누는 풍요의 신, 농업과 예술의 신, 특히 글쓰기의 신이 머무는 곳이지만, 또한 그의 어머니인 바우 여신이 거주하는 곳이기도 하다. 바우는 가축들의 여왕이며 들판의 풍요로 상징되는 신성神性이다.41)

키스카누는 메소포타미아 초상화집 속에 자주 등장하는42) 생명의 나무들의 원형이다. 그 나무들은 보통 별들이나 날개 달린 존재들에 둘러싸인 염소, 새 뱀과 같은 지상의 피조물들의 호위를 받고 있는데, 그것은 그 나무들이 자신들의 기원인 하늘을 향해 우뚝 솟아 있기 때문이다.43)

고고학자들은 유프라테스강 유역의 수메르식 도시 국가와 같은 시기에 존재했던, 인더스 문명의 주요 도시인 모헨조-다로에서도 이러한 근원목을 발견하였다. 메소포타미아의 방식으로 인더스 문명을 도식화하고 상징들을 대입시켜 볼 때, 문제가 되는 것은 바로 무화과나무이다. 인더스 문명에서는 무화과나무의 나뭇잎 속에서 벌거벗은 여신이 나타난다. 여신의 모습은 인도 남부의 여러 기념물들에서 찾아볼 수 있다. 이 기념물들은 아리아족의 침입으로 인해 남쪽으로 쫓겨가기 전까지 인도에 살고 있었던 드라비다족이 만든 것들이다. '피쿠스 렐리기오사Ficus Religiosa'*는 인도에서는 성스런 나무이며, 그 나무 아래에서 붓다는 깨달음을 얻는다.

「창세기」에 나오는, 아담을 맞기 위해 야훼가 심은 나무들 가운데 에덴 정원의 한가운데에서 자라는 나무는 메소포타미아의 생명의 나무일 것이다. 이 나무 뿌리 아래에서 에덴에 물을 대는 네 개의 강이 생겨난다.

중국인들에게 있어 이상적인 수도가 위치한 우주의 중심은 똑바로 세워진 나무인 '키엔-모우建木'로 대변된다. 중국에서 나무는 공기, 땅, 물, 불에 이어 다섯 번째로 중요한 요소이기 때문에 이 이름은 대단히 중요하다. 이 명칭은 『주역周易』에서 진동을 의미하는 세 머리글자의 약자인 '첸振'과 마찬가

---

* 종교적 무화과나무.

지로 동쪽과 봄에 일치하고 있다. 왜냐하면 식물은 모습을 숨기고 있던 천둥과 동시에 땅에서 나오기 때문이다. 키엔-모우는 재생과 절대적 시작의 나무이며 세계의 나무이다. "키엔-모우는 아홉 번째 샘물(사자死者의 거주지)을 아홉 번째 하늘에, 세계의 저 밑바닥을 하늘 꼭대기에 맞닿게 한다……. 그 나무 옆에 꼿꼿이 서 있는 그 어떤 것도 정오에는 그늘을 만들 수 없다고 사람들은 말한다. 아무것도 더 이상 거기에서 메아리를 울리게 하지 못한다."44) 홈이 파인 나무 줄기를 통해 이 땅을 다스리는 자, 인간의 주인, 하늘과 땅의 중개자가 오르내린다. 해뜰 무렵 키엔-모우의 양편에서는 영생불멸의 열매가 달린 거대한 복숭아나무 '판 모우藩木'가 "영혼들의 문 근처에서" 모습을 드러내고, 해질 무렵이면 만 개의 태양이 찾아와 '조' 나무 위에 앉곤 했다. 또 다른 우주적 상징으로는 속이 빈 뽕나무인 '콩-상空桑'이 있는데, 태양은 그곳에 머무르다가 아침이 되면 떠오른다. 신성한 뽕나무는 양과 음이 분리되기 이전의 헤르마프로디토스 신으로 간주되었고, 양과 음은 각각 남성과 여성, 밝음과 어둠, 하늘과 땅의 속성을 지니고 있다. 그 결과 뽕나무는 우주의 질서이자 보편 원리인 도道 그 자체로 상징화되었다. 신성한 뽕나무 숲인 '상-린桑林'은 궁궐의 동문東門 앞에 조성되었다.

우리는 이집트에서 출발하여 고대 중국에 이르기까지 위대한 원시 역사적 문명을 살펴보았는데, 하나의 이미지를 언급하지 않고서는 여기에서 성급하게 결론을 내릴 수 없다. 바로 그것은 "신세계新世界"에서 유래한 것으로 고대 멕시코인들의 믿음을 나타내 주는45) 코덱스 보르기아에 등장하는 우주목이다.

"서로 다른 방향들이 교차하는 지점, 위아래가 서로 만나는 지점"인 공간의 다섯 번째 차원의 중심에는 갖가지 색깔의 나무 한 그루가 세워져 있다. 이 나무는 서쪽을 의미하는 대지의 여신의 몸에서 솟아나온 것으로, 그 옆에는 지하 세계와 우라노스의 특징을 동시에 지닌 "깃털 달린 뱀" 케찰코아틀이 있다. "신화의 역사는 죽음과 부활의 역사이며", 신은 자신의 생명을 태양과 금성에게 바치기 위하여 스스로 장작더미 위에서 희생된다. 다른 쪽에는 "부활하는 식물의, 사랑의, 노래의, 그리고 음악의 어린 신" 마퀼소치틀이 있는데, 그는 "꽃들의 왕자인 소치필리"와 동일인이다. 그는 봄의 대지가 덮고 있는 새로운 옷으로 상징되는,46) 제물로 바쳐진 인간의 껍질을 뒤집어쓴 시페토텍, 즉 "우리 주인 에코르쉐"를 닮았다. 이러한 코덱스 보르기아의 세밀화 속에는 몇 가지의 중요한 주제가 부각되어 있다. 우리는 이어지는 장들에서 이 주제들을 다루게 될 것이다. 다른 문명과의 접촉 없이 독자적으로 발생한 이 세밀화는 우리에게 우주목 신화의 보편성을 보여 준다.

복합적이지만 특징적인 이런 상징주의는 미르치아 엘리아데가 지적한 것처럼47) 어떤 정신의 상태와 세계에 대한 확실한 인식 양식을 가정하며 그것의 기원을 설명해 준다. "자연적 대상으로서의 나무가 우주적 삶의 전체성을 암시할 수는 없다. 세속적인 경험에서 보면, 나무의 존재 양식이 그의 전 복합성 속에 우주의 존재 양식을 포함하고 있는 것은 아니다." 식물의 생명은 탄생과 죽음의 순환일 뿐이다. 이는 생명에 관한 종교적 관점으로서, 식물이 갖고 있는 리듬을 통해 "재생의 관념들, 영원한 젊음, 건강, 불멸성"과 같은 또 다른 의미들을 해독하게 한다. 나무는 이제 인간에게 하나의 전범典範이 될 뿐 아니라 인간의 가장 오랜 조상, 인간의 기원 자체가 된다.

어떤 특정한 분위기 속에서 동일한 확신을 가지고 연구했던 작가들은 매우 유사하지만 더욱 체계적인 결론에 도달했다. 메소포타미아와 엘람에 존재하던 성목에 관해서 넬 파로는 다음과 같이 적고 있다. "나무 그 자체의 의식儀式은 존재하지 않는다. 그 정신적인 실체는 나무의 형체 아래 감추어져 있다."48) 엘렌 단틴 역시 성목이 최초에는 하나의 원형처럼 인식되고 있었기 때문에 의식의 대상이 된 것이라는 결론을 내렸다. "성목은 현실의 관상용 나무를 그대로 옮겨 온 것이 아니라 완전히 인위적으로 양식화한 것으로서, 진정한 문화적 대상이 되고 있다. 성목은 위대한 힘을 부여 받은 하나의 상징으로 보여진다."49) 물론 이러한 주장들을 우리가 아무런 이의 없이 그대로 수용할 수는 없다. 엘렌 단틴의 표현은, 나무가 우주적이며 이성적인 질서가 아닌 직감의 질서이자, 정신적이라기보다는 생리적 감수성을 지닌다는 방금 전의 견해를 합리화시키고 있기 때문이다. 이것은 일종의 내적 계시의 방식으로 세계와 집단의 의미를 드러내 주는 매우 즉흥적인 관점이다. 만약 우리가 미르치아 엘리아데가 이야기한 "나무는 결코 그 자체로만은 숭배되지 않는다"라는 말에 동의한다면, 이 종교사가 한편으로는 "그러나 언제나 나무를 통하여 드러난 것을 위하여"[50]라고 덧붙이고 있기 때문에 이와 같은 주장의 뉘앙스를 깊이 새겨 보아야 하기 때문이다.

그 옛날 인간이 나무에게 조언을 구하고 여러 가지 혜택들을 받았던 사실을 다시금 환기해 본다고 해도, 아직은 나무에 관한 여러 개념들이 메아리처럼 낯선 것으로 남아 있을 것이다. 그러나 모든 신화와 마찬가지로 나무의 신화도 확인된 사실들에 그 근거를 둔다.

고생물학자들이 석기 시대의 인간을 우리의 먼 선조로 가정하는 것은, 우리의 선조들이 유용하게 사용하던 나무가 지금은 모습조차 찾아볼 수 없고, 깎여서 잘 다듬어진 부싯돌만이 당시의 흔적을 짐작케 하는 유일한 발자취로 남아 있다는 사실 때문만은 아니다. 사실 고대 인류에게 있어서 나무는 일일이 나열할 필요가 없을 만큼 많은 일들을 쉽고 가능하게 해주는 매우 훌륭한 재료였다. 그러나 여기에서는 나무의 역할 가운데 가장 중요한 부분들에 대해서만 언급하고자 한다. 인간들은 나무를 가지고 그들 자신과 신들의 거처를 지었다. 그들은 사각으로 자른 나무를 기둥으로 써서 신전을 지었는데, 이것은 최초의 성소와 성목을 상기시킨다. 세월이 흐르는 동안 돌로 지어진 아주 오래된 신전들에 나무를 사용할 수밖에 없는 불가피한 여러 가지 구조들이 생겨났다. 인도에는 그러한 것들이 오늘날까지도 남아 있다. 원시 가옥 형태로 아직까지 남아 있는 오두막집이 바로 그것으로, 주요 뼈대와 대들보가 모두 나무로 만들어져 있다.

나무가 벼락을 맞고 숲에 불이 나면서 인간은 하늘로부터 신의 선물인 불을 받게 되었다. 전통적으로 나무는 흔히 "불의 아버지"라 명명되었는데, 사실상 불은 나뭇가지들을 서로 비비는 과정에서 생겨난 것이다. 과거에는 이것이 불을 만들어 낼 수 있는 유일한 방법이었다. 나무는 인간에게 양식을 제공하며, 나무에서 나온 장작과 석탄은 불과 얼마 전까지만 해도 유일한 연료였다. 또한 나무 속에 담겨 있는 불로부터 밤의 어둠들을 사냥하는 빛이 탄생하였다. 인간은 처음에 횃불을 가지고 어둠을 밝히다가 이후에는 올리브 기름을 이용해 램프에 불을 밝혔다. 밀랍의 유용성을 알게 된 인간은 벌집이 달려 있는 나무의 움푹 파인 구멍에서 밀랍을 채취하였다. 꿀벌은 천상의 불에서 태어난 피조물로 꽃의 수액을 취해 꿀을 만들어 낸다. 이 꿀은 고대인들이 섭취할 수 있던 유일한 당분으로서, 매우 중요한 먹을거리였을 뿐 아니라 입문 의식에 필요한 음식으로 여겨졌다. 고대인들은 발효된 꿀에서 신의 음료인 넥타르, 즉 불사의 음료인 꿀물을 얻었다.

모든 신화에는 인류가 나무의 열매를 먹고 생명을 유지했다고 쓰여 있다. 겨울을 나기 위해 말려 두었던 핵과核果와 장과漿果뿐 아니라, 특히 수과瘦果가 이 열매들에 해당하였다.51) 수과는 인류가 밀을 재배하기 이전에 빵을 만들던 재료이다. 고대 작가들은 이러한 열매가 원시 시대 인류의 주요 양식이었다고 말하고 있다.

마지막으로 언급할 사항은, 인류가 일찍부터 구과毬果 식물 같은 몇몇 식물들로부터 수지樹脂를 추출할 줄 알았다는 것이다. 나무는 종류에 따라 송진과 타르에서 시작하여 향수, 향료, 그리고 향내 나는 연기가 하늘에 닿아 신의 마음을 즐겁게 해준다는 유향에 이르기까지 모든 종류의 생성물을 만들어 냈다. 인간은 보호자요 양분의 제공자인 나무와 밀접한 관계를 유지하며 살아오는 동안, 나무를 통해 자신의 존재를 확인하는 동시에 우주의 기원을 알게 되었다.

사실적 몽상

나무는 사실상 전 우주적 몽상의 가장 적합한 기반인 것 같다. 왜냐하면 나무는 인간의 의식을 포착할 수 있는 길이요, 우주에 생기를 부여하는 생명의 통로이기 때문이다. 대립되는 두 개의 무한을 서로 연결시키는 동시에 상반되는 의미를 갖는 대칭적인 두 심연인, 뚫고 들어갈 수 없는 어두운 지하의 물질과 접근할 수 없을 만큼 빛나는 에테르가 서로 결합하는 나무 앞에서 인간은 꿈을 꾼다. 묵묵히 서 있는 나무 줄기에 몸을 기대면 인간은 나무에 동화되어 그 내적인 움직임을 들을 수 있게 된다.

릴케는 다음과 같이 쓰고 있다. "마치 나무의 내면으로부터, 거의 감지할 수 없는 떨림들이 그의 가슴속을 지나간 것 같다……. 그는 한번도 이보다 더 부드러운 움직임을 느낀 적이 없었던 것 같았다. 그의 몸은 이를테면 하나의 영혼처럼 다루어졌으며, 물리적인 명료함으로는 도저히 파악될 수 없는 사소한 움직임마저도 받아들일 준비가 되어 있었다. 그러한 느낌에 덧붙여지는 것이 있다면, 그가 받아들인 미묘한 동시에 광범위한 메시지의 의미를 처음에는 제대로 정의할 수 없다는 것이다. 게다가 이 같은 소통 과정을 통해 그가 느끼는 마음의 상태는 다른 모든 것들과는 달리 매우 완벽하고 지속적이지만, 자신이 살아온 과거를 회상하고 되새김으로써 재현될 수는 없다. 그러므로 이러한 모든 환희에도 불구하고 우리는 그것을 즐거움이라고 부를 수 없다. 상관없다. 더없이 찰나적인 인상들을 스스로 포착하려고 그는 자신에게 무슨 일이 일어났는지 끊임없이 자문하고, 그리하여 자신이 자연의 반대쪽으로 가고 있다는 생각을 하면서 마음에 드는 표현을 즉시 찾아낸다."[52]

"완만한 일반 의지"[53]에 몰두하는 사람에게 있어서 나무의 이 같은 특권적인 매개는 인간으로 하여금 세계를 즉각적으로 감지할 수 있게 한다. 명상가는 그 속에서 자신과 모든 생명의 기원을 발견한다. 나무를 마주하고—혹은 나무 구멍 속에서—펼쳐지는 인간의 몽상은 동적인 동시에 매우 정적인 상상력을 낳는다. 인간에게 있어서 나무는 평온과 지혜의 전형이다. 태양이 수평선 아래로 모습을 감추고 추위가 대지에 엄습하면, 잎이 떨어진 나무는 긴 휴식과 동면의 시간 속으로 들어간다. 그러나 겨울잠을 자기 위해 땅 속으로 자취를 감추는 동물과 달리 나무는 존재와 부재의 속성을 동시에 갖는다. 나무의 수액은 인간의 혈액처럼 가지들 사이를 끊임없이 순환하면서 그 뜨거운 기운을 나무 둥치의 아래로, 뿌리가 시작하는 곳으로, 즉 땅 속으로 실어 나른다. 부드러움과 연약함, 그 모든 것을 상실한 앙상한 나무는 얼핏 보면 송장이나 해골에 지나지 않는다. 그러나 이런 낙엽수와는 반대로 항상 그대로의 모습을 간직하는 수지류 나무도 있다. 전자는 죽음과 그 뒤에 이어지는 부활을, 후자는 생명의 불멸성을 상징한다. 이 둘은 전혀 서로 모순되지 않는다. 왜냐하면 이러한 현상들은 한 생명의 두 가지 양태를 나타내고 있는 것으로, 서로 보완적인 성격을 띤다고 말할 수 있기 때문이다.

태양이 다시 천정점天頂點에 도달할 때, 나무는 마치 부활한 사자死者처럼 보인다. 새들이 알록달록한 빛깔의 옷으로 갈아입는 교미기가 오면 나무는 빛깔 좋고 그윽한 아주 싱싱한 잎사귀들로 뒤덮이고, 곧 신록으로 성장한다. 나무가 스스로에게 빠져드는 이러한 광경을 보는 사람들에겐 나무의 삶이 우리들의 삶보다 더 수월한 것처럼 보인다. 그것은 아마도 나무의 삶이 더 내면적이고 신중하며 비밀스럽기 때문에, 그 삶이 침묵 속에 펼쳐져 있기 때문에, 특히 그 삶이 자연의 위대한 리듬에 복종하기 때문에 그럴 것이다.

봄날 나무를 마주하고 꿈꾸지 않을 자, 누구인가? 유혹처럼 다가오는 조용한 개화開花를 느끼지 않을 자, 또한 누구인가? 감동할 줄 모르는 현대인일지라도 봄의 장관을 눈앞에 두고 무감각할 수는 없을 것이다. 자연 속에서 살았던 고대 인류를 상상해 보자. 이들에게 있어 자연과의 일치는 복종이 아니라 조화를 의미했다. 더욱이 명상가는 이러한 몽상을 통해 그 근원적 의미를 재발견한다. 이때 몽상은 가장 진실되고 미래 예견적인 존재 양태를 구축한다. 붓다는 나무 아래에서 꿈을 꾸다가 너무도 인간적인 악몽에서 깨어난다.

신성한 무화과나무 아래에서 명상에 잠기는 동안 인간이 끊임없이 분리되려고 하는 우주에 대한 직관적 이해가 존재의 저 밑편에서 떠오른다. 그것은 인간이 점유하고 있는 장소에 대한 이해요, 그가 수행하고 있는 역할에 대한 이해이다. 그것은 모든 생물체가 소유하고 있으나 단지 인간에게만 거부당하는, 아니 오히려 인간만이 거부하는 자연적이며 필요충분한 이해이다.

지상과 하늘을 연결하는 나무가 제공하는 수로를 통해 명상가는 어두운 지하의 물질을 통과하고, 의식적이든 무의식적이든 지상과 하늘 사이를 오르내릴 수 있게 된다. 이 수로에서 나온 광채를 띤 순수한 에너지가 인간에게 생기를 준다. 인간은 빛을 지향한다. 인류의 진화 과정을 보여 주는 계통수系統樹를 통해 인간은 자신의 기원과 그 기원 너머의 것까지도 밝혀낼 수 있으며, 전全 인류의 모습을 찾게 된다. 결국 계통수에 의해 인간은 뿌리를 되찾고, 고갈되지 않는 근원적인 샘물에서 물을 퍼 올린다.

거기에 도달한 인간은 자신의 내부에 발생의 기원에 대한 모습이 그려지는 것을 느낀다. 그것은 마치 시간의 흐름을 거슬러 올라가면서 만들어진 세계, 즉 나무가 현존하기 때문에만 인간이 살 수 있게 된 하나의 세계를 관조할 수 있는 특권을 갖게 된 것과 같다.

몽상 외에는 그 어떤 사실적인 것도 존재하지 않는다. 왜냐하면 상상력을 통해 우리의 마음속에 불러일으키는 것들은 고생물학이 해온 기나긴 탐색 작업의 결과와 다를 것이 하나도 없기 때문이다. 고생물학은, 최초의 생물이 반드시 식물은 아니었다고 하더라도, 모든 동물이 어쨌든 식물 없이는 생존할 수 없다는 것을 우리에게 알려 준다. 왜냐하면 육식 동물이라고 하더라도 그가 먹는 것은 초식 동물이기 때문이다. 식물만이 자연 요소들을 변화시키면서 그것들을 서로 동화시킬 수 있기 때문에 이 요소들 그 자체는 식물과 불가분의 관계를 갖는다. 식물은 땅 속에 수분과 염분을 불어넣고, 그 대신 엽록소의 동화 작용을 통해 태양 에너지로부터 곧바로 양분을 공급 받는다. 동화 작용을 하면서 식물은 우리가 호흡하는 산소를 내뿜는다. 태어난 바다를 떠나기 전만 해도 해초였던 식물들은 다른 모든 생물체에 필요한 공기층으로 지구를 둘러싼다. 식물이 대지를 덮는 날, 모든 것이 변한다. 바다 한가운데에서 시작된 연속적인 변모 과정을 통하여 나무는 하늘로 뻗어 나가 성장의 정점에 도달한다. 거대한 유기체요 경이로운 에너지의 압축기이자 생화학적 변압기인 나무는 물을 밖으로 내보내며 소량의 물만을 사용하여 대기 중에 남은 여분의 수분을 증류시킨다. 이 과정에서 수증기가 응축되어 구름이 되고, 구름은 단비가 되어 대지에 다시 떨어진다. 그리하여 죽은 나뭇잎들은 부식토가 되어 장차 기름진 토양을 만들게 된다.[54]

이렇게 광범위한 생명의 변화 과정이 진행되는 동안 전설적인 우주목은 상징이 된다. 최초의 인류가 자신뿐 아니라 자신의 후손들보다도 오래 사는 이 거대한 존재를 어떻게 숭배하지 않을 수 있었겠는가. 왜냐하면 나무는 다른 어떤 존재보다도 더 오래, 매우 오래 살기 때문이다. 사람들은 천 년이 지나도 생생히 살아 있는 그 어떤 본질이 나무에 존재한다고 생각했던 것 같다. 우주목은 또한 모든 생명체들 가운데 가장 위대하고 가장 훌륭하다. 유사 이전에 나타났다가 모습을 감추었던 거인족들은 물론이고 그 어떤 동물도 우주목을 능가할 수는 없다. 본래적 의미에서 숲의 인간인 원시인에게나 현자賢者에게나 우주목은 진실로 그 모든 지구상의 피조물들 가운데 으뜸인 존재이다. 나무는 하늘과 가장 가깝게 닿아 있는 생물체로, 땅과 하늘을 서로 연결시킴으로써 신들이 다니는 통로의 역할을 했다.

제2장 신비의 사다리

이제부터 우리는 고대에는 보편적이었던[1] 현상이 지금까지도 남아 있는 샤머니즘의 고장 시베리아로 향할 것이다. 우리는 앞서 오딘이 신통력을 얻기 위해 마치 샤먼처럼 행동했다는 사실을 언급한 바 있다. 그의 희생은 미래의 입문자들이 꾸는, 그들의 소명을 보여 주는 꿈과 그대로 일치한다. 야쿠트족이나 부리야트족의 젊은이는 먼저, 자신의 머리를 자르고 몸을 산산조각 내어 불 위나 냄비의 물 속에 집어넣은 여러 영혼들을 만난다.[2] 자신이 죽었다고 생각하는 이 풋내기 입문자는 조각나 있는 자신의 해골을 보게 되고, 영혼들은 그의 뼈를 새로 맞추고 그 뼈에 살을 다시 붙여 준다. 이들은 종종 입문자의 머리를 다시 만들어 그에게 "어떻게 사람들이 그 속에 있는 문자들을 읽을 수 있는지"를 보여 준다. 이들은 또한 미래의 샤먼이 될 자의 눈을 변화시키기도 한다. 즉, 미래의 샤먼은 엑스터시에 빠져들면 더 이상 육체의 눈이 아닌—더욱이 그는 눈을 감고 있는 상태이다—마음의 눈으로 사물들을 보게 된다. 새로운 눈을 가지게 된 오딘은 이러한 상태에서 룬 문자를 발견했었.

스노리는 오딘을 이렇게 묘사하고 있다. "누워 있는 그는 마치 잠을 자고 있는 것 같기도 하고 죽어 있는 것 같기도 하다. 그러다가 갑자기 새나 들짐승, 물고기나 용으로 둔갑하여 눈 깜짝할 사이에 먼 곳으로 간다……." 마찬가지로 북유럽의 마법사들은 육체가 무의식 상태에 빠지는 동안 종종 동물로 변해 서로 싸우기도 한다. 오딘은 "아홉 낮 아홉 밤"을—아홉이라는 숫자는 우주목의 숫자이다—이그드라실에 매달려 있다가 자신의 말 슬라이프니르를 타고 이그드라실의 세 번째 뿌리 밑에 위치한 아홉 개의 지하 계단을 내려간다. 그가 도착한 곳은 사후의 세계인 니프헬로, 이곳에서 오딘은 오래전에 죽은 여자 예언자에게 무덤에서 일어나 자신이 묻는 말에 대답하라고 명령한다. 이미 죽은 예언자에게 조언을 청하는 이런 형식의 강신술3)은 시베리아의 샤먼들에게는 매우 흔한 일이다. 마지막으로 여덟 개의 발굽을 가진 말은 샤먼이 저승을 여행할 때 이용하는 매우 훌륭한 도구이며, 오딘이 세상의 구석구석에서 일어난 일들을 자신에게 보고하라고 내려 보낸 '휴긴'(생각)과 '뮤닌'(기억)이라는 두 마리의 까마귀는 샤먼을 보좌하는 일종의 "두 보호 영신"이다.

타키투스는 한 텍스트에서 그가 살고 있던 시대의 게르만족에게도 샤머니즘이 존재한다는 것을 증명하고 있다. "우리는 나할발르인들이 오래전부터 종교적으로 신봉하고 있던 나무 하나를 발견했다. 여장女裝을 한 사제가 이 나무에 대한 의식을 집전하였다."4) 당시 샤먼의 이 같은 변장은 드문 일이 아니었다. 이들 중 많은 수가 실제 여자 옷을 입고 다니면서 성적으로 불분명한 행동을 하였다. 솔직히 이 같은 모습은 남자에서 여자로의 단순한 전이가 아니라 오히려 양성적 신분을 드러내는 것이라고 말하는 것이 옳을 것이다. "그리하여 샤먼이 상징적으로 두 개의 성을 겸하는 일이 생긴다. 즉, 이들은 여성적 상징물을 착용하고 때로는 여자들의 행동을 흉내 내기까지 한다. 우리는 샤먼의 이러한 양성성이 의례적으로, 그리하여 구체적으로 인준되는 예를 보게 된다. 샤먼은 여자처럼 행동하고, 여자 옷을 입으며, 심지어는 남편까지 둔다.5) 이러한 의례적 양성성—혹은 무성성無性性—은 영성靈性을 나타내고, 신과 인간의 교류를 상징하는 것으로 여겨지며, 동시에 성스러운 힘의 원천을 의미하기도 한다."[6] 인간의 원초적이고 근원적인 이러한 양성적 가치는 통과 의례에서는 일반적인 것으로서, 의식이 행해지는 동안 "입문자가 갖고 있는 여성적 요소는 그것이 제거되는 순간에 이르러서야 비로소 그 모습이 확인된다."[7] 이러한 양성적 가치는 모든 전승에서 찾아볼 수 있는 것으로 누구나 갖고 있는 인간적인 조건, 즉 분리된 성을 초월하는 힘을 획득하는 것과 관련된다. 고대 세계에서 신들은 종종 양성자로 인식되었다. 그 이유는 흔히 "양성 상태와 탁월한 명석함"[8] 사이에 일종의 상관 관계가 존재한다고 믿었기 때문이다. 샤먼은 본래 자웅 동체인 우주목에서 자신들의 신기神氣를 이끌어내고 있는데, 이것은 창조신들도 마찬가지이다. 이들은 통합적 성성性性과 여전히 분리할 수 없는 완벽한 힘을 소유하고 있었다.[9]

게르만인들과 스칸디나비아인들처럼 시베리아의 민족들[10]도 세계의 한가운데에 성목이 우뚝 서 있다고 믿었다. 알타이인들은 "지구의 중심에 가장 키가 큰 한 그루의 전나무[11]가 솟아 있으며, 그 가지들은 천상에 살고 있는 수호신인 '바이-윌갠'이 사는 곳까지 뻗어 있다"[12]고 믿었다. 이 나무는 우주의 중첩된 세 개의 영역을 서로 연결한다. 오스티야크-바시유간인은 나무의 끝은 하늘에 닿아 있고, 뿌리는 저승에 박혀 있다고 생각했다. 타타르인은 천상의 나무와 똑같은 나무가 저승에도 존재한다고 믿었다. 즉, 뿌리가 아홉 개인 전나무가 사자의 왕인 이를레 칸의 궁전 앞에 심어져 있다는 것이다. 이 사자의 왕 역시 오딘이 그랬던 것처럼 나무의 둥치에 말을 맨다. 한편 골디인은 세 그루의 우주목이 존재하는데, 그중 첫 번째 나무는 천상에, 두 번째 나무는 지상에, 그리고 세 번째 나무는 땅 속에 있다고 이야기한다. 이 가운데 천상에 뻗어 있는 나무의 가지들 위에는 부활을 기다리는 죽은 자들의 영혼이 새처럼[13] 앉아 있다고 한다. 타타르 아바칸인의 전설에 따르면 철로 만들어진 산꼭대기에는 하얀 자작나무가 자라고 있는데, 나무의 일곱 개의 가지들은 "천상의 일곱 계단을 그릴 듯하게" 상징하고 있다. 또 우주산을 마치 사면체의 피라미드로 상상하는 몽고인도 있다. 이들은 피라미드의 정상에 우주목이 솟아 있고, 신들이 이 우주목에 말을 묶어 놓는다고 생각했다.14) 이러한 예들은 수없이 많으나 마지막으로 한 가지를 들기로 하자. 이 예는 특히 의미심장하다. 야쿠트인의 우주목이 바로 그것이다. 이 나무는 "대지의 황금 중심"에 세워져 있다. "이 나무의 꼭대기에서는 거품이 나는 노란색의 신성한 액체가 흘러나오는데, 지나가던 사람이 이것을 마시면 피로가 풀리고 허기가 가신다……. 세상에 모습을 드러낸 최초의 인간은 자신이 왜 그곳에 있는지 알고 싶어 하늘을 찌를 듯이 높이 솟아 있는 이 거대한 나무에 접근한다……. 그리고는 나무 줄기 속에서 한 개의 구멍을 발견한다. 구멍에서 밖으로 상반신을 내민 여인은 최초의 인간에게 그가 인류의 조상이 될 것임을 알려 주었다."15) 그리고 여인의 젖은 인간의 양식이 되었다. 이러한 일은 오딘이 세상의 비밀을 알고 싶어서 이그드라실 물푸레나무를 찾는 것과 유사하다. 물푸레나무 아래에서 그는 룬 문자를 계시 받는다. 상반신의 여인은 이집트 신화의 하토르와 크레타의 여신을 동시에 떠올리게 한다.16) 야쿠트인의 또 다른 두 가지 전설은 샤먼을 이 최초의 나무와 결부시킨다. 그중 하나에 따르면 가지 없는 이크-마르 나무는 아홉 번째 하늘까지 솟아 있으며, 샤먼들의 영혼이 나무의 마디마디에 깃들어 있다고 한다. 또 다른 전설은 아득히 먼 북쪽에 있는 거대한 한 그루의 전나무 위에서 샤먼들의 영혼이 탄생했다고 전한다. 이 영혼은 나뭇가지 위에 튼 둥지 속에 들어 있으며, 가장 훌륭한 샤먼들이 그중 제일 높은 자리를 차지한다.

 샤먼은 자신의 소명을 예언 받는 입문몽入門夢을 꿀 때에야 비로소 "모든 인간에게 생명을 주는 나무"를 만난다. 포포프17)의 이야기 속에 등장하는 사모예드의 샤먼이 그러하다. "천연두에 걸려 거의 죽을 지경에 이른 한 환자가 있었는데, 사흘째가 되던 날 사람들은 그를 묻으려고 했다. 이 과정에서 그에게 입문 의식이 치러진다. 그는 파란만장한 긴 여행을 하고, 급기야는 '아홉 개의 바닷가'로 실려 온다. '아홉 개의 바닷가' 중에, 중앙에 섬이 있고 그 섬 위에 어린 자작나무 한 그루가 하늘까지 자라나 있는 바다가 있었다. 어린 자작나무는 바로 '대지의 주인의 나무'였고, 그 주위에는 '모든 식물들의 조상'인 아홉 개의 풀이 돋아 있었다. 나뭇가지 위에는 '몇몇 나라의 시조'격인 인간들이 앉아 있다. 입문자가 자작나무의 주위를 한 바퀴 돌고 난 후 뒤로 물러서자 나무의 주인이 그를 다시 불렀다. 그리고는 '나의 잔가지 하나가 지금 막 떨어졌다. 그대가 그것을 주워 북을 만들면 평생 이로운 일이 있을 것이다'라고 말했다." 나무의 주인이 몸소 샤먼에게 이 같은 임무를 부여한 것은 바로 북이 "우주목에서 나온" 것이며, 샤먼의 의식에서 중요한 역할을 수행하기 때문이다. 이 북을 울리면서 샤먼은 "우주목에", 즉 신들에게 닿을 수 있는 유일한 지점인 세계의 중심으로 빠져든다.

샤먼의 자작나무

북아시아의 우주목이 보통 전나무라면, 시베리아 샤먼들에게는 자작나무가 늘 그 역할을 한다. 한 예로 부리야트인의 성무 의례成巫儀禮를 들 수 있다. 의식은 입문자를 정화시키는 것으로 시작되는데, 의식이 진행되는 동안 "아버지 샤먼"은 백리향 속屬의 식물과 노간주나무, 그리고 전나무 껍질과 같은 여러 가지 재료들을 함께 넣고 끓인 물에 자작나무 잔가지로 만든 빗자루를 담근다. 그러면 그의 문하생인 "아들 샤먼들"이 이것을 흉내 내고, 아버지 샤먼은 이 빗자루로 아무것도 걸치지 않은 입문자의 등을 쓸어내린다. 어떤 부족들의 경우, 이 다음에 아버지 샤먼과 아홉 명의 "아들"들이 천막 아래로 몸을 숨기고 최초의 봉헌 의식인 '카라가쿨카Khärägäkhulkhä'를 준비하기도 한다. 그리고 그들은 9일 동안 단식한다. 여기서 우리는 우주목의 숫자와 관련된 오딘의 금욕 기간을 떠올릴 수 있다.

"성무 의례가 있기 전날, 젊은이들은 샤먼의 지휘 아래 마을 사람들이 묻혀 있는 숲에서 자라고 있는 곧고 굵은 자작나무를 충분히 베어 둔다."[18)] 이 나무들은 축제에 초대된 조상들의 영혼을 보호해 준다. 다음날 아침 사람들은 특정한 장소에 자작나무를 하나씩 놓는다. 그리고 입문자의 천막인 '유르트' 중앙에, 베어 낸 나무들 가운데 가장 단단한 것을 고정시킨다. 나무의 뿌리는 아궁이 속에 넣고 그 꼭대기는 굴뚝을 통과하도록 한다. 이 자작나무는 샤먼이 하늘로 들어가는 입구를 열어 주기 때문에 "문지기"라는 의미의 '우데쉬 부르칸Udeshi burkan'이라고 이름 붙여진다. 나무는 언제나 천막 속에 있을 것이며, 이는 입문자가 현재 그 천막 안에 있다는 것을 의미한다. 따라서 이번에는 이곳이 "세상의 중심"이 되는 것이다.

"다른 자작나무들은 성무 의례가 거행될 장소인 천막에서 멀리 떨어져 있다. 나무들은 엄격한 순서에 따라 심어져 있었다. 그 첫 번째 그룹은 '기둥'이라고 불리는 세 그루의 나무로 구성되어 있으며, 사람들이 그 나무의 뿌리를 보호하고 있다. 제물은 첫 번째 나무 앞에 놓여지며, 종鐘과 제물이 된 말의 가죽은 두 번째 자작나무에 묶인다. 그리고 땅에 굳게 뿌리를 박고 있는 세 번째 자작나무는 입문자가 하늘로 올라갈 때 사용된다." 천막 안의 나무는 나머지 모든 나무들과 두 줄의 리본으로 연결되어 있다. 무지개를 의미하는 이 두 줄의 리본은 붉은색과 푸른색으로, 샤먼은 이 리본을 통해 영혼들의 천상 거주지에 도달한다.

일군의 죽은 샤먼들은 샤머니즘 의식의 도구들을 축성하고 제물들을 제공하며 미래의 입문자의 "보호자"에게 기원을 한 다음, 아버지 샤먼을 선두에 세우고 그 뒤에 입문자와 아홉 명의 아들을 뒤따르게 하여, 늘어선 자작나무를 향해 열을 지어 나아간다. 숫염소 한 마리가 제물로 바쳐지고, 상반신을 드러낸 입문자는 입문 지도자들이 북을 치는 동안 머리와 눈과 귀에 염소의 피를 바른다. 그런 다음 승천 의식이 거행된다. 아버지 샤먼은 자작나무에 기어올라가 그 꼭대기에 아홉 군데의 홈을 파낸 뒤 아래로 내려와서는 아들들이 나무 밑둥으로 가져온 양탄자 위에 앉는다. 이어서 입문자가 나무에 올라가고 나머지 샤먼들이 그 뒤를 따른다. 나무를 기어오르면서 그들은 엑스터시에 빠져든다. "발라강스크의 부리야트족의 경우, 양탄자 위에 앉은 입문자는 자작나무 주위를 아홉 바퀴 돈다. 그는 나무마다 올라가서 그 꼭대기에 아홉 개씩의 홈을 판다. 위에 있는 동안 그는 샤먼이 된다. 땅에 있는 아버지 샤먼 역시 엑스터시 상태가 되어 나무 주위를 돈다." 아홉 개의 홈이 파인 이 아홉 그루의 자작나무는 '바이-월갠'이 있는 아홉 번째 하늘을 상징한다.

우리는 앞서 중국인의 우주목인 '키엔-모우'가 "아홉 번째 샘물(죽은 자들이 머무는 곳)을 아홉 번째의 하늘"과 연결시키는 것을 보았다. 그리고 웁살라의 스웨덴인들이 9년마다 이그드라실을 대표하는 성목 주위에서 모임을 가졌다는 사실 또한 알고 있다. 이 숫자는 9년마다 왕의 권능을 새롭게 하는 것과 관련 있다. 여기에서 우리는 9라는 숫자가 샤먼들의 자작나무와도 긴밀한 관계가 있음을 알게 된다. 다른 몇 가지 예들을 덧붙인다면, 야쿠트인이 제단 위에 아홉 개의 술잔을 놓는 것이나 체레미스인이 하느님에게 아홉 개의 빵과 꿀물이 들어 있는 아홉 개의 잔을 바치는 것, 그리고 볼가의 추바크인이 "신들을 각각 아홉으로 나누고, 아홉 명의 제물 처단자와 제물, 그리고 아홉 개의 술잔으로 제사를 올리는 것" 등을 들 수 있다.[19] 이러한 예들은 9라는 숫자가 우주목과 연관되어 있음을 보여 주는데, 지역에 따라서 나무의 종류가 물푸레나무, 전나무 또는 자작나무 등으로 다르게 나타나지만 그 숫자에는 변함이 없다.

9보다는 덜 등장하지만 신성하게 여겨지는 또 다른 숫자가 있다. 앞서 보았듯이 나무가 승천하여 도달할 수 있는 하늘은 9개로 여겨졌으나, 중국인들이나 알타이인들은 이를 대부분 7개로 생각했다. 미르치아 엘리아데가 지적한 대로 이것은 행성이 7개라고 본 고대 메소포타미아인들의 생각에서 차용한 것인데, 반면 우주의 세 지역을 표상하는 3의 3승인 숫자 "9는 그보다 오래된 상징의 한 부분을 이루고 있다." 그리하여 천구天球의 수이며 지옥의 순환 주기와 한 쌍을 이루는 숫자인 9는, 그것이 우주의 순환을 가능케 하므

로 궁극적으로 우주목의 진정한 숫자가 되는 것이다.[20]

우리가 방금 전에 살펴본 샤머니즘의 성무 의례는 고대에는 종종 아홉 번에 걸쳐 다시 행해지거나, 3년째와 6년째에 한 번씩 2번 반복되었는데, 여기에서도 9가 등장한다. 우리는 북아메리카와 인도의 샤먼 입문 의식에서도 이 같은 의례적인 나무 오르기를 찾아볼 수 있다. 베다교에서도 제물을 바치는 사람은 신들의 거주지인 하늘에 도달하기 위해 신성한 기둥에 올라간다.

필요한 힘을 얻은 샤먼은 이제 신들과의 소통이 가능해져서 신들이 사는 세계로 여행을 떠난다. 샤먼은 이에 앞서 밝은 색깔의 말 한 필을 제물로 바친다.[21] "어둠의 동물이자 망령의 탁월한 인도자"인 말은 저 세상으로 죽은 자들을 인도하고, 입문자가 육신을 떨치고[22] 하늘을 날아올라 천상에 도달할 수 있도록 도와준다. 샤먼은 영혼들과 영혼의 보호자들 그리고 영혼의 인도자들을 불러 모아 그들에게 "자신의 무고巫鼓 속으로 들어가라고" 부추긴다. 무고는 샤먼에게 말[馬]의 구실을 한다. 길게 울려 퍼지는 북 소리는 내세로 들어가는 데 필요한 에너지를 집중시키는 역할을 한다. 그러므로 무고는 샤먼의 가장 소중한 재산이다. 나무로 된 무고의 테두리는 신들 가운데 으뜸신인 '바이-월갠'이 우주목에서 떨어뜨려 준 나뭇가지로 만들어졌기 때문에 이 나무 위에서 승천이 이루어진다. 다음날 저녁, 의식의 가장 중요한 부분이 시작된다. 기나긴 의식이 진행되는 동안 샤먼은 점점 더 무아경에 빠져들고, 이윽고 그는 상징적으로 자작나무에 올라간다. 파인 홈을 하나씩 짚고 올라가면서 그는 다음과 같은 노래를 부른다.

나는 디딤판을 기어오르네.
한 칸을 올라갔네.

그런 다음 더 높은 곳에 이르게 되면 이렇게 노래한다.

나는 두 번째 층에 도달했네.

두 번째 칸을 훌쩍 뛰어넘어 보니,
광채로 빛나는 땅이 날아다니는구나.

잠깐씩 멈추기도 하지만 승천은 계속되고, 샤먼은 자신이 우연히 만난 여러 인물들과 관련된 모험담과 에피소드를 이야기한다.[23] 다섯 번째 하늘에서 그는 미래의 비밀을 계시해 주는 강력한 창조주와 대화한다. 여섯 번째 하늘에서는 달에게, 일곱 번째 하늘에서는 태양에게 인사한다. 이렇게 하늘을 하나씩 통과하면서 그는 마침내 아홉 번째 하늘에 도착하게 되는데, 여기가 바로 대기의 신이요 비옥함과 풍요의 신이자 인간들의 수호신인 '바이-윌갠'이 사는 곳이다. 이 아홉 번째 하늘에서 샤먼은 '바이-윌갠'으로부터 그가 창조하게 될 시간들과 거두게 될 미래에 관한 예언을 듣게 된다. 바로 이 때 "엑스터시가 최고조에 달한다. 이윽고 무아지경의 상태가 끝나고, 샤먼은 지쳐 쓰러진다. 움직임 없는 정적의 시간이 한동안 계속된다. 잠시 후 샤먼은 정신을 차리고 눈을 비비면서 일어나 긴 여행을 다녀온 사람처럼 주위에 모여 있던 사람들에게 인사를 건넨다."

그런데 북아시아인들이 우주목으로 여겼던 전나무 대신 이곳에서는 어째서 자작나무가 우주목의 역할을 하는 것일까? 분명 자작나무의 키가 훨씬 컸기 때문은 아니다. '베툴라 베르코사Betula verrucosa Ehrh.'는 25미터를 넘지 못하고 '베툴라 부브세켄스Betula pubsecens'는 그보다 조금 작아서 15~20미터 정도이다. 그리고 전나무의 수명이 적어도 700년은 되는 반면 자작나무는 아무리 오래 산다 해도 거의 100여 년을 넘지 못한다. 그러나 섬세함과 우아함, 그리고 정상을 향해 뻗는 순수함, 은빛 도는 백색 껍질의 아름다움 등등, 자작나무는 모든 전승이 인정하고 있는 여러 특징을 소유하고 있다. 따라서 자작나무는 본질적으로 빛의 나무인 것이다.

성녀 브리지트와 성촉절

아닌 게 아니라 켈트족의 성스러운 달력인[24] "나무들의 알파벳" 속에서도 자작나무는 양력으로 첫 번째 달(12월 24일부터 1월 21일까지)에 놓여 있다. 따라서 자작나무는 태양의 재생과 관련된다. 사람들은 흔히 부드러운 표면을 달의 속성이라고 생각하는데, 은빛 찬란한 광채가 연상되는 보름달의 외면적인 모습은 종종 태양과 달 모두에게 부여되는 특징이 되며, 이러한 경우 남성적인 동시에 여성적인 이중적 특성을 띤다. 빛의 재상승을 기념하는 축제인 성촉절에 자작나무는 특히 성녀 브리지트에게 봉헌된다. '비르지트 Birgit'라는 이름은 자작나무를 의미하는 말인 인도-유럽어 비르그Bhirg에 그 어원을 두고 있는데, 비르그는 영어로는 birch, 독어로는 die Birke로 쓰인다. 5세기 후반에 태어난 킬다르의 성녀 브리지트는 성자전에서 이교도 수장 首長의 딸로 등장하는데, 후일 아일랜드의 수호 성녀가 된다. 그녀는 원래 불과 식물의 재생을 주관하는 켈트족의 고대 신이었으며, 아일랜드의 드루이드 교도들이 숭배하던 최고의 신 다그다의 딸이었다. 성녀 브리지트 축일은 10세기 카셀의 대주교 코르마크가 규모가 큰 아일랜드 축제로 꼽은 네 가지 중 하나로, 스코틀랜드의 하일랜드[25]에서는 성촉절의 전야인 2월 1일에 장엄한 의식이 거행된다. 영국에서는 한 여신의 사원에서 꺼지지 않는 불을 보존한다. 이 여신은 로마인들의 미네르바 격으로 실제로는 브리지트에 해당하며, 병을 치유하는 자인 동시에 켈트족의 음유 시인들―어떤 면에서는 샤먼에 비유될 수 있는 사람들―과 대장장이의 수호 성녀였다. 헨리 8세가 수도원을 없애는 16세기에도 여전히 성녀 브리지트를 모시는 수녀들은 아일랜드의 킬다르에서 불을 보전하고 있었다. 이 불은 성녀가 땅에 묻히는 순간부터 성녀의 무덤 위에서 활활 타올랐으며, 결코 꺼지지 않는 마법의 속성을 지니고 있었다. 킬다르는 "떡갈나무의 교회"를 의미한다. 이곳은 과거 이교도의 성스러운 숲인 '네메톤nemeton'이었다. 열아홉 명의 수녀들이 번갈아 가며 밤마다 불을 지폈고, 20일 째 되는 날 마지막 차례의 수녀는 불 위에 장작을 쌓고 이렇게 말한다. "브리지트, 당신의 불을 보살피세요, 오늘밤은 당신 몫이니까." 다음날 아침 수녀들은 여전히 타오르는 불을 발견한다.26)

고대에도 정화의 달인 2월은 항상 성녀 브리지트 축일로부터 시작했다. 라틴어로 '페브루아레februare'는 "정화하다, 종교적으로 속죄하다"라는 의미를 가지고 있다. 율리우스 카이사르가 개혁을 단행하기 전까지 사용되던 고대력을 보면 로마에서는 한 해를 마감하는 2월이 죽은 자들의 달이었다. 2월 한 달 동안 사람들은 지난해에 지은 여러 가지 죄들을 씻어내고자, 로마인들의 후손으로 도시 국가의 종교 생활을 관장했던 누마 왕이 만들었다고 하는 '정화 제의Fébruales'를 거행했다. 이러한 축제들은 횃불이 켜진 밤에 진행되었는데, 에트루리아의 죽은 자들의 신인 '디스 파테르Dis Pater'와 흔히 동일시되는 신인 페브루우스Februus의 신전을 제외한 다른 모든 신전들은 문을 닫는다. 또 2월 15일에는 루페르쿠스를 기리는 목신제가 거행된다. 그의 사원 루페르칼은 로물루스와 레무스가 늑대의 젖을 먹고 자란 팔라티누스 산 아래의 동굴이었다. 그리스의 판 신에 해당하는 루페르쿠스는 양떼의 보호자요 풍요의 신이기도 해서 파우누스라고도 불렸다. 목신제가 벌어질 때 사제들은 옷을 벗은 채 어깨에 숫염소 가죽을 걸치고, 방금 막 제물로 바쳐진 염소의 가죽에서 잘라 낸 가는 가죽끈으로 군중들을 치면서 로마 거리를 활보하고 다녔다. 아이를 낳지 못하는 여인들은 그들의 손과 등을 잡고 임신을 기원한다. 그들은 죽은 자들을 찬양하면서 더불어 미래의 다산을, 다시 말해 부활한 사자 死者에 지나지 않는 아기를 약속 받고자 했던 것이다. 한 해가 시작되기 전에 묵은 잘못들을 속죄하고—루페르쿠스는 로물루스와 레무스의 유모였던 암늑대를 죽인 것으로 알려져 있다—스스로를 정화하는 것은 매우 중요했다.

이러한 모습이 유일하게 분명히 남아 있는 것은 그리스도교력歷이다. 목신제에서는 켈트족에 그 기원을 두고 있는 성대한 양초 예식이 행해졌기 때문에, 494년 로마 교황 젤라시우스에 의해 폐지된 후에도 목신제는 성모 취결

례, 성촉절 또는 촛불 축제로 대체될 수 있었다.

게르만의 신화에서 자작나무는 벼락과 전쟁의 신인 도나르-토르의 나무였다. 이 신은 북유럽, 특히 노르웨이에서는 오딘보다도 더 힘이 센 최고의 신으로 간주된다. 잘 알려져 있다시피 러시아의 민속에서도 자작나무는 중요한 역할을 담당했다. 켈트족이나 북슬라브인들에게서와 마찬가지로 게르만-스칸디나비아인들이나 알타이인들에게서도 자작나무의 속성들과 관련된 믿음은 거의 동일하다.[27] 다알이 수집한 러시아의 속담[28]들에 따르면 자작나무는 다음과 같은 네 가지 역할을 한다. 즉, 자작나무는 세상에 빛을 주고, 분쟁을 중재하며, 병자들을 치유하고, 마지막으로는 더러움을 제거한다. 이는 자작나무의 네 가지 주된 용도와도 일치한다. 사람들은 나뭇가지로 횃불을 만들고, 스칸디나비아식 사우나에 온몸을 담그고 빗자루와 회초리로 자신의 몸을 친다. 또한 사람들은 자작나무에서 짐수레 바퀴의 삐걱거림을 방지하는 데 쓰이는 타르를 추출한다. "자작나무의 피"인 나무의 수액은 민간 요법, 특히 오늘날에는 식물 치료 요법에서 자주 사용되고 있다.

자작나무, 독버섯 그리고 소마

자작나무의 역할은 오히려 엑스터시의 상태에 들어가기 위하여 샤먼이 섭취하는 독버섯과 깊은 관계가 있다. 이 버섯은 몇몇 나무 아래에서 돋아나지만, 특히 자작나무 아래에서 쉽게 발견된다. 그 다음으로는 시베리아인들의 우주목인 전나무 아래에서 자주 발견된다. 샤먼이 독버섯을 먹고 나면 우선 비몽사몽의 상태가 오고, 이어서 "그는 무업巫業을 완수하기 위한 흥분 상태에 빠진다." 이러한 현상은 시베리아에서뿐 아니라 인도의 『리그-베다』[29]의 찬가 속에서도 찾아볼 수 있다. "한 시간 후에 최초의 징후가 느껴진다. 병자의 얼굴에 혈색이 돌고, 그의 몸은 가볍게 전율한다. 그런 다음 종종 성욕이 동반된 요란한 흥분 상태에 돌입한다. 그는 춤추고, 깔깔대며 웃기 시작한다. 이어서 고함 소리와 욕설이 퍼부어지고, 분노가 폭발한다. 환청과 환각 증상이 나타난다. 물체의 형상이 변형되면서 그 윤곽이 겹쳐 보인다. 마침내 병자는 하얗게 질리면서 몸이 뻣뻣해진다. 몇 시간이 흐른 뒤 그는 의식을 되찾지만, 자신에게 일어났던 일들을 하나도 기억하지 못한다."30) 서유럽에서 독버섯은 언제나 불길한 것으로 여겨졌다. 식물학자 장 보생은 독일에서는 이 버섯이 16세기부터 "광인들의 버섯"으로 불렸다고 적고 있다. 민간 신앙은 이 독버섯을 두꺼비와 연결시키고 있는데, 전통적으로 두꺼비는 지하 세계의 음울한 힘과 달과 비와 관련된 마녀들의 동물이었다. 영어로 독버섯의 속칭들 중 하나는 "두꺼비 왕관"이다. 이 모든 자료들은 서로 관련이 없어 보임에도 불구하고 샤먼 의식에 있어 버섯이 사용됐다는 공통된 사실에 귀결된다.

그러나 독버섯에 대한 이 같은 나쁜 평판에도 불구하고, 사실 이 버섯은 해롭지 않다. 독버섯이 일으킬 수 있는 여러 장애들—샤먼들이 추구하는 것들—은 비록 그 장애가 버섯을 먹은 사람들로 하여금 불안에 떨게 만들기는 해도 아무런 나쁜 영향을 끼치지 않는다. 그래도 역시 시베리아의 몇몇 지역에서는 이 버섯이 엄격한 금기의 대상이다. 오브 계곡의 보굴족 사회에서는 샤먼들만이 예외적으로 이 독버섯을 먹을 수 있었으며, "다른 어느 누구도 감히 치명적인 위험을 감수하려 하지 않았다." 시베리아에서 이 버섯은 매우 값나가는 물건이었다. "독버섯이 드문 지역에서는 엄청난 값을 치르고서야 그것을 손에 넣을 수 있었다. 코리악족들은 버섯과 순록을 서로 교환하는 데 주저하지 않는다. 우리는 여기서 환각제의 사용과 순록의 문명 사이의 밀접한 관계를 알 수 있다."31)

퉁구스족인 오로츠인들은 죽은 자들의 영혼이 독버섯의 형태로 달 속에 깃들었다가 지상으로 다시 내려왔다고 믿고 있다. 이 같은 사실은 우리가 앞서 언급했던 달과 자작나무의 관계를 더욱 확실하게 한다. 시베리아에 널리 퍼져 있는 민간 신앙에 대해서는 알타이인들의 종교에 대한 중요한 연구서들을 쓴 핀란드 역사가 우노 홀름베리-하르바의 『시베리아 신화』32)에 잘 나타나 있다. 자작나무의 영혼은 신자의 기도에 응답하여 줄기나 뿌리들 사이로 종종 모습을 나타내는 중년 여인으로 표현된다. 그녀는 머리를 풀어헤치고 나타나는데, 신자의 두 눈을 지그시 응시하면서 자신의 가슴을 그에게 보이고 손을 내민다. 그녀의 젖을 먹은 후 남자 신도는 자신의 힘이 엄청나게 늘어났다는 것을 느끼게 된다. 고든 와슨33)이 주목하고 있듯이 실제로 문제가 되는 것은 바로 독버섯의 영혼이다. "그녀의 젖가슴이 『리그-베다』에 등장하는 유방(우단ûdhan), 즉 유액을 분비하는 버섯의 갓과 무엇이 다른가? 이는 동일한 이야기의 변형에 불과하다. 나무는 '천상의 노란 유액'을 분비한다. 이것은 바로 『리그-베다』의 '다갈색' 파바마나가 아니겠는가?" 오랫동안 세계의 여기저기에 분포한 다양한 버섯들의 환각 효과에 관한 실험에 몰두했던 고든 와슨은 마침내 소마가 어떤 식물로부터 유래하였는지를 알아내는 데 성공했다. 아리아인들에게 신성하게 떠받들어지고, 『리그-베다』의 120개 찬가에서 칭송되던 소마는 "나무와 풀의 왕, 물의 왕이며 안내자―또한 그것들의 배태자(우주적 근원)―, 신들의 왕이자 죽은 자들 또는 태양이 비추는 모든 것의 왕, 즉 세상의 왕"34)이었다. 소마의 즙은 식물을 자라게 한다. 또한 수액과 "생명의 요소, 생명을 운반하는 모든 유액의 전형이자 본질, 양식과 음료를 만드는 원칙"을 생성한다. 따라서 소마는 "암소의 젖"과 "남성적 힘을 가진 수말"을 배태시키는 빗물과도 같은 것이었다. 말에 대한 이 같은 언급은 매우 중요하다. 왜냐하면 말은 우주적 물푸레나무에 매여 있었고, 동시에 시베리아의 몇몇 지역에서 샤먼의 입문 의식이 거행될 때 제물로 바쳐졌기 때문이다. 아리아인들에게 있어서 말은 소마보다는 중요성이 덜했지만 소마를 제외하면 제1의 제물로 바쳐졌다. 소마는 "인간들만큼이나 신들도 필요로 하는" 불사의 음료인 동시에 "생명의 묘약"(암르탄Amrtan)이었으므로, 신들의 자비를 구할 수 있는 가장 적절한 제물로 간주되었다. 소마는 또한 생명의 힘과 지혜와 투시력을 증대시키고 흥분과 성스러운 도취의 상태로까지 에너지를 발산시켰다. 신과 사제들은 이것을 함께 마시고 그들 사이의 관계를 더욱 친밀하고 두텁게 하였으며, "사랑으로 땅과 하늘을" 하나가 되게 하였다. 그리하여 신성한 도취감의 원천이자 상징인 소마는 이렇게 찬양되었다.

> 우리는 소마를 마셨고, 불사의 존재가 되었도다,
> 빛에 도달하여 신들을 만났으니.[35]
> 우리를 해칠 자 그 누구이며, 어떠한 위험이 우리에게 닥칠 수 있으리오.
> 오, 불사의 소마여!
> 마찰로부터 생겨난 불처럼 나를 타오르게 해주오,
> 우리를 비추고, 더욱 영화롭게 하소서……
> 우리의 영혼에 스며드는 음료여,
> 죽음을 면할 길 없는 우리에게 영원한 불사조여…….[36]

소마는 신들에게 제물로 바쳐지기 전에 일단 즙을 내는데, 이 의식을 우리는 아그니스토마 agnistoma라고 부른다. 이 의식은 매우 중요한 "마법의 의식"으로, 신들의 "갈증을 해소시키는 데"에 그 목적이 있었다. 특히 천둥과 전쟁의 신[37]인 인드라는 이를 너무 좋아한 나머지 지나칠 정도로 많이 마셨다. "방울방울 떨어져 흐르는 소마는 하늘에서 비가 되어 내린다."[38] 따라서 천둥과 비와 관련된 소마는 아그니스토마 의식이 진행되는 동안, 이 의식의 이름에서 알 수 있는 것처럼 아그니 신과 더불어 칭송되었다. 아그니 신은 하늘에서 내려온 불의 신으로서, 소마는 이 아그니 신과 한 쌍을 이룬다. 또한 소마는 죽은 자들의 영혼이 머무는 곳인 달과도 동일시되었다. 달리 말하자면 소마는 우주목, 특히 샤먼의 나무인 자작나무가 갖는 고유의 특징들을 보유하고 있었던 것이다. 아마도 바로 이 점이 '소마-달'과 '달-자작나무'라는 등식의 성립에도 불구하고 그토록 오랫동안 탐구자들을 혼란스럽게 만들었던 것 같다.

그러므로 고든 와슨의 의견에 따른다면 자작나무와 관련된 독버섯에서 그

수수께끼의 해결점을 찾아야 할 것이다. 자신의 주장을 뒷받침하기 위해 이 구균학자는 수많은 논거를 댄다. 그의 원리는 다음과 같다. 『리그-베다』의 그 어디에서도 이 식물의 뿌리, 잎, 열매 또는 씨에 대한 언급이 전혀 없다는 것이다. "『리그-베다』는 소마가 씨앗으로부터 나온 것이 아니라고 명시하고 있으며, 신들은 그 종자를 마음대로 이용할 수 있었다."39) 고든 와슨과 마찬가지로, 베다교의 전문가인 공다 역시 "소마의 즙은 매나 독수리가 하늘에서 가져온 것이다"40)라는 믿음이 있다는 것을 강조하고 있다. 소마는 특히 히말라야 같은 높은 산에만 있다. 우리는 히말라야가 훌륭한 우주산이며, 그곳에 몇 가지 종류의 자작나무들이 살고 있다는 사실을 알고 있다. 이들 나무들 중 '베툴라 우틸리스Betula utilis D. Don'와 '베툴라 자쿠에만티아나Betula Jacquemontiana Spach'는 인도의 다른 어떤 지역에도 존재하지 않는 일종의 근원목이다. 따라서 다음과 같은 가정이 가능해진다. 즉, 두 그룹으로 나눠지는 백인 정복자들이—인더스 산맥의 골짜기로 몰려든 근동의 침입자와 이란을 거쳐 서양을 침략한 또 다른 침입자들로, 후자는 『아베스타』를 통해 가장 위대한 제물로 여겨진 '하오마'(소마)를 이미 알고 있었다—고지 아시아의 북쪽 지방에서 소마를 가져왔다는 것이다. 이들은 고지 아시아에서 왔거나 그곳을 거쳐왔을 것이다.

고든 와슨에 따르면 산스크리트어로 된 옛 텍스트가 묘사하고 있는 식물은 독버섯의 특징에 일치한다. 텍스트에는 『리그-베다』에서 묘사된 신성한 젖(파바마나) 방울이 튀어 있는 유방(우단)이 나오는데, 이것은 버섯 갓에 수놓인 얼룩무늬에 해당한다. 그런데 바로 이 갓의 각피角皮에 여러 가지 장애를 야기시키는 무스카린이 특히 집중되어 있다. "찬가들은 그 식물의 붉고 빛나는 표면을 붉은 황소의 가죽에 비유한다."41) 최초의 희생 제의가 행해질 때 소마는 황소 가죽 위에 놓인다. "찬가는 또한 소마가 낮이나 밤이나 은빛이 도는 흰색으로 반짝인다고 노래한다. 낮이면 독버섯은 빛나는 색채로 환상적인 광경을 연출하며, 밤이 되면 그 빛이 사그라든다. 그럼에도 불구하고 소마의 흰색 표면은 마치 자작나무 껍질이 그러하듯이 달빛 아래서도 눈에 띈다."42) 이는 "아마도 식물의 세계에서는 유일한" 매우 특이한 속성일 것이며, 독버섯의 정체를 밝혀 주는 흥미로운 자료가 된다. 환각을 일으키는 활성 원리인 무스카린은 섭취된 후 곧 소변으로 배출된다. 이러한 특성을 잘 알고 있었던 시베리아 북동 지역의 주민들은, 버섯만큼이나 소변을 좋아하던 순록의 그럴 듯한 예를 본떠 버섯을 먹은 사람들의 소변을 마시는 관습을 갖고 있었다. 버섯의 효능은 소변을 마신 자들의 다음 4세대 혹은 5세대에까지 남아 있었다. 『리그-베다』는 여러 차례에 걸쳐 신들이, 특히 인드라 신이 소변으로 소마를 많이 배설했다고 말하고 있다. 그러므로 베다교 사제들이 몸속을 통과한 소마가 함유된 신들의 소변을 마셨다고 추측하는 것이 가능해진다.

반드시 필요하다고 생각했던 여담을 여기서 잠시 멈추기로 하자. 왜냐하면 고든 와슨의 가정은 자작나무와 소마를 간접적으로 연결시키고 있는데, 베다교는 샤먼들의 접신接神에 관해 거의 언급하지 않기 때문이다. 그러나 이는 우리의 연구에서는 상당히 흥미 있는 부분이므로, 이제는 시베리아의 샤먼들이 어떠한 역할을 수행했는지를 명확히 짚어 보는 것으로 논의를 옮겨 보도록 하자. 먼저 우리는 이들을 마술사나 마법사와 혼동해서는 안된다. 샤먼은 결코 자율적이지 않았으며, 자신을 샤먼으로 추대한 사람들에 의해 소명을 부여받아야만 했다. 그가 샤먼직을 수락하도록 만들기 위해 사람들은 어릴 때부터 자신들과 함께 "노는" 샤먼을 괴롭힌다. 어린 소년은 타인과 어울리지 못하는 불안한 성격을 갖게 된다. 그는 종종 심각할 정도로 의기소침해져서 행방을 감추기도 하고, 정신 착란에 빠져 견디기 어려운 고통에 신음하지만, 보이지 않는 압박감에서 비롯된 여러 가지 문제들을 스스로 해결해야만 한다. 소명의 징후들은 바로 그렇게 나타난다. 일반적으로 소년은 처음에는 그 소명으로부터 벗어나려고 한다. 그의 소명은 숱한 고통만을 가져올 뿐 부러움을 살 만한 정신적인 이득은 거의 없었기 때문이다. 소년은 끝없는 시련을 겪고, 내내 투쟁과 고통을 경험해야 하며, 결국에 가서는 사람들과의 위험한 관계들에 대한 보상을 치러야 한다. "그럼에도 불구하고 부름을 피하는 것은 거의 불가능하다. 만일 사람들이 그 소년을 샤먼으로 만들지 않는다면, 그들은 그를 광인이나 불구자로 만들거나, 아니면 죽일 것이다."43) 강요된 임무가 일단 그에게 맡겨지면 샤먼은 용감하게, 뿐만 아니라 매우 엄격한 도덕적인 원칙에 따라 그 임무를 완수한다. 성무 의례가 행해질 때 그는 선서를 하면서 "자신을 샤먼으로 추대했던 사람들에게 봉사하고, 주위 사람들을 서로 화해시키며, 슬픔에 빠진 사람들과 부자보다는 가난한 이들을 구제하겠노라"44)고 약속한다.

사회에서 샤먼이 갖는 중요한 기능들 중 한 가지는 병을 치료하는 것이다. 이 병은 결코 자연적으로 생긴 것이 아니라 "유독 성분이 침투하여 영혼이 상실되었기" 때문에 발생한 것이므로, "샤먼은 이 유독 성분을 없애 환자의 병을 고쳐야 하는" 이중의 임무를 책임져야 한다. 이러한 일에는 신들이 사는 또 다른 세계로의 여행이 필요하다. 이때의 여행이란 엑스터시에 이를 때까지 무고를 두드리며 자작나무를 기어오르는 상승 제의로, 샤먼은 이 과정에서 신들에게 도움을 청하고 희생양과 제물을 바치며 영혼의 자유를 얻게 된다. 샤먼은 초자연적인 존재와의 중개자로서 선행을 책임지는 자이기도 하다. 그는 가축의 성장뿐만 아니라 사냥감과 물고기에도 많은 관심을 기울인다. 그가 존재해야 하는 이유는 언제나 "질병과 배고픔으로 고통스러워하는 사람들을 구제하는 데" 있으며, "그렇게 해서 모든 원시 전설들은 최초의 샤먼이 지상에 모습을 나타내는 이유를 설명한다. 만약 샤먼이 없다면 인류는 물 속에 잠겨 무기력한 상태로 존재할 것이므로, 최초의 샤먼은 바로 이 인류를 구제하기 위해 태어났던 것이다. 위대한 신은 이러한 의도에서 샤먼을 창조하였기 때문에 샤먼은 신에 준하는 기원을 갖는다. 만약 신이 무관심하게 악을 방관하거나 조장한다면, 샤먼은 서슴지 않고 신에게 반기를 들 것이다. 그는 사람들에 의해 추대된 것이므로 인류의 권익을 수호하는 것이 우선이기 때문이다."

요컨대 샤먼의 이러한 태도는 불교의 승려가 가지는 기본 미덕인 자비와 매우 흡사하다. 또한 자비의 속성이 갖는 용감함은 보드히사트바가 보여 준 자비와도 다르지 않다. 이들은 깨달음의 경지에 이른 후, 살아 있는 모든 존재들을 해방시키기 위해 주저하지 않고 지상의 위험들과 투쟁한다.[45] 붓다도 고통에서 인간들을 구제하기 위해 자신이 왔노라고 언명하였다. 분명한 것은 불교의 승려 역시 샤먼과 동일한 존재로 취급될 수 있다는 것이다. 물론 용어에 있어 차이가 있기는 하다. 원칙적으로 승려들은 마법의 힘을 사용하는 것이 금지되어 있었다. 그럼에도 불구하고 승려와 샤먼은 몇 가지 공통된 특징을 가지고 있다. 즉, 토카리아어로—중앙 아시아의 한 지방에서 사용되는 언어로서, 불교뿐 아니라 샤머니즘과도 연관이 있다—샤마네shamane라고 발음되는 samâne이라는 단어는 정확히 불교의 승려를 지칭한다는 것이다.

샤머니즘에 몰두하는 시베리아인들이 북부의 불교, 특히 티벳과 몽고의 불교에서 많은 영향을 받았다는 사실을 우리는 알고 있다. 예를 들자면 부리야트인들과 퉁구스인들은 북아시아의 샤머니즘에 영향을 받았다. "라마교의 이데올로기와 종교 의식들은 중앙아시아와 북아시아에 깊숙이 침투해 있었으며, 시베리아의 샤머니즘에 실제적 외관을 부여하는 데 지대한 공헌을 했다."[46] 그러나 이러한 경향은 비교적 최근의 일로, 먼 과거에는 불교가 티벳과 몽고에 유입될 때 샤머니즘적 성격을 띤 종교[47]와 만나 서로 혼합되었다는 점에서 반대로 인식되고 있었다.

예를 들어 티벳에는 '본Bön'—토착 종교의 관습을 가리키는 말—이라는 옛 관례들이 불교 의식에 남아 있다. 우리는 "라마교가 '본'의 샤먼적 전통을 거의 전부 보존했다"[48]고 쓸 수 있을 것이다. 탄트라교의 의식은 시베리아 샤먼의 입문몽과 정확하게 일치한다. "인간의 두개골로 만들어진 북과 대퇴골에서 잘라 낸 뼈로 만들어진 나팔 소리를 들으면서"[49] 제사를 집전하는 사제는 자기 육신을 그가 불러들인 영혼들에게 제공한다. "명상에 빠져들자 여신이 나타난다……. 이 여신은 손에 칼을 쥐고 미친 듯이 사제의 두개골을 가른다. 순식간에 그의 목이 베이고 마귀떼가 모여들어 군침을 흘린다. 여신은 사제의 사지를 떼어 내고 가죽을 벗기고 배를 가른다. 내장이 빠져나오고 피가 시냇물을 이룬다……."50) 자신의 해골을 바라본다는 것은 샤머니즘적인 동시에 불교적인 신비로운 경험이다. 죽은 자들을 위한 티벳의 책인『바르도-토돌』51)*은 샤먼적인 구조를 반영한다. "우리는 고인의 명복을 위하여 의식서儀式書들을 암송하는 사제들의 역할"과 "죽은 자를 따라 저 세상으로 가는 알타이나 골드족 샤먼의 소명"을 서로 비교해 볼 수 있다. 사제는 죽은 자에게 해방에 이르는 여정을 알려 준다.52)

붓다의 생애마저도 한 가지 흥미로운 샤머니즘적 에피소드를 가지고 있는데, 위대한 시인 아슈바고샤53)가 언급한 기적이 바로 그것이다. 잊지 말아야 할 한 가지 사실은 붓다가 히말라야 산에서 그리 멀지 않은 네팔의 테라이에서 태어났다는 사실이다. 성도成道하고 난 후 처음으로 고향 카필라바스투로 돌아온 석가모니는 기적을 행한다. 가족과 친지들에게 자신이 획득한 힘을 보여 주고 이들을 불교로 이끌기 위해 그는 공중으로 떠올라 자신의 육신을 토막낸 뒤 머리와 사지를 땅에 떨어뜨렸다가, 놀라서 어쩔 줄 모르는 사람들의 눈앞에서 그것들을 다시 모아 온전한 육신이 되게 했다. 이것은 인도의 '브라만교의 행자들'이 보여 준 인상적인 기적들에서도 발견할 수 있다. 브라만 행자는 어린 입문자에게 시야에서 더 이상 보이지 않는 지점까지 밧줄을 오르게 한다. 이때 스승이 공중으로 칼을 던지면 어린 제자의 팔다리는 하나씩 조각나 땅바닥에 떨어진다. 두 개의 샤머니즘 의식은 이처럼 하나의 공통된 장면으로 결합한다. 즉, 영혼들이 미래의 샤먼을 토막내고, 자작나무를 사다리 삼아 하늘로 올라가는 것이다. 그리하여 인도의 우주목인 신성한 무화과나무 또는 피팔(피쿠스 렐리기오사) 덕분에 붓다는 인간 조건을 초월해서 흔히 말하는 무상보리無上菩提, 불교도들이 선호하는 용어인 깨우침의 상

---

* 8세기경에 쓰여진 티벳의 유명한 비교서秘敎書로『사자死者의 서』라고 불린다.

태에 도달하게 되는 것이다.

깨우침의 성스러운 무화과나무

왕자의 특권을 포기하고 집을 떠난 미래의 붓다 싯다르타 고타마는 궁극적 진리를 찾고자 고행자가 된다. 그는 여러 스승을 거치지만 그들의 가르침에 만족하지 못하고 혼자 명상을 행한다. 끊임없는 진리의 탐색에서 해답을 구하지 못하자 그는 6년 동안 또 다른 방법으로 죽음의 고행을 시도한다. 결국 싯다르타는 자신의 고행이 정신적 해방을 위해서 아무런 도움이 되지 못함을 깨닫고, 실신할 정도로 초췌해진 상태에서 단식을 중단한 뒤, 장차 불교의 중심이 될 "중도中道"를 따르기로 결심한다.

이 중대한 순간에 석가모니는 어린 시절의 추억 하나를 떠올리고 비할 수 없는 행복감을 느낀다. 그때 그는 감부G'ambu(장밋빛 사과나무)의 서늘한 그늘 아래 앉아 있었고, 그의 아버지는 땅을 갈고 있었다. 마가다를 거쳐 우르벨라에 도착한 그는 이곳에서 성스러운 숲 하나를 보게 된다. 나이란자나 강가에 위치한 이 숲에는 고행자들의 무화과나무인 우주목 '아슈밧타'가 무성하게 드리워져 있었는데, 이 우주목 아래에는 풍요의 신들에게 바치는 제단이 놓여 있었다. 관례에 따라 제단 주위를 일곱 번을 돌고 나서 오른손으로 경의를 표시한 후 석가모니는 제단 위에 '쿠사'라는 풀을 한 아름 뿌리는데, 오늘날에도 브라만들은 제물을 바칠 때 이 풀을 사용하고 있다. 풀을 뿌린 후 석가는 떠오르는 해를 마주하고 비장한 마음으로 자리에 앉아 요가 자세를 취한다. "이 자리에서 내 육신이 바짝 마르고 피부와 뼈와 살이 녹게 하소서. 그토록 오랫동안 어렵게 구하고자 한 깨우침에 도달하지 못한다면, 나는 이 자리에서 꼼짝하지 않으리라." 다시 말해 미래의 붓다는 우주목 아래에서 스스로를 제물로 바쳤던 것이다. 그런데 실제로 오래지 않아 감각적이고 관능적인 우주의 주인이자 욕망의 신이기도 한 죽음의 신 마라가 나타난다. 보드히사트바는 그러한 욕망에서 스스로 해방되고 다른 사람들도 해방시키기를 바란다. 마라는 그를 유혹하려 하였으나 실패로 돌아가고, 결국 그를 죽이려고 한다. 이미 카필라바스투를 떠날 준비가 된 미래의 고행자에게 마라는 다음과 같이 말한다. "떠나지 말라. 7일 후면 (우주의 질서인 '달마'의) 바퀴의 보석이 그대에게 나타날 것이다. 그대는 길게 늘어선 2천 개의 작은 땅들로 이루어진 네 개의 큰 대륙을 지배하게 될 것이다. 그러니 발길을 돌려라." 사실 보드히사트바는 '자신의 업karma'에 따라 선택을 하고 있었다. 그는 우주의 왕이나 붓다가 될 수 있었다. 그가 망령에게 "너는 누구냐?" 하고 묻자 망령은 "나는 강한 자요"라고 대답한다. 그러자 보드히사트바는 다음과 같이 말한다. "마라여, 나는 '달마'의 바퀴가 나타날 것임을 잘 알고 있지만, 권력에는 관심 없다. 내가 바라는 바는 수많은 세상 사람들의 기쁨을 위해 붓다가 되는 것이다." 그 순간부터 마라는 "육신의 그림자처럼" 그에게 달라붙는다. 우리는 여기서 자신의 소명을 따르고자 가족들을 버린 석가모니와 광야에서 사탄의 유혹을 받은 예수를 서로 비교할 필요가 있다. 이 두 가지 에피소드는 사실상 동일한 이야기의 선상에 있다.54) 또한 이러한 등가 현상은 석가모니와 오딘의 태도에서 더욱 잘 나타나고 있다. 이 둘은 모두 최상의 앎을 얻기 위해 기나긴 절대적 금욕 기간을 거친 후 스스로를 희생하고 있다.

여기에서 미래의 붓다의 자기 희생이 게르만 신의 희생보다 덜 극단적으로 보이는 이유를 명확하게 짚고 넘어가는 것이 좋겠다. 상징적인 붓다의 희생은 오히려 피로 점철된 실제적 희생이다.55) 그는 "재산, 손, 발, 눈, 피, 머리, 모든 것을 내던지고", 새끼의 먹이를 찾는 굶주린 암사자에게 자신의 육체를 내맡기는 지경에까지 이른다. "이는 존재의 구원 이외의 다른 어떤 목적도 가지고 있지 않다."

무화과나무 아래에서 그가 결가부좌하고 있는 동안 마라가 나타난다. 마라는 이 세계의 주인이자 물질을 창조한 악마로서, 불구대천의 원수가 무상보리에 이르려는 것을 알고 놀랐다. 카마이기도 한 마라는 세 명의 딸들을 시켜 붓다를 유혹하려고 했다. 그는 모든 방법을 동원하여 맹목적인 열정을 부추기지만 석가모니는 전혀 동요되지 않는다. 이러한 '성 안토니우스의 유혹' 뒤에는 엄청난 우주적 혼란이 야기되는데, 이는 게르만 신들의 황혼기인 라그나뢰크를 연상시킨다. 마라는 "천 명의 아들과 장군들을 소집하고, 축 늘어진 혀와 튀어나온 송곳니, 이글이글 타는 두 눈, 팔이 없거나 수천 개의 팔이 붙은 기형적인 육체, 머리가 없거나 수천 개의 머리가 붙은 혹은 맹수의 머리를 가진 괴물들로 구성된 군대를 동원한다."[56] 폭풍우가 치고 바람이 분다. 비가 억수같이 쏟아지고, 이글거리는 용암은 지표면을 뚫고 흘러내려 무화과나무를 위협한다. 악마의 피조물들이 고행자에게 바위 조각과 뿌리 뽑힌 나무들을 던진다. 땅은 네 개의 근원적인 점을 향하여 어지럽게 동요하다가도 매번 다시 원래대로 되돌아온다. 무시무시한 무기들은 보드히사트바의 명상 속으로 들어가자마자 꽃으로 변신한다. 땅은 조금도 두려워하지 않고 이 엄청난 습격을 참아 낸다. 마침내 악의 검은 군대는 뿔뿔이 흩어진다. 우두머리의 가슴은 깊은 상처로 타 들어갔다. 그는 활을 잡고 혼자 생각에 잠겨 땅 위에 다음과 같이 적는다. "신앙심이 두터운 고타마가 나의 왕국을 멸망시킬 것이다."

사실상 여기서 문제가 되는 것은 독자가 추측하다시피 우주목의 홈을 통한 지옥으로의 하강이다. 악의 은밀한 힘을 굴복시킨 후에도 보드히사트바는 패배를 시인하지 않는 마라의 부정들과 여전히 싸우고 있다. 그는 마라에게 대답한다. "악마여, 모든 존재들의 공평한 어머니인 대지가 나의 보호자니라." 사실 대지를 제외한 그 어떤 것도 그의 승리를 보장해 주지도, 증명해 주지도 못하였다. 초상화집에 등장하는 붓다는 팔을 뻗어 손끝으로 대지를 어루만진다. 그러자 대지는 전율하며 바라 소리를 낸다. "그리고 보드히사트바 주위의 땅이 갈라지면서 스타바나라는 이름의 위대한 땅이 반쯤 모습을 드러낸다. 온갖 장신구들을 달고 나타난 땅은 고개 숙여 인사한다. 그리고는 다음과 같이 부르짖는다. '바로 그런 것이라네. 오 위대한 자여, 바로 이런 것이네. 그대가 주장했던 그대로구나. 나는 눈으로 그것을 확인하고 있노라.'"

대지의 심연에서 지상까지 펼쳐지는 이 같은 움직임은 이제 하늘을 향해, 우주목의 꼭대기를 향할 수 있게 된다.

그 사이 태양은 지평선에서 모습을 감추고 하늘에는 4월의 보름달이 떠오른다. 사흘간의 밤샘이 이어진 후 석가모니는 깨우침에 이르고, 보드히사트바는 붓다가 된다. 첫날 밤 그는 오딘처럼 "초인간적이며 순수하고, 신적인 능력을 갖춘 눈"을 얻게 되는데, 그는 이 눈을 통하여 단번에 시간과 공간의 무한함을 볼 수 있게 된다. 그는 이제 전 우주와 그곳을 가득 메우고 있는 모든 존재들을 볼 수 있다. 또한 명철한 지력과 관대한 성격을 동시에 갖게 된 석가모니는 다양한 인간의 운명을 하나의 통일된 안목으로 바라본다. 그는 두 번째 밤에 무한의 시간 속에서 자기보다 앞서 살았던 모든 사람들을 만난다. 이들은 석가모니 자신과 다른 사람들의 현재를 설명해 준다. 마침내 세 번째 밤에 그는 모든 고통을 보상 받고 평온한 상태가 된다. 고통은 욕망에 의해 "빚어진 산물"로 열두 가지 단계로 이루어져 있다. 욕망은 모든 존재들을 배태시키며, 모든 존재는 고통의 열두 단계를 차례로 거쳐야 한다. 그런 다음 반대 방향으로 열두 단계를 다시 거치면서, 석가모니는 이 끝없는 순환을 어떻게 중단시킬지, 그리고 모든 고통과 가시지 않는 갈증을 어떻게 해소시킬지를 깨닫게 된다. 깨달음을 얻은 석가모니는 고통의 본질, 고통의 원인, 고통의 근절 그리고 그 근절에 이르는 길에 대한 "네 개의 고귀한 진리들"을 역설한다. 이렇게 해서 마지막 새벽녘에 "보드히사트바는 완전 지고의 무상보리를 통해 깨우침에 도달하게 되는 것이다."

이제 우리는 서양의 전기 작가들 중의 한 사람이 붓다[57]에 관해 다음과 같이 적고 있는 것을 이해할 수 있다. "후광後光을 배경으로 앉아 있는 석가모니의 그림 앞으로 악마에 홀린 유목민들이 달려드는 모습은 베다교의 옛 찬가들에 수없이 언급되고 있는 우주목을 연상시키지 않는가? 이 우주목은 스

제2장 신비의 사다리 65

칸디나비아 음유 시인들에 의해 노래되던 이그드라실 물푸레나무와 형제나 다름없다. 어둠의 힘과 태양을 사이에 두고 휘몰아치던 파란만장한 드라마를 어떻게 잊을 수 있겠는가?" 여기에서 우리는 투쟁과 승리의 나무 주위를 에 워싸고 경의를 표하는 불교 신자들의 나무 숭배를 생각하게 된다.

　불영속적이고, 덧없으며, 고통 받는 존재로서의 인간을 스스로 포기한 붓 다는 이제 우주목과 같은 존재이다. 그의 내부에는 "우주목으로서의 본질이 감추어져 있다."58) 석가모니 이전의 힌두교도들의 신앙을 보면, 나무와의 접촉은 나무에 접근하는 사람들이 선조들에 대해 잊고 있던 기억들을 일깨우기에 충분했다. 나무를 통해 인간은 삶에 이르고, 생의 기원을 재발견하며, 동시에 불멸에 이른다. 따라서 붓다는 "우주목의 이미지 그 자체로서 보다 사실적으로 묘사된다. 더욱이 땅 속 뿌리와 가는 줄기, 넓게 드리워진 잎사귀와 더불어 나무는 무상보리에의 도달 과정 그 자체를 가장 완벽하게 형상화한다. 이는 또한 깨우침의 이미지를 전달하며, 정신적인 변화에 필수적으로 동반되는 잠재 에너지의 집중과 집합을 구체적으로 형상화시킨다. 이러한 연유로 불교의 초기 판본들에서 대 선각자로 묘사된 것은 붓다 자신이 아니라 '보리수'이다."59) 가장 오래된 불교 유적들은 결코 명상에 잠긴 석가모니를 그리고 있지 않다. 단지 보리수, 혹은 석가 앞에 세워진 "다이아몬드 왕관"을 그리고 있을 뿐이다. 우리는 이 나무를 보드-가야의 조각품들에서 확인할 수 있다. 성스러운 무화과나무를 둘러싸고 있는 울타리에 새겨진 이 조각들은 BC 184~172년경에 제작된 것으로 보인다.60)

　우리는 여기에서 피팔의 모습을 간략하게나마 묘사할 필요가 있을 것 같다. 피팔은 높이가 30미터에 달하는 거대한 나무로서, 꼭대기까지 잎이 무성하게 덮여 있고 잔가지들은 사방으로 뻗어 있었다. 일명 "탑"이라 일컬어지는 모든 무화과나무처럼 이 나무 역시 성소 주변에 심어지는 경우가 많았다. 가지에는 지면에 닿을 정도로 긴 기근氣根들이 주렁주렁 매달려 있었는데, 이들은 밑둥을 둘러싸며 새로운 줄기를 만든다. 적당한 시기가 되면 각각의 나무들은 작은 숲을 형성한다. 울창해진 숲은 일종의 자연적 사원의 모습으로 우리에게 다가온다. 하트 모양의 뾰족한 긴 잎사귀들은 가벼운 바람에 한들거린다. 선명한 초록색 어린잎들은 장밋빛 잎맥을 갖는다. 잎맥이 하얗게 변하는 동안 어린잎들은 녹색이 되고, 작은 열매들은 갈라져 자줏빛을 띤다.

붓다가 열반(파리니르바나Parinirvâna)에 든 지 약 200년 후 아소카 왕은 불교로 개종한다. 그는 국가 통치에 평화 원칙을 적용한 역사상 유일한 통치자로서, 후일 보드-가야가 된 우르벨라로 성지 순례를 떠난다. 그는 천장이 없는 사원을 짓고 그 둘레에 무화과나무를 심었다. 그리고 명상하던 자리에 돌로 만든 왕관을 놓았는데, 문양이 조각된 왕관의 일부분은 오늘날까지 전해지고 있다. 이 돌 왕관은 보통 "다이아몬드 왕관"이라는 의미의 '바즈라사나Vadjrâsana'라고 불리지만, 무화과나무 아래에서 왕에게 일어났던 사건을 더욱 뚜렷하게 상기시키는 표현인 "벼락 왕관"(바자vadjâ는 다이아몬드와 벼락을 동시에 의미한다)이라는 말로도 표현될 수 있을 것이다. 아소카 왕은 무화과나무에 매우 호감을 갖고 있었다고 전해지는데, 그것은 이 나무에 그에게 자주 모습을 나타내던 요정이 살고 있었기 때문이다. 질투심에 눈먼 왕비는 마녀를 시켜 이 나무에 저주를 내렸다. 그리고 아소카 왕에게까지도 저주를 내리게 했다.

저주에도 불구하고 무화과나무는 살아남아 오랫동안 번성하였으며, 불교 또한 그러했다. 아소카 왕은 사절단을 보내 나라 전역에 교리를 퍼뜨리고자 하였다. 그는 심지어 스리랑카에까지도 자신의 사절단을 파견했는데, 아소카의 아들인 마인다 왕자가 40명의 수도승과 함께 그곳에 머물렀다. 아소카의 딸인 상가미타 공주는 성스러운 무화과나무 가지 하나를 그곳으로 가져갔고, 개종한 스리랑카의 왕인 데바남피아 티사는 이것을 수도인 아누라드하푸라 한복판에 심었다. 나뭇가지는 곧 기적같이 쑥쑥 자랐으며, 티사는 이 나무가 번성하여 영원히 꽃을 피우고 늘 푸르름을 유지할 것이라고 예언하였다. 아누라드하푸라의 성스러운 무화과나무는 2천3백 년이 지난 지금까지도 살아 있다.

한편 보드-가야의 나무는 6세기 말 불교를 박해했던 벵골의 왕 카산카에 의해 파괴되었다. 그는 이 나무를 불태우고 뿌리에 사탕수수 즙을 뿌렸는데, 이러한 박해에도 불구하고 성목은 더욱 아름다운 모습으로 다시 싹을 틔웠다. 그로부터 50년이 흐른 뒤 중국인 순례자인 히우앙-샹[61]은 이미 40 내지 50피에* 높이로 자란 나무를 보며 경탄을 금치 못한다. 1811년 영국인 식물학자 부캐넌-해밀튼이 왔을 때 이 나무는 더욱 무성하게 자라 있었다. 그러나 1867년 쿠니감 장군은 이 무화과나무의 종말을 단언했는데, 급기야 1876년에 나무는 벼락을 맞고 쓰러진다. 그렇지만 나무에 새싹이 다시 돋았고, 지면이 몇 미터 융기하는 현상이 일어난다. 그리고는 새로 돋아난 싹들 가운데 하나가 "다이아몬드 왕관" 주위에 옮겨 심어진다. 이로부터 한 세기가 지난 후 우리는 이제 어마어마하게 자란 무화과나무들을 볼 수 있게 되었다. 그러므로 보드-가야의 피팔은 2천5백 년 동안 꾸준히 숭배되어 왔다고 볼 수 있다. 보리수의 생존은 불교 신자들에게 있어서 매우 중요하다. 왜냐하면 그들은 교리의 운명이 보리수와 매우 밀접한 관계를 맺고 있다고 믿기 때문이다. 그들에게 나무의 죽음은 불길한 전조이자 적들의 침입을 암시하는 것이었다. 나무를 없애 버리려는 카산카 왕의 시도들이 바로 그러한 예들이다.

'우주목-무상보리'의 등식은 석가모니의 일생에서 가장 위대한 순간들이 나무 그늘 아래에서, 그것도 어떤 특정한 종류의 나무 그늘 아래에서 발생했다는 것을 역으로 설명해 준다. 이것이 결코 우연적 사건일 수만은 없다. 석가모니의 탄생을 예언했던 모든 사람들은 그가 '카르마 karma'에 의해 해탈에 이르게 될 것이라고 말하였다. 그러나 서양의 전기 작가들은 늘 이 같은 특수성을 무시해 왔다. 그들은 이와 같은 설명이 "신화적"이며, 우주목과 무

---

* 옛날 계량 단위로 1피에는 약 32센티미터.

상보리의 만남은 고대 동양 선지자들의 지나친 상상력에서 기인한다고 주장했다. 이들 작가들은, 신화적인 의미를 이해하기 위해서는 식물학 자료들을 이용하여 인도의 여러 성목들을 기술한 성전을 참조하는 것만으로도 충분하다고 여겼다.

마야 부인에게 출산의 징후가 나타나자, 그녀를 안심시키는 상징적인 식물이 모습을 드러낸다. 그러자 왕비는 수도 카필라바스투에서 약간 떨어진 룸비니 정원으로 향한다. 바로 이곳이 미래의 붓다가 탄생할 성스러운 숲이기 때문이다. 그녀는 이 숲에서 아소카나무의 가지에 기대어 서서 석가모니를 출산한다.

짙은 푸른색 잎사귀를 가진 '조네시아 아소카Jonesia asoka' 혹은 '사라카 인디카Saraca indica'라는 이름의 이 나무는 키가 10미터를 넘지 않고 꼭대기가 반구형인데, 이 나무에는 인도에서 가장 아름다운 꽃들이 피어 있었다고 한다. 3~4월이 되면 붉은 오렌지빛의 커다란 잎사귀들이 밤마다 그윽하고 강한 향기를 내뿜는다. "여자들에게 친절하게 대하는"이라는 뜻을 가진 형용사 '앙가나프리아añganâpriya'가 별칭으로 따라붙는 아소카나무는 예쁜 여자들이 발산하는 매력에 민감한 반응을 보여 그녀들의 발에 닿기만 해도 꽃을 피울 수 있었다. 아소카는 모든 화신化身의 원인이자 동기인, 욕망의 신 카마를 나타내고 있다. 또한 아소카라는 이름은 민간 어원설에 따르자면 "고통 없음" 혹은 "고통의 파괴자"를 의미하기도 하였다. 이러한 사실은 분명 붓다에게도 적용되고 있다. 따라서 아소카나무는 붓다의 지상 출현을 관장한다. 부처의 생애를 기록한 『랄리타비스타라』[62)]에 따르면 붓다가 살아 있는 동안 우담바라 역시 만개해 있었다고 한다. 이 나무는 피쿠스(피쿠스 글로메라타 Ficus glomerata)*인 아슈밧타와 마찬가지로, 산스크리트어로 "정화하는"이라

---

* 무리 지은 무화과나무.

는 의미의 형용사 pavitraka와 "희생의"라는 의미의 형용사 yagniya를 동시에 함축하고 있었다.

깨달음의 나무는 어린 싯다르타의 출현과 동시에 지상에 모습을 나타낸다. 그가 탄생하던 순간 카필라바스투 주위에 웅장한 숲들이 갑자기 모습을 드러냈으며, 그 숲들 한가운데에는 기적의 아슈밧타 나무가 우뚝 서서 우주의 중심임을 드러내고 있었다. 『마지히마니카야』63)에 따르면, 보드히사트바는 태어나는 순간 두 발로 서서…… 일곱 걸음을 걸었다……. 그는 사방을 찬찬히 둘러보고는 우렁찬 목소리로 다음과 같이 말한다. "나는 세상에서 가장 귀한 자이니라……. 이것이 나의 마지막 탄생일지니 이제 더 이상 내게 새로운 삶은 없을 것이다." 미르치아 엘리아데가 강조한 대로64) "미래의 붓다가 세상 꼭대기를 향해 디딛는" 일곱 걸음은 샤먼이 하늘로 올라가는 의식을 행할 때 기어오르던 일곱 혹은 아홉 개의 자작나무 홈과 일치하고 있다. 아슈밧타가 싹트는 곳인 우주의 중심을 기점으로 하여 보드히사트바는 나무 꼭대기에 도달하게 되고, 결국 그는 "세계가 시작되던 시기와 동시대인"이 되는 것이다.

우리는 앞서 "장밋빛 사과나무"에 관해 언급한 적이 있었다. 이 나무의 열매는 노르스름한 색을 띠고 있는데 얼핏 보아서는 맛이 없어 보인다. 그러나 열매를 입에 넣는 순간 장미의 감미로운 맛이 느껴지기 때문에 이 이름이 붙여진 것이다. 이 나무 그늘에서 어린 싯다르타는 처음으로 가슴 뿌듯한 무상보리의 달콤함을 맛보았다. 인도어로 '감부 G'ambu' (에우게니아 얌볼라나 Eugenia jambolana Lamk.)라는 이름을 갖고 있는 이 나무는 힌두교도들의 천지 개벽설에 등장하는 근원목들 중 하나이다. 히말라야의 전설적인 숲에 사는 이 나무는 크기가 어마어마하다. 히말라야의 저지低地에 물을 대주는 네 개의 거대한 강물은 바로 이 나무 아래에서 생겨난 것이었다. 그러므로 장밋빛 사과나무는 천국의 나무이고 그 열매는 불멸을 가져다 주는 것이다. "세계가 재생되는 동안 이 나무에는 금과 비슷한 불멸의 열매가 달려 있었다.

열매가 강에 떨어져 그 씨는 바다로 흘러들어 가는 금가루를 만든다. 그래서 사람들은 종종 바닷가에서 그걸 발견한다. 이 금가루는 헤아릴 수 없는 중요한 가치를 지녔으며, 그것에 필적할 만한 그 어떤 것도 이 세상에 존재하지 않았다."[65]

왕좌를 버리고 '보리수' 밑에서 깨달음을 얻었을 때 붓다는 신들이 걸어간 찬란한 길이 자기 앞에 열리는 것을 보았고, 해탈에 이른 자에게 신들이 보내는 찬양을 자신이 받을 수 있도록 '바타' 나무 아래에 정좌한다. 신과 인간의 아버지이자 창조주인 브라흐마가 하늘에서 내려온다. 브라흐마는 새롭게 탄생한 붓다에게 물욕을 버리고, 고통 받는 인간들을 돌보라고 세 차례에 걸쳐 당부한다. '바타' 또는 '니아그로드하'는 바니앙인들의 무화과나무이다. 이 이름 — '바니앙'은 상인을 의미한다 — 은 나뭇잎이 우거진 그늘에서 조그마한 시골 장터가 열린다는 사실에서 유래한다. '피쿠스 벵갈렌시스Ficus benghalensis'는 그 종에서는 큰 축에 속했는데, 이는 나무의 키 — 30미터를 넘지 않는다 — 때문이 아니라 넓게 퍼진 가지들이 덮을 수 있는 범위(600미터) 때문이다. 새들이 물어 나른 씨앗들에서 나뭇가지가 자라나고, 기근氣根들이 새싹을 돋아나게 했기 때문에 나무의 최초의 줄기에서 수없이 많은 곁줄기들이 탄생했고, 모든 줄기들은 최초의 줄기와 결합하여 사방을 에워싼다.

붓다의 전설에서 '피쿠스 렐리기오사'와 '피쿠스 벵갈렌시스'는 둘 다 우주목으로 등장하지만 그 역할은 서로 다르다. 석가모니는 흔히 전자와 동일시되고 있는데, 피쿠스 렐리기오사는 운명, 즉 카르마 — 우리는 카르마로 운명을 다스릴 수 있으며, 영원히 그 운명을 뛰어넘을 수도 있다 — 의 나무이다. 반면 생명의 무한한 증식과 풍요로움을 상징하는 피쿠스 벵갈렌시스는 창조신들의 지상 거주지가 된다. 스스로의 힘으로 해탈에 이른 붓다는 그리하여 창조신들로부터 벗어났다. 이제는 그들이 붓다에게 경의를 표하게 된다.

신들이 내린 소명을 받아들여 실행에 옮기기 전, 붓다는 49일 — 이는 7의 7배수로 아슈밧타의 숫자이다 — 동안 '타라이아나'라는 나무 아래에서 홀로 명상의 시간을 갖는다. 이 나무는 여러 텍스트에서 "통과 의례의 나무"에게 흔히 주어지는 명칭인 "구원의 길"로 묘사되고 있다. 다시 말해 이 나무는 붓다가 전파하게 될 교리, 즉 인간이 물살을 헤치고 "반대편 강가"로 갈 수 있도록 도와주는 붓다 자신의 소명을 상징한다고 볼 수 있다. 이제 붓다는 자신을 "뱃사공", 혹은 심지어 단단한 지면에 발을 붙일 수 있게 하는 뗏목으로 정의한다.

마침내 붓다에게도 임종이 가까워졌다. 죽음은 붓다에게 있어 절대적 해방인 파리니르바나였고, 임종이 되어서야 비로소 지상에서의 그의 임무는 완수되는 것이다. 석가모니는 자신을 따랐던 한 성실한 제자에게 마지막 남은 힘을 다하여 다음과 같이 말한다. "아난다야! 히라니아바티 강을 건너 쿠시나가라[66)]에 있는 숲 '살라'에 어서 가자꾸나." 붓다는 이 성림에서 열반에 들어 육신을 떠나게 된다. 강 건너편에 도착하자 붓다는 다시 피곤에 지쳐 쓰러지면서 제자에게 이렇게 명한다. "머리는 북쪽으로 두고, 두 그루의 살라 나무 사이에 나를 눕혀다오." 그리고는 "오늘밤 나는 완전히 숨을 거둘 것이니라"라고 말했다. "무성한 잎사귀로 그의 머리와 다리에 그늘을 만들고 있는"[67)] 이 쌍둥이 나무 아래에서 붓다는 세상을 떠난다. 아난다의 만류에도 불구하고 붓다는 임종의 장소로 이 보잘것없는 마을을 선택했고, 많은 제자들 중 한 명만이 그의 임종을 지켜 보았다. 붓다를 지켜 주었던 나무들은 '쇼레아 Shorea' 혹은 '바티카 로부스타 Vatica robusta'라는 종種이라고 하는데, 이들은 "고대 인도 종교에서 의식용으로 쓰이지 않는다." 바로는 다음과 같은 사실에 주목하고 있다. 즉, "붓다는 보잘것없는 마을의 어떤 나무 사이에서 숨을 거두었을 것이다. 이러한 무의미한 세부적인 사항들은…… 우리에게 단순히 사실 같은 인상만을 강하게 심어 줄 뿐이다." 그러나 이러한 무의미함조차도 불교 신자들에게는 매우 중요한 의미를 갖는다.

심오한 명상에 빠져든 붓다가 열반이라는 지고의 단계에 도달하는 순간, 두 그루의 살라 나무는 제철이 아닌데도 갑자기 꽃을 피운다. 그리하여 꽃잎이 생명을 잃은 육체 위로 떨어지고, 이것들은 신들이 하늘에서 뿌리는 꽃비와 뒤섞인다.

아슈밧타, 거꾸로 세워진 나무

붓다의 지상 여정을 통하여 우리는 오늘날 인도인들이 숭배하는 가장 중요한 나무들과 만날 수 있었다. 이들 나무들 중 첫 번째로 손꼽히는 것은 그래도 피팔(피쿠스 렐리기오사)이다. 피팔은 곳에 따라서 다양한 신들, 즉 비슈누의 화신인 '크리슈나', 시바 신의 아들로 머리는 코끼리의 형상을 한 번영과 지혜의 신 '가네샤' 혹은 '가나파티', 그리고 비슈누의 또 다른 화신으로서 라마의 친구이자 그의 종인 원숭이 신 '하누만' 등과 같은 신들과 연관된다. 나무들의 밑둥에는 신상을 놓아두는 작은 제단이 있었으며, 사람들은 그 제단의 바닥에 과일이나 꽃들을 제물로 바쳤다. 이 제물은 사제나 마을 사람들이 가져온 것으로서, 이들은 제물을 바치면서 "숭배하는 나무"인 '칼파브리크샤'에게 경의를 표했다. 특정한 장소를 예로 들어 본다면, 기자라의 프라브하파타에서 크리슈나는 천상으로 올라가기 위하여 자신의 육신을 떠나고, 피팔은 장식이 된 울타리에 둘러싸인다. 인도에서 모든 성스러운 장소에는 우주목, 돌 그리고 수원이 존재한다. 이때 돌은 우주의 중심이자 성산聖山의 축소판이라 할 수 있다. 피쿠스 렐리기오사는 처음부터 우주의 끊임없는 재생과 영원한 부활을 주관하는 능력을 소유하고 태어났다.

인도 신화에서 우주목으로 등장하는 아슈밧타는 붓다가 출현하기 전부터 훌륭한 상승목上昇木이었다. 20세기 초 고고학자들이 밝혀낸 바에 따르면, 인도 최초의 문명인 인더스의 전前 아리아 문명 시대에도 아슈밧타는 상승목이었던 것 같다. 실제로 우리는 유적지들에서 성목임을 암시하는 여러 표지들 외에 '시바 신'의 원형일 것으로 추정되는 신의 형상을 발견하였다. 뿔이 달린 이 신은 역사 속의 붓다처럼 명상의 자세를 하고 앉아 있는데, 시바 신보다는 적어도 거의 2천 년을 앞서고 있다.

브라만교인들은 희생 제물이 "한 개의 견고한 받침대에 의지하여 단 하루 동안 천상 세계에 거주한다"[68]고 생각했다. 그 결과 제물을 바치는 의식에는 아슈밧타와 유사한 나무로 만든 제물 처형용 말뚝이 사용되었는데, 이 나무는 숲에서 사제가 공들여 골라 다음과 같은 경구로 축성한 것이었다. "그대의 꼭대기가 하늘을 떠받치고 있구나. 몸통은 대기를 가득 채우고, 그대의 발은 대지를 굳히는도다."[69] 종종 제물을 바치는 자가 자신의 배우자를 대동한 채 사다리를 타고 말뚝에 오르는 경우도 있었다. 정상에 오르면 그는 샤먼처럼, 그리고 출생시의 붓다처럼 이렇게 외쳤다. "나는 천상과 신들에게 도달하였도다. 불사조가 되었도다!"[70] "나무에 기어오르기"는 정신적 상승의 이미지로서 브라만교의 여러 원전들에 빈번히 등장한다.[71]

그런데 아슈밧타 나무는 대개의 경우 뿌리를 천상에 둔 채 나뭇가지가 온 대지를 덮는 모습으로 거꾸로 그려진다. 『리그-베다』[72]에는 다음과 같은 문구가 적혀 있다. "아래를 향하여 가지들이 뻗어 있고 위쪽으로는 뿌리가 위치해 있으니, 저 높은 곳에서 빛이 우리에게 내려오는도다." 『카타 우파니샤드』[73]는 이렇게 말하고 있다. "위로는 뿌리를, 아래로는 잎사귀를 갖는 것은 불멸의 무화과나무이다. 바로 이 나무가 순수한 브라만이다. 사람들은 흔히 이 나무를 '불사不死의 존재'라고 부르며, 모든 이들이 이 나무에 몸을 의지한다." 또한 『마이트리 우파니샤드』[74]는 이렇게 명시하고 있다. "그 나뭇가지들은 에테르와 공기, 불, 물, 대지……." 다시 말해 "아슈밧타라는 이름은 브라만을 상징하는 5원소들"을 지칭한다. 브라만이라는 단어는 원래는 제물로 바치는 기도문을 의미하는 말이었는데, "그 기도문은 대단한 위력을 가지고 우주의 질서를 유지시켰기 때문에" 브라만은 그 자체로 우주 에너지, 즉 "만물을 투사하는 모든 것이 함축된, 만물의 근원인 총체성과 잠재성"[75]을 지칭하게 되었다는 점을 상기하도록 하자.

결론적으로, 만약에 고행자가 인간 조건을 초월하여 자신을 묶고 있는 탄생과, 감옥과도 같은 죽음의 순환적 고리로부터 벗어나려면 그는 아슈밧타 나무에 대항하여 싸워야만 한다. 그리하여 『바가바드기타』[76]에는 다음과 같은 문구가 쓰여 있다. "단념이라는 견고한 무기를 가지고 우선 이 아슈밧타의 강인한 뿌리를 잘라야 한다. 그리고 나서 다시는 돌아올 수 없는 장소를 찾는 것이다." 그러나 여기에는 다음과 같은 주석이 붙어 있다.[77] "그 나무는 나타나지 않는 것 속에 근원을 가지고 유일한 버팀목으로서 솟아나기 때문에, 그의 줄기는 지각 능력이며, 줄기 안쪽으로 나 있는 여러 구멍들은 감각들과 원소들이며, 가지와 잎과 꽃은 선과 악이며, 열매들은 기쁨과 고통이다. 이 영원한 '나무-브라만'은 모든 존재들의 생명의 원천이다……. 만일 형이상학적 인식이라는 무기를 사용하여 이 나무를 베어 넘어뜨리고, 그러한 행위를 즐긴다면 (나무를 벤 자는) 다시는 (이 세상에) 돌아올 수 없으리라." 다시 말해 명상가는 나무를 통하여 그 나무 안에서 천상의 뿌리를 향해 거슬러 올라가는 것이다. 이것만이 그가 인간의 조건에서 벗어날 수 있는 유일한 방법이다.

"아슈밧타 나무는 여기서 분명하게 브라만의 발현을 나타내며", 또한 "우주, 다시 말해 하강 움직임으로서의 창조 활동 속에서" 구체화된다.[78] 위에서 아래로 향하는 수직적 흐름은 순수 에너지를 물질로 변형시킨다. 태어나면서 이미 물질이 된 패배자는 이 흐름을 역방향으로 거슬러 올라가면서 드러나지 않은 에너지인 자신의 근원으로 환원하고자 한다. 따라서 거꾸로 선 나무는 "상호 순환"[79]의 상징이 되는데, 이러한 순환은 하강에는 창조의 의미를, 상승에는 속죄의 의미를 부여한다. 따라서 그리스도교에서 물질에 둘러싸인 아담의 추락은, 승천의 극적 전주곡인 십자가에 매달린 예수의 상승과 서로 일치한다.

사실 뿌리는 위를 향하고 꼭대기는 아래를 향하게 그려진 나무는 보편적 상징 체계에 속한다. 우리는 그러한 상징을 랩랜드인들이나 호주 원주민들[80]뿐 아니라 이슬람의 전설과 단테[81]와 플라톤[82]에게서도 발견한다. 특히 창조의 도식은 유대교의 신비주의의 그것과 똑같이 일치하고 있다.

세피로스의 나무

세계를 물리적이고 신비적으로 해석하고 있는 비교秘敎 체계를 나타내기 위하여, 유대교의 카발라는 "생명의 나무"라 불리는 일종의 도식에 도움을 구한다. 비교 체계는 결코 입문자에게 세계의 비밀을 알려 주는 것을 목표로 하지 않는다. 비밀 전수는 실제로 모든 이에게 가능한 것은 아니며, 여기에는 몇 가지 조건이 따른다. "생명의 나무" 도식은 아슈밧타처럼 거꾸로 그려져 있는데, 그 이유는 천지 창조가 하강의 움직임에 의해서만 가능할 수 있기 때문이다. 현재 우리에게 알려진 가장 오래된 카발라 원전인 『바이르 서書』는 1180년경 남프랑스에서 쓰여진 것으로 다음과 같이 말하고 있다. "모든 신적 권능은 나무처럼 연속해서 나이테를 형성한다." 또한 13세기에 씌어져 스페인계 유대인인 오이즈 드 레옹에게 헌정된, 카발라의 저작들 중 가장 중요한 『찬란함에 관한 책』에서도 우리는 이 같은 사실을 확인할 수 있다. 이제 우리는 다음과 같이 말할 수 있을 것이다. "그렇다. 생명의 나무는 위에서 아래를 향해 뻗는다. 나무는 모든 것을 비추는 태양이다."[83]

제브 벤 쉬몬 할르비라는 현대의 카발라 연구자[84]에 따르면 "생명의 나무는 절대자, 우주, 인간과 유사하다"고 한다. 생명의 나무는 "천지 창조의 이미지이며, 또한 전 우주의 피조물들에게 적용되는 여러 원칙들의 객관적인 도표이다. 나무와 비슷한 모습으로 그려진 이 도표는 신의 에너지가 이 지상으로 내려왔다가 상승하는 것을 보여 주고 있으며, 우주의 법칙들의 총체와 그것들의 상호 작용을 함축한다." 그것은 동시에 인류의 도식이 되며, 개체로서의 인간 존재의 모습을 표현한다. "완전하지만 현실화된 것은 아닌, 천사들만큼 고상하지도 않은, 축소된 접합점인 그것은 내부의 상승 통로를 선택하여 최상의 열매를 수확하는 것이 마지막 과제이다." 달리 표현하자면 신적 에너지는 거꾸로 세워진 뿌리로부터 나뭇가지를 향해 하강하며, 이렇게 하여 인간에게 내려온 신의 에너지는 창조주의 주변에서 꽃을 피우기 위하여 근원으로 거슬러 올라가는 것이다.

인간의 눈에는 보이지 않는 나무의 맨 꼭대기, 즉 뿌리 부분에는 왕좌 '케테르Kether'가 있다. 이곳에서는 인간의 모든 인지 능력이 그 효력을 발휘하지 못하고, 정신의 두 눈은 여전히 닫혀진 상태로 머물러 있다. 케테르를 중심으로 나무를 둘러싼 세 개의 동심원은 케테르를 향해 점점 좁혀 들어오고 있다. 이 세 개의 동심원은 절대 공허인 '아인Aïn'과 그것의 최초 이름이자 상대적 한정사로서의 무한 존재인 '아인 소프Aïn Soph', 그리고 무제한적 빛인 '아인 소프 오르Aïn Soph Aur'이다. 그중 세 번째 동심원이 케테르에 집중되어 있으며, 이때 케테르는 빛을 발하는 점으로서 발현의 근원지이자 "숨겨진 씨앗", "뿌리 중의 뿌리"가 된다. 이 점에 관하여 『찬란함에 관한 책』은 다음과 같이 말하고 있다. "감춰져 있던 위대한 존재가 스스로를 드러내고자 할 때 그는 우선 하나의 점을 가리킨다. 이 빛나는 점이 우리의 시야에서 갑자기 모습을 나타내기 전까지 우리는 이 무한 존재를 알지 못했고, 그로부터 어떠한 빛도 받지 못하였다. 이 점 너머로 인식 가능한 것은 아무것도 없으며, 우리는 이것을 우주가 창조될 때 생겨난 최초의 말〔言〕인 '르쉬트reshith' (시작)로 명명한다."

케테르에서 '세피로스' 혹은 신의 영역인 일련의 다른 아홉 가지 신적 발현이 유래한다. 빛을 발하는 점들인 세피로스는 케테르에서 내려온 "눈부신 광채"(벼락)에 의해 서로 결합하여, 신들이 갖고 있는 힘과 잠재력의 속성들을 재현한다. 이러한 속성들은 원초적 순수 에너지에서 출발하여 한 단계 한 단계 물질의 세계로 하강하면서 구체화된다. 나무는 세 개의 수직 기둥으로 이루어져 있다. 먼저 오른쪽 기둥의 꼭대기에는 지혜를 뜻하는 '호크마Hochma'가 있다. 케테르에서 직접적으로 탄생한 '호크마'는 우주의 아버지 또는 남성적 원리인 '아바Abba'이기도 했다. 왼쪽의 기둥은 '호크마'에서 생겨났는데, "눈부신 광채"가 이 기둥 쪽으로 뻗어 있었다. 이 기둥은 위대한 어머니인 '아이마Aïma', 즉 이해심을 의미하는 '비나흐Binah'의 지배를 받았다. '호크마'와 '비나흐'는 각각 남성성과 여성성을 상징한다. 이들은 선천적으로 양성적 속성을 지니는 자연의 원리를 둘로 분리한다. 마지막으로 케테르로 덮여 있는 중앙의 기둥이 존재한다. 이 기둥은 통합의 장소로서, 시조始祖라는 의미의 '예소드Yesod'에서 유래한 왕국인 '말쿠트Malkuth'에까지 뻗어 있다. 말쿠트는 거꾸로 된 나무의 꼭대기를 지칭하며, 케테르는 그 나무의 뿌리, 즉 물질화된 현상을 일컫는다. 이때 나무는 인간의 육체를 나타낸다.

만약 수평적 차원에서 세피로스들을 해석한다면 우리는 나무가 서로 연결하는 신, 우주, 인간이라는 세 세계의 모습을 알 수 있는데, 나무는 그 세 세계가 가진 동일한 내적 작용을 드러낸다. 인간과 우주는 서로가 서로의 반사체이며 이 둘은 모두 인지할 수 없는 무한 존재를 반영한다. 그것은 인간과 우주가 유한 영역 속에 있지만 자신들이 생겨난 그 영역 밑에 잠겨서 존재하기 때문이다.

유대교의 또 다른 신비주의적 상징으로 '메노라menorah'라고 하는, 일곱 개의 가지가 달린 촛대가 있다. 이것은 신이 몸소 모세에게 주었던[85] 것과 유사한 것으로 후일 타베르나클*의 중요한 성물聖物들 중 한 가지가 되었다. 메노라의 형태는 메소포타미아의 생명의 나무의 모양을 본뜬 것이다. 그 일곱 개의 가지는 당시 알려져 있던 일곱 개의 행성체와 일치한다. 이 일곱 개의 램프는 "주인의 일곱 개의 눈"에 해당하는 것으로, 예언자 자카리가 두 그루의 올리브나무 사이에 서 있는 금촛대에 불을 밝힐 때 나타났으며, 이 올리브나무의 열매들이 램프에 기름을 공급하였다.[86]

---

* 고대 유대교의 이동식 신전.

제3장 신탁을 내리는 참나무

도도네의 성소

그리스 북동쪽에 위치한 에피루스는 큰 도시 국가들에서 상당히 멀리 떨어진 곳으로, 고대에는 테스프로티아라고 불렀다. 이곳에는 도도네의 신성한 참나무가 있었는데, 과거에도 그랬듯이 지금도 이 지역의 형세는 매우 험난하다. 4~5세기에 그리스도교 교회가 된 제우스의 성소는 타마로스 산자락을 따라 쭉 펼쳐져 있으며, 매우 오래된 참나무들이 그 산비탈 위로 위용을 드러내고 있다. 이곳은 워낙 천둥이 자주 치고 심한 추위가 엄습하는 지형으로 유명해서 호메로스는 "두 개의 겨울이 있는 도도네"[1]라고 말하기도 했다.

델포이의 신탁이 유명했던 것과는 달리, 호메로스 시대 때부터 잘 알려져 있던 도도네의 신탁은 4~5세기에는 침묵 속에 묻혀 있었던 것 같다. 그러나 아폴론 자신이 도도네의 위력과 우월성에 경의를 표하기 위해 파르나소스 신전의 기둥 밑에서 스스로를 제우스의 '예언자'로 칭하게 되면서, 별 중요성을 갖지 못했던 이 신탁의 위력은 마케도니아 시대에 이르면서 새롭게 부각되기 시작했다. 그리하여 BC 220년에 파괴되었던 신전은 다시 복구되기에 이른다. 이 같은 무관심으로 인하여 도도네에 대한 자료는 오늘날 많이 남아 있지 않다. 도도네의 신탁에 관해서는 소포클레스[2]와 플라톤[3]이 잠시 언급하고 있으며, 헤로도토스[4]가 좀더 길게 말하고 있을 뿐이다. 그러나 우리는 현재는 소실되고 없지만 파우사니아스(AD 2세기)[5]가 인용한 예언자 플레몬(BC 2세기)의 말을 통해서 신탁의 기능을 알 수 있다.

"도도네에는 제우스에게 바쳐진 한 그루의 참나무가 있었으니, 이 참나무는 여사제들을 통해 신탁을 내렸다. 조언을 구하러 온 자가 참나무에 다가서면 일순간 나무가 움직이고, 곧이어 여인들이 이렇게 말한다. '제우스 신께서 이렇게 말씀하셨도다.'"

이 여사제들은 비둘기를 의미하는 '펠레이아데스' 혹은 '페리스테레스'라는 이름으로 불렸다. 헤로도토스에 따르면, 이들은 트로이인들로서 최고 연장자는 "앞선 영혼"을 뜻하는 '프로메네이아', 다음은 "칭송 받는 미덕"을 의미하는 '티마리테', 최연소자는 "인간들의 승리자"라는 뜻의 '니칸드라'로 각각 불렸다. 그런데 펠레이아데스는 어떠한 방식으로 나뭇잎이 사각거리며 내는 소리들을 해독할 수 있었을까? 플라톤에 따르면, 도도네의 여자 예언자는 델포이의 '퓌티아'*처럼 예언을 내렸던 것 같다. 달리 말하자면 그들은 일종의 엑스터시에 빠진 상태에서 신으로부터의 메시지를 받았을 것이라는 주장이다.

나뭇잎만이 점술에 쓰인 유일한 도구는 아니었다. 칼리마코스에 의하면, "결코 침묵하지 않는 수반水盤의 종들"인 셀로이** 같은 예언자들은 바람이 불어 여러 개의 청동 물그릇이 서로 맞부딪칠 때 생기는 소리를 해독하려고

---

* 델포이에 있는 아폴론 신전의 무녀로서, 샘에서 목욕 재계한 후 머리에 월계관을 쓰고 역시 월계수로 장식된 삼각 의자에 앉는다. 이 의자는 틈 위에 놓여 있었는데 이 틈새에서는 신의 영기가 나오는 것이었다. 이렇게 앉아 있는 동안 그녀는 일종의 무의식적 황홀경에 빠지고 이윽고 두서 없는 말들을 쏟아 놓기 시작하는데, 이 말을 사제들이 해석하였다.

** 도도네에 있는 제우스 신탁소의 제관들.

했다.

무엇보다도 먼저 주목해야 할 것은 위의 두 경우 모두 동적 요인이 같다는 것이다. 바람은 물그릇과 마찬가지로 나뭇잎들을 움직이게 한다. 청동 그릇이 내는 소리는 천둥을 연상시키는데, 천둥소리는 알다시피 벼락을 가진 천둥의 신 제우스에 그 근원을 두고 있기 때문에 "가장 위대한 전조前兆"로 간주되었다. 제우스는 "빛나다"라는 의미를 가지고 있으며, 광채를 지칭하는 단어로서 인도-유럽어에 그 어원을 두고 있다. 셀로이는 제우스를 섬기는 사람들이었다.

헤로도토스[6]는 도도네의 여사제에게서 신탁의 기원에 관한 이야기를 수집했다고 말하고 있다. "고대 이집트의 도시 테베에서 어두운 빛깔의 두 마리 비둘기가, 한 마리는 리비아*로 다른 한 마리는 그리스로 날아갔다. 그리스로 간 비둘기는 참나무 위에 내려앉아 인간의 목소리로 그곳에 제우스의 신탁이 있을 것이라고 말하였다. 도도네 사람들은 이것을 신의 말씀이라고 여기고 따랐다. 한편 여사제의 말을 빌리자면, 리비아에 도착한 다른 한 마리의 비둘기는 리비아인들을 가르치고 그곳에 암몬의 신전을 세웠으니, 이 또한 제우스의 신탁이었다고 한다." 헤로도토스는 앞서 "테베인 제우스", 즉 암몬에 관하여 이집트의 여사제의 말을 차용한 적이 있었다. 여사제들에 따르면 두 마리의 비둘기가 아니라 바로 "신에게 봉사하는" 두 여인이 논의의 대상이 되고 있다. 이 여인들은 페니키아인들에 의해 납치되어 한 명은 리비아로, 또 한 명은 그리스로 각각 팔려 갔다는 것이다. 이들은 "두 민족에게 최초로 신탁을 가져다 준" 자들이다. 헤로도토스는 이 같은 사실이 이 지역에서, 또 한편으로는 종교의 모든 영역에서 이집트의 우수성을 입증하는 것이라고 주장했다.

비판적이고 매우 이성적인 정신의 소유자인 헤로도토스는 이 이야기에 자신의 "개인적 견해"를 덧붙이고 있다. 그는 비둘기들이 바로 두 명의 여인일

---

* 고대 그리스인들이 북아프리카를 가리켜 부르던 이름.

것으로 보고 있다. 그리스로 온 여인은 "오늘날에는 그리스 영토의 일부가 되었지만 한때는 테스프로티아인들의 땅으로 펠라스기아라고 불렸던 지역에서 팔리게 된다. 노예가 된 그녀는 참나무로부터 계시를 받아 이 나무 아래에 성소를 건립한다. 테베의 여사제였던 그녀가 이 나라에 성소를 짓고 추억을 간직하려 했음은 당연한 일이었다. 그녀는 그리스 말을 알게 되자 곧 사람들에게 신탁을 가르친다."

도도네의 여사제들에게 붙여진 펠레이아데스라는 이름의 기원에 대해 회의주의자인 헤로도토스는 이렇게 생각하였다. "이 이름은 도도네인들이 붙여 준 것이다. 그녀들은 당시 이방인이었기 때문에 도도네인들에게는 그들의 말소리가 새들이 지저귀는 소리처럼 들렸을 것이다." 후일 도도네인들은 비둘기가 인간의 목소리를 가지게 되었다고 말한다. "그녀는 인간의 말을 배워, 마침내 도도네인들이 이해할 수 있는 언어를 사용하게 되었다. 그녀가 자신의 모국어로 이야기했을 때 그것은 도도네인들에게 마치 새들이 조잘거리는 것 같은, 이해할 수 없는 괴성처럼 들렸을 것이다. 그렇지 않고서야 어떻게 비둘기가 인간의 목소리를 가질 수 있었을 것인가?"[7] 이 점에 대해 헤로도토스는 펠레이아데스가 플레이아데스였다는 사실을 잊고 있는 것 같다. 이들은 아틀라스와 플레이오네 사이에서 태어난 딸들로 신들로부터—그중 세 명은 제우스로부터—사랑을 받은 일곱 명의 요정들이다. 제우스로부터 사랑을 받은 세 명의 요정은 바로 실레누스 산의 여신이자 고대의 어머니 신인 마이아, 그 이름의 어원이 밝혀져 있지 않지만 또 다른 산에서 이름을 따온 타위게테, 그리고 불처럼 광채를 내는 엘렉트라이다. 그러므로 도도네에서 제우스의 시중을 드는 펠레이아데스는 세 명이다. 여기서 우리가 기억해야 할 것은, 보이오티아의 산야에서 사냥꾼 오리온으로부터 쫓기던 일곱 명의 요정들은 제우스의 도움을 받고서야 오리온에게서 벗어날 수 있었다는 사실이다. 요정들은 산비둘기로 변해 하늘로 올라갔다. 성좌星座가 된 이들은 3월 중순경 모습을 나타내 이슬비와 여름, 참나무 잎의 개화開花를 예고했는

데 앞으로 우리는 이러한 사실을 확인하게 될 것이다.8)

　요정들의 자매이며 역시 아틀라스와 플레이네의 딸들인 히아데스는 반대로 비의 요정들이었다. 히아데스는 "비를 몰고 오는"이라는 뜻을 가지고 있다. 이들은 도도네와 직접적인 연관이 있다. 바로 이들이 어린 제우스를 키웠기 때문이다.9) 제우스는 요정들의 봉사를 인정하여 그들로 하여금 타우루스의 성좌에 위치한 일군의 별들이 되게 하였다. 요정은 우기雨期가 시작될 때 승천한다. 펠레이아데스와 히아데스는 상대적이면서도 보완적인 성격을 지니고 있었다. 일상적인 표현을 쓰자면 히아데스는 풍요의 비를 상징한다고 말할 수 있다. 이 비는 성스러운 나무에게 양식을 제공하며, 펠레이아데스는 비둘기가 둥지를 틀고 잎이 만발하는 아름다운 계절에 성스러운 나무에게 풍요를 기원한다.

　오늘날 우리에게 전해지는 신화와 전승의 의미가 어떤 것이든 간에, 이것은 아주 오래전 그리스인들이 도도네에서 해답을 구하려고 했다는 사실을 말해 주고 있다. 그리스인들에게 신탁은 펠라스기아인들―헬라스인들이 그리스 땅을 침략하면서 만나게 된 토착 주민들―에게서 그 기원을 찾아볼 수 있다. 그러나 아마도 펠라스기아인들이 그 지방의 최초의 거주자들은 아니었던 것 같고, 그들은 스스로 토착민들에게 동화됐던 것 같다. 지역과 연결된 신탁은 펠라스기아인들 이전부터 틀림없이 존재하고 있었다. 그리스인들에게 있어서 아주 오래전부터 있어 왔던 신탁은 헤라클레스에게 그가 완수해야 할 일의 기한과 그의 죽음도 예언했을 것이다.10) 디오니소스는 도도네에 와서 자신의 지병을 치유하였다. **또한 아르고 호가 만들어졌을 때 이아손은 신탁을 내리는 참나무에서 잘라 낸 나무 조각을 배의 측면에 박아 넣었다.**

　이 점에 관해 좀더 살펴보면, 우리는 지역 주민들 가운데 뽑힌 셀로이나 헬로이의 이름이 그곳에 붙여졌고, 엘로피아가 아리스토텔레스에게는 가장 오래된 헬라스인으로 여겨졌다는 것을 알 수 있다. 사실상 도리아인들 이전에 헬라스인들의 어렴풋한 자취가 도도네를 중심으로 보여지고 있다.

바로 이들이 이미 아주 오래된 성소에 청동 물병들을 가져다 놓았을 것이다. 이 물병들이 서로 부딪치면서 내는 소리는 천둥의 소리, 즉 그들이 물병들과 더불어 가져온 신들의 목소리를 모방한 것이다.

이러한 점술은 호메로스도, 헤시오도스도, 심지어는 소포클레스조차 언급하지 않고 있다. 참나무와 직접적인 연관을 갖지 않는11) 이 점술은 부가적으로 첨삭된 것이다. 그러므로 진정한 신탁은 펠레이아데스에 의해 해독되고, 참나무 그 자체에 의해 전달된 신탁인 것이다.

헤로도토스는 펠레이아데스가 이집트에서 왔다고 암시하고 있는데, 그에 따르면 이집트는 모든 의식과 신탁의 기원이다. 그는 "사실 그리스는 이집트에서 신성에 관한 모든 이름들을 차용했다"라고 쓰고 있다. 또한 그는 "내가 도도네에서 알게 된 것인데, 펠라스기아인들은 원래 신들에게 제물을 바치고 그들에게 소원을 빌었지만 어떤 특정한 이름으로 신들을 부르지는 않았다. 이는 그들이 결코 이름으로 불려진 적이 없기 때문이다"라고 분명히 밝히고 있다. 헤로도토스의 이 같은 단언이 옳든 그르든 여기서는 중요하지 않다. 우리가 재고해 보아야 할 점은 바로 도도네에서는 신들이 익명이었다는 점이다.

그런데 우리는 한편으로는 도도네의 신이 제우스 나이오스 Zeus Naios라고 불려지고 있었다는 것을 알고 있는데, 나이오스라는 말은 "거주하다, 신전을 짓다"라는 뜻의 동사 '나이오 naiô'로부터 유래한 것 같다. 그러므로 제우스 나이오스는 헬라스인들이 신전을 지어 바쳤던 바로 그 숭배의 대상신을 가리킬 수 있다. 왜냐하면 이 말은 단순히 신성한 나무를 의미하고 있기 때문이다. 고대의 신들 가운데 땅의 신 역시 이름이 없었다. 이들은 어쩌면 헤로도토스의 말대로 한번도 이름을 가져 본 적이 없었는지도 모른다. 더욱더 그럴 듯한 것은 그들의 이름이 잊혀졌거나 혹은 침략자들에게는 비밀에 부쳐졌다는 것이다.

펠레이아데스는 제우스의 여사제들이 아니라 디오네의 여사제들이었다.

제우스는 도도네에서 디오네와 결혼하였는데, 헤로도토스는 디오네라는 이름이 제우스의 제2격인 '디오스dios'라는 말로부터 파생한 것이라고 여기고 있다. 그는 이 말을 "제우스의 여신"이라는 표면적 의미로 이해하고 있는 듯하다. 그러므로 도도네의 제우스뿐 아니라 펠레이아데스 역시 이름을 갖지 않았으며, 어쩌면 도도네라는 이 명칭은 디오네의 또 다른 명칭에 불과한 것일 수도 있다. 또한 이 두 단어들은 그리스 자모의 마지막 글자인 오메가로 표기되었다.

그렇기는 하지만 그리스인들에게 있어서 디오네는 신화적으로 그 신원이 분명하다. 정확하지는 않지만 이는 고대의 여신과 관계된다. 디오네는 아주 오래된 작가들에게서만 언급되고 있을 뿐인데, 그들은 그녀를 그리스 시대 이전의 인물이라고 말하고 있다. 우주 창조론에서 차지하고 있는 위치를 감안해 볼 때도 그녀는 고대의 여신이다. 디오네는 세계 창조 과정의 초기에 모습을 드러내고 있다. 펠라스기아의 신화를 보면, 디오네는 티탄 크리오스와 연합하여 화성을 다스린 티타니스女巨神族이다.12) 예를 들어 헤시오도스의 『신통기』 같은 후기 그리스인의 우주 창조론에 따르면, 그녀는 우라노스와 가이아의 딸로 강물의 어머니이자 3천에 이르는 물의 요정들의 어머니인 테티스와 오케아노스 사이에서 태어났다. 플라톤이 인용한13) 오르페우스 신화를 보면, 오케아노스와 테티스는 신과 모든 존재들을 탄생시킨 최초의 남녀이다.14) 디오네의 이 같은 기원은 다음과 같은 하나의 가정을 가능케 한다. 즉, 이그드라실 물푸레나무의 뿌리에서처럼 도도네의 참나무 아래에는 신성한 샘물이 있었다. 신화학자들은 디오네를 크로노스의 아내이자 제우스의 어머니인 레아와 서로 비교했고, 레아에게 참나무가 바쳐졌다고 생각했다. 사실 디오네는 도도네에서 참나무 의식과 비둘기의 여신이었다. 호메로스에 따르면,15) 도도네에서 제우스와 결합한 디오네는 아프로디테를 임신했으며, 비둘기와 친했던 아프로디테는 종종 디오네라고 불리기도 했다는 것이다.16) 마지막으로 제우스의 아들인 디오니소스의 어머니에게 붙여진 이름들 중에 디오네의 이름이 나타난다. 앞서 살펴본 대로 디오니소스는 구원을 청하려고 도도네에 왔을 것이다. 그렇다면 그는 자기 아버지와 어머니에게 애원한 것일까?

도도네의 여신은 당시 '디아Dia'("하늘로부터"의 뜻)라고도 불렸기 때문에 그녀는 흔히 제우스에게 유혹당한 익시온의 아내와 동일시되었다. 익시온('익시아ixia'에서 파생한 것으로 '겨우살이')은 참나무의 왕으로서 의식에 따라 죽음이 예정되어 있었다. 프레이저의 연구서 『황금 가지』에 등장하는 신비한 인물 역시 참나무의 왕이었음이 분명한데, 그는 후일 디아나 여신에게 봉헌된 네미의 신성한 숲의 왕이 된다.

이제 여러 가지 자료들만이 남았다. 이 자료들을 통해 딱히 규정 짓기도, 위치시키기도 어려운 신의 형상이 구체화된다. 그러나 거의 모든 자료들은 직접적으로나 간접적으로나 신성한 참나무와 그 나무에 둥지를 트는 비둘기라는 주제로 귀결된다. 비둘기는 디오네의 여사제들인 펠레이아데스이다. 이들은 청동으로 된 도구를 사용하지 않았고, 분명 독창적인 것은 아니지만 참나무 이파리들이 서로 부딪치면서 내는 소리들을 해독하였다.

이러한 예언의 형태는 분명 원시적인 것이다. 또한 디오네와 관련된 모든 요소들은 도리아 침입 이전의 그리스 시대와 어쩌면 펠라스기아 이전 시대의 모습의 고대성을 나타내 주는 것일 수 있다. 그러므로 도도네의 한 쌍에서 보면 최초의 중요한 숭배 대상은 남신이 아닌 여신이며, 제우스와 청동 냄비가 헬라스인들의 도착보다 시기적으로 뒤늦었다는 것은 분명하다. 호메로스와 마찬가지로 헤로도토스는 청동인의 숭배 대상도, 셀로이도 언급하지 않았다. 그는 펠레이아데스에 관해 길게 이야기하고, 신탁의 아주 오래된 고대성을 강조하고 있을 뿐이다.

도도네에서 제우스는 디오네와 결혼했을 것이다. 그리고 그곳에서 숱한 바람기를 뿌리고 다녔을 것이다. 알다시피 이 같은 애정담은 종종 역사적, 혹은 원시사적 자료를 은폐하고 있다. 예를 들어 인도의 아리아인들과 같은 다른 침략 민족들에게서 나타나는 것처럼 정복자는 고대 성소를 점령한 다음 그곳에 자기 고유의 신들을 정착시킨다. 여신에 관련된 가장 단순한 방법은 여신을 정복자들의 만신전萬神殿에 모신 신과 서로 결합시키는 것이었다.17) 이러한 강요된 결합에 종종 고대의 신성은 반발하였다. 디아의 이야기를 보면, 제우스는 익시온의 아내를 차지하기 위하여 종마로 변신해야만 했다. 아르카디아에 위치한 실레누스 산 위에서 그는 검은 딱따구리의 모습을 하고 그 지방의 여신을 유혹한다. 이 여신의 이름은 마이아18)였으며 디오네처럼 티타니스였다. 제우스는 마이아와의 사이에서 아들 헤르메스를 낳는다. 그레이브스에 따르면 이들의 결합은 "참나무 의식의 성스러운 왕들에게 제우스라는 이름을 붙여 주는 결과를 가져온다."

단지 새로운 신이 옛날의 신을 대체할 뿐, 여신에 대해서는 동일한 역할을 하면서 새로운 신은 옛 신과 합쳐진다. 이제 나이오스라는 이름으로 감추어진 이 신이 누구인가를 규정하는 일만이 남았다. 네미의 숲에 바쳐진 의식에 관하여—여기서 숲의 왕은 유피테르로 나오는데—프레이저는 다음과 같이 쓰고 있다. "참나무의 신 제우스는 도도네에서 디오네와 짝이 되었는데, 디오네는 방언의 단순한 차이점을 제외하면 유노가 된다. 또 키타이론 산정에서…… 사람들은 정기적으로 이 최고의 신을 참나무로 만든 헤라의 상과 결혼 시켰다." 『황금 가지』의 작가는 이렇게 덧붙인다. "그리스와 이탈리아의 민족 사이에서 으레 함께 붙어 다니는 한 쌍의 신들, 예를 들어 제우스와 디오네(도도네에서), 유피테르와 유노, 혹은 디아누스(야누스)와 네미 숲의 디아나(야나) 등은 이렇듯 여러 가지 다른 이름들로 알려져 있다. 이 신들의 이름은 그들을 숭배한 각각 부족의 방언마다 형태를 달리하나 본질적으로는 동일한 것이었다."19)

도도네와 네미가 서로 동일한 곳이라고 주장할 근거가 있는가? 결론적으로 말하자면, 도도네 하면 우선 신탁이 떠오른다. 그러나 네미에는 그러한 요소가 전혀 없는 것 같다. 그럼에도 불구하고 외관상 네미의 숲 역시 신탁과 연관이 있는 것처럼 보이는 이유는, 요정 에게리아와 그녀에게 신탁을 구하곤 하였던 로마의 누마 폼필리우스 왕의 이야기가 이들 장소와 결부되어 있기 때문이다. 플루타르코스에 따르면[20] 에게리아는 숲의 요정으로 참나무의 요정이었으며, 디아나는 일반적인 숲의 여신이었다. 라틴어에서 에게리아라는 이름은 '풍기다, 내뿜다, 배기하다, 나가게 하다' 등의 뜻을 가진 동사 에게로egero에서 파생한 것으로, 에게리아는 여성의 분만을 수월하게 해주는 요정이었다. 그리스어로 동의어는 "깨우다"의 뜻을 가진 에게이로egeirô[21]이다. 이 요정에 대해서는 거의 알려진 것이 없기 때문에 프레이저는 그녀가 신성한 참나무 아래에서 솟아나온 샘물의 신성이었는가를 묻고 있다. 그는 다음과 같이 덧붙인다.[22] "흔히 하나의 샘물이 도도네의 거대한 참나무 아래에서 솟아나왔으며, 여사제가 참나무의 잎이 살랑거리면서 내는 소리를 듣고 신탁을 전했다고 한다." 설사 도도네에 샘이 정말로 존재했었는가에 관한 확실한 문헌이 없다고 하더라도 이것은 개연성 있는 사실이다. 모든 성림에는 수원이 있기 때문이다. 우리는 앞서 이그드라실 물푸레나무에 관하여 이야기할 때, 이 나무 아래에도 인도의 성목과 마찬가지로 지하에서 솟아나온 물줄기가 있었음을 언급한 바 있다.

누마 왕과 에게리아의 대화를 떠올리며 티투스-리비우스는 이 대화에서 그럴 듯한 이유를 찾고 있다. 누마는 "(로마인들에게) 신들에 대한 두려움을 불어넣고자 결심하였다……. 그러나 기적의 도움 없이 사람들의 마음속에 두려움을 스미게 한다는 것은 불가능하였다. 그는 밤에 에게리아 여신을 찾는다. 신들의 마음에 꼭 드는 제물을 바치고자 했던 그는 자신의 생각에 따라 특별한 신관들에게 신성을 부여한다."[23] 로마인이 아니라 사비니 사람이었던 로마의 두 번째 왕 누마 폼필리우스는 자신의 권위가 드러나는 치적을 내세우고자 초자연적인 보증물을 필요로 하였다. 즉, 새로운 도시 국가의 종교 생활을 정비하는 것이었다. 이를 확신시켜 주는 가장 훌륭한 방법은 이미 숭배되고 있는 신탁을 참조하는 것이 아니었겠는가?

제우스 나이오스에서 크레타의 제우스까지

닫힌 이 대립항을 다시 문제의 대상으로 삼아 보자. 도도네에서 제우스를 대신하는 나이오스란 인물은 누구인가? 우리는 앞서 고대 전설에서 펠레이아데스의 자매이며, 비의 요정인 히아데스가 도도네에서 어린 제우스를 키웠다는 사실을 언급한 적이 있다. 그러나 고대의 신화학자들은 크레타에 있는 이다 산("숲이 우거진 산"을 뜻한다)에서 제우스가 자랐다고 주장한다. 어린 제우스는 태어나자마자 아버지 크로노스를 피해 이곳으로 옮겨졌다는 것이다. 처음에 그는 딕테 동굴 속의 황금 요람에 숨겨져 있었다. 이 요람은 어떤 나무의 가지에 매달려 있었다고 하는데, 이 나무는 신성한 참나무였을 것이 분명하다. 참나무는 부재하는 어머니 레아를 상징하는데, 그녀는 참나무와 비둘기의 여신이었다. 제우스는 크레타의 왕 멜리세우스의 딸들인 아드라스테이아와 이오 그리고 암염소 요정 아말테이아 등 세 명의 요정들의 보호를 받았다. 즉, 어린아이는 우유와 꿀(멜리세우스melisseus는 "양봉가"를 뜻한다)로 키워졌다. 만약 참나무의 요정이자 복수의 여신인 네메시스와 동일인인 아드라스테이아가 게르만족의 신화에 등장하는 이그드라실과 연관된 노른느 우르드를 상기시키는 것이 분명하다면, 염소 아말테이아는 참나무에 살면서 자신의 젖으로 오딘을 키우는 하이드룬과 일치한다. 여기에서 흰 암소 이오의 오랜 방랑을 언급하지 않는다 하더라도, 우리는 성인이 된 제우스가 어머니 다름없는 자신의 유모에게 연정을 느꼈다는 점을 강조하지 않을 수 없다. "부드러운 여인"이라는 뜻의 이름을 가진 염소 아말테이아에게 감사하는 의미에서 제우스는 이 염소를 성좌들 사이에 앉게 하여 산양좌가 되게 하였다.[24] 아드라스테이아와 이오의 아버지 멜리세우스는 벌꿀 인간이며, 그레이브스의 가정에 따르면[25] 그녀들의 "어머니는 매년 자신의 남편을 죽이는 대여신大女神 멜리사(꿀벌)"임이 확실하다. 이 같은 사실은 막시류膜翅類의 경우 암컷과 수컷이 서로 교미한 후 수컷이 죽는 것과 일치한다. 꿀벌들은 신성한 참나무와 관련이 깊으며,26) 왕권의 힘을 상징하기도 한다.27) 특히 주목할 만한 것은 계승자인 왕의 아들이 바로 이다의 제우스였다는 것이다. 그리스인들은 이들에게 대지의 자식들이란 뜻의 게게네이스gégéneis, 혹은 비의 자식들이란 뜻의 임브로게네이스Imbrogéneis라는 이름을 붙였는데, 이것은 도도네에서 제우스를 길렀던 비의 요정들인 히아데스를 연상시킨다.

도도네에 관한 신화학자들의 몇 안되는 자료들과 이다의 어린 제우스에 관한 훨씬 더 풍부한 기록들을 분석해 보면, 우리는 종종 도도네와 제우스가 서로 밀접한 관계를 갖는 것을 발견하게 되는데, 사실 이 둘 사이에는 유사점이 많다. 이러한 사실은 도도네의 신화에서 누락되어 있는 여러 부분들을 원래대로 복원하는 데 도움을 주며, 또한 다른 방식으로 흩어져 있는 여러 가지 요소들의 공통점이 무엇인지 생각해 볼 수 있게 한다.

그레이브스에 따르면,28) 크로노스의 세 아들인 하데스, 포세이돈, 제우스는 헬라스인들의 연속적인 세 번의 침략이 창조해 낸 인물들이다. 세 번의 침략은 바로 이오니아(이오의 자식들), 아이올리스, 그리고 아카이아에 의한 것이었다. 그리스 초기의 왕들의 이름은 물푸레나무와 참나무 제의의 왕인 포세이돈과 제우스에게서 차용해 왔을 것으로 추정된다. 이 초기 왕들은 힘이 약해지면 의식에 따라 죽음이 예정되어 있었다고 한다.29) 프레이저는 신성한 왕권에 관한 자신의 분석을 뒷받침하기 위해 『황금 가지』에서 이 같은 상황에 관한 수많은 예들을 제시하고 있다. 그의 작업은 고대 그리스 시대와 도리아 침입 이전 그리스 시대의 기원에 관한 확실한 해답을 제공한다. 스웨덴의 웁살라에서와 마찬가지로 옛 그리스에서도 왕이 죽는 의식은 역시 수목 숭배 제의와 관계가 있다. 이 희생 제의는 제우스에 의해 등장한 아카이아인들의 승리로 그 종지부를 찍는다.

이다와 딕테의 산 위에 있는 제우스의 무덤들은 대단한 숭배의 대상이 되었다. 크레타인들에게 제우스는 식물의 신이었으므로 그는 매년 태어나고 죽는 것을 반복한다. 그러나 제우스는 봄의 부활이 시작되기 바로 전인 늦은 겨울이 되어서야 이파리들을 떨어뜨리는 참나무의 신이었다. 그러나 그리스인들은 이 신의 속성을 제대로 알려고 하지 않았고, 분개한 칼리마코스는 『제우스에게 바치는 찬가』에서 다음과 같이 호소한다. "크레타인들은 항상 거짓말을 하는도다. 그들은 그대의 무덤을 만들기조차 하였네. 허나 그대는 정녕 죽지 않을 것이니 영원히 살아 있는 자이기 때문이리라."

올림포스 신화 속에 등장하는 불멸의 신들은 놀라울 정도로 다양하게 육화(肉化)되어 나타난다. 그러므로 죽음을 면할 수 없는 어린 신, 신성한 참나무의 신에 대한 이 같은 형상은 그리스 이전의 것이다. 고고학이—고고학만이—크레타의 종교에 관해 우리에게 알려 주는 바를 살펴보면, 우리는 여기서 이러한 신의 형상이 뚜렷하게 환기되는 것을 볼 수 있다. 사실 크레타에는 제우스의 조상인 나무의 신이 존재하고 있었는데, 후일의 주석가들은 그를 "크레타인들의 제우스인 벨카노스"[30]라 부른다. 이 벨카노스는 유피테르보다도 시간적으로 앞서 있으며, 가장 오래된 로마 신들 중 하나인 볼카누스와 동일 인물이다. "로마 최초의 신인 유피테르"[31]는 천둥과 화재의 신으로서 재난을 멈추게 하는 능력을 소유하고 있었다. 그는 때로는 유노와 쌍을 이루고, 때로는 대지의 어머니인 마이아와, 때로는 로마인들이 불의 신을 만들기 이전에 로마식 대지의 여신으로 등장하는 베스타와 한 쌍을 이루었다. 그러므로 볼카누스는 후일의 불카누스보다 훨씬 더 중요한 인물이었다. 고대의 전설에 따르면 탄생시 볼카누스의 보호를 받았던 "어린 유피테르"는 카피톨리움 언덕에 자신의 신전과 자신의 조각상을 세운 신비한 베조비스였다. 조각상에 나타난 유피테르는 "크레타 염소"[32]를 거느린 벌거벗은 소년으로 표현되어 있다. 젊음과 대지를 상징하는 이 로마 신은 1939년 발견되었는데, 이다의 제우스 크레타게네스보다도 훨씬 이후 시대까지 사람들의 끈질긴 관심의 대

---

* 제우스 크레타게네스라는 명칭은 '크레타 태생의 제우스'를 의미하는 것 같으나, 원래 제우스의 별칭으로 크레타게네스가 붙여지는 예는 없다.

상이 되었다. 이후 "그리스의 제우스는 고대의 전성기에 땅의 모습으로 등장하였다."[33] 크레타의 동전에는 제우스가 "잎이 떨어진 (버드나무의?) 가지 사이에 수탉을 들고 앉아 있는 어수룩한 젊은이"[34]의 모습으로 그려져 있었다. "제우스 신의 탄생을 축하하는 행사가 열릴 때마다 이다의 신성한 동굴 앞 버드나무 속에는 아기 신의 요람이 매달려 있었다." 또 다른 그림에는 벨카노스가 나뭇가지로 된 갈퀴 위에 앉아 있는 모습이 그려져 있는데, 이는 마치 신이 나무 속에서 발현된 것 같은 인상을 준다. 한편 이 동전들의 다른쪽 면에는 황소가 있는데, 그것은 모습을 바꾼 제우스이다. 동굴 가까운 곳에 있는 신의 무덤은 재생과 부활을 상징하는 장례목인 은백양에 둘러싸여 보호를 받고 있다.[35] 마지막으로 "크레타의 특수 종"인 플라타너스에 관해 언급해야 할 것 같다. 생명력이 강한 플라타너스 아래에서 혹은 나무 안에서 제우스는 에우로파와 결합한다.[36] 여기서 다시 한번 주목해야 할 사실은, 도도네의 언덕에서처럼 참나무 숲이 에트나 산의 정상을 향하여 펼쳐져 있다는 것이다.

딕테 산에는 젊음의 신이 살고 있었는데, 그는 "소년들 중 가장 키가 큰"이라는 뜻의 메기스토스 쿠로스megistos kouros[37]라는 이름으로 불리고 있었다. 쿠로스라는 이름은 장메르가 제시한 대로[38] 쿠르테스*의 이름으로부터 유래한다. 여기에서 제우스는 설사 가장 키가 크다고 할지라도 다른 이들과 마찬가지로 단순히 소년에 지나지 않았다. 그러므로 처음 크레타에서 제우스는 하찮은 신들, 아이들 혹은 젊은이들 중 하나였으며, 그의 삶과 죽음 역시 식물의 주기와 밀접한 연관을 갖고 있었던 것이다. 죽음을 면할 수 없는 히아킨토스와 제우스 크레타게네스 사이의 유사점에 관해서는 전설이 말해 주고 있다. 히아킨토스 역시 어머니에게 버림받고 야생의 여신인 아르테미스에 의해 키워진다. 크레타 태생으로 엘레우시스에서는 플루토스가 되는[39] 어린

---

* 이다 산에서 제우스를 키운 레아의 시종들.

디오니소스 역시 그러했다. 디오니소스는 한편으로 제우스 크레타게네스로부터 대지의 속성을 물려받는다. 신성한 나무의 의식에서 남성신은 그저 모습만 드러낼 뿐이다. 그러므로 나무의 진정한 신성은 항상 위대한 어머니, 대지, 식물의 주인, 모든 양식의 근원인 여신이다. 풍만한 여신의 가슴은 젖으로 가득 차 있고, 꽃으로 장식한 여신은 나무 아래에서 모습을 드러낸다. 바다의 신으로 나타날 때조차도 그녀는 나무를 떠나지 않는다. 나무는 배 안까지 뚫고 들어온다. 크레타에서 여신은 종종 신성한 비둘기들과 뱀, 지옥의 동물들을 데리고 다녔다. 사람들은 종종 이 여신의 모습을 신전의 기둥에 그려 넣기도 하였는데, 그녀의 하반신은 나무 줄기처럼 "휘감겨 올라가는 모습"[40]을 하고 있으며, 이 위로 여신의 상반신이 떠오른다. 단지 단편적인 이름들에 의해서만 알 수 있을 뿐인 숲이 우거진 산의 두 신성, 즉 딕테 산의 부인이나 이다 산의 부인인 딕튀나와 같은 이러한 "위대한 어머니"는 오래전 고대 신화에 등장하는 제우스 크레타게네스의 어머니인 레아-키벨레와 닮아 있다.

위대한 어머니와 젊은 신이라는 한 쌍에서 젊은 신은 연인으로서의 아들의 역할을 담당한다. 프리기아에서는 자기 어머니 키벨레의 연인인 아티스가 바로 그러한 경우이다. 전설 속에서 제우스의 어머니 레아는 그를 낳고 모습을 감추지만[41] 곧 키벨레의 모습으로 다시 나타나고 있다. 레아의 제의는 그리스에 들어와 혼동을 빚는다. 그러므로 크레타의 제우스 역시 자기 어머니의 연인이었는가 하는 문제가 제기될 수 있을 것이다. 이 주제에 관해서는 헤시오도스가 『신통기』에서 암시한 하나의 전설[42]과 오르페우스의 단편[43]이 있다. "그의 어머니 레아가 제우스의 사랑의 욕망이 만들어 낼 난관들을 미리 예견하고 제우스에게 결혼을 금지시키자, 그는 화를 내고 그녀를 겁탈하겠다고 위협했다. 그녀는 그 자리에서 무시무시한 뱀—이 뱀은 크레타 여신의 속성들 중 하나였다—으로 변했지만 제우스는 두려워하지 않았다. 그는 뱀으로 변하여 레아와 결합함으로써 그의 위협을 실행에 옮긴다. 그리하여 일련의 사랑의 행각들이 시작된다." 여기에서 우리는 연인으로서의 아들과 마주하는 여신의 질투를 느낄 수 있지 않겠는가? 제우스가 다른 여자들과 관계를 맺기 위해서는 먼저 그녀 자체를 알아야 한다. 근친상간만이 어머니가 최초에 부과했던 금기에서 그를 해방시킨다. 레아와 그녀의 막내아들의 묵계의 연원은 아주 멀리까지 거슬러 올라간다. 제우스는 자기 어머니에게 자기보다 앞서 태어난 형제들, 즉 세 명의 누이 헤스티아, 데메테르, 헤라와 두 형 포세이돈과 하데스를 삼켜 버린 아버지 크로노스에게 복수하라고 제안한다. 레아는 기꺼이 그를 도와준다.

황홀경의 의식이 진행되는 동안 우리는 도도네의 여신인 디오네에게서 신성한 참나무와 비둘기의 신을 볼 수 있을 것이다. 이 신은 레아의 딸 헤라(헤라Héra는 레아Rhéa의 철자 바꿔쓰기로, 동일한 어원을 갖고 있다)라기보다는 오히려 레아―이 이름은 대지라는 뜻을 가진 고어 '에라era'에서 유래한다―와 일치한다. 그러나 성질이 급하고 거만한 헤라는 산 위에 앉아 몸소 한 무리의 구름을 모아 천둥을 만들었으니, 우리는 크레타의 위대한 어머니의 또 다른 변신을 인정하지 않을 수 없다. 만약 고대에 헤라가 중요한 위치를 차지하고, 아카이아의 여신이 된 레아의 속성까지 갖추었다면, 그녀는 모든 창조물의 근본 원리가 되었을 것이다. 레아는 자신의 어머니인 펠라스기아의 가이아를 대신하는 인물이며, 가이아는 최초의 카오스로부터 유래한 유일한 자이므로 진정으로 근원적인 신성을 갖고 있다.44) 가이아는 자기 아들인 우라노스(하늘)하고만 결합할 수 있었다. 가이아는 그녀에게 붙여진 이름―가이아gaea는 예전에 땅을 지칭하던 에라를 대신한 단어로서 고시古詩에 쓰이는 표현인 gè와 같다―에도 불구하고 이 세계의 여신이 아닌 우주의 여신이었다. 우주의 여성 창조주인 가이아는 박식하며, 매우 탁월한 신적 능력을 소유하고 있었다. 아폴론이 그 자리를 차지하기 이전까지 델포이 신탁의 주인은 바로 그녀였으며, 도도네의 신전은 그녀에게 제의를 올렸다. 역사가 시작되기 전 가이아는 장소에 대한 근원적인 신성을 가지고 있었지만, 역사 시대에는 레아가 그녀를 대신하였다. 진정한 대지인 그녀의 딸은 신성한 참나무로 숭배되었다. 만약 헤라가 어머니 레아로부터 가장 오래된 특징들을 물려받았다면 레아를 가이아와 연관시키는 것은 당연하다. 가이아라는 인물은 마침내 잊혀졌고, 더 정확하게는 인간들의 세계로부터 멀리 뒷걸음질을 쳤다. 그러한 연유로 우리는 한 여신의 뒤를 잇는 세 명의 화신化身에 관한 문제를 생각해 볼 수 있다. 이들은 3세대에 걸쳐 세 민족에 의해 숭배되던 신을 나타내고 있는데, 여기에서 이 세 민족은 펠라스기아인, 에게인 그리고 그리스인이라는 순서를 따르고 있다.

어쨌든 도도네에서의 헤라(레아)[45]의 결혼은 두 가지 의식, 즉 토착민의 의식과 침략자들이 가져온 의식, 이 둘의 결합을 나타낸 것으로 추정된다. 예전에는 자신의 배우자에 불과했던 사람에게 복종해야 하는 상황은 헤라가 자기 남편에게 자주 드러내는 반감을 설명해 준다. 바로 여기에 자기의 자리를 대신 차지하고 앉은 침입자에 대한 대립과, 대여신의 숭배자들이 갖고 있는 저항의 발자취가 있는 것이다. 우리는 또 다른 경우들에서도 이러한 것을 찾아볼 수 있다. 예를 들어 올림피아에서 신전은 처음에 필로스 근처의 신성한 숲이었다. 필로스는 크레타 뱃사람들의 왕래가 잦던 항구로서, 올림포스의 제우스가 헤라와 함께 그곳을 다스리기 전까지 다산의 신들인 레아와 그녀의 아들인 제우스 크레타게네스가 모셔지던 곳이었다. 달리 말하자면 도도네의 설화집은 여성들이 주재하는 유명한 의식의 과정을 생생하게 기록하고 있는데, 이는 크레타-에게 지방의 의식과 유사하다. 이곳에서는 남성들(셀로이)이 제의의 집행을 보조했다고 한다. 이러한 현상은 그리스 세계에서만 유일하게 나타난다. 그럼에도 불구하고 도도네의 위력은 고대 세계에 그 기반을 두고 있기 때문에 고대의 예언 양식은 끊임없이 존중되었다.

이제까지 우리는 성목 숭배의 기원을 찾기 위해 신탁을 내리는 참나무에서 출발하여 가능한 멀리까지 거슬러 올라가 보았다. 성목은 대여신으로부터 유래하며, 공현公顯이 행해지던 매우 특별한 장소에 그 기원을 갖는다. 우리의 연구는 신화학자들과는 약간 다른 방법으로 진행되었다고 볼 수 있는데, 그것은 설사 이러한 방법이 신화학자들의 그것만큼이나 면밀한 고찰을 요구한다 할지라도 그 연구 대상에 있어서는 전혀 다르기 때문이다.

그리스와 이탈리아의 성스러운 참나무

그리스에는 신탁을 내리는 또 다른 참나무들이 존재하고 있었지만 도도네의 그것만큼 긴 역사를 갖고 있지는 않다. 고대에는 이 참나무들이 거의 관심의 대상에서 제외되어 있었던 것 같다. 그리하여 오늘날 우리에게 전해지는 텍스트는 단순히 그것들을 언급하고 있는 정도일 뿐이다. 파가이에서 사람들은 헤라 여신에게 제를 올리던 장소에 심어져 있었던 흑양peuplier noir 앞에서 조언을 구하곤 했다. 한편 아카이아의 에게이라Ægeira에 서식하던 흑양은 죽은 자들의 여신인 페르세포네에게 바쳐졌다. 에게이라는 흑양을 의미하며, 요정 에게리아의 이름과 동일하다. 에게리아는 로마와 가까운 아리키아에 위치한 성림聖林 네미에 사는 요정의 이름이다. 그러나 플루타르코스에 따르면, 이 요정은 우리가 이미 앞서 보았듯이 숲의 요정, 즉 참나무의 요정임이 틀림없다. 따라서 우리는 그녀가 디아나—디오네의 숲 근처에서 자란, 신탁을 내리는 흑양의 요정이었다고 결론 내릴 수 있을 것이다. 우리는 신탁을 내리는 그리스의 또 다른 참나무들을 알고 있다. 아르카디아에 위치한 뤼카이온 산 위에서 제우스의 사제는 비를 내리게 하기 위해 참나무 가지 하나를 샘에 적신 뒤 이것을 자신의 발밑에 놓아두었다고 한다. 그러므로 경우에 따라서는 제우스가 천둥과 풍요로운 비의 신으로 간주되기도 하는 것이다.46)

보이오티아의 플라테이아 주민들은 4년마다 소小 다이달로스라고 부르는 축제를 거행하였다. 이 의식은 라비린토스, 즉 이다의 미궁을 설계한 유명한 건축가인 다이달로스를 기념하기 위한 것으로, 제우스 크레타게네스는 이 미궁에서 자랐다. 축제일에 주민들은 "거대한 참나무 숲"47)으로 가서 나무의 밑둥에 삶은 고기 조각들을 놓고 새들이 날아드는 것을 지켜 본다. 암까마귀 한 마리가 고기 한 점을 물고 참나무 위에 앉으면, 사람들은 뒤를 쫓아가서 그 까마귀가 앉아 있던 나무를 베어 낸다. 사실 아폴론의 아들인 아스클레피오스의 어머니이자 익시온의 누이(익시아는 겨우살이를 의미한다)인 코로니스(까마귀)는 참나무의 겨우살이를 이용하여 병을 고치던 반半 여신이었다. 쓰러진 나무숲에 사람들은 신부新婦 차림의 조각상 하나를 세웠다. 그런 다음 이 조각상을 황소들이 끄는 마차에 싣고 아소포스 강가까지 엄숙하게 행진한다. 그리고 60년마다 거행되던 대大 다이달로스 축제 때까지 그 상을 한 켠에 놓아둔다. 사람들은 열다섯 개의 조각상들을 아소포스 강가로 가져갔다가, 성스러운 참나무를 경배하던 곳인 키타이론 산 정상으로 옮긴다. 사람들은 재목을 모아 이곳에 제단을 세우고, 그 위에 덤불(참나무의 가지들이었을 것으로 추정된다)을 쌓았다. 이 제단 위에서 사람들은 희생 제물로 바쳐진 동물들을 불태운 다음, 조각상들과 제단마저 태웠던 것이다. 이 불은 엄청난 높이로 치솟았다고 전해진다.

파우사니아스에 따르면48) 이 흥미로운 의식은 제우스의 수많은 애정 행각들 가운데 하나를 기념하기 위한 것이었다고 한다. 여느 때처럼 헤라는 그녀의 남편 제우스와 말다툼을 하고는 그에게 아소포스 강의 딸인 요정 플라테이아와 결혼할 테면 하라고 선언한다. 이 말을 들은 제우스는 정말 결혼하는 것처럼 꾸미기 위해 잘 자란 참나무 한 그루를 벤다. 그는 나무를 정성 들여 손질한 뒤 신부처럼 옷을 입혀 소가 끄는 마차로 실어 오게 하였다. 질투심에 불탄 헤라는 곧장 조각상에게 달려들어 천 조각을 벗겼다. 그러자 제우스의 속임수가 바로 드러나고, 헤라는 부정한 남편 제우스와 다시 화해한다. 바로 이러한 이유로 플라테이아에서 신과 여신의 신성한 결혼식이 거행되는 것이다. 선사 시대에 그리스를 침수시켰던 대홍수 중의 하나, 즉 보이오티아를 휩쓴 대홍수도 제우스와 헤라 부부의 불화가 원인이었다.

그러나 이 이야기는 후대의 주석가들에 의해 속화된 것이다. 사실 여기에는 훨씬 더 오래된 또 하나의 이야기가 감춰져 있다. 플라테이아는 아소포스와 메로페의 딸인 아이기나와 동일인이고, 메로페 자신은 아르카디아의 라돈 강의 딸이다. 메로페는 제우스에 의해 납치당했는데, 아소포스는 플리온토스—그의 주민들은 도도네에서 유래한 성스러운 참나무를 경배한다—에서 자기 아내가 다른 남자와 있는 것을 목격하고는 그 자리에서 제우스를 공격했다.

제우스는 아이기나를 그녀의 이름을 딴 섬으로 납치해 온 뒤 독수리 혹은 불꽃의 형상을 하고 그녀와 결합한다.[49] 아이기나가 섬의 통치자인 아들 아이아코스를 낳았다는 사실을 알게 된 헤라는 강에 독사 한 마리를 풀어 넣었고, 뱀은 수천 마리로 불어났다. 또한 해로운 남풍이 불어와 가뭄이 들어 많은 사람들이 죽어 갔다. 이들은 제우스에게 기도를 하고 제물을 바쳤지만, 그는 침묵만 지키고 있었다. 그러나 아이아코스는 이에 굴하지 않았다. 어느 천둥이 치던 날, 성스러운 참나무를 통해 신은 응답한다. 이 나무는 도도네의 참나무에서 나온 씨앗으로 싹을 틔워 기른 나무였다. 아이아코스는 밀알을 문 개미들이 나무 줄기를 타고 오르는 것을 보고, 제우스에게 개미 수만큼의 인간들을 그 섬에 내려 달라고 기도했다. 그는 공포에 떨면서도 섬을 떠나지 않았고, 여러 차례에 걸쳐 나무의 기둥과 발밑의 땅을 껴안았다. 다음날 밤 아이아코스는 한 무리의 개미가 참나무 가지에서 떨어지는 꿈을 꾼다. 그런데 꿈속에서 개미들은 땅에 닿는 순간 사람이 되는 것이었다. 그때 그의 아들 텔라몬이 밖에서 그를 불렀다. 한 무리의 병사들이 그들을 향해 달려왔고, 아이아코스는 이들이 꿈속에서 본 사람들임을 알아차린다. 이후 뱀들은 모습을 감추었고, 비가 내리기 시작했다.[50] 이 병사들은 아킬레우스와 파트로클로스의 지휘 아래 트로이 성 앞에서 전투를 벌이게 될 뮈르미돈인들이었다. 위의 이야기는 아카이아인들이 이 섬을 침략할 것이라는 사실을 암시하고 있다. 아카이아인들은 자신들의 정복지에 제우스의 제의를 강요하였다. 아이아코스 왕으로 말할 것 같으면, 그는 자기 아버지에게 헌신적인 봉사를 한 덕분에 매우 강력한 권세를 누렸다. 그리하여 델포이의 신탁은 당시 가뭄으로 야기된 오랜 기근 때문에 황폐해진 그리스인들에게 다음과 같은 신탁을 내렸던 것이다. "너희들이 고통에서 해방되려면 아이아코스가 기도를 올리게 하라." 제우스의 사제 복장을 한 왕은 백성들의 요구에 따라 섬의 정상으로 올라갔다. 그곳에는 분명 성스러운 참나무가 자라고 있었을 것이고, 여기서 왕은 제물을 바쳤다. 곧이어 하늘이 어두워지며 엄청난 천둥소리가 진동한다. 폭우가 그리스 땅을 적신다. 이런 일이 있은 후 아이아코스 왕은 산 위에서 범汎그리스적인 제우스에게 신전을 봉헌하였다. 그후로 산의 정상을 덮고 있는 구름은 비를 암시하는 확실한 징조가 되었다.51)

도도네의 참나무에서 유래한 아이기나의 참나무를 살펴봄으로써 이제 우리는 앞서 언급한 참나무의 역할에 관해 좀더 자세한 정보를 얻을 수 있게 되었다. 즉, 이 나무에는 신탁뿐 아니라 비를 내리게 하는 역할도 있었다. 참나무는 천둥이나 혹은 그 소리를 모방한 청동 물병들의 소리에 의해 생기는, 천둥을 예고하는 비의 제공자였던 것이다. 플라테이아인들의 다이달로스제는 그러므로 기우제였다. 제의가 진행되는 동안 사람들은 아소포스 강에 참나무 조각상들을 싣고 간다. 그런 다음 키타이론 산 정상의 신성한 참나무 옆에서 그것들을 불태웠는데, 그러는 동안 연기가 하늘로 올라가 구름을 만들었던 것이다. 앞서 언급한 적이 있는 보이오티아의 홍수 때, 사람들은 비가 그친 뒤 땅 위로 올림포스 신들의 화합을 상징하는 참나무 조각상 하나가 솟아오르는 것을 보았다. 이러한 사실에 비추어 보았을 때 참나무는 엄청난 비를 내리게도, 멈추게도 할 수 있었다. 결국 참나무는 물의 순환을 조절하는 존재인 것이다.

제우스의 참나무는 린네의 학명에 따르자면 쿠에르쿠스 로부르Quercus Robur, 혹은 식물학적으로 보다 정확하게는, 베르길리우스와 플리니우스가 유피테르 신에게 봉헌된 것이라고 말하고 있는 일명 아이스쿨루스Æsculus 종이다.52) 쿠에르쿠스 파르네토Quercus Farnetto Ten는 남부 이탈리아와 발칸 반도가 원산지인데, 이 두 가지 종 사이에 특별한 차이점이 없기 때문에 식물학자가 아닌 작가들은 흔히 이 둘을 혼동하곤 한다.

시간이 지날수록 이 참나무는 비할 수 없는 수려한 용모를 지니게 된다. 열매를 맺게 되는 데 걸리는 시간은 60~80년가량이며, 나무의 높이도 연령에 비례한다. 참나무의 수명은 적어도 400~500년인데, 이기적인 인간들이 베어 내 사용하지 않는 한 더 오래 살 수도 있을 것이다. 어쩌면 천 년을 육박하거나 그 이상일 수도 있다. "쿠에르쿠스 로부르는 분명 2천 년 동안 살 수 있을 것이며, 그렇게 되면 지름이 거의 9m가 될 것이다."53) 참나무의 어마어마하게 큰 키와 수명에 경외심을 가졌던 우리의 조상들은 엄격한 법으로 성스러운 참나무를 지켰는데, 그들은 정당한 이유 없이 이 나무를 베는 자들을 사형에 처했다. 나무 껍질 속에는 성스러운 참나무를 의미하는 그리스어 드뤼스drus에서 유래한 드뤼아데스, 즉 숲의 요정들이 살고 있었다. 그러므로 예정된 행사들을 마친 사제들이 참나무에서 요정들이 떠났다고 선언하기 전에는 이 참나무를 쓰러뜨리는 것이 금지되었다. 하마드뤼아데스(그리스어 아마ama는 "함께"라는 뜻을 갖고 있는데, 그것은 이들이 나무와 한 몸을 이루고 있기 때문이다)에 관해 말하자면, 그들은 참나무의 존재와 밀접한 관계를 맺고 있었다. 참나무가 죽으면 이들도 함께 죽게 될 것이기 때문이다. 고대인들은 이 요정들의 수명을 엄청나게 긴 93만 2천1백20년으로 추산하고 있었다. 그러므로 인간의 눈에 하마드뤼아데스와 이들의 나무들은 거의 불사조나 다름없다. 사람들이 요정들의 거주지인 참나무를 위협하면 이들 요정들은 위협적인 신음 소리를 낸다. 토피아스 혹은 케크롭스*의 아들인 에리시크톤은 이러한 사실을 염두에 두지 않고, 스무 명의 동료들을 지휘하여 고대의 펠라스기아인들이 데메테르에게 바쳤던 한 그루의 성목을 베어 버리는 경솔한 행동

---

* 상반신은 인간, 하반신은 뱀의 모습을 한 인물로, 아테네 도시 국가의 시조로 알려져 있다.

을 저지른다. 온화함 그 자체인 데메테르는 작은 숲의 여사제인 니키페로 변하여 에리시크톤에게 신성을 모독하는 행위를 그만두라고 설득한다. 광분한 그는 도끼를 들고 그녀를 위협한다. 광채 속으로 사라진 여신은 그에게 아무리 먹어도 배가 고픈, 굶주림에 고통 받는 형벌을 내린다.54) 피에르 드 롱사르는 자신의 시에서 에리시크톤의 일화를 인용하고 있다. 그는 몹시도 분개하여 "가틴느 숲의 벌목꾼"에게 저주를 내린다. 〔가틴느 숲의 벌목꾼〕이라는 제목의 유명한 비가에서 롱사르는 자신의 시적 소명을 발견하고 있다.

>여보시오, 벌목꾼이여, 팔을 좀 잡아 주오.
>그대가 저 밑바닥으로 던져 버린 것은 나무가 아니라오.
>단단한 나무 껍질 속에 살고 있던 요정들에게
>그토록 혐오감을 주는 이 피가 그대는 보이지 않는가?
>불경한 살인자여, 그대는 교수형을 당하리라,
>하찮은 노획물을 갈취하려 하므로.
>우리의 여신을 해치기 위하여 사악한 그대들은
>얼마나 많은 불, 쇠, 시체 그리고 비탄을 필요로 하는가?

그리고 다음과 같이 덧붙이고 있다.

>용감한 시민들의 왕관인 참나무여, 영원히 안녕.
>유피테르의 나무여, 도도네인들의 씨앗이여,
>그대들은 인간들의 중요한 양식이라니.
>정녕 배은망덕한 자들은
>그대들의 선행을 알지 못하는 무례한 자들이어서,
>그대의 양식을 이렇듯 축내고만 있구나.

그 전거가 턱없이 부족한 쿠에르쿠스 로부르가 오늘날에는 그리스에 매우 드물다고 하지만 전에도 그런 것은 아니었다. 고대에는 오늘날만큼 그렇게 날씨가 건조하지 않았다. 고대 그리스에는 숲이 매우 무성했다. 그러던 것이 양떼의 이동이나 혹은 무분별한 개간 사업으로 황폐해지기 시작한 것이다.

아주 오랜 옛날에는 참나무가 인간을 낳았다고 여겨지고 있었다. 예를 들어 아르카디아인은 자신들이 인간이 되기 이전에 참나무였다고 믿었다. 『팔라티누스 선집』의 저자들 중 한 명인 조나스 드 사르데스는 고대 그리스인들이 참나무를 "최초의 어머니"로 불렀다고 풍자시 속에 적고 있다.

오래되고 거대한 참나무는 고대인들에게 그 자체로 우주의 축소판, 즉 소우주였다. 육안으로는 볼 수 없는 요정들과 신성이 깃들인 수많은 동물들이 그곳에서 살아간다. 여름이면 매미들이 참나무에서 귀가 멍할 정도로 울어 댔는데, 드뤼오코이테스dryokoitès로 지칭되는 매미는 원래 그리스어로 "참나무 안에서 잠자리에 드는 자"라는 뜻을 갖고 있다. 그리스에는 매미가 엄청나게 많았다. 로마 민족은 지칠 줄 모르고 울어 대는 매미의 울음소리를 귀에 거슬려 했던 반면, 그리스인들은 그 소리를 좋아하여 칠현금의 소리나 심지어는 포이보스 아폴론의 음악에 비유하곤 하였다. 그리하여 매미는 포이보스 아폴론에게 바쳐진다. 개미를 칭송하는 단시短詩에서 아나크레온은 이렇게까지 읊고 있다. "포이보스가 그대를 어여삐 여겨 그대에게 천상의 음악을 주었노라." 또한 "대지와 넘쳐 나는 지혜로부터 탄생하여…… 매 순간은 휴식의 시간이 되도다. 피도 살도 그대의 생명의 부분을 이루지 못하나니, 그대는 신에 가깝도다." 우리는 오늘날 "사람들에게 칠현금을 연주하는 자"라고 번역되는 학명 뤼리스테스 플레베후스Lyristes plebejus Scop.를 통하여 당시 매미가 어떠한 명성을 얻고 있었는지를 추측해 볼 수 있다. 그리스 사람들은 옛날에 매미를 테틱스Tettix라고 부른 적이 있었는데, 이 단어는 노래하는 자, 또는 시인과 동의어이다. 또한 부유한 아테네인들이 금으로 만든 매미 장식을 머리에 꽂고 다녔던 것으로 보아 우리는 아테네에서 매미가 고대성과 귀족 신분을 상징하고 있었음을 알 수 있다. 그리고 머리에 매미 장식을 달고 다니던 것에서 이 장식품을 테티고포레스tettigophores라는 별칭으로 부르게 되었다. 아테네인들은 분명 자신들의 조상이 이 매미 장식을 통하여 부활한다고 여겼던 것이다.55) 참나무의 파인 홈 안에는 또한 꿀벌들이 살고 있었다. 벌집이 널리 활용되기 전까지 사람들은 나무 구멍 속에 숨겨져 있던 벌들의 꿀을 채취하였다. 헤시오도스의 말에 따르면 이들은 참나무에서 일종의 신의 꿀을 채집하였다. 이 꿀은, 하늘에서 떨어진 뒤 특히 나뭇잎 위에서 휴식을 취하는 달콤한 이슬 방울로 만들어졌다고 테오프라스토스56)와 플리니우스57)는 말하고 있다. 그리스어로 꿀벌을 의미하는 멜리사Mélisa는 시인, 특히 입문자의 순수한 영靈을 지칭하기도 한다. 델포이에서, 엘레우시스에서 그리고 에페소스에서, 영감을 받은 여사제들은 "꿀벌들abeilles"이라는 이름을 가지고 있었다. 꿀벌들은 사실 입문 제의나 일반 제의에서 나름대로의 기능을 수행하였다. "우리는 사후의 생존을 암시하는 것으로 무덤 위에서 모습을 나타내는 꿀벌들을 발견"하는데,58) 이들은 사실상 부활의 상징이다. 왜냐하면 생존 환경을 제공하는 나무와 더불어 이들은 봄이면 다시 탄생하기 때문이다. "그리스의 종교에서 꿀벌은 대지로 되돌아갈 준비를 하며 어둠의 왕국에 내려온 영혼을 상징한다. 플라톤은 금욕적인 인간들이 꿀벌의 형상으로 다시 태어난다고 주장하고 있다." 물에 용해되어 발효된 벌꿀 음료인 벌꿀술은 그리스인과 로마인, 더 넓게는 켈트족과 스칸디나비아인 등 모든 고대인들에게 있어서 불사의 음료였다.

참나무의 주인들 중 하나는 딱따구리였는데, 이들은 자신의 강한 부리로 참나무에 깊숙이 구멍을 판 다음 둥지를 짓고 그 안에서 새끼들을 키웠다. 아리스토텔레스를 인용하고 있는 플리니우스59)는 딱따구리가 나무 속에 둥지를 트는 유일한 새라고 말하고 있지만, 꼭 그런 것은 아니다. 피키데스의 딱따구리 중 한 종은 "참나무에 구멍을 파는 자"라는 뜻의 그리스어 드뤼오콜랍테스Dryocolaptès라고 명명되거나, 혹은 "참나무 위에서 끊임없이 쪼아 대는 자"라는 뜻의 드뤼오코포스Dryocopos로 지칭된다. 사전학자들은 이 종을 단지 검은색 딱따구리와 관련된 것으로 간주하면서도 청딱따구리로 번역하고 있는데, 현대의 학명에서도 이 용어를 그대로 사용하고 있다. 청딱따구리와는 반대로 드뤼오코푸스 마르티우스Dryocopus Martius는 숲이 우거진 광활한 공간과 노목老木들이 사는 야생지만을 찾는 새이다. 이 새는 숲, 특히 신성한 참나무가 자라는 산악 지대의 나무들에 훨씬 쉽게 구멍을 뚫는다. 숲을 산책하던 사람이, 머리 윗부분의 동그란 붉은 곳과 매우 투명한 눈, 그리고 상아로 조각한 듯이 아주 강하고 뾰족한 부리를 제외하고는 온통 검은빛을 띤 이 커다란 새―이 새는 까마귀만큼 큰 새이다―를 우연히 만나게 되면, 언제나 깜짝 놀라면서도 깊은 인상을 받는다. 이들이 내는 소리 역시 매우 인상적이다. 탄식하는 듯한 기이한 울음소리는 마치 비를 부르는 것 같기 때문이다. 그때부터 사람들은 검은 딱따구리가 "새점[鳥占]에서 중요한 역할[60])을 하는 것으로 이해하기 시작했는데, 피쿠스 왕의 전설이 이를 잘 보여 주고 있다." 플리니우스는 "고대 라티움 왕국에서 왕이 이 새에게 이름을 붙여 준 후 검은 딱따구리는 점술에서 가장 중요한 위치를 차지했다"고 적고 있다. 피쿠스는 사실 키르케에 의해 딱따구리로 변한 인물이다. 사투르누스의 아들로 라티움의 지배자가 된 피쿠스는 한때 유명한 신이었다. 그는 야누스의 딸이자 여자 마법사였던 카넨스와 결혼하였다. 카넨스의 노래는 야생 짐승들을 매혹시켰고, 나무와 바위를 움직였다. 피쿠스의 잘생긴 용모는 드뤼아데스(참나무의 요정들)를 반하게 하였는데, 불행히도 키르케는 피쿠스가 자신과 한 몸이 되기를 거절하였다는 이유로 그를 딱따구리로 변하게 한다. 카넨스는 몹시도 고통스러워하다가 "대기 속으로 사라지고", 그녀의 목소리(아마도 딱따구리의 탄식하는 울부짖음)만 남게 되었다. 오비디우스의 『변신이야기』[61])에 길게 묘사되고 있는 이 이야기는 딱따구리를 예언의 새로 그리고 있다. 즉, 딱따구리가 자신의 부리로 참나무를 쪼아 대는 동안 사람들은 이 나무에서 들려오는 소리를 해독하였다는 것이다. 새의 부리가 나무에 부딪치면서 내는 소리는 북을 두드리는 것과도 같았으며, 숲을 울릴 정도로 엄청나게 커서 거의 1km 밖에까지 그 소리가 퍼졌다고 한다. 딱따구리는 정성스럽게 자신의 도구를 골랐는데, 이것은 "홈이 파인 죽은 나뭇가지나 혹은 나무의 또 다른 부분이었다. 그리고 딱딱하게 마른 이 나뭇가지들에는 껍질이 없었다." 그리하여 딱따구리는 "마치 진동하는 용수철처럼, 보이지 않을 정도로 격렬하게 머리를 앞뒤로 흔들면서 나무를 쪼아 댄다."⁶²⁾ 그러나 딱따구리의 이와 같은 두드리기를, 껍질에 숨어 있는 유충을 꺼내거나 나무에 구멍을 뚫기 위한 것이 목적인 단순한 망치질 행위와 동일시해서는 안된다. 이것은 의심할 것 없이 하나의 신호이자 의사 소통과 쾌락의 수단이다. 왜냐하면 그것은 극도의 발정 상태 때 배우자를 유인하기 위한 행위와 관련되기 때문이다.

그리스와 로마의 새점의 경우에는, 해독해야 할 메시지, 즉 신들이 내리는 하나의 메시지만이 있을 수 있었다는 것이 또한 인상적이다. 그런데 마르티우스Martius라는 특이한 이름이 "마르스의"라는 뜻을 가지고 있음에도 불구하고, 로마 건국 전의 라티움 왕국에서 이 새는 전쟁의 신에게 봉헌되지 않았던 것 같다. 마르스의 아들들인 로물루스와 레무스의 전설을 보면 동굴 안의 그들에게 먹을 것을 물어다 준 새가 바로 딱따구리이다. 아마 검은 딱따구리는 예전에 마르스 신의 새가 아니라 단순히 3월의 새였을 것이다. 사실 딱따구리가 나무를 쪼아 대는 정도가 가장 절정에 달하는 시기는 둥지를 지을 준비를 할 때이다. 그리스에서 사람들은 헤르메스를 제우스 피코스의 아들로 부르고 있으며, 판 신은 헤르메스와 요정 드뤼오페(딱따구리)의 결합에서 태어났다. 그러므로 판 신은 2대에 걸쳐 딱따구리를 자신의 선조로 갖게 된 것이다. 로마 사람들은 판에 해당하는 자신들의 신 파우누스를 피쿠스와 카넨스의 아들로 보고 있으며, 파우누스가 예언 능력을 부여 받았다고 믿었다. 그러나 파우누스로부터 신탁을 얻기 위해서는 무엇보다도 먼저 그를 묶어 놓아야만 했다. 이러한 현상은 누마 왕이 요정 에게리아를 통하여 성스러운 참나무와 관계하려 했던 예와 유사하다. 또 한 가지 덧붙여야 할 것은, 루페르쿠스 축제가 루페르쿠스라는 이름으로도 불렸던 파우누스를 기리는 축제였다는 사실이다. 늑대가 쌍둥이 형제 로물루스와 레무스를 데려간 동굴은 그들에게 먹이를 물고 온 딱따구리의 전설에 관한 또 다른 해석을 가능케 한다. 이 신성한 새는, 미래의 계승자들에게 권한을 부여하고 그들을 구원하러 온 라티움의 옛 왕 피쿠스 자신일 수 있다는 것이다. 게다가 『새들』63)에서 아리스토파네스는 제우스가 딱따구리의 통치권(다시 말해 천둥)을 훔쳤다는 이유로 그를 비난한다. 또한 수이다스64)에게 바쳐진 비잔틴의 『어휘집』에서 알 수 있듯이 크레타에는 "딱따구리 새는 또한 제우스였노라"고 씌어진 묘비명이 세워진 신의 무덤이 존재했던 것으로 추측되는데, 이 신은 파우누스일 것이다. 결과적으로 검은 딱따구리는 우리를 다시금 올림포스의 제우스, 즉 크레타의 제우스의 조상들에게로 데려다 주고 있는 것이다.

고대인들은 또한 참나무가 베푸는 혜택 때문에 참나무를 칭송하곤 했다. 테오프라스토스는 다음과 같이 길게 열거하고 있다.65) "모든 나무들 중에서 유독 참나무는 최상의 산물을 제공한다. 조그만 크기의 오배자와, 송진처럼 검은 또 다른 오배자가 바로 그러하다. 익었지만 부수기 어려운 단단한 다른 오배자도 있는데 이것들은 흔치 않다. 손잡이 모양의 다른 오배자는 단단하게 세워져 홈이 패여 있다. 오배자는 황소의 머리 모양과 어느 정도 닮았지만 부서져 있고, 그 안에 올리브 씨앗 같은 것을 감추고 있다. 참나무는 혹자가 '솜털'이라고 부르는 것을 만들기도 하는데, 그것은 잔털이 많고 물렁물렁한 작은 공이다. 가운데에는 단단한 씨앗이 있으며, 이것은 검은 오배자와 마찬가지로 불이 잘 붙기 때문에 램프에 사용된다." 곤충들은 참나무 위에서 수차례의 변태를 거치고 그 수가 증가된다. 고대인들은 곤충들이 파먹은 자리에서 만들어진 오배자로 잉크를 만들거나 가죽에 무두질을 할 때 쓰는 염료를 만들어 사용하였다. 또한 오배자는 수렴제로서의 속성 때문에 약제에도 사용되었다고 한다. 사람들은 참나무의 겨울의 싹인 '카쉬르cachyrs'를 부식제로 사용하기도 하였다. 마지막으로 로마인들은 참나무 뿌리에서 자란 그물버섯류를 몹시 좋아했다. 플리니우스는 참나무 밑둥에 돋아난 버섯이 최상질

의 것이라고 적고 있다.[66]

참나무는 인간들의 최초 양식으로 간주되는 열매를 제공하였다. 말려서 껍질을 벗긴 다음 잘게 빻은 이 열매들은 유럽에서 대기근이 유행하던 18세기까지 말랑말랑한 빵을 만드는 데 사용되었다. 플리니우스 시대의 스페인에서는 다른 참나무 열매와 마찬가지로 수렴성은 없지만 단맛이 있는 부드러운 참나무 열매를 먹는 것이 일반적이었다. 오늘날에도 사람들은 이 열매를 먹고 있다. 그것은 쿠에르쿠스 일렉스Quercus Ilex Var., 발로타트Ballotat Desf.라는 이름을 가진 털가시나무 혹은 호랑가시나무의 변종의 열매들로서, 지중해 연안, 특히 과수원에서 이 열매를 재배하기까지 한 그리스와 스페인에 수없이 분포되어 있다. 고대 초기에 사람들은 그리스어로 페고스phègos라 불리는 참나무의 열매를 더 많이 먹었던 것 같은데, 테오프라스토스는 이 열매가 매우 부드러웠다고 말하고 있다. 그것은 린네의 학명에 따르자면 쿠에르쿠스 아이길롭스Cuercus aegilops이다. 참나무의 열매는 양식으로써뿐 아니라, 다산과 최음제의 역할을 하기도 하였다. 그러나 놀랄 것도 없는 것이 그리스어 '발라노스balanos'와 라틴어 '글란스glans-글란디스glandis'—둘 다 동일한 어원에서 유래—는 참나무 열매와 발기된 남근을 동시에 지칭하기 때문이다.

참나무는 이탈리아에서도 그리스에서만큼이나 숭배를 받았다. 로마 작가들은 성스러운 참나무에 관한 수많은 추억을 우리에게 전하고 있다. 그리하여 로마에서조차, 일곱 개의 기둥이 있는 유피테르의 오래된 신전은 참나무로 뒤덮여 있었다. 베르길리우스에 따르면 그곳에서 "나무의 줄기와 참나무의 중심에서 태어난"[67] 야생 인간들이 뛰어놀았다고 한다. 카피톨리움 언덕 위에는 오랫동안 목동들에 의해 숭배되던 참나무 옆에 로물루스가 만든 최초의 유피테르 신전이 지어져 있었다. 그 참나무의 가지에 로물루스는 적국에서 빼앗아 온 전리품들을 매달아 놓았다.[68] 승리를 축하하는 행사가 거행될 때면 관대한 정복자들이 카피톨리움 언덕을 향해 장엄한 행진을 하고, 연이어 개선 장군들은 이 행사를 기념하기 위하여 카피톨리움의 위대한 신전에서 빌려 온 유피테르69)의 의상을 입는다. 행사가 진행되는 동안 이들은 노예가 참나무 나뭇잎으로 만든 육중한 왕관을 머리에 쓰게 되는데, 이 나무는 카피톨리움의 유피테르에게 바쳐진 참나무였다. 고대에는 나이가 지긋한 귀족들이 천둥의 신에게 비를 내리게 해달라고 빌기 위하여 머리를 산발한 채 맨발로 카피톨리움 언덕으로 올라갔다. 그러면 곧 하늘에서 천둥소리와 함께 비가 내리기 시작했다고 페트로니우스는 적고 있다.70) 로마에 위치한 또 다른 언덕 가엘리우스 산은 옛날에는 참나무 숲71)의 산으로 불렸는데, 이곳에서 사람들은 제우스를 참나무의 신으로 숭배하였다.72) 여기서 그리 멀지 않은 곳에 하마드뤼아데스에게 봉헌된 작은 신전 하나가 세워졌다.73) 베스타의 신전은 참나무로 둘러싸여 있었고, 베스탈레스가 지키고 있어서 언제나 꺼지지 않는 불이 참나무 숲에서 타오르고 있었다. 1904년 고고학자들은 고대 로마의 대광장 밑에서 선사 시대의 무덤 하나를 발굴하였는데, 그곳에서 나온 참나무 줄기 속에 어린아이의 유골이 들어 있었다. 이 사실은 아주 오래전 고대인들의 참나무 숭배와 얼마 살지 못하고 세상을 떠난 어린아이에 대한 환생의 염원을 동시에 입증한다. 오디세우스의 아들 텔레고누스가 세웠다고 전해지는 라티움 왕국의 가장 오래된 도시 국가들 중 하나인 프라이네스테(로마에서 37km 떨어진 곳에 위치한 현재의 팔레스트리나)에는 그 유명한 운명의 여신의 신전이 있다. 현재도 그 신전의 터가 남아 있어서 우리는 이 "운명의 소굴"을 방문할 수 있다. 운명은 성스러운 참나무의 나뭇잎에 의해 전해지며, 참나무 위에는 신탁이 새겨져 있었다고 한다.

유럽에서의 참나무 숭배 제의

그리스도교 이전 시대에 참나무 숭배 제의는 전 유럽에 널리 퍼져 있었다. 참나무 숭배 제의는 몇몇 민족들의 풍습 속에 너무도 깊게 뿌리내려 있어서 그리스도교로 개종한 후에도 그들 안에 살아남아 있었다. 신성한 참나무는 분명 아주 오래된 나무였다. 이 나무는 현재의 참나무보다 비교적 더 굵었을 것이다. 우리는 프랑스, 독일, 영국 등의 토탄지土炭地에 이 나무가 묻혀 있는 것을 발견했다. 또한 고대의 자연 학자들은 엄청나게 큰 참나무에 관해 언급하고 있다. 옥스포르의 『자연의 역사』에는 말을 탄 3백 명의 남자들이 몸을 피했다는 거대한 한 그루의 참나무에 관한 이야기가 실려 있다. 1686~1704년에 출판된 『식물의 역사』에서 저명한 영국의 식물학자 존 레이는 줄기의 지름이 10미터나 되는 참나무에 대해 말하고 있는데, 그는 이 나무의 수명이 2천 년도 훨씬 넘을 것으로 추정한다.

게르마니아의 거대한 참나무 숲들은 그곳을 지나가는 로마인들을 깜짝 놀라게 하였고, 로마인들의 마음속에는 일종의 두려움과 경외심이 생겨났다고 플리니우스와 타키투스는 말한다. 『자연의 역사』[74]에서 플리니우스는 이렇게 적고 있다. 숲이 "게르마니아 전역을 뒤덮고, 그 그림자는 음습함을 가중시켰다. 높은 곳에 위치한 숲은 두 개의 호수를 에워싸고 있었고,[75] 연안 지역은 시시각각 성장하는 참나무로 온통 뒤덮여 있었다. 거친 바람이 불어 숲을 파헤치고, 물결이 밀려와 흙을 깎아 내면서 숲의 일부가 섬처럼 떨어져 나왔다. 굳게 박혀 있는 나무들로 거대한 섬을 이루는 그 숲은 유유히 항해를 시작한다. 파도는 밤에 닻을 내리고 정박해 있는 배의 뱃머리 위로 나뭇가지들을 아무렇게나 떠밀어 놓고, 거대한 가지들은 종종 배를 위협하곤 한다. 누구에게 도움을 요청해야 할지 모르는 배들은 나무에 맞서 전투를 벌인다. 마찬가지로 다른 북쪽 지방에서도 고생대 석탄기의 거대한 참나무 숲Hercynia sylva[76]은 **세계의 기원과 동시대**의 것으로 여겨졌고, 거의 불멸적인 운명으로 인해 모든 경이로움을 능가하는 존재가 된다. 다른 놀라운 여러 특징들을 차치해 두고서라도, 사실 서로 뒤엉켜서 솟아오르는 뿌리들은 영락없이 언덕을 만들기도 하고, 혹은 뿌리에 흙이 떨어져 나간 경우에는 기병대가 지나갈 수 있도록 활짝 열어 둔 문처럼 나뭇가지 높이에 아치를 형성하기도 한다."

만약 로마인들이 이 거대한 참나무들을 "세계의 기원과 때를 같이하는" "거의 불멸의" 나무로 생각했다면, 신성한 조상들을 숭배하는 게르만인들에게 있어서도 사정은 마찬가지였을 것이다. 게르만인들에게 있어서 물푸레나무가 오딘에게 바쳐진 나무였다면, 참나무는 제우스-유피테르에 버금가는 천둥의 신 도나르-토르의 나무였다. 생물학자 윌리발드에 따르면 8세기에 헤스의 게스마르 근방에서 성자 보니파키우스에 의해 쓰러뜨려진 신성한 참나무는 도나르에게 바쳐진 참나무였다고 한다. 브레멘의 아담[77]은 도나르-토르가 "대기를 다스리는 자로서 천둥과 번개와 바람과 비와 맑은 날씨와 수확의 주인이었다"고 말한다. 달리 말하자면 이 기후 현상들의 신은 제우스-유피테르와 유사한 역할을 담당하고 있었던 것이다.

인도-유럽 어족의 오래된 참나무의 이름에 그 기원을 두고 있는 페르쿠나스 역시 마찬가지이다. 참나무는 당연히 리투아니아인들의 근원적인 신성이었던 이 천둥의 신에게 바쳐졌다. 사람들은 영원한 불의 신에게 경의를 표하고자 참나무로 지핀 불이 꺼지지 않도록 지켰다. 리투아니아인들의 이웃인 레트인들 또한 벼락의 신 페르쿤의 "금으로 된 참나무"를 숭배하였다. 만하르트[78]가 수집한 레트의 전설들은 페르쿤과 태양 사이에 벌어졌던 전쟁에 관하여 말하고 있는데, 태양은 페르쿤에게 자신의 딸을 주기로 약속해 놓고 마지막에 가서는 달에게 그녀를 주어 버렸다. 그리하여 결혼식 날 페르쿤은 참나무를 베어 버림으로써 복수를 하는데, 그 나무에서 흘러내린 "피"가 신부의 드레스에 튀었다고 한다. 이 이야기에는 우리가 앞서 살펴보았던 우주목의 경우에서처럼 9라는 숫자가 중심 주제로 나타나고 있다. 리투아니아 북쪽에는 에스토니아인들이 살았는데, 이들은 리투아니아인들이나 인도-유럽 민족인 레트인이 아니라 피노-우그리안인이었다. 이들에게 있어서도 참나무는 외견상 천둥의 신이며, "연로하신 아버지" 혹은 "하늘의 아버지"[79]로 불리는 최고의 신성인 타라에게 바쳐진 것으로 보인다. 우리는 발틱 해의 다른 쪽 강가에 사는 편족들에게서 이 신을 다시금 발견한다. 이들 민족에게 있어 참나무 타라는 분명 우주목이었다. 금으로 된 이 나무의 가지들은 하늘을 덮었으며, 이 나무에서 대지의 모든 풍요가 생겨난다.

슬라브족에게는 참나무가 천둥의 신 페룬의 성목이었던 것 같다. 이 이름 또한 벼락과 연관이 있는 참나무를 지칭하는 인도-유럽어로부터 파생한다. 왜냐하면 폴란드어로 벼락은 poirun으로 불려지기 때문이다. 프로코프[80])에 따르면 고대 슬라브인들은 "벼락을 창조한 유일신이 만물의 유일한 통치자였고, 이 유일신에게 고기와 온갖 제물을 바쳐야 한다"는 믿음을 가지고 있었다고 한다. 이들은 신을 위해 참나무로 지핀 불을 소중히 지켰다. 만약 이 불이 꺼지면 불을 지키던 사람은 죽음을 당한다. 옛날 눈 덮인 러시아의 프론에는 숲이 하나 펼쳐져 있었는데, 이곳에는 페룬에게 바쳐진 참나무들이 신전 안을 가득 채우고 있었다. 희생 제의로 유명한 이 장소는 울타리로 둘러싸여 있었다. 성소에는 제의를 집전하는 사제와 제물의 목을 치는 사람들만이 접근할 수 있었다. 그럼에도 불구하고 성소 주위에는 죽음에 쫓긴 자들이 몸을 피하러 찾아들곤 하였는데, 제의가 끝나면 대제사장은 참나무 아래에서 판결을 내렸다. 이그드라실 물푸레나무 아래에서 회의를 소집했던 신들과 마찬가지로 고대 슬라브인들의 재판정은 오래된 신성한 참나무 그늘 아래였다. 독실한 그리스도교도였던 성왕 루이 9세 때에도 이러한 관습은 계속 존중되고 있었던 까닭에, 비잔틴의 황제이자 역사가였던 콘스탄티누스 포르피로게네스[81])에 따르면 그리스도교도가 된 러시아인들은 당시(10세기)에도 여전히 생-조르주 섬을 덮고 있는 거대한 참나무 밑에서 희생 제의를 올렸다고 한다. 사제들은 '테 데움Te Deum'을 부르면서 제의 참석자들에게 참나무 가지를 나누어주었다.

드루이드 승려들의 겨우살이와 발데르 신

AD 2세기의 그리스 작가 막심 드 티르82)에 따르면 이 전통은 "제우스를 숭배했던" 켈트족에까지 거슬러 올라간다. 이들에게 있어서 "제우스의 이미지는 거대한 참나무였다." 켈트족의 종교에서 우리는 단편적인 모습들만 추측할 뿐이다. 그러므로 역사가들은 참나무와 관련된 최상의 신이 누구였는가 하는 것을 확실하게 말할 수 없었다.

우리는 최상의 신을 카이사르83)가 라틴어로 이름을 바꾸어 놓은 메르쿠리우스, 아폴로, 마르스, 주피터, 미네르바 등 위대한 다섯 신 가운데서 찾아야 하지만, 보다 정확히 말한다면 루카누스가 언급한 세 신, "피를 마시는 잔인한 테우타테스……, 야만적인 제단을 가진 공포의 에수스……, 그리고 그에 못지 않게 잔인한 타라니스"84)에서 찾아야 한다.

이 세 명의 신들 가운데 에수스가 가장 직접적으로 성목과 관련을 맺고 있는 것처럼 보인다. 얼마 안되는 몇몇 기록들을 보면 에수스는 나무를 향해 공격적인 자세를 취하고, "오른쪽 늑골이 드러난 짧은 튜닉을 입은 노동자의 모습으로 나타난다." 또 〈세느 강의 뱃사공〉85) 제단의 저부조底浮彫에서는 "낫으로 나뭇가지를 자르는" 모습으로 등장한다. 트레브에서 발견된 또 다른 부조에는, "정확히는 알 수 없으나 곧은" 연장을 가진 그가 나무 줄기를 치고 있다. 나뭇잎에는 황소의 머리와 가지에 내려앉은 세 마리의 통통한 새들이 보인다. 클뤼니 박물관에 있는 제단의 한 정면에는 나무 뒤에 서 있는 황소 한 마리가 그려져 있는데, 그 황소의 머리와 엉덩이에는 세 마리의 새가 앉아 있다. 여기에는 **Tarvos Trigranus**라고 적혀 있는데 이 말은 반쯤 라틴화된 골족의 언어로 "세 마리의 학을 데리고 있는 황소"라는 뜻이다. 신성하게 여겨졌을 것이 분명한 이 동물들에 대해 우리는 애석하게도 아무것도 알지 못한다. 에수스의 이름이 갖는 의미마저도 불분명하다. 이 이름에 관해서는 불확실한 몇 가지 어원들만이 제기되었다. 이 신에 대해 우리가 알고 있는 것이라고는 신에게 바쳐지는 희생 제물이 어떠한 방법으로 죽게 되는지 하는 것뿐이다. 루카누스의 시를 연구했던 고전 주석가들은 제물들이 갈기갈기 찢긴 채로 나무에 매달려 있었다는 것을 알게 되었는데,[86] 이것은 오딘에게 바쳐진 제물들이 웁살라의 성목에 매달렸던 사실을 상기시킨다. 켈트족의 신과 게르만족의 신 사이에 존재하는 공통적인 여러 특징들을 통해 드 브리는 에수스와 오딘을 동일시한다.

참나무 아래에서 켈트족으로부터 숭배를 받던 제우스가 어떤 인물이었든지 간에 이들 민족에게 있어 그러한 나무 숭배 제의는 아주 오래된 관습이었다. 켈트인들은 오랜 기간 이동하면서도 항상 이 나무 숭배 제의의 관습을 유지하고 있었다. BC 3세기에 갈라디아 민족은 소아시아에 정착하여 원로원과 의회가 통치하는 하나의 연방 국가를 만든다. 스트라본[87]은 이들이 "작은 참나무 숲"이라는 뜻의 공공 성소 "두네메톤Dunemeton"에 모였다고 적고 있다. AD 4세기에 클라우디우스는 고생대 석탄기에 생성된 숲의 성목에 관하여 말하고 있다. 사람들은 이 숲에서 오래된 참나무들에게 옛날부터 전해 내려오던 제의를 바쳤다.[88] 플라우투스의 『아우룰라리아』의 몇 줄을 보면 골족에게도 신탁을 내리는 참나무가 존재하고 있었다는 것을 알 수 있다. 루카누스에 따르면 골족에게 있어서 참나무 열매를 먹는 행위는 일종의 미래 예견 행위였다고 한다.

앞서 기술한 모든 것들은 플리니우스의 다음과 같은 유명한 구절을 더 잘 이해하도록 한다.[89]

"드루이드들—갈리아인들이 자신들의 마법사에게 붙인 이름—은 겨우살이와 그것이 기생하는 나무인 **참나무**를 더없이 신성한 것으로 여겼다. **참나무**는 드루이드가 성목으로 선택한 나무이며, 이들은 참나무의 잎이 없이는 그 어떤 종교적인 의식도 행하지 않았다. 그래서 드루이드라는 이름의 어원이 그리스어 계통의 것으로 간주되기도 하였다. 그들은 이 나무들 위에서 자라는 것은 무엇이든지 하늘로부터 주어진 것이고,[90] 그 나무가 신에 의해서

제3장 신탁을 내리는 참나무 113

선택되었다는 징표라고 믿었다. (참나무에서) 겨우살이를 발견하기란 쉽지 않지만, 겨우살이가 발견되면 그들은 호화찬란한 종교 의식에 따라 그것을 따 모은다. 그런 의식은 30년을 회기로 월과 년과 세기의 시초를 가리키는 날이며 달이 반도 차 오르지 않은 상태에서 이미 자신의 힘을 가지고 있기 때문에 선택된 날인, 달이 뜨는 여섯 번째 날에 있었음이 틀림없다.[91] 드루이드는 겨우살이를 그들의 언어로 '모든 것을 치유시키는 것'이라 불렀다. 그들은 의식에 따라 나무 아래에서 제물과 종교적인 향연을 준비한 후, 그 앞으로 한번도 뿔이 묶인 적이 없는 두 마리의 흰 소를 끌고 온다.[92] 그리고는 처음으로 소의 뿔을 묶는다. 흰 법의를 입은 사제가 나무 위로 올라가 황금 낫으로 겨우살이를 베어 내면 밑에서 흰 보자기로 그것을 받는다. 그런 다음 선물(겨우살이)을 내려 주신 신에게 그것이 효능이 있게 해달라고 기원하면서 소를 죽여 제물로 바친다. 그들은 겨우살이를 달인 물을 마시면 생식력이 없던 모든 동물들이 생식력을 갖게 되며, 겨우살이가 여러 가지 독성을 없애는 약이라고 믿고 있었다."

식물의 약성에 관한 주제를 다룬 『자연의 역사』[93]에서 플리니우스는 앞서 기술했던 내용을 보충하고 있는데, 여기에서는 갈리아인이 분명하게 언급되고 있지는 않다. "어떤 사람들은 그 달의 첫 날에 참나무에서 딴 겨우살이가 더욱 효험이 있다고 믿었다. 그리고 겨우살이를 채취할 때 쇠붙이를 사용해서도, 또한 채취한 것이 땅에 닿아서도 안되다고 생각했다. 이와 같이 채취된 겨우살이는 간질의 치료제로 사용되거나 여성의 임신을 돕는 약으로 사용되었다. 겨우살이는 완벽하게 이 모든 병들을 치료하였다."

먼저 우리가 일반적으로 확신하고 있는 사실과는 반대로, 플리니우스는 드루이드의 어원을 참나무를 뜻하는 드뤼스로 보지 않았다는 점에 주목하자. 그는 이 어원이 "그리스어에서 유래할 수 있다"라고만 생각했다. 그에 따르면 드루이드의 어원은 "그리스어로 간주될 수밖에 없을 것이다." 이러한 해석상의 공교로운 오해는 종종 전공자들의 반발을 샀고, 늘 극단적인 반대가 있어 왔다. 어떤 학자는 드루이드가 원래 참나무 숭배 의식을 모르는 민중의 사제들이었다고 주장하기조차 하였다.94) 이 작가를 인용한 드 브리는 자신의 견해를 극단적으로 고수하면서도 드루이드와 참나무 사이의 연관성이 아직은 의심스러운 상태라고 결론을 내린다. 드 브리와 마찬가지로, "참나무의 숭배 의식에 관해서 아무것도 말해 주는 것이 없다"라고 앞서 우리가 인용한 플리니우스의 저서 16장의 구절은 조금 과장된 듯하다. 켈트 연구가 르 루와 기온바르크에 따르면 드루이드(dru-(u)-id)라는 단어는 "매우 박식한", "매우 현명한"을 의미하고 있지만, "의미적으로는 숲과 나무(-vid)라는 이름을 첫 번째 의미로 가지고 있다……." 이것이 드루이드라는 말이 참나무를 뜻하는 그리스어인 드뤼스drûs와 관련이 있다고 밝힌 플리니우스의 유추적 어원학이 개괄하고 있는 것이다.95) 설사 켈트어 드루dru-라는 말이 그리스어의 드뤼drû와 일치하지 않는다 하더라도 르 루와 기온바르크의 언어학적 설명에 따라 이제 우리는 드루이드가 "나무의 지혜"를 의미한다고 말할 수 있을 것이다. 또 다른 켈트 연구가에 따르면96) 드루이드라는 이름은 드루-비드dru-vid라는 두 개의 어원으로 이루어져 있다. 이것은 '힘', '지혜' 혹은 '지식'이라는 의미를 가지고 있으며, 참나무와 겨우살이로 (각각) 상징된다.

그런데 드 브리만큼이나 회의적인 어떤 역사가는 다음과 같은 점에 주목하고 있다. "우리는…… 종종 (드루이드를 통해서) 그들의 입문 의식을 마법과 밀접하게 연관시키는 일종의 샤먼을 본다." 그러나 우리는 앞서 샤먼들이 결코 마녀와는 같지 않으며, 그들은 힘을 우주목에서 얻었다는 사실을 보았다. 어쨌든 드루이드는 예언자였고, 바로 키케로가 그것을 증언하고 있다.97) 특히 스트라본이 말하고 있는 오우아테이스ouateis 혹은 오바트ovate의 직분이 바로 그러했는데,98) 이들은 사실상 드루이드, 바르드와 더불어 골족에게 있어서 대단한 존경을 받던 세 계급 중 하나였다. 라틴어 바테스vates—이 말은 골어에서 차용된 것이다—와 마찬가지로 오바트는 점쟁이이자 예지자였다. 물론 우리는 그들이 어떠한 점술을 가지고 있었는지 알 수는 없지만 이들 역시 신탁을 내리는 참나무와 관련된 자들이라고 가정할 수 있다.

플리니우스는 골족이 겨우살이를 "모든 병을 고치는 식물"이라 부르고 있었다고 말한다. 이러한 표현은 켈트계의 여러 지방어에 지금도 남아 있다. 식물학자 레송99)에 따르면 19세기 중엽의 생통즈에는 겨우살이를 우려낸 물이 만병 통치약으로 통용되었다. "2천6백 년도 훨씬 넘는 기간 동안 골족들이 겨우살이에 대하여 믿고 있었던 효능이 그대로 인정되고 있었다. 병의 징후가 심각해 보이면 사람들은 매일 이 약초를 사용했다. 나는 만성 질병을 치료하거나 독을 해독할 경우에도 겨우살이를 처방하는 것을 본 적이 있다." 여기에 주석가의 다음과 같은 말이 덧붙여진다.100) 레송은 유감스럽게도 이 탁월한 약초의 처방이 성공적이었는지 그렇지 않은지는 말하고 있지 않다—감히 말할 수도 없겠지만.

겨우살이가 간질을 치료할 수 있다고 하는 믿음은 프랑스의 시골에서뿐 아니라 스웨덴이나 독일, 영국에도 아직까지 남아 있다. 겨우살이를 치료제로 사용했던 흔적은 "무도병舞蹈病danse de Saint-Guy"에서도 발견되고 있다. 이는 "혈관 수축과 근육 기능 장애로 나타나는 병리학적 징후로서, 주로 휴식 중이나 자발적인 운동 속에서 드러난다. 이 병은 제2의 유년기에, 특히 여자아이들에게서 흔히 발견된다." 미미하지만 사춘기의 장애들과 관련되는 이 병을 오늘날의 의학은 정신적 원인과 관련된 병으로 규정하고 있으며, 이 병은 간질 환자들의 보호인인 성 기이Guy 혹은 비Vit-vit는 겨우살이gui의 고어이다—가 개입함으로써 치료된다고 사람들은 여기고 있었다. 『황금 전설』101)에는 시칠리아 출신의 이 성인이 디오클레티아누스 섭정 시절에 박해를 받다가 천사의 구원을 받아 마침내 12세에 순교한다는 이야기가 나온다. 우상 숭배를 거부했기 때문에 "그를 두들겨 패곤 했던" 그의 아버지는 기이를 보호해 주던 일곱 천사를 본 후 장님이 된다. 기이는 그에게 시력을 되찾아 준다. 그러나 이 기적이 아버지를 개종시키기에는 부족했기 때문에 어린 소년은 스승 모데스트와 유모 크레산티아(라틴어로 "성장"의 의미)와 함께 도망을 친다.

그후 기이는 악마에 사로잡혀 날뛰던 디오클레티아누스의 아들을 치료해 준다. 현대의 심리 치료사는 이 전설을 아버지에 대항하는 청소년기의 반항으로 설명하고 있는데, 이러한 반항은 무도병과 같은 종류의 여러 장애들을 낳을 수 있다. 이 장애들은 억제된 공격적 성향에 그 기원을 두고 있다.

어쨌든 간질 치료제인 겨우살이가 18세기까지도 영국과 네덜란드에서 약제로 쓰이고 있었던 것은 사실이다. 프레이저는 다음과 같이 설명하고 있다. "겨우살이가 나뭇가지 위에 붙어 있었기 때문에 땅에 떨어지지 않는 것처럼, 간질병 환자들은 주머니에 겨우살이 한 조각을 넣고 다니거나, 겨우살이를 달인 물이 아직 위胃 속에 남아 있는 동안은 발작을 피할 수 있다고 생각한 것 같다." 이러한 측면에서 겨우살이를 채취할 때는 그것을 땅에 닿게 하거나 쇠붙이로 된 연장을 사용하는 것도 금지되었다. 그것은 쇠붙이의 (상대적인) 새로움 때문만이 아니라, 쇠붙이를 사용하는 것이 정신과 식물의 마술적 미덕을 사냥하는 것으로 간주되었기 때문에 대부분의 의례에서 사용이 금지되고 있었던 것이다. 프레이저가 간과하고 있는 부분은, 조금 우습게도 그에게 있어 이런 종류의 설명은 완전히 "서명 이론"의 원리에 일치하고 있다는 점이다. 이 이론은 중세 내내 의학계에서는 통용되던 것으로서, 16세기 말에 이르러 저명한 이탈리아 의사인 기암바티스타 델라 포르타의 저서로 현대의 식물 물리 치료사들이 유용하게 참조하고 있는 『자연의 마법』에서 그 체계를 갖추게 된다.

오바트의 약전藥典에 따르면 겨우살이는 "저혈압과 관련된 여러 장애들을 인위적으로 치료하는 약"이고,102) 식물 치료학은 저혈압과 혈관 확장 그리고 강심제의 치료제로 겨우살이를 사용하고 있다. 또한 겨우살이는 억제와 완화 작용 효과를 가지고 있어서 종양 치료제로도 사용되었다.103) 궤양을 치료했던 오바트들은 이러한 모든 사실들을 알고 있었다.

켈트인들은 이것이 마법 작용을 한다고 믿었기 때문에 반대로 임신에 겨우살이의 사용을 권장하기도 했다. 이 식물이 가축과 여자들에게 수태를 시키는 힘이 있는 식물로 여겨졌던 것은, 겨우살이를 참나무에서 모습을 드러내는 신의 전지 전능한 씨앗으로 보았기 때문이다. 실제로 정액에 비유되는 과육의 끈적거리는 흰색의 내용물이 이러한 사실을 확인케 한다. 그러므로 겨우살이는 생식력을 증가시킬 뿐 아니라 성욕을 증대시키기도 하였던 것이다. 드루이드교도들은 겨우살이를 "신이 선택한 나무의 징표"로 여겼다고 플리니우스는 적고 있다. 이 식물이 천둥처럼 하늘에서 내려왔다는 믿음은 시골에서 오랫동안 존속되어 왔던 것이 틀림없다. 사실 새들이 식물의 가지를 옮겨 다니면서 씨앗을 뿌려 놓았겠지만 겨우살이의 기원을 설명하는 데는 이와 같은 설명이 가장 그럴 듯했을 것이다.

만약 우리가 겨우살이와 나무가 갖는 자연적 관계만으로 만족한다 하더라도 이러한 관계에는 아직도 깜짝 놀랄 만한 요소가 있다. 실제로 나무는 죽더라도 겨우살이는 살아남아 광채를 발한다. 11월과 12월이 되면 동그랗고 하얀 반투명의 열매들이 익는다. 식물학자의 눈에는 단순한 기생 식물일 뿐인 이 식물 속에는 나무의 전 생명이 집중되어 있는 것 같다. 그리하여 하늘과 땅을 사이에 두고 생명은 그 안에서 온 힘을 다하여 스스로를 지탱한다. 프레이저가 쓰고 있기를, "겨울이 되자 이 나무의 숭배자들은 헐벗은 가지들 사이로 난 푸른 잎을 바라보면서 경탄한다. 그들은 육체가 움직이지 않는 상태에서도 잠들어 있는 사람의 심장이 뛰는 것처럼, 모든 것이 활동을 멈춘 겨울에도 신적인 생명력은 여전히 겨우살이에 남아 있다고 여겨 이 식물을 찬양했을 것이다. 그래서 신이 살해되어야 했을 때—성목이 불태워져야 했을 때—먼저 겨우살이를 베어 버릴 필요가 있었던 것이다. 왜냐하면 사람들은 겨우살이가 손에 닿지 않는 곳에 그대로 있는 동안만큼은 참나무도 손상되지 않는다고 믿고 있었기 때문이다. 칼로 자르고 도끼로 내려치는 것도 참나무에는 별다른 해가 되지 않았을 것이다. 그러나 참나무의 성스러운 심장인 겨우살이가 도려내지는 날에는 참나무도 소멸하게 되는 것이다." 이때부터 겨우살이는 재생의 상징이 되었다.

이러한 이유로 겨우살이는 한 해의 시작과 관련이 깊다. 성 실베스트르 Sylvestre의 날이 되면 사람들은 새해가 시작되는 자정에 열매가 주렁주렁 달린 한 움큼의 겨우살이를 들고서 자신들의 소원을 빈다. 9세기에 교황이 지어 준 이 실베스트르라는 이름은 겨우살이의 모습을 하고 살아남은 숲의 정령을 기념하는 축일에 매우 적합해 보인다. 한 해의 마지막 날, 젊은이, 노인, 부모, 주인 할 것 없이 모두 소망을 빌면서 겨우살이에게 제물을 바치고 선물을 주고받는다. 이때 사람들은 다음과 같이 말한다. "새해를 축하합니다. 저에게 좋은 한 해가 되게 하소서." 이러한 관습은 드루이드들이 동지冬至 때에만 겨우살이를 채집하였다는 사실과 부합된다. 반면 우리에게 유일하게 정보를 제공하는 플리니우스는 겨우살이의 채취가 "달이 뜨고 6일째 날", 그러므로 그 어떤 태음월太陰月이든지 가능했다고 말하고 있다.

죽음에 대항하여 부활과 승리를 보증하는 것으로서 겨우살이는 베르길리우스가 묘사한 아이네이아스의 지하 세계 방문 장면에서 매우 중요한 역할을 하고 있다. 우리의 논의를 위해서 여러분들에게 『아이네이스』의 이 삽화를 다시 언급하지 않을 수 없다. 왜냐하면 이 장면은 겨우살이에 관한 상세한 묘사가 무궁 무진하기 때문이다. "연약한 줄기와 금빛 나뭇잎을 가진 가지는 극악한 유노에게 바쳐진 한 그루의 울창한 나무 속으로 몸을 감춘다. 한 무더기의 숲이 이 나무를 지켜 주고, 어두운 계곡은 자신의 그늘로 나무를 감싼다. 그렇지만 이 나무에서 금색 잎사귀가 붙은 가지를 떼어 내기 전에는 땅 속 저 깊은 곳을 통과하기란 불가능하다……. 두 마리 비둘기의 안내를 받아 아이네이아스는 거대한 숲 속에 있는 황금 가지가 달린 나무를 찾아 길을 떠난다. 그리고 얼마 후 깊은 계곡에서 이 가지를 발견한다……. 역한 냄새를 풍기는 아르베른 계곡에 도착하자 비둘기들은 날개짓을 하며 날아오르더니 이내 저 맑은 대기 속으로 스르르 빨려 든다. 그 꿈의 공간에 두 마리의 비둘기가 자리를 잡으니, 이곳은 또한 황금빛이 반사되어 빛을 발하고, 그 반사된 빛이 나뭇잎들 위로 우뚝 솟아오르는 나무 속인 것이다. 겨울 안개와도 같은 저 깊은 숲 속에서 겨우살이는 '그것이 기생하고 있는 나무와는 달리' 새로운 잎으로 다시 소생한다. 그리고 아침 놀에 물든 열매들이 둥글게 줄기를 감싼다. 황금빛 나뭇잎이 무성한 털가시나무 속에서 모습을 나타내고, 반짝이는 잎들은 미풍에 부딪쳐 살랑거리는 소리를 낸다."104) 황금 가지를 꺾을 수 있게 한 이 나무는 바로 털가시나무, 다시 말해 초록참나무이다. 이 나무는 헤카테와 파르카에와 관련되어 사나운 나무로 여겨지고 있었지만 부활을 상징하는 나무이기도 했다.105) 이 나무는 지옥을 통과하도록, 또한 아이네이아스가 그랬던 것처럼 그곳에서 빠져나올 수 있도록 허락하였다. 『아이네이스』에는 나뭇잎이 부딪치며 내는 소리가 나타내고 있는 것처럼 신탁을 내리는 참나무에 관하여 확실하게 다루고 있다.

베르길리우스의 시적인 묘사는 고대인들의 믿음에 근거하고 있는데, 아마도 여기에는 우리가 의식하지 못하는 사이에 그 묘사에 매력적인 성격을 부여하는 뭔가가 있을 것이다. 장 보죄106)는 신중한 태도로 다음과 같이 말한다. "겨우살이 신화는 이탈리아에서는 매우 빈약하지만 켈트족과 게르만족의 국가들에서는 아주 풍부하다. 겨우살이는 마법의 힘을 가진 것으로 간주되었다. 이 식물은 땅의 세계를 열어 주고 악마를 물리친다. 또한 불멸을 가져다 주고 불에도 끄떡하지 않는데, 이것은 로마 민족에게 딱 어울리는 부분이다. 베르길리우스는 마치 자신의 조국(포Pô 평원은 수세기 동안 켈트족의 점령을 받았다)에서 하나의 테마를 채택한 것처럼 모든 것을 그리고 있다. 프로세르피나에게 바치는 봉헌을 통해 그는 이 테마에 로마식 성격을 부여한다.

프레이저의 중심 모티브이자 그의 원대한 연구서의 제목인 '황금 가지'는, 플루톤 왕국의 어둠을 몰아내어 이 왕국이 다시 소생토록 한 샤머니즘적인 빛의 상징이다.

이것은 게르만족의 신화에서 발데르 신화를 이해하는 열쇠이다. 오딘과 프리가의 아들인 발데르는 빛과 아름다움의 신으로, 그의 육체에서는 빛이 뿜어져 나왔다. 지혜에 있어서나 순수함에 있어서나 자비심에 있어서나 그를 따를 신은 아무도 없었다. 모든 신들은 폭력이 통치하는 만신전에서 이 특별한 존재를 사랑하였으나 극악무도한 로키만은 예외였다. 로키는 모든 신들 가운데 가장 무서운 존재였고, 협잡꾼이자 불의 악마였다. 그는 모든 면에서 자신과는 다르기 때문에 존재한다는 것 자체만으로도 자신에 대한 비난을 가중시키는 발데르를 증오하였다. 그래서 그는 계략을 써서 발데르를 제거하기로 결심하였다.

선신 발데르는 악몽에 시달리고 있었는데, 그 꿈은 그의 생명이 위기에 처해 있음을 암시하고 있었다. 발데르는 여러 신들에게 자신이 꾼 꿈을 이야기했다. 그러자 신들은 회의를 열어 발데르가 모든 위험에서 안전할 수 있도록 천지 만물께 기도하기로 결정했다. 프리가는 불과 물, 쇠와 그 밖의 모든 금속은 물론, 돌과 흙, 그리고 나무, 질병, 네 발 달린 짐승, 새, 독약, 파충류들로부터 아들 발데르에게 아무런 해도 끼치지 않겠노라는 서약을 받아 냈다. 이 모든 일이 끝나자, 신들은 재미 삼아 발데르를 높은 장소에 세워 놓고 그에게 화살을 쏘거나 돌과 창을 던지면서 놀았다. 그들이 무슨 짓을 하더라도 발데르는 조금도 해를 입지 않았다. 그들은 이렇게 하는 것이 발데르에 대한 경의의 표시라고 생각했다. 이 장면을 본 라우페의 아들 로키는 발데르가 상처를 입지 않는 것에 화가 났다. 그는 여자로 변장하고 펜살리르에 있는 프리가의 집으로 갔다. 프리가는 변장한 로키에게 신들이 저렇게들 모여 무슨 일을 하고 있느냐고 물었다. 여인은 신들이 발데르를 향해 온갖 것을 던지고 있지만 그 어떤 것도 그를 해치지 못한다고 말했다. 그러자 프리가가 대답했다. "어떤 무기나 화살도 발데르를 해칠 수는 없다오. 나는 그것들로부터 모든 서약을 받았으니까." 여인이 묻기를, "모든 것들이 발데르를 해치지 않겠다고 서약했단 말입니까?" 프리가는 답하기를, "오직 발할라 동쪽에서 자라고 있는 한 작은 관목만은 예외지. 겨우살이라는 나무인데, 아직은 너무 작고 약하기 때문에 서약을 받을 필요가 없다고 생각했다오." 로키는 이 말을 듣고 곧 물러났다. 그리고 겨우살이를 베어 가지고는 신들의 집회 장소로 왔다. 발데르의 친형인 호드르는 눈이 멀었기 때문에 이 놀이에 참가하지 않고 혼자 서 있었다. 로키는 그에게 말했다. "왜 당신은 발데르에게 아무것도 던지지 않는 것이오?" 그러자 그는 "나는 발데르가 어디에 서 있는지 볼 수 없을 뿐만 아니라 아무런 도구도 가지고 있지 않기 때문이오"라고 대답하였다. 그러자 로키가 말하기를, "다른 이들이 발데르에게 경의를 표하는 것처럼 당신도 해보시오. 그가 어디에 있는지 당신께 말해 드릴 테니 이 나무 막대를 발데르에게 던져 보시오." 호드르는 겨우살이를 손에 쥐고 로키가 말해 주는 방향으로 그것을 던졌다. 다음 순간 발데르는 그 나뭇가지에 몸이 꿰뚫려 땅에 쓰러져 죽고 말았다. 이것은 신과 인간에게 일어난 것 가운데 가장 불행한 사건이었다.107)

겨우살이가 발데르의 생명을 잃게 한 것은 겨우살이 자체도 우주목에서 베어져 나온 것이었기 때문이다. 이 작은 관목은 우주목의 심장이자 생명의 원리이다. 이그드라실 나무로 상징되는 오딘의 아들 발데르는 신의 씨앗인 나무의 겨우살이에서 태어났다. 우리가 이제 막 보았듯이 겨우살이를 뽑는 행위는, 우리가 발데르와 같은 불사의 성목을 쓰러뜨리고자 할 경우 반드시 행해져야 할 선결 조건이었다. 그러나 겨우살이 역시 병의 치료와 재생, 경우에 따라서는 부활을 약속하는 나무이다. 그러므로 발데르가 죽는다고 하는 것은 이 우주가 폭력이 지배하는 곳이 되어 그 결과 죽음을 면할 수 없는 상황이 됨을 의미하는 것이다. "스스로에 의해서만 정당성을 찾는 타락하고 수치스러운 세계 속에서 선행 원칙이나 선, 아름다움 따위는 이제 더 이상의 생존 가능성을 상실한다."108)

이 세계에서 유일한 긍정 원리였던 발데르가 사라지자 즉시 로키(악의 원리)가 세상을 지배하게 된다. 이것이 바로 우리가 앞서 보았던 우주의 재난 라그나뢰크이다. 게르만족과 마찬가지로 켈트족 역시 이 세계에 언젠가는 종말이 올 거라는 믿음을 갖고 있었다. 이 대재난은 하늘이 인간들의 머리 위로 떨어질 때, 즉 땅 한가운데에서 하늘을 받치고 있던 기둥이 와르르 무너지는 순간에 일어난다. 이 기둥은 각각의 네메톤 한가운데에 솟아 있는 신성한 참나무로 대표되는 우주목이었다. 대몰락이 있고 난 후 발데르와 그의 형제이자 살인자인 호드르는 지옥에서 대지 위로 돌아온다. 이곳은 "아름답고 푸른 바다에서 탄생한 새로운 땅"으로서, 씨를 뿌리지 않아도 열매가 자라는 그런 곳이었다. 발데르와 호드르는 예전에 오딘이 차지했던 연회장에 들어가 자리를 잡고 한담을 나눈다. 그들은 "룬 문자들을 떠올리며 옛날 일들을 이야기한다……. 그리고는 풀 속에서 한때는 신들의 소유였던 금으로 된 탁자들을 발견한다……."109) 이 탁자 위에는 자신을 제물로 바쳐 이그드라실의 가지에 매달렸던 오딘이 발견한 것과 똑같은 신성한 룬 문자들이 새겨져 있었다.

제4장 마법의 수액

헬레니즘 시대 이전의 에게 해 세계에서 참나무와 비둘기의 여신인 레아는 아들인 크레타의 제우스와 더불어 미노아 문명의 종교에서 근본적인 제의인 수목 숭배 제의의 중심을 차지하고 있었다. 고고학자들은 작은 부속 신전이 딸린 대신전의 경내境內를 사람들에게 공개했는데, 이 신전들은 대부분 성목을 에워싸고 지어졌다. "사람들은 담장 앞과 벽과 제단 위에 매달린 나뭇가지 앞에서 기원과 제례의 춤을 통해 신성神性을 구현했다."[1] 이러한 신의 현현 顯現으로 우리는 크노소스의 반지에 새겨진 인상적인 그림을 들 수 있다. 나무에서 나와 대기 속에 서 있던 신은 자신에게 제의를 올리는 여사제 앞에 나타난다.[2] 여성들이 집전했던—비교적 최근까지도 크레타에서는 여성들만이 신에게 제사를 올릴 수 있었다—이 같은 수목 숭배 제의는 단순한 의식이 아니었다. 이 제의는 식물의 성장을 기원하기 위하여 추는 황홀한 춤[3]과 비를 내리게 하기 위해 나무에 마법의 물을 뿌려 주는 행위로 표현된다.[4] 결국 제의는 성목을 뽑아내는 것으로 끝을 맺는다. 이 행사는 "식물의 죽음, 즉 겨울 동안의 자연의 죽음"[5]을 기념하는 것으로서, 강생降生과 의례 행위들을 통하여 나무에 잠재된 에너지를 밖으로 표출시키는 효과를 노린다. 봄이 되면 그 에너지를 기반으로 나무와 식물들이 다시 태어난다.

나무 뽑기는 종종 다소 광적인 성격으로 채색되곤 하였다. 이는 미케네와 바피오의 반지에 나타나 있는 장면과 비슷한데, 이 장면에는 한 제의 집행자가 머리를 돌린 채 나무의 기둥을 뽑는 동안 그 기둥을 꽉 껴안는 여인이 등장한다. 또 다른 여인은 몸을 굽힌 채로 무덤 위에서 흐느낀다. 이러한 장면은 부활하기 위하여 스스로를 희생시킨 아티스 신의 죽음을 기리는 프리기아의 여러 행사들을 떠올리게 한다.

숭배 의식은 우주를 지탱시키는 동시에 소생시킨다. 의식의 춤들은 리듬을 낳아 우주를 움직이고, 그 춤을 추는 자들로 하여금 우주와 조화를 이루게 한다. 이는 크레타에서, 그리고 분명 헬레니즘 이전의 모든 시기에서 매우 중요한 의미를 지니고 있었을 것이다. 샤를르 피카르가 강조한 대로 이 의식은 "통음난무痛飮亂舞하며 황홀하기까지 한 특징"을 지니고 있다. 그러나 그것의 감추어진 의도는, 태어나고 죽고 다시 소생하는 식물의 주기와 관련된 "인간들의 생사와 연관된 생생한 감정들"[6]을 밖으로 표출하는 것이었다. 헬레니즘 시대 이전의 크레타는 항상 그리스인들에게 "마귀 퇴치자들과 마법사들의 본거지, 속죄와 신비적인 여러 행사들이 집전되던 장소"로 인식되었다. 그러한 연유로 "그곳은 특수한 그리스적 지역성을 띠게 된다."[7]

지중해에서 미노아 문명이 번창하여 이집트와 프리기아 그리고 아나톨리아까지 확장되면서, 어머니 여신들이 우세하던 크레타의 제의는 정감적이고 열정적인 성격을 띠고 여러 지역에 그 영향력을 행사하기 시작한다. 뿐만 아니라 "아시아의 여러 나라들과 접촉하면서 크레타 제의의 영향력은 차츰 동양에까지 전파되기에 이른다."[8] 그리하여 헬라스인들의 새로운 개혁들은 지중해에 분산되어 있는 저항적이며 패배와 파멸 속에서도 보수적인 여러 문명들과 오랫동안 서로 융합된다. "합리주의와 호메로스 시대의 영웅 사회를 찬미하는 가부장적 권위에 젖어 있음에도 불구하고"[9], 고대의 신앙들은 자연의 힘과 깊이 일치된, 즉 억제할 수 없는 디오니소스적 격정이 되살리게 될 즉흥적이고 직관적인 감정을 통해 살아남을 것이다. 이런 잔재들이 크레타 잔재에 기원을 두고 있다는 것을 쉽게 밝혀낼 수 있다면, 그런 잔재들은 그리스인들을 펠라스기아인들이라고 부를 수 있는 오래된 기원에까지 한층 더 멀리 거슬러 올라간다. 도도네의 신탁은 그것이 여전히 그리스도교의 옛 영광과 관련을 맺고 있기 때문에 가장 특징적이면서 엄격한 잔재들 중 하나로 여겨지고 있다.

신화에 관한 여러 종류의 책들을 읽어 가다 보면 우리는 그러한 엄격성을 쉽게 발견할 수 있을 것이다. 시간이 흐르면서 단지 신의 부차적 속성을 갖게 된 성목의 그림자는 고대 신화 속에서 인간적인 모습을 한 헬라스 제신들로 어설프게 감춰진 채 윤곽을 드러낸다. 대부분의 작가들은 이 점에 관해 언급하면서도 별 가치를 두지 않았던 것 같다. 이들 작가들의 저서들을 읽고 난 후 우리는 다음과 같이 말할 수 있을 것이다. 즉, 올림포스 신들 사이에서 나무들의 종을 구분하는 것은 그다지 의미가 없다. 그것은 매우 분명한 몇몇 예들을 제외하고는 대부분 일종의 시적 환상만을 심어 줄 뿐이다. 제우스 신과 참나무, 혹은 아테나 여신과 올리브나무 같은 명백한 도식이 그 예가 될 수 있을 것이다. 그리하여 신과 식물의 상호 결합에 관해 신중하게 살펴본다면 우리는 이 둘 사이의 연관성을 발견할 것이다. 특정한 나무가 어떤 신의 신격神格과 우주 안에서의 역할에 그대로 일치하는 그런 식으로 말이다. 이렇게 하여 하나의 전체적인 체계가 만들어지게 되었던 것이다. 고대의 작가들이 이 체계에 관해 그다지 관심을 기울이지 않았던 탓에 그 실마리가 쉽게 풀리지 않는다 하더라도, 우리는 이 분류 도식을 통해 수많은 흔적들을 발견할 수 있다. 우리는 이제 그것을 다시 한번 재구성할 필요가 있을 것이다.

과거의 프레이저[10]나 현재의 로버트 그레이브스[11] 같은 몇몇 작가들의 경우를 제외하면 위의 주제가 소홀히 다루어져 왔던 까닭은, 농경 문화의 출현으로 인해 인간과 환경의 관계가 근본적으로 변모하면서 그 현상에 정신이 팔린 종교사가들이 위의 주제의 중요성을 잊고 있었기 때문이다. 또한 그들은 과거에는 인간의 삶에 있어서 수렵보다는 채집이 훨씬 더 중요한 수단이었다는 사실을 염두에 두지 않았다.. 그러나 식용 열매와 씨앗들을 생산해 내면서 나무는 양육자로서의 신이자 생명의 진정한 원천으로 간주된다.[12]

미노아 문명 시대의 크레타의 경우가 바로 그러하다. 이곳에서 고고학자들은 이 주제에 관해서는 상대적으로 풍부한 자료를 찾아냈다. 수많은 예술 서적들이 증명하고 있듯이 크레타에서는 수목 숭배가 매우 발전된 상태로 남아 있다. 이 같은 사실은 대부분이 헐벗은 숲으로 덮여 있는 섬을 생각해 볼 때 충격적일 수도 있다. 섬 전체를 돌아본 후 그 모습을 아주 담담하게 기술하고 있는 폴 파우르의 견해에서 알 수 있듯이,[13] "신의 축복을 받은 이 땅은 고대에는 오늘날보다도 훨씬 더 푸르렀을 것이다. 만개한 꽃들이 석회질의 광활한 대지를 뒤덮고 있었을 것이다." 그러나 언제부터인가 이곳에서 침략자, 즉 "중세의 아랍과 슬라브 점령자들"의 유목 생활 또는 반유목 생활이 시작되면서 염소와 양들이 풀들을 모두 뜯어먹어 대지는 점차 황폐해진다. 미노아 문명기에 크레타는 보잘것없는 성물聖物들만이 남아 있던 숲으로 덮여 있었는데,[14] 여기에서 우리는 올리브나무, 배나무, 석류나무, 편도나무, 서양모과나무, 밤나무, 호두나무, 마르멜로나무, 팽나무, 대추나무, 마가목, 잣나무 등과 같은 많은 종류의 과실수를 발견하게 된다. 야생의 상태로 남겨져 있는 나무들이 있었는가 하면 또 어떤 나무들은 재배되어 아직까지도 사람들에게 그 열매들을 제공하고 있다.

파우르는 또한 다음과 같이 밝히고 있다. "우리가 상상하는 것과는 반대로 미노아 문명은 숲이 우거진 산에서 발전했던 것 같다. 그리고 크레타인들이 먹던 음식의 대부분은 오늘날과 마찬가지로 과거에도 야생에서 채취한 식물들이 많았다." 숲은 언제나 실생활에서 유용하게 쓰는 모든 종류의 치료제를 우리들에게 제공해 주었다. 따라서 가축을 사육하는 것 이외에도 사냥을 하고 물고기를 잡음으로써 얻어지는 육류 음식들은 단순한 부식 거리에 지나지 않았다. 왜냐하면 소과科에 속하는 가축들은 여타의 다른 민족들에게서와 마찬가지로 대부분 제물용으로 사용된 것으로 보여지기 때문이다. 야생 식물과 특히 나무의 과실 간의 생각보다 훨씬 더 밀접한 이러한 종속 관계는 통음난무의 제의가 행해지는 과정에서 마법이 사용되었음을 설명하고 있다. 이는 식물의 삶을 편안하게 하여 식물이 다시 싹을 낼 수 있도록 하기 위함이었다. 그후 곡물 경작이 보편화되면서 위의 제의들은, 바쿠스 제전에 버금가는 것으로 온갖 저항을 이기고 인정받는 데 오랜 시간이 걸린 디오니소스 제의를 포함한 포도나무에 관계된 제의를 제외하고는 오직 비의秘儀 입문자에게만 전수되어 신비로운 면모만을 띤 채 존속하게 된다. 이 동계冬季 제의들은 죽어 있는 생명을 부활시키고, 사라져 버렸던 생명력을 저 어두운 심연 속에서 끌어올리려는 염원을 담고 있었다.

이제 우리는 나무와 함께하는 우주의 어머니인 위대한 여신과 현시顯示의 탁월한 장소인 나무를 더 잘 이해할 수 있게 되었다. 나무는 심연으로부터 나오며 자신의 존재 자체를 그 심연에서 끌어낸다. 나무는 마치 태양의 이끌림을 받아 하늘로 올라가기라도 하는 것처럼 지하 깊은 곳에서부터 솟구쳐 올라 당당하게 자태를 드러낸다.

이러한 맥락에서 볼 때 나무의 영혼 그 자체는 아니더라도, 막대기와 왕홀王笏로 무장하고 성스러운 작은 숲의 나뭇잎에서 나오는 젊은 남신은 무엇을 뜻하는가? 크레타의 종교에서 여신들이 자주 모습을 드러내는 것과는 달리 그 여신들로부터 생긴, 덜 중요한 신성인 남신들은 그렇게 자주 나타나지 않는다. 크레타의 남신들은 수태 능력만을 가지고 있는 것으로 표현되며, 그들은 여왕 벌에게 있어서의 수벌의 역할을 하는 것으로 여겨졌다. 신들은 매번 죽음을 당하지만 새롭게 부활한다. 아들인 동시에 연인으로서의 신들의 경우가 바로 그러하다. 태초의 우라노스와 그의 어머니인 가이아15)가 그러하였으며, 제우스 크레타게네스 역시 마찬가지였다. 후자의 경우 약간의 시간적인 혼란이 있긴 하지만 우리는 그에게 부여된 몇몇 고대의 특징들을 올림포스

산의 제우스에게서 발견할 수 있었다.16)

하지만 성목에게 바치는 통음난무하며 황홀한 의식과 그것과 함께하는 열광적인 춤에 일치되는 신, 승천과 수액의 분출과 나무들의 동면을 기원하는 신은 제우스가 아니라 바로 그의 아들, 디오니소스였다.

디오니소스 단드리테스

오랫동안 수수께끼처럼 여겨지는 한 명의 신이 있다. 이 신은 다양한 모습을 하고 있으며, 여러 가지 다른 이름으로 불리기도 하였다. 그는 "두 번 태어나도록", 즉 죽었다가 부활하도록 되어 있었다. 그리스 세계에서는 조금 낯설게 받아들여지는, 트라키아와 프리기아의 포도나무 신이 바로 그 신이다. 그러나 최근의 연구들은 이 신에게서 매우 고대적인 신성을 재발견하였으며, 또한 그에게 바쳐진 제의를 통하여 "매우 생생히 이어져 내려오는 가장 오래된 종교"를 확인하고자 하였다. 신화를 통해 알 수 있듯이 그 제의는 아주 격렬한 저항들을 야기시켰으며, 그리하여 한동안의 침묵—그 한 예로 호메로스 시대를 들 수 있다. 호메로스는 디오니소스의 주변적인, 심지어는 거의 파격적인 성격을 강조한다—을 강요받기도 했다.17)

미케네의 서판에서 디오니소스라는 이름이 발견된 이래, 대부분의 작가들은 제우스의 아들이 에게 문명, 심지어는 크레타 문명에 그 기원을 두고 있다고 주장했다. 근 1세기 동안 종교사가들은 이 분야에 대한 연구를 계속해 왔으며, 장메르18)와 오토19)의 작업들과 더불어 이 분야는 최고의 전성기를 맞이하였다. 여기서 우리는 디오니소스의 프리기아적 정신의 기원이 이민족들의 이주를 통해 잘 설명될 수 있다고 말하는 것으로 만족하자. 계속해서 크레타로 몰려든 침입자들은 프리기아가 위치한 동양의 아나톨리아에서 온 자들이었다. 오랜 세월이 흐르는 동안 크레타화한 정복자들의 일부는 자신들이 떠나 왔던 곳으로 되돌아가 그곳에 트로이를 건설하였다. 한때 디오니소스가 그러했던 것처럼 고대의 신은 이렇게 해서 크레타에서 프리기아로 가는 이중의 노정을 걸어야만 했다. 이 같은 사실은 다소 지엽적이기는 하지만 디오니소스와 관련된 전설 속에 자주 등장하는 왕복의 노정을 설명하고 있다. 원래 디오니소스는 매우 탁월한 여행의 신이었다.

실제로 어린 디오니소스에 대한 제의의 흔적은 크레타에서 발견되고 있다. 이곳에서 디오니소스는 이다 산의 자그레우스와 혼동되는데, 자그레우스는 딕테 산의 제우스 크레타게네스와 유사한 인물이었다. 게다가 디오니소스라는 이름이, 그의 외양의 여러 다른 특징들을 압도할 수 있도록 포도나무와 관련된다면, 디오니소스 신은 당시의 문화보다 훨씬 이전 시대부터 존재했던 것 같다. 당시의 문화는 크레타인들이 고향인 서아시아에서 들여온 것이었다.

틀림없이 디오니소스는 또 다른 모습으로도 나타나고 있었을 것이다. 디오니소스는, 남근 숭배의 신, 식물의 신으로서 죽음을 면할 수 없는 신, 그리고 지상에서 죽은 자들의 일시적인 회귀를 관장하는 신 등 서로 다른 모습으로 나타나는 아티스의 경우처럼, 고대에는 포도나무뿐 아니라 프리아포스*의 무화과나무, 하데스의 도금양, 특히 담쟁이덩굴, 석류 그리고 전나무 등과 관련되어 있었다.

디오니소스가 이렇게 우리에게 모순적이기조차 한 복합적인 성격의 소유자로 나타나는 것은 이 인물이 여러 개의 실체가 결합되는 과정에서 탄생했기 때문이다. 이러한 사실은 디오니소스를 지칭하는 다양한 이름들에서 충분히 증명된다. 혹자는 신원이 분명한 여러 신성들을 언급하면서 디오니소스가 바로 이들과 서로 융합되어 디오니소스라는 한 인물로 변모되었다고 말한다. 자그레우스는 "최초의 디오니소스"이며 크레타, 아마도 더 넓게는 에게 해

---

* 풍요의 신으로 포도나무와 목자들의 비호를 받는다. 디오니소스와 아프로디테의 아들로 기형적으로 큰 성기를 가진 신으로 그려진다.

지방 태생이었을 것이다. 그는 지하 세계의 여신인 페르세포네와 뱀의 모습으로 그녀에게 접근한 제우스 사이에서 태어난 아들로, 이러한 이중적 기원으로 인해 음침하고 무시무시한 지하 세계의 권능을 소유하게 되었다.[20] 그의 이름에서도 알 수 있듯이 이 "위대한 사냥꾼"은 "야생 사냥"을 지휘했다. 유럽의 모든 민속에서 끊임없이 등장하는 야생 사냥은 죽은 자들의 겨울 회귀, 즉 두려우면서도 희망적인 회귀라는 주제를 함축한다. 왜냐하면 외견상으로는 생명의 힘이 땅으로 흡수되어 버리는 것 같아 보일지라도 일정한 기간이 지나면 다시 한번 새로운 탄생을 준비하기 때문이다. 황소의 모습을 하고 있으며, 티탄족에게 갈기갈기 찢겨 먹이가 되었던 자그레우스는 그 자신 역시 '날고기를 먹는 자ômestès'였다. 제물을 산 채로 갈갈이 찢어서 그 자리에서 살과 피를 먹는 자들(오모파기아omophagia)인 마이나데스*가 그 한 예이다. 이들은 이러한 식인 행위는 우리의 주제와 다소 거리가 있는 것처럼 보이지만, 사실은 밀접한 관련이 있다. 식물의 부활과 성장을 기원하기 위해 인간 제물을 바치던 관례는 모든 선사 시대에 있어 왔다. 크레타에도 이러한 제의가 존재했던 것은 분명하다. 이곳에서 인간을 제물로 바치는 행사에는 십중팔구 성목 뽑기가 병행되었던 것 같다. 그레이브스의 견해에 따르면, 자그레우스의 신화는 "황소의 왕인 미노스를 대신하여 매년 어린 소년 하나가 제물로 바쳐지던 희생 제의와 관련이 깊다. 소년은 하루 동안을 통치하고, 5계절을 묘사하는 춤을 춘다. 이날 그는 사자와 염소와 말과 뱀과 송아지의 흉내를 낸다. 그런 다음 소년이 제단에 오르면 사람들은 산 채로 제물이 된 그의 살을 먹었다."[21] 이러한 사실들은 자그레우스가 티탄족의 공격을 받고 염소의 가죽을 뒤집어 쓴(호신용 방패를 착용한) 아버지 제우스로 변했다가 곧 할아버지인 크로노스로 변신하여 비를 내리게 하고, 사자, 말, 뿔이 난

---

* 바쿠스 신의 신비 의례를 주관하는 여자들.

뱀, 급기야는 황소 등의 모습으로 변신을 하는 것과 일치한다.[22] 그는 황소의 형상을 하고 죽음을 맞이한다. 그런데 힘과 풍요의 상징으로서 죽은 자들을 부활시키기 위하여 황소의 형상으로 죽은 디오니소스-자그레우스[23]는 한편으로는 "황소를 먹는 자"였다.[24] 그러므로 디오니소스는 자신을 위해 스스로를 희생시키는 신의 모습으로 등장하고 있으며,[25] 이는 우주목에 매달린 오딘을 연상시키고 있다.[26]

풍작을 기원하기 위해 인간을 제물로 바치는 제의는 디오니소스 전설 가운데 리디아의 왕 리쿠르고스 이야기에 등장한다. 리디아 사람들은 디오니소스에게 극심한 가뭄에서 벗어나게 해달라고 간청하고, 제물이 되어 판가이온 산으로 올라간 왕은 그곳에서 디오니소스의 명령에 따라 야생마들에 의해 사지가 찢기워진다. 신은 가뭄이 드뤼아스(참나무)를 죽였기 때문에, 즉 성목을 베어 버렸기 때문에 내려진 저주라고 응답한다.[27] 결국 이 이야기는 성스러운 참나무로부터 전해 받은 자연에 대한 통제권을 상실했을 경우 죽음에 처해지는 왕의 관례를 묘사하고 있다.

디오니소스와 관련된 여러 전설들에서 희생 제물의 대상은 일반적으로 어린아이나 소녀들이었다. 우리는 앞서 미노스 왕을 대신하여 소년들이 제물로 바쳐지는 것을 보았다.[28]

디오니소스의 또 다른 모습인 사바지오스는 혹자가 생각하고 있는 것과는 반대로 트라키아의 신[29]이 아니었던 것 같다. 그는 아마도 "프리기아의 위대한 신"이었을 것이다.[30] 그리스 사람들은 그의 이름을 "조각조각 부수는 자"라는 의미로 이해했다. 이것은 트라키아에서 이미 사용된 오모파기아와 그대로 일치하고 있으며, 또한 우리는 이러한 의미로부터 사바지오스와 자그레우스를 서로 연관 짓게 된다. 특히 정결 의식을 포함하는 사바지오스의 제의는 디오니소스를 떠올리게 하며, 이 프리기아 신을 크레타의 매우 대중적인 신으로 만들고 있다. 그리스인들은 그에게서 크로노스의 아들 혹은 레아 여신인 키벨레의 아들의 모습을 발견하였다. 따라서 그들은 이 프리기아 신이 디오니소스보다는 제우스를 닮았다고 생각했다. 뱀은 그의 성스러운 동물이었으며, 이러한 사실은 아직도 그가 땅의 신으로 간주되고 있음을 증명한다. 몇몇 학자들은 사바지오스가 자그레우스처럼 뱀으로 변신한 제우스와 페르세포네의 사이에서 태어났다고 주장하였다.

그러나 사바지오스를 디오니소스와 동일시할 수 있는 것은 그들이 갖고 있는 신비로운 성격 때문이다. 데모스테네스[31] 시대에, 그들은 포도주를 마시는 자로 묘사되었다. 고대에 포도주는 보리의 신 사바지오스의 선물인 맥주보다 먼저 있었던 술이었다.[32] 디오니소스와 마찬가지로 사바지오스 역시 담쟁이덩굴과 연관이 깊다. 담쟁이덩굴은 트라키아 지방의 종교에서 중요한 역할을 차지하던 나무로서 사바지오스 신을 신봉하는 사람들은 이 담쟁이덩굴의 나뭇잎에 문양을 새겨 넣곤 하였다.

뚜렷한 기원이 있는 두 신의 이름은 고대의 디오니소스의 모습을 부여하기 위해 서로 뒤섞였다. 트라키아에서 사람들은 디오니소스를 포도주의 신 바쿠스라고 불렀다. 바쿠스는 엘레우시스의 신비스러운 신으로, 행사가 벌어질 때 어린 신에게 갈채를 보내는 "환호성"이라는 의미의 그리스어 이아케iakkè로부터 유래한 이아코스 신이다. 이 그리스식 이름에 해당하는 로마식 이름이 바로 리베르Liber인데 이 이름은 흔히 디오니소스와 혼용된다. 리베르는 옛 이탈리아의 풍요의 신이었다. 이 이름은 리베랄리아 축제를 통해 더 많이 알려져 있다. 이 축제는 3월 17일에 거행되었으며, 행사가 진행되는 동안 젊은 귀족들은 정장을 벗고 성년복으로 갈아입었다. 우리는 여기에서, 어린 제우스와 디오니소스를 키운 쿠르테스가 자신들의 머리카락을 위대한 여신에게 바치려고 온 일군의 젊은 입문자들이었고, 이들이 자연의 힘을 직접 느끼기 위해 의무적으로 숲 속에 한동안 은신해 있으면서 성년식을 통과했다는 점을 상기해 보자. 라틴어로 리베르는 "나무 껍질"을 의미하며, 식물학자들에 따르면,[33] 더 정확하게는 껍질의 살아 있는 안쪽 부분을 뜻한다. 이 부분을 통하여 수액은 나뭇잎을 거쳐 뿌리로 이동한다. 우리는 디오니소스가 근본적으로 수액의 신이었음을 알게 될 것이다.

고대의 신들을 부르는 여러 가지 다양한 별칭들은 식물의 신이 어떠한 외관을 하고 있었는지 알 수 있게 한다. 그리스와 그리스에 인접한 거의 모든 세계에서 디오니소스는 나무들의 젊은 수호자인 단드리테스Dendritès로 불렸다. 디오니소스가 태어난 보이오티아 지방의 그리스인들은 더욱 직설적으로 그를 엔덴드로스Endendros라고 불렀는데, 오토34)의 번역에 따르면 이 말은 "나무 속에서 살며 일하는 자"이다. 혹은 바람에 쓰러진 플라타너스 줄기에서 디오니소스 상像이 발견되었다고 주장하는 마이안드로이 강변의 마그네시아*의 전설은 '엔덴드로스'를 "나무 속에 있는 자"로 표현하고 있다. 또 "나무 속에서 모습을 나타내는 자"라는 번역도 있는데, 이는 앞서 언급한 성림에서 나온 어린 신의 경우와 유사하다. 핀다로스의 시편에는 다음과 같은 기원祈願 문구가 있다. "유쾌한 디오니소스여, 나무에게 번영과 완숙의 성스러운 빛을 주소서." 4세기 뒤에 시칠리아의 디오도로스는 디오니소스가 과실수의 성장을 주관하는 신으로 알려져 있었다고 말한다. 사람들은 그를 "과실들을 자라게 하는 신"으로 불렀다. 과수원에서 야생목은 그들을 보호해 주는 신들의 현존을 생생하게 드러내는 존재였다. 디오니소스는 열매가 나무에 열리기도 전에 죽을 경우, 자신이 구해 주겠노라고 약속한다. 그리스의 전설에 의하면 제우스의 몸에서 나온 화염으로 세멜레가 불타 죽고, 뱃속의 아이가 생명을 잃을 위기에 처하자 무성한 담쟁이덩굴이 제우스와 천상의 불 사이에서 기적처럼 솟기 시작했다고 한다. 아버지의 넓적다리가 피신처가 되어 어린아이는 "다시 태어나게" 되었지만, 헤라의 교사教唆를 받은 티탄들의 손에 잡히게 된다. 티탄들은 조각 조각 낸 아이를 냄비에 넣고 끓인다. 그러자 온통 피에 젖은 한 그루의 석류나무가 모습을 드러낸다. 이어서 디오니소스의

---

* 소아시아의 고대 도시 국가.

할머니 레아가 나타나, 이시스가 자기 남편에게 했던 것처럼 조각난 몸들을 서로 맞추어 거기에 생명을 불어넣었다.

고대 신들은 꼿꼿이 서 있는 기둥과 같은 모습을 하고 있다. 그들에게는 팔이 없었으며 수염이 달린 얼굴에 가면을 쓴 채로 망토를 걸치고 있었다. 그들의 몸과 머리에는 온통 잎으로 덮인 가지들이 돋아나 있어서 신들의 자연적 신성을 드러내 주고 있다. 디오니소스가 태어났다고 하는 테베의 한 장소에는 한 개의 기둥이 있었다. 카드모스 왕의 딸(세멜레)의 목숨을 앗아간 화재로 소실된 카드모스의 궁전에 남아 있었던 것이라고 여겨지던 이 기둥 주위에는 담쟁이덩굴이 심어져 있었다고 한다. 또한 테베에는 세멜레에게 번개가 내려질 때 하늘에서 떨어진 조상影像이 하나 있었다. 이것은 "단순히 철이 입혀진 작은 통나무에 지나지 않았다."35) 델포이의 신탁은 코린토스인들에게 한 그루의 전나무를 신처럼 받들라고 명령한다. 그리하여 주민들은 이 나무에서 나온 재목들로 "주홍색 얼굴에 금이 입혀진 몸"36)을 가진 두 개의 디오니소스 상을 만들었다. 라케다이몬(스파르타)에서는 디오니소스 리에르(담쟁이덩굴)를, 낙소스에서는 디오니소스 피기에(무화과나무)를 숭배하였다. 또 디오니소스 바케스와 디오니소스 메일리시오스로 불리는 나무들도 있었는데, 이것들은 각각 포도나무와 무화과나무에서 잘라 낸 것이었다. 마지막으로 고대에 박칸테스*가 들고 다니던 지팡이는 담쟁이덩굴의 줄기가 칭칭 감긴 회양풀이었다. 여기에는 포도나무 잎이 붙어 있었으며, 소나무 열매가 손잡이를 왕관처럼 장식하고 있었다.

디오니소스가 갖고 있는 또 다른 별칭 브로미오스Bromios를 만약에 "소란스러운Bruyant"이 아니라 더 정확하게는 "살랑거리는 소리를 내는Bruissant" 혹은 "바스락거리며 떠는Frémissant"으로 해석했을 때, 이 별칭 또한 의미심

---

* 바쿠스 신의 여제관들.

장하다. "그것은 나뭇잎이 서로 부딪치며 내는 바스락대는 소리와 숲 속에서 나는 작은 웅성거림과 떨림—분명 헐떡거림과 희미한 흐느낌이 동반된—을 들었을 때 우리가 우리 마음속에 존재한다고 느끼는 신, 바로 그 신의 천성에 어울리는 낱말이다. 이러한 모든 소리들을 통해 도취 상태가 나타나며 이 가운데 신은 신봉자들의 가슴속으로 파고든다."[37] 이러한 사실은 앞선 도도네의 설명에 관한 부분과 그대로 일치하고 있다. 그때는 신탁을 내리는 나무의 설명에 브로미오스를 넣지는 않았었다. 그러나 앞으로 더 살펴보게 되겠지만 디오니소스는 예언자이기도 했다.

  이제 뉘사라는 신비로운 산에 대해 이야기하자. 고대의 편찬자들과 현대 작가들은 이 산의 위치에 관해 십여 개에 달하는 의견을 내놓았다. 보이오티아와 트라키아에서 시작하여 리비아와 아랍과 이디오피아, 심지어는 카나리아 군도와 마주보는 대서양 연안, 즉 신화상의 아틀란티스에 이르기까지 뉘사 산의 위치는 다양하게 제시되었지만 확실한 해답은 나오지 않았다. 이러한 많은 연구가 진행되었음에도 불구하고 뉘사의 문제는 여전히 제자리였으므로, 사람들은 이 이름이 지명이 아니라고도 생각했다. 뉘사는 헤르메스로부터 어린 디오니소스를 받은 헬리콘 산의 요정이었다. 다시 말하면 꿀로 디오니소스를 키웠던 히아데스[38] 중 한 사람이었던 것이다. 신이 포도주를 만든 것은 요정의 이름과 똑같이 뉘사라고 불린 산에서였다. 그러나 원래 포도주는 뉘사와는 아무런 연관이 없었는데도, 그리스의 전설은 그에게 포도주의 "창조자"라는 이름을 부여했다. 그것은 오히려 올림포스 신들의 음료인 넥타르의 기본 원료가 되는 발효된 꿀과 관계가 있지 않았을까? 이 꿀은 그것을 마시는 것이 허락된 소수의 사람에게는 불멸의 음료로 인식되었다. 담쟁이덩굴과 더불어 꿀물은 마이나데스가 마신 자극적인 음료의 구성 성분이 되었을 것이다. 그레이브스에 의하면, 디오니소스가 뉘사의 신으로 간주되는 것처럼 뉘사는 "나무"를 의미하며, 그 이름 자체도 나무 신의 속성을 가지고 있다. 그러나 유감스럽게도 그레이브스는 자신의 주장을 뒷받침할 어떠한 근거도 제시하지 않고 있다. 그런데 나무들 가운데 한 종이 뉘사라고 불렸던 것만큼은 분명한 사실인 것 같다. 이 이름은 13세기 리덴의 대학 교수였던 그로노비우스가 붙인 것으로, 그는 뉘사가 어떤 요정의 이름이라고 말한다. 문헌학자이자 고대 로마에 관한 학술 논문의 저자인 그로노비우스는 이 이름이 무엇을 말하려고 하는지 밝히고자 한다.[39]

크레타의 제우스와 마찬가지로 고대의 디오니소스 역시 나무의 신이었다. 바로 이 점이 디오니소스를 종종 모순적인 인물로 만들고 있지만, 그러나 그 역시 크레타게네스 이상으로 아들 신이다. 디오니소스는 대지의 어머니, 위대한 여신에게서 태어난 제우스의 아들이다. 우리는 크루츠메르[40]가 해온 작업들 덕택에 세멜레를 통해 분명 프리기아의 대지의 여신[41] 세멜로의 모습을 발견할 수 있었다. 이 경우 디오니소스가 헤라의 음모 때문에 애인인 올림포스의 제우스가 보는 앞에서 화염에 타 죽은 여인의 아들이라는 그리스 신화의 한 부분이 사라진다. 이것은 오토의 주장으로, 그는 크루츠메르의 해석에 반박을 가하는 유일한 사람이다. 그는 테베 왕 카드모스의 딸인 세멜레가 불사의 아들을 낳았지만 그 자신은 인간에 불과했다는 점에 주목한다. 물론 이 같은 반론에 일리가 있기는 하지만, 우리는 디오니소스에 관한 두 개의 전기를 예로 들어 오토의 주장에 반박을 가할 수 있다. 디오니소스는 다른 모든 식물의 신들과 마찬가지로 죽음과 부활의 일정한 순환적 주기에 복종했다. 이 같은 사실은 디오니소스의 특수한 위치, 즉 올림포스 신들과 관련된 그의 주변적인 성격을 설명한다. 그의 유한성을 설명하기 위하여 합리적인 그리스인들은 비타협적인 외양을 조정하는 어떤 인공적인 것에 도움을 청한다. 즉, 디오니소스는 죽지 않는 아버지와 죽음을 면할 길 없는 어머니 사이에서 태어났다는 것이다. 그러나 그리스인들은 이 점에 대해 의문을 가졌다. 자신을 하데스의 손아귀에서 구하러 온 아들 덕분에 세멜레는 불멸의 존재가 되어서 티오네라는 새로운 이름까지 갖게 된다. 이 이름과 티아데스, 달리 말하자면 박칸테스가 갖는 유사성은 이미 고대인들에 의해 인정되었다.[42] 되살아난 세멜레-티오네는 최초로 모성의 전형이 되었다. 그녀는 "자신이 품고 있던 자식이 전염시킨 바쿠스적 광기에 사로잡힌 최초의 여성"[43]이었다. 그러나 고대인들은 티오네-디오네에게서 도도네에서의 제우스의 아내, 즉 대지의 어머니인 레아를 발견하였다.

이러한 모든 것이 우리를 크레타의 디오니소스의 아버지인 딕테 산의 제우스에게로 이끈다. 우리가 강조했던 이 둘의 여러 차이점들 저 너머에는 인상적일 정도로 서로 유사한 어린 시절의 삽화들이 존재한다. 즉, 아버지에 의한 죽음의 위협, 어머니가 사라짐으로써 버림받음, 숲이 무성한 산에서의 양육 등이 그러하다. 제우스에게 있어서의 딕테 산이나 이다 산은 디오니소스-자그레우스에게 있어서는 이다나 헬리콘 산에 해당된다. 또한 도도네의 전설에 따르자면 레아 혹은 코리반테스의 아들인 젊은 입문자 쿠르테스와 요정 히아데스가 최초에 제우스를 키운 것도 이 둘의 유사성을 설명하는 한 예이다. 설명은 이것으로 충분하다. 디오니소스의 어린 시절에는 제우스가 정복한 티탄 족에 의한 해체의 삽화가 삽입되어 있다. 특히 디오니소스는 자기 아버지와는 달리 어린아이의 상태로, 최소한 스승 실레누스의 곁을 떠나지 않는 청년기의 상태로 남아 있고자 한다. 제우스의 명령에 따라 헤르메스는 갓 태어난 아기를 아기의 이모인 이노에게 맡기면서 그녀에게 그 아기를 여자아이처럼 키우라고 당부한다.[44] 여기에서 디오니소스의 성격이 뚜렷하게 드러난다. 아이스킬로스[45]나 에우리피데스[46]의 작품을 보면 디오니소스는 나약한 자로 등장하고 있는데, 우리는 그에게서 종종 양성적 기질을 발견할 수 있다. 이러한 모호성은 여성들과의 관계 속에서 나타나고, "그의 여성적 기질은 사랑의 방식을 통해 드러난다." 그를 둘러싼 여성들은 그에게 있어 연인이라기보다는 오히려 유모나 어머니들이었다. 박칸테스조차 이러한 역할을 담당하였다.[47] 이 점에 관해서 오토는 다음과 같이 언급하고 있다. "마이나데스들은 품위와 겸손으로 특징 지어진다. 음탕한 흥분이 동반된 본능을 어디서도 발견할 수 없다. 이들을 둘러싸고 빙빙 도는 자들이 있었는데, 그들은 반인반수半人半獸였다."[48]

결코 디오니소스는 극도의 성적인 흥분 상태에 빠지지 않았다. 그는 "그들의 노골적인 음탕함에는 전혀 관심이 없었던 것 같다." 순간적인 포옹만으로도 만족하는 사랑의 열정을 가진 남성적인 다른 모든 신들과 그를 구별하는 하나의 특징은, 그의 사랑은 쉽게 사랑에 빠지고 영원히 사랑 받는 것에 더 몰두한다는 것이다. 한편 다른 신들이 갖는 사랑의 열정은 덧없는 고뇌에 있다. 도자기의 그림들에는 그의 이러한 모습이 잘 나타나 있다. 아리아드네를 선택된 여인이라고 부르는 사실은, "신화에 디오니소스의 다른 연애 관계들이 거의 언급되지 않고" 있다는 놀랄 만한 사실을 볼 때 당연하다고 할 수 있다. 그러므로 디오니소스의 행실은 성인이라기보다는 오히려 청년의 그것이다. 그는 여성들을 지배하는 것 이상으로 그들의 지배를 받았으며, 마이나데스들은 그를 어린아이로 취급했다.

의례儀禮적인 교수絞首와 풍요

디오니소스의 여자 관계를 살펴보면 또 다른 하나의 요소가 발견된다. 에리고네라는 인물은 아티카의 포도 재배지에 자신의 이름을 붙인 이카리오스의 딸이다. 디오니소스는 이카리오스가 자신에게 베푼 호의에 보답하고자 그에게 포도나무의 소유권을 주었다.49) 그러나 경솔하게도 목동들에게 이 나무를 이용하게 한 이카리오스는 자신들이 마법에 걸렸다고 생각한 이들(목동들)에 의해 죽음을 당한다. 이들은 시체를 소나무(디오니소스에게 바쳐진 나무) 아래에 매장했다. 아버지의 시체를 발견한 에리고네는 신들에게 아버지의 억울함이 밝혀지기 전까지는 아테네의 모든 소녀들이 자신과 같은 운명을 걷게 해달라고 기원한 다음 나무에 목을 맨다. 그러자 여자들이 차례로 에리고네의 뒤를 따라 소나무에 목을 매달고, 결국 에리고네가 아테네의 젊은 여자들의 목숨을 요구했었다는 델포이의 신탁을 듣고서야 사람들은 이카리오스를 죽인 자에 대한 수사를 진행시킨다. 마침내 살인범이 나타나자 사람들은 그를 교수형에 처한다. 외견상 별것 아닌 것으로 보이는 이 짧은 이야기는 실제로는 몇 가지 설명들을 필요로 한다. 에리고네는 "봄에 탄생하는 자"를 의미한다. 그런데 이 이름의 첫 부분에 해당하는, 에아르ear로 간주되는 에르er는 봄과 아침이라는 의미 외에 수액과 즙과 살인의 뜨거운 피를 동시에 나타낸다. 이 같은 사실은 소녀의 교수絞首에 하나의 특별한 의미를 부여하고 있다. 에리고네는 아이오리 축제를 들여온 것으로 알려져 있는데, 이 축제가 벌어지는 동안 사람들은 풍요를 기원하기 위하여 나무 안에 인형과 가면을 매달았다고 한다. 한편 젊은 여자들은 나뭇가지에 매달아 놓은 좁은 판자 위에서 몸을 좌우로 흔들곤 하였는데, 사람들은 이로부터 그네가 생겨났다고 말한다. 그러나 이 같은 행위에 대해 작가들은 별다른 관심을 갖지 않았다. 이들은 그네를 타는 행위가 성적 충동을 위장하는 것과 연관이 있음을, 특히 여성의 생식 기관과 관련이 있음을 알아차리지 못했던 것이다. 여자들은 충동을 위장함으로써 매우 강한 흥분 상태를 느꼈으며, 거기서 예상 밖의 쾌락을 맛보았다. 그네 타는 행위는 거의 세계 전역에서 등장하는 하나의 의례적 행위이다. 특히 인도에서는 앞뒤로 움직이는 그네의 움직임을 낮과 밤이 서로 교대하고 계절이 순환하는 시간의 리듬으로 간주하였다. 그 효력은 특히 봄에 잘 나타나곤 했는데, 봄은 재생을 기념하고 촉진시키는 계절이기 때문이다. 또한 비를 기원하는 것과도 관련이 있다.[50]

과실수의 가지에 작은 상像을 매달아 놓는 것은 그리스와 크레타에서 매우 흔하게 볼 수 있는 풍습이다. 이 상들에는 대부분 아리아드네가 그려져 있었다. 그녀는 원래 미노스의 딸이었으며, "크레타 최초의 여신이자, 나무가 아닌 식물의 영혼"을 소유한 자였다.[51] 그녀의 이름 아리아드네 혹은 아리아그네는 보통 "가장 성스러운"의 뜻으로 번역되고 있으나, "순수 그대로의", "접근할 수 없는"의 의미로 이해하는 편이 더 정확할 것 같다.[52] 성처녀 아리아드네는 테세우스의 변덕 때문에 낙소스 섬에서 버림을 받지만, 그곳에 도착한 디오니소스에게 위로를 받는다. 그러나 그녀는 결국 테세우스에게 질투를 느낀 디오니소스의 사주를 받은 아르테미스에 의해 불에 타 죽는다. 아리아드네가 키프로스 섬에서 테세우스에게 버림을 받고 스스로 목을 매지 않았다면, 디오니소스는 테세우스보다 먼저 그녀의 애인이 될 수 있었기 때문이다. 키프로스에는 아리아드네-아프로디테에게 바쳐진 숲이 하나 있는데, 그 숲 한가운데에 있는 동굴 속에 그녀의 무덤이 있다. 그녀의 무덤 주위에서는 기이한 행사가 펼쳐졌다. 한 남자가 해산의 고통을 연기하고, 태어날 신의 아이는 식물의 성장을 돕는다. 이러한 "의만擬晚"이 표현하고자 하는 바는 다음과 같다. 즉, 테세우스에게서 버림받은 아리아드네는 키프로스에서 아기를 낳지 못한 채, 해산하다가 죽게 될 것이다.

아리아드네의 교수는 에리고네의 그것을 연상시킨다. 아리아드네는 자신의 자매로, "빛나는"이라는 뜻의 이름을 가진 파이드라와 마찬가지로 목을 매어 생을 마쳤는데, 파이드라는 양아들 히폴리토스에게 거부당해 죽는다. 파이드라는 흔히 그네를 타는 모습으로 등장한다. 히폴리토스를 향한 그녀의 사랑은 불륜이었지만, 다른 각도에서 보면 성숙한 여인이 젊은 남자에게 품을 수 있는 사랑이었다. 이러한 사랑의 도식은 크레타의 위대한 어머니와 그녀의 미소년이 갖는 관계와 유사하다. 키프로스에서 그리 멀지 않은 곳에 위치한 로도스 섬에서는 교수형을 당한 헬레네라는 이름의 여인이 있었다. 그녀의 이름에는 디오니소스와 마찬가지로 단드리테스라는 별칭이 붙어 있었다. 따라서 그녀 역시 나무의 여신이다. 우리는 여기서 플라타너스에 관해 자세히 언급할 필요가 있다. 그 이유는 이 나무로부터 나온 정수精粹가 헬레네에게 봉헌되기 때문이다. 무화과나무, 포도나무 그리고 담쟁이덩굴과 마찬가지로 다섯 장의 잎이 붙어 마치 손 모양을 연상시키는 플라타너스는 대여신의 소유물이었다. 마지막으로, 아르카디아에는 아르테미스 아판코메네, 혹은 "교수"와 "교살"이라는 의미를 갖고 있는 아르테미스 콘딜레아티스 제의가 존재하고 있었다. 아르테미스는 몇몇 요정들과 더불어 야생의 숲을 떠나지 않았던 성처녀이다. 그녀 역시 호두나무, 서양삼나무, 가문비나무 같은 나무의 여신이었다.

이 모든 교수 행위가 의미하는 것은 무엇인가? 의례시 그네를 타거나 나무 안에 인형을 매달아 놓는 것은 그러한 교수의 단순한 대리 행위인가? 우리는 앞서 그네 타기가 식물의 재생과 관련되어 세계 전역에서 행해졌다는 것과 나무의 성장을 기원하기 위하여 그 나무 속에 인형을 매달아 놓았다는 것을 이미 언급한 바 있다. 저 먼 세기로 거슬러 올라가 보면, 상징으로서가 아닌 실제적인 행위로서의 교수의 의미는 동일하다. 이제 디오니소스-자그레우스와 오딘이 행했었던 자기 희생에 관해 살펴보자. 도처에서 벌어지는 수많은 자기 희생 의식이 동일한 의미를 가지고 있지 않다면 도대체 무엇을 의미하는 것인가? 자기 희생은 생래적인 것이며, 제물이 된 자는 모두의 행복을 위해 스스로 희생된다. 그러나 제물로 바쳐진 뒤 그는 다시 부활한다. 조금 전에 언급한 나무에 매달리는 행위를 보면 그 목적이 분명하게 드러난다. 식물이 일정한 기간이 되면 다시 솟아나는 모습이 연상되는 것이다. 우리가 보았던 아리아드네는 봄철의 성장과 관계되는 여신이다. 여기서 지금의 논의를 좀더 멀리까지 확장시킬 수 있을 것이다. 에리고네는 디오니소스의 나무인 소나무에 목을 매고, 헬레네는 자신에게 바쳐진 나무인 플라타너스에 목을 맨다. 이들이 자신의 나무에서 스스로 목숨을 끊었다는 사실은, 봄에 그들이 태어난 곳으로 다시 돌아가는 것을 의미하는 것이 아니겠는가? 희생은 얼핏 죽은 것처럼 보이는 나무의 겨울잠과 일치한다. 이는 스스로를 내면화하는 작업이다. 가지를 떠난 수액은 그루터기의 땅 속 깊숙한 곳으로 모여 그곳에 한동안 머물러 있다가 봄이 되어 꽃이 필 때 온 나무에 물을 댄다. 여기서 우리는 나무의 삶이 갖는 신비로움에 경도된다. 나무로부터 위안을 얻는 사람이라면 누구나 그것이 갖는 이러한 신비로움에 관심을 갖지 않을 수 없을 것이다. 이들은 나무의 부활을 통하여 스스로에게 삶의 새로운 의지를 불어넣는다.

교수 행위가 반영된 고대인들의 제물 봉헌 의식은 성장과 번영과 식물의 풍요를 보장하기 위한 일련의 의례들로 구성된다. 전설 속에 등장하는 신성한 교수 행위와 인간을 제물로 바치는 고대인들의 이 같은 제의는 둘 다 희생 제물이 되는 대상에게 더 나은 삶, 즉 불멸을 약속하고 있다는 공통점이 있다. 그러므로 스스로 자청해서 제물이 되려는 자들도 있었을 것이 분명하다.53) 우리는 "제물" 혹은 "희생양"이라고 불리기도 하는 "교수된 자"인 타로*의 열두 번째 카드에 이러한 흔적이 그대로 보존되어 있다는 흥미로운 사실을 발견했다. 여기에는 두 그루의 나무 사이에 놓인 디딤판에 한쪽 다리를 걸친 채 매달려 몸을 좌우로 흔들고 있는 한 젊은이의 모습이 그려져 있다. 머리카락은 땅까지 치렁치렁 늘어져 있고, 나무 아래에 두 개의 언덕이 있어 젊은이의 머리는 그 사이에 처박혀 있는 것처럼 보인다. 타로 카드의 전통적인 상징에 따르면, 매달린 자는 자발적인 희생과 자아의 망각을 나타낸다고 한다. 이것은 또한 자신이 태어난 정신적인 세계와 결합하기 위하여 모든 물질로부터 스스로를 해방시킨 신비한 영혼을 묘사하는 것이기도 하다.54) "자신의 고유한 에너지를 포기한 이 신비주의자는 우주의 영감을 더 잘 받아들이고자 스스로를 무화無化시킨다." 여기에는 지상 세계의 새로운 재생을 촉진시키고자 하는 의도가 포함되어 있다. "목을 매다는 것은 궁극적인 회귀의 비밀이다……. 그러나 이러한 회귀는 재생의 조건이다."55) 교수 행위에 대한 이 같은 해석이 과거의 그것과 동일한 맥락을 갖고 있지는 않은가? 우리의 논의에 있어 이 문제는 매우 중요하다. 교수된 자의 두 팔은 자루 하나를 받치고 있는데, 이 자루에서 금화와 은화가 땅으로 떨어진다. 교수대가 놓여 있는 나무들은 이파리 없이 꼭대기가 잘린 채로 그려지곤 하는데, 나무의 줄기를 따라가 보면 이제 막 베어 내 아직까지 핏빛 수액이 나오는 나뭇가지의 흔적이 있다. 그러므로 상처 입은 자는 교수대에 매달린 자가 아니라 바로 나무라고 할 수 있다. 교수형의 풍요와 재생에 대한 고대인들의 믿음에는 또 다른 흔적

---

* 78장이 한 벌인 이탈리아식 카드.

이 존재한다. 만드라고라*에 관한 중세의 전설에 의하면 이 식물의 뿌리는 난쟁이의 형상을 하고 있었다고 한다. 일종의 만병 통치약으로 그것은 수면 제와 마취제 그리고 최음제의 역할을 하였다. 만드라고라는 교수형을 당한 자들의 자손으로 여겨졌다. 또 한 가지 주목해야 할 사실이 있다. 머리를 밑으로 하고 매달린 이 사람과 거꾸로 선 우주목을 어찌 연관시키지 않을 수 있을 것인가? 타로의 상징 속에서 교수된 자는 첫 번째 카드에 등장하는 난쟁이와 동일 인물인데, 그는 데미우르고스**이자 조물주를 의미한다.

그러므로 키프로스에서 교수를 당하고 아르테미스에 의해 불태워진 아리아드네의 죽음은 디오니소스가 겪었던 부활과 동일하다. 이제 우리는 왜 전설이 아리아드네의 죽음을 디오니소스의 선동을 받은 아르테미스의 짓이라고 주장하는지 더 잘 이해하게 되었다. 아리아드네는 세멜레와 마찬가지로 불사의 존재가 되고 스스로 신과 하나가 되기 위하여 죽어야만 했을 것이다. 죽었다가 다시 부활하는 모든 식물의 신처럼 말이다.

담쟁이덩굴과 디오니소스적 광기

우리가 예로 든 대부분의 전설에는 공통적인 구조가 있다. 매번 어머니 여신과 젊은 식물의 신인 그녀의 연인이 한 쌍으로 등장한다는 것이다. 디오니소스는 제우스 크레타게네스처럼 아들 신이지만, 그러나 그는 제우스와 관련이 될 때만 아들 신이다. 그는 희생 제물이 된 고대 왕의 아들이라는 위상을 갖고 있었다. 우리가 보았듯이 제우스는 나무들의 왕인 참나무이며, 디오니

---

* 약용 가지과 식물로서 고대와 중세에 마법용으로 사용되었다.
** '제작자' 라는 뜻으로, 플라톤 철학에서는 혼돈에 질서를 부여함으로써 세계와 인간을 창조한 신을 뜻한다.

소스는 단순히 소나무에 지나지 않았다. 디오니소스는 참나무가 갖는 위상과는 상당히 거리가 있었으며, 전자보다는 훨씬 짧은 생을 살았다. 디오니소스는 나무이면서 나무가 아닌, 담쟁이덩굴과 포도나무 같은 불분명한 식물의 신이었다. 그것들이 아무리 좋은 목질木質을 가지고 있었다고 하더라도 이 나무들은 혼자서는 살아갈 수 없었다. 담쟁이덩굴과 야생 포도나무는 다른 나무들에 의지하여서만 뻗어 나갈 수 있기 때문에 버팀목이 되는 나무의 줄기를 나선으로 칭칭 감아 올라간다. 담쟁이덩굴은 맨 먼저 땅(어머니인 대지)에서 뻗어 나와 질긴 이파리들로 땅을 덮는다. 그러다가 나무를 만나면 나선형 모양으로 그것의 줄기를 감아 가며 자라기 시작하는 것이다. 담쟁이덩굴은 버팀목이 되는 나무의 생명을 위협할 정도로 무성하게 자라기도 한다.

담쟁이덩굴은 "디오니소스가 가장 좋아하는 식물이다."56) 사람들은 흔히 그를 "담쟁이덩굴의 관冠을 쓴 자", 혹은 "담쟁이덩굴"을 뜻하는 말인 키소스Kissos라고 부른다. 이 덩굴 식물이 그를 카드모스의 궁전에서 두 번이나 구했다는 사실을 상기해 보자. 디오니소스가 태어난 지 얼마 되지 않았을 때 요정들은 그를 "담쟁이덩굴의"라는 뜻인 키수사Kissusa 샘에서 목욕시켰다. 그리고 그가 자란 곳도 바로 헬리콘(헬릭스hélix는 담쟁이덩굴의 또 다른 이름) 산이다.

"포도나무와 담쟁이덩굴은 마치 형제와 같다. 뻗어 나가는 방향은 서로 반대이지만 이 둘 사이에 존재하는 유사성을 부인할 수는 없다"라고 오토는 적고 있다. 그러나 이 둘이 서로 닮았다고는 하지만 사실 계절적인 삶의 주기는 정반대이다. 포도 수확이 끝난 포도나무는 초겨울에는 말라빠진 포도나무 그루터기의 형태로 남아 죽은 것처럼 보이지만, 담쟁이덩굴은 성숙하게 자라 꽃을 피운다. 그것은 마치 한 해의 마지막 수확을 거두어들이는 꿀벌의 모습과도 같다. 포도나무의 새싹이 돋아나기 바로 전인 초봄에 담쟁이덩굴은 열매를 맺는다. 자줏빛 과육이 들어 있는 담쟁이덩굴의 열매들은 새의 먹이로도 쓰인다. "담쟁이덩굴이 꽃을 피우고 열매를 맺는 기간 중에 디오니소스의 주현절 행사가 벌어지는 몇 달 동안의 겨울이 펼쳐진다." 담쟁이덩굴은 추위뿐 아니라 어둠도 좋아하지 않고, 포도나무 가지는 빛과 태양을 필요로 한다. 담쟁이덩굴의 무수한 줄기들이 나선형으로[57] 나무 주위를 감아 올라가는 모습은 지하 세계의 권능을 자랑하는 고대의 뱀을 연상시킨다. 뱀은 마이나데스의 머리칼을 장식하거나 마이나데스의 손에 쥐어져 있었는데, 논노스 데 파노폴리스[58]의 삽화에서 알 수 있듯이 디오니소스 제의에서 뱀과 담쟁이덩굴은 동등한 가치를 지녔다. "마이나데스가 나무의 그루터기에 내던졌던 여러 마리의 뱀들이 나무를 휘감더니 담쟁이덩굴로 변했다." 신의 여사제들은 담쟁이덩굴을 장식품으로 사용했을 뿐 아니라, 놀이 삼아 그것을 뽑기도 했다.

고대에 사람들은 담쟁이덩굴의 습한 냉기와 포도주의 불 같은 성질을 비교하며 담쟁이덩굴이 포도주의 성질을 변하게 할 수 있다고 생각했다. 따라서 사람들은 디오니소스가 진정 효과를 보기 위해 "바쿠스의 광신도"들에게 담쟁이덩굴로 관을 만들어 쓰는 법을 가르쳤다고 여겼다.[59] 그러나 항상 그랬던 것은 아닌 것 같다. 왜냐하면 광기에 사로잡힌 여자들은 마이나데스를 만나러 산에 뛰어오르기도 했기 때문이다. 아리아노스에 의하면 인도의 메로스 산에 도착한 알렉산드로스 대왕의 수비대는 그때까지 한번도 그들이 접해 보지 못했던 담쟁이덩굴을 발견하고, 이것으로 관을 만들어 머리에 썼다고 한다. 그때 그리스의 군인들은 디오니소스의 영혼에서 유발된 야성적인 환희에 사로잡혔던 것 같다. 고대인들은 담쟁이덩굴이 광기에 사로잡힌 여자들을 진정시키는 동시에 일종의 광적인 감정을 부추기는 속성도 지니고 있다고 생각했다.

플루타르코스는 "담쟁이덩굴에는 격렬한 정기가 있어서 감정을 자극하고 흥분을 불러일으킨다고 한다. 요컨대 담쟁이덩굴은 포도주를 마시지 않고도 취기를 느끼게 하고, 엑스터시에 빠지고자 하는 이들에게 일종의 신들림을 불어넣었다"고 말하고 있다.60) 이외에도 플루타르코스는 포도주와 혼합된 담쟁이덩굴에 관하여 자세히 말하고 있다. "포도주를 마신 사람들에게 일어나는 이러한 혼합 효과는 엄밀히 말하자면 취기가 아니라, 사리풀이나 뇌를 교란시키는 많은 다른 식물들이 일으키는 것과 같은 정신 착란이다." 고대에는 매우 잘 알려져 있던 사리풀의 효능은 오늘날 우리가 알고 있는 디오니소스적 광기와 일치한다. 사리풀은 정신 착란 상태를 일으키며, 시력을 희미하게 하고 환각을 유발시켜 극도의 광란 상태로 이끌어 간다.61) 급기야는 억제할 수 없는 졸음이 오고, 깊은 수면 속으로 빠진다. 담쟁이덩굴을 과다 사용하는 것은 매우 위험했으며, 그리스 신화는62) 디오니소스의 아들로 알려진 키소스가 디오니소스 앞에서 춤을 추다가 죽었다고 기술하고 있다. 마취제로 쓰이던 사리풀에는 최음제로서의 성질이 있었는데, 담쟁이덩굴 역시 이러한 성질을 지니고 있었던 것 같다.63) 중세의 마녀들은 사랑의 미약媚藥을 만들기 위해 이 가지과 식물을 사용하였다. 담쟁이덩굴은 고약의 배합 성분들 중 하나였으며, 마녀는 마녀 집회에 가기 전에 담쟁이덩굴을 넣은 고약을 온몸에 발랐다고 한다.64)

그런데 아주 흥미로운 사실은, 이러한 환각 상태에 관하여 연구했던 많은 저자들이 그것의 동인動因을 명확히 규정하는 데는 별다른 관심을 보이지 않았다는 것이다. 아마도 그들의 머리 속에는 포도주의 신 바쿠스의 이미지가 고대의 디오니소스보다 더 강렬하게 자리잡고 있었기 때문인 것 같다. 그러나 디오니소스적 광기로 알려진 여러 증후들은 포도주로 인한 취기와 아무런 관련이 없다. 오히려 사리풀의 중독 성분과 밀접한 연관성을 갖는다. 플루타르코스는 담쟁이덩굴의 효능과 사리풀을 비교하여 설명하고 있다. 담쟁이덩굴의 환각 성분이 사용되던 시기는 사실 포도주의 문화가 시작되기 전인 아주 먼 고대에까지 거슬러 올라간다.

유럽의 여러 신화들에는 담쟁이덩굴과 신성한 천둥 사이에 긴밀한 관련이 있었음을 알려 주는 여러 흔적들이 존재한다. 오랜 세월 동안 나무에게 제의를 바쳐 왔고, 오늘날의 영토보다 훨씬 더 광활한 대지에 살고 있었던 고대 리투아니아인들은 담쟁이덩굴을 페르쿠나스라고 불렀다. 이것은 자연의 통치자인 천둥의 신을 일컫던 이름으로서, 고대의 연대기 저자들은 이 이름을 제우스에 비유한다.[65] 게르만족 역시 담쟁이덩굴을 천둥의 신이며 "땅"의 여신 조르의 아들인 도나르의 것으로 간주한다. 한편 우리는 앞에서 담쟁이덩굴이 어린 디오니소스를 화염에서 구해 내려고 나타났으며, 신과 식물의 탄생이 동시에 일어났던 것을 알고 있다. 그러므로 이제 다음과 같이 덧붙일 수 있을 것이다. 즉, 대지의 어머니(세멜레)와 천둥(제우스)의 접촉으로부터 탄생한 식물은 바로 다름 아닌 담쟁이덩굴 키소스로서, 이 이름은 디오니소스에게 붙여진 별칭들 중 하나이다. "흔히 사람들은 키소스를 어린 바쿠스의 이름이라고 주장한다. 그는 어머니 세멜레에게 버림받아 담쟁이덩굴 아래 숨겨졌는데, 이러한 연유로 그에게는 이 같은 이름이 붙여졌다는 것이다."[66]

많은 학자들 중 유일하게 로버트 그레이브스만이 디오니소스적 광기를 낳은 음료에 관한 문제를 해결하고자 했다. 그는 이 음료가 "담쟁이덩굴과 벌꿀술이 혼합된" 일종의 맥주라고 생각했다.[67] "호메로스의 말에 따르면 벌꿀술은 발효된 벌꿀로 만들어진 넥타르로서 신들은 올림포스 산에서 이 음료를 마셨다." 이러한 명제를 기반으로 우리는 "담쟁이덩굴로 만들어진"—혹은 담쟁이덩굴로 둘러싸인—바쿠스의 지팡이에서 "벌꿀이 흘러나왔다"[68]는 사실에 가치를 부여할 수 있을 것이다. 어쩌면 인간들이 만든 벌꿀술은 신의 묘약과 동일한 가치를 지닌 것으로 간주되었다고 말하는 것이 더 정확할 것이다. 암브로시아와 마찬가지로 넥타르를 마신 자는 불멸성을 얻을 수 있었다. 그러나 신 몰래 이것을 마신 자에게는 엄청난 처벌이 뒤따랐다. 하지만 벌통에 꿀벌을 키우는 법을 인간에게 가르쳐 준 아리스타이오스는 신들로부터 암브로시아와 넥타르를 취하도록 허락 받아 영원히 죽지 않는 자가 되었다. 아리스타이오스는 디오니소스의 스승들 중 한 사람이다. 신의 양식과 음료로 구분되는 암브로시아와 넥타르가 후일에 오면 혼동되어 사용되었다는 점을 덧붙이고자 한다. 더불어 암브로시아는 어린 디오니소스의 교육을 담당했던 히아데스 요정들 중 한 명의 이름이기도 했다.

디오니소스의 음료는 넥타르를 모방하여 만들어졌다. 흔히 여기에 담쟁이덩굴을 첨가하는 이유는 담쟁이덩굴이 환각을 일으키는 동인으로 작용하여 마이나데스로 하여금 스스로 신에 버금가는 존재인 듯한 착각을 일으키게 했기 때문이다. 그런데 바로 이러한 목적을 위해서 인간이 담쟁이덩굴을 사용한 것이 확실한가? 이 점에 관해서는 정확한 연구가 거의 없었기 때문에 지금 여기서 단언하기는 쉽지 않다.[69] 여기에서 판단의 유일한 전거는 플루타르코스이다. 이전의 저자들이 박칸테스의 음료에 관해 언급하고 있지 않은 이유는, 이 음료의 제조 과정이 비밀에 부쳐졌으며 성분 또한 세월이 흐르는 동안 변화를 거듭해 왔기 때문일 것이다.

박칸테스는 신탁을 해독할 수 있는 능력을 선천적으로 타고났다. "디오니소스는 예언자이며, 바쿠스적 광기는 예언적 능력을 수반하고 있기" 때문에,[70] 박칸테스는 보이지 않는 미래를 환히 내다볼 수 있었다. 광기는 "일종의 신비로운 지력"이자 생명의 신비를 깨닫는 인지 능력으로서 나타난다. 플루타르코스[71]는 디오니소스가 고대인들의 점술에 있어서 매우 중요한 역할을 담당했다고 말한다. 헤로도토스[72]에 따르면 트라키아에는 여자 예언자가 돌보는 디오니소스의 신전이 있었다고 한다. 우리는 델포이에서도 마찬가지로 디오니소스가 아폴론 이전에 이미 신탁을 내렸다는 사실을 알고 있다. 바쿠스 축제가 로마에 들어오면서 이 축제가 벌어지는 기간 동안 엑스터시의 상태에 빠진 사람들은 예언을 했다.[73] 플루타르코스[74]는 담쟁이덩굴이 로마에서는 유피테르의 여사제, 즉 플라망 디알리스에게 요구되는 금기들 중 하나였다고 말하고 있다. 왜냐하면 담쟁이덩굴을 만지면 예언적 광기에 사로잡힐 수 있다고 생각했기 때문이다.

신의 지배하에 있었던 마이나데스에게는 현재가 모든 과거와 미래를 포함한다. 그들은 순식간에 모든 신성과 인성이 분화되기 이전의 상태로, 즉 입문자들이 마약을 흡입할 때 빠지는 상태로 거슬러 올라간다. 마이나데스는 태초 이전의 원초적 '카오스'를 재발견하였으며, 이 카오스를 중심으로 모든 질서는 원점의 상태로 되돌아가고, 모든 것이 새롭게 다시 출발한다. "디오니소스라 불리는 광기는 병이 아니었다. 그것은 생명력의 쇠퇴와도 같은 것으로서" 일종의 발작적인 흥분 증세였다. 그것은 "끊임없이 정돈된 질서를 카오스 상태로 이끌면서 행복과 원초적 고통을 동시에 불러일으키며, 그 안에서 존재의 원초적 카오스를 느끼게 하는 모태의 광기, 즉 모든 창조를 지배하는 광기이다."75)

만약에 넥타르가, 독버섯에서 짜낸 즙으로 수액과 벌꿀에 비유되며 그 자체로 신격화된 신의 음료인 인도의 소마와 동일한 가치를 지니는 것으로 간주된다면, 후에 바쿠스의 포도주가 된 디오니소스의 음료는 취기를 부추기는 액체인 수라sûra에 해당된다. 인도에서 이 액체는 마법을 상실했을 때 소마 대신 마시는 음료였다. 결국 포도주는 박칸테스의 신성한 음료을 거쳐 신의 음료인 넥타르에 이르는 일련의 음료들에 부여되는 최종 명칭인 것 같다.

바쿠스, 포도나무의 신

디오니소스의 최종적인 모습은 "결국 그리스에서 포도나무의 신화는 디오니소스로 대체된 이후에도 보잘것없는 상태로 남아 있었다"76)는 사실로 확인되는데, 바쿠스의 경우도 마찬가지이다. 상류 계급의 문화를 보여 주는 포도나무의 재배와 포도주 제조는 하나의 예술이자 과학으로서, 그 기원을 그리스에도 크레타에도 두고 있지 않다. 그 재배와 제조 기술은 소아시아에서 유입된 것이다. 사실 "잘 익은 포도 송이"를 의미하는 말인 스타퓔로스 Staphylos는 디오니소스의 아들에게 붙여진 이름이다. 디오니소스의 측근으로 "포도나무"를 뜻하는 암펠로스Ampelos는 아폴론의 측근인 히아킨토스에게 부여된 역할을 수행하였다. 포도나무가 널리 보급되어 대중화되자 사람들은 신성한 광기의 신에게 세속적 취기를 가진 음료의 주인이라는 명칭을 부여하였다. 디오니소스에게 부여된 이 새로운 기능은 시간이 흐름에 따라 중요하게 자리잡기 시작한다. 또한 그가 이 새로운 역할에 어울리는 인물이 된 것은 아마도 자그레우스로서의 디오니소스가 이미 산산이 절단되어 화덕에 던져진 신, 모든 이를 위해 스스로를 희생시킨 후 다시 태어난 신이기 때문일 것이다. 디오니소스에게 내려진 고난은 포도나무의 다음과 같은 수난, 즉 사람들이 가을에 포도를 수확하여 발로 밟고, 봄이 되면 포도나무의 가지를 치는 것과 마찬가지라고 할 수 있다. 필경 포도주는 신의 피가 되며, 그러한 연유로 우리는 디오니소스 축제가 되면 포도주에게 경배를 드리는 것이다.

신의 자연적 속성들에 대해 우리보다 더 민감했던 고대인들이 어떻게 "신비한 발효 과정과 포도주의 숙성 과정"에 매혹되지 않을 수 있었겠는가? "포도주는 오늘날에도 여전히 포도 재배자와 전문가들에게 있어서 오래전의 신화적 사고를 상기시키는 여러 표상들을 떠올리게 하는 힘을 가지고 있다. 이들은 포도주를 땅의 진동으로 인해 젊음에서 원숙함으로 변모해 가는 살아 있는 존재로 간주한다. 그리하여 원숙함이 극에 달해 가장 훌륭한 상태가 되면, 땅은 마치 인간이 성인의 나이가 되어 새로운 인생의 노정을 걷는 것처럼 그렇게 새로운 움직임을 시작한다. 어떤 사람들은 익어 가는 포도주에게 신비로운 동정심을 느끼기조차 한다. 포도주의 숙성은 주변의 포도주에 의해서 자극을 받기도 하고 방해 받기도 하기 때문에, 그들은 포도주를 아무렇게나 진열하는 것은 무분별한 행동이라고 생각했다. 포도주는 숙성되면서 야외에서 받아들였던 태양빛을 다시 방출한다. 오래된 민간 신앙에 따르면 포도주는 자연의 생명과 밀접한 관련을 갖는다. 그러므로 포도나무가 꽃을 피우는 봄에 포도주는 발효하기 시작한다고 설명할 수 있을 것이다."[77]

이 문장 속에서 오토는 포도주의 운명, 즉 디오니소스의 운명과 입문자의 운명을 서로 비교하고 있는 것 같다. 입문자 역시 두 번 태어나며, 입문 제의라는 고통스러운 과정을 통과한 후 다른 사람으로 변모한다. 디오니소스도 그러하였다. 그는 다시 태어나기 위하여, 그리고 "가장 순수한 상태에 도달하기 위하여" 죽는다.

그리스인들에게 있어서, 매우 생기 있고 변하기 쉬운 이 새로운 포도주는 겨울철에 기쁨을 가져다 주는 술이었다. 그것은 분명 신의 피였으며, 동시에 나무의 밑둥에서, 죽은 자들의 세계인 대지의 저 깊숙한 곳에서 뽑아 올려진 수액이기도 했다. 그러므로 포도주는 부활하여 일순간 모습을 드러내는 죽은 자들의 피를 상징하기도 한다. 아테네에서 벌어졌던 여러 디오니소스 축제들이 이러한 사실을 증명하고 있다. 아테네는 당시에 "신을 가장 친밀하게 공식적인 종교 안에 합체시켰던" 도시이다.[78] 디오니소스 축제들은 겨울 동안 계속되었으며, 새 포도주와 죽은 자들을 밀접하게 연결하였다.

이 축제들 가운데 초창기의 것들은 12월에 들판에서 열렸던 디오니소스제였는데, 팔로스의 행렬이 가장 중요한 볼 거리를 제공하였다. 이 행사는 풍요를 비는 고대의 제의로 원래는 디오니소스와 전혀 무관하였다고 한다. 디오니소스는, 이 행사가 후일 조금씩 다양해지면서 만들어진 남근 숭배의 신에 불과하였다.[79] 1월에 농촌 디오니소스제가 끝나면 연이어 레네제가 열렸다고 하는데, 이 축제에 관해서는 알려진 바가 거의 없다. 아마도 박칸테스의 축제가 아니었나 추측될 뿐이다. 이들은 디오니소스가 아닌 이아코스라는 신에게 소원을 빌었는데, 이 신은 엘레우시스의 행렬의 요정으로 신비한 젊은 신이었다. 우리는 여기서 겨울철 델포이에서 거행된 제의와 레네 제전을 서로 연관 지어 볼 수 있을 것이다. 델포이의 제의는 파르나소스 산에 사는 티아데스, 즉 박칸테스에 의해 집전되었다. 티아데스는 그 당시 필경 어린 디오니소스일 것이 분명한 강보에 싸인 어린아이 리키니테스의 잠을 깨웠다. 이아코스가 로마의 리베르로 살아 있는 나무 껍질과 수액의 신이었다는 사실에 비추어 볼 때, 레네제는 대지의 생명과 수액을 유지하는 동시에 봄의 비상飛上을 준비하는 것이 그 주된 목적이 아니었을까 생각해 볼 수 있다. 아테네에서 칭송을 받던 디오니소스는 분명 "포도 압착의 신"인 레나이오스의 별칭이었을 것이다. 그리하여 우리는 레네제를 통하여 포도주 즙내기 축제의 모습을 발견할 수 있다. 그런데 포도주 즙내기 축제는 10월 말 혹은 11월 초 수확이 끝난 후 곧 벌어졌으며, 행사가 진행되는 동안 전통에 따라 사람들은 죽은 자들이 땅으로 귀환할 것을 기원한다.80) "두근거리다, 격통을 느끼다, 격렬하게 흥분하다, 강렬한 욕망으로 혼란되다"라는 뜻을 가지며, 간혹 박칸테스의 지팡이와 연관성이 있는 동사 마에마오maemaô에 어원을 둔 마이막테리온* 기간 동안에 그리스에서는 새 포도주와 죽은 자들에게 바치는 어떤 축제도 열리지 않았다는 것은 이상하다.

"성장하다", "꽃 피다"라는 뜻의 동사 안테오antheô에서 유래한 안테스테리아 제전은 비교적 늦은 시기인 2월 말에 있었는데, 이 축제는 새 포도주 옮겨 담기와 죽은 자들의 귀환이 결합된 것이었다. 안테스테리아제는 식물의 개화開花를 촉진시키는 데 그 목적이 있었다. 마치 앞서 진행되었어야 할 행사를 뒤로 미룸으로써 더욱 효과를 볼 수 있기라도 하는 것처럼 이 제전은 늦은 시기에 벌어졌던 것이다.

투키디데스에 의해 아테네에서 가장 오래된 축제로 알려진81) 안테스테리아 제전은 마지막으로 수확한 포도가 두 번째로 발효된 것을 기념하기 위한 행사였다. 이 행사에서 포도주 항아리인 피토이의 뚜껑이 열리는 순간 포도주는 그 "신성을 상실한다." 이것이 끝난 다음날에는 술 겨루기 잔치인 코에스 축제가 바로 시작되었다. "경사진 숲과 관련된 디오니소스적인 광기가 안테스테리아 축제 때와는 다르게 그 모습을 드러내지만",82) 결국 이 축제들은 덜 억압되고 문명화된, 다시 말해 도시적인 바쿠스 제의의 모습을 보이고 있다.

사람들은 안테스테리온 달의 13일인 축제의 세 번째 날 태양이 지면, 기쁨

---

* 아티카 지방의 제5월로서, 지금의 11월 말에서 12월 초의 기간을 말한다.

에서 깨어나 어두운 불안감을 느끼곤 하였다. 이 날은 죽은 자들의 영혼이 살아 있는 자들의 세계를 방문하러 오는 날이다. 사람들은 산사나무[83]의 잔가지들을 꺾어다가 장식을 하였으며, 여러 가지 씨앗들로 만들어진 반죽으로 밤이 되기 전에 먹어 치워야 하는 판스페르미를 죽은 자들에게 바쳤다고 한다. 사람들은 다음과 같이 말하면서 방황하는 영혼들을 몰아낸다. "케레스의 문으로 가거라, 안테스테리아제는 끝났다!"

포도주와 죽은 자들의 이 축제는 씨앗의 발아를 기원하기 위한 제의로서, 죽은 자들과 양식을 제공하는 대지와 식물의 새로운 부활에 바쳐지던 행사였다. 안테스테리아제의 두 번째 날에 일어나는 디오니소스의 성대한 귀환식을 보면 그것을 알 수 있다. 행사의 정점에는, 왕의 오래된 거주지인 부콜레이온의 밀실 속에서 신을 집정관의 아내와 묶어 주는 신성한 결혼이 있었는데, 이러한 종류의 독특한 행사는 고대 그리스에 아직 남아 있었던 것 같다. 말하자면 디오니소스는 도시 국가와 결혼한 것이라고[84] 분명 쓸 수 있었겠지만, 그러나 이 축제에서 우리는 봄의 부활에 선행하는 조건으로 아들 신과 어머니-대지의 결합이라는 한 해의 시작을 보아야 하지 않겠는가?

디오니소스와 신비의 수액

디오니소스가 포도주의 신이 될 수 있었던 것은 그가 아마도 식물의 피에 해당하는 수액의 신으로 태어났기 때문일 것이다. 식물의 수액은 봄이 되면 매번 땅에서 솟아나와 나무에 생기를 불어넣는다. 그러면 나무는 온통 잎과 꽃들로 뒤덮이게 되는 것이다. 무화과와 석류는 과일 가운데서 가장 맛이 잘 들고 수액이 꽉 들어차 보이는 열매로서, 햇빛을 받아 단맛이 배인 과실 중의 으뜸이었다. 디오니소스 역시 수액의 움직임을 따른다. 수액은 가을이 시작되면 대지의 중심으로, 즉 죽은 자들의 세계 속으로 몸을 감춘다. 그러므로 겨울에는—신에게 바쳐지는 여러 달 동안에는—봄의 소생을 위하여 불을 보존하여야만 한다. 이러한 사실은 씨앗의 여신 페르세포네와 디오니소스 사이에 존재하는 대응 관계를 설명해 준다. 이들의 관계는 또한 엘레우시스와도 밀접한 연관을 갖고 있다.

사람들은 디오니소스를 플레오스Phlèos 혹은 플리오스Phlios라 칭하기도 하였는데, 이 말은 일반적으로 "늘 푸른 자"로 번역된다. 그러나 이것은 잘못된 해석이다. 위의 별칭은 플로이오스Phloios라는 말에서 파생되었다. 이 단어는 나무 껍질, 혹은 더 정확하게는 "속껍질"을 의미하는 것으로, 나무의 껍질 바로 밑에 존재하는 얇은 막을 지칭하는 것이다.

이러한 맥락에 비추어 볼 때, 포도주는 겨울에 발효가 되어 끓기 시작하므로 오히려 추위 속에 더 강인한 생명력을 유지하는 탁월한 수액의 모습이 된다. 어두운 술통과 항아리 안에서 이루어지는 포도주의 발효는 마치 봄의 부활을 보장해 주는 존재와도 같다. 포도주의 신비로운 양조 과정은 신을 통해 사람의 손에 전해졌으며, 포도주는 다른 모든 수액에 대해 마법적 힘을 행사하고, 죽음 뒤의 내세를 보장하였다. 그때까지 포도주 양조에 내려졌던 여러 금기들이 없어지면서 사람들은 술통에서 새로운 포도주를 받아 대낮에 공개한다. 그런 다음 엄숙한 의식의 절차에 따라 그것을 마신다. 포도주는 반수면 상태의 수액을 깨우고 순환시켰는데, 이 행사는 2월 말에 이루어졌다. 이렇게 하는 동안 그리스에서 자연은 겨울잠을 벗어나게 되는 것이다. BC 1세기의 위대한 로마의 석학 바로는 다음과 같이 설명함으로써[85] 이러한 사실을 이해시키고자 한다. 즉, 디오니소스의 위세는 포도주로 대표되는 과실의 풍미뿐만 아니라 모든 생명체의 씨앗을 통해서도 추측이 가능하다. 디오니소스의 이러한 일반적이고 근원적인 활동에서 팔뤼스phallus*라는 이름으로 칭송

---

* 남성의 성기 혹은 남근男根을 지칭하는 용어로. 자연의 생산적 힘과 다산성의 신화적 상징이다.

받는 관습이 생겨났다. 우리는 무화과나무에서 잘려 나온 이 팔뤼스를 주목할 필요가 있다. 물질에 활력을 주는 에너지로서의 생명은 자신과 관련되는 모든 존재들에게 사실상 동일한 것이다. 이 존재들은 식물, 동물, 인간, 경우에 따라서는 신이 될 수도 있다. 우리는 이러한 사실을 망각하고 있었지만, 그리스인들은 그렇지 않았다.

자연의 또 다른 수액들이 땅 속에서 휴식을 취하고 있는 동안, 마법의 과정을 거쳐 포도주로 변모한 수액은 가을에서 봄까지 부지런히 "활동한다." 이러한 수액의 활발한 운동은 겨울철의 디오니소스 제의를 통해 충전된, 넘쳐나는 생명력과 일치한다. 그리하여 초봄이 되면 생명력이 밖으로 발산되어 포도주를 새롭게 태어나게 하는 것이다. 수액의 신이자 넥타르의 신인 디오니소스는 동물의 세계에서는 피와 정자를 관장하는 신이기도 하였다. 인간들의 주신제가 열리고 짐승들이 발정하는 시기가 되면 식물의 정자인 꽃가루가 극성을 부리기 시작한다. 봄이면 노란색 가루들이 사방에 날린다. 매우 흥미로운 것은, 이러한 꽃가루들 가운데서 가장 아름다운 장관을 연출하는 것이 포도나무와 소나무였는데, 이 둘은 모두 디오니소스에게 바쳐지던 나무였다는 점이다. 디오니소스는 다양한 종류의 꽃가루가 생겨나와 이리저리 퍼져 나가는 것을 관장하고, 그것들의 상호 교류를 보장하였다. 신은 온 자연에 생명을 불어넣는 힘으로 꽃가루를 재통합하여 꽃으로 피어나게 하였다. 신화적 사고나 자연 과학적 사고에 있어서 자연은 식물의 속성을 가지고 있다. 왜냐하면 모든 동물은 식물로부터 자신의 에너지를 끌어내고—육식 동물조차도 초식 동물을 먹고 생존하므로—, 동물의 실존은 지구상에 먼저 모습을 드러낸 이 식물을 떠나서는 도저히 생각할 수조차 없기 때문이다.

피 묻은 제물은—그것은 인간이나 동물, 혹은 신 자신일 수도 있다—그러므로 일종의 복원의 의미를 띤다. 즉, 빌어온 것에 불과한 에너지를 언젠가는 다시 되돌려 주어야 한다는 것이다. 인간이 디오니소스에게 바치는 짐승들은 내부에 들끓는 피와 생식력이 가장 뚜렷하게 표출되는 동물들이다. 디오니소스에게 바치는 가장 훌륭한 제물은 황소였다. 황소는 파괴력과 함께 풍요를 상징했다. 황소의 억제할 수 없는 과격한 성질은 광기에 사로잡힌 신을 떠올리게 한다.86) 박칸테스는 바로 이 황소의 형상을 하고 신에게 제사를 올렸다고 한다. 크레타에서는 조각난 자그레우스를 추모하기 위하여 살아 있는 황소를 갈기갈기 찢는 행사가 벌어졌는데, 피로 범벅이 된 이 황소의 시체는 기름진 토양을 만들기 위해 밭에 뿌려졌다. 이것은 인간을 제물로 바치는 경우에 있어서도 마찬가지였다. 사티로스, 즉 신들의 충실한 심복들이었던 숫염소 역시 디오니소스에게 바쳐진 제물의 일부였다. 신을 기념하기 위한 축제들에 관해 매우 명쾌한 정의를 내리고 있는 플루타르코스는 이 제물들을 "포도주 항아리, 포도나무, 숫염소, 무화과 바구니 그리고 마지막으로는 팔뤼스"라고 기술하고 있다. 이것들 역시 모두 디오니소스가 선택한 제물이었다. 황소나 숫염소가 성적 본능의 집요한 열정을 구현하고 있는 동물임에도 불구하고87) 이들에게는 또 다른 상징이 있었다. 고대인들은 이 동물이 어둠과 죽은 자들의 왕국, 즉 지하 세계의 심연에 속해 있다고 생각했다. 그러한 연유로 황소와 숫염소는 올림포스의 신, 특히 제우스에게 미움을 받았다. 로마에서 유피테르 신의 사제였던 플라망 디알리스에게는 담쟁이덩굴을 만지는 것과 마찬가지로 숫염소의 이름을 부르는 것이 금지되었다.

 이 같은 풍족함은 생식선生殖腺들이 자연 안에서 활발하게 움직이도록 하였다. 발정기나 나무들의 개화기가 되면 나무들은 앞다투어 엄청난 활동을 시작하는데, 이러한 자연의 넘쳐 나는 풍요로움은 단순히 바쿠스의 여사제들이 행한 기적에 의해서만 나타나는 것이 아니었다. 마이나데스는 신이 방문하면 강에서 우유와 벌꿀을 길어 올렸으며, 바쿠스의 지팡이를 이용해 순식간에 바위와 땅에서 신선한 물과 포도주를 솟아나게 하였다. 우리는 이러한 기적들을 디오니소스에게서도 흔히 볼 수 있었다. 테오스나 안드로스에서처럼 그리스의 몇몇 장소에는 축제 때가 되면 포도주가 흘러나오는 샘이 있었다. 엘리스에는 밀폐된 방에 뚜껑이 봉인된 채 놓여진 세 개의 빈 물그릇이 있었는데, 다음날이 되면 포도주가 가득 채워져 있었다. 파우사니아스는 위의 사실을 두 눈으로 목격한 시민과 이방인들이 가슴에 손을 얹고 이를 증언했다고 말하고 있다.[88] 더욱 놀라운 현상이 또 하나 있다. 단 몇 시간 만에 꽃이 피고 열매가 익어 저녁이면 사람들이 그 과실의 즙을 짜곤 하였던 "하루살이 포도나무"의 존재가 바로 그것이다. 그리스의 몇 지역에서는 그리고 수많은 사람들이 지켜 보는 앞에서 바쿠스의 출현을 기념하는 축제가 열릴 때면 으레 이러한 기적이 일어나곤 하였던 것이다. 소포클레스도 에우리피데스도 이러한 현상에 대해 의심하지 않았다. 모든 그리스인들과 마찬가지로 그들에게 있어서도 디오니소스적 우주는 "마술에 걸린 세계"[89]였기 때문이다. 신은 마술사였고, 심지어 샤먼일 수도 있었다. 그리스적 상황에 비추어 볼 때 설사 이 표현이 적절치 않다고 하더라도, 현대 작가들은 흔히 그러한 표현을 사용해 왔다. 어린 디오니소스가 사지를 절단당하고 불 속을 통과하는 시련을 겪는 것은 "샤먼들의 성무 의례가 갖는 특징을 나타내고 있다."[90] 우리는 앞서 신의 행동이 여러 가지 점에 있어서 미래의 입문 지도자가 될 입문자의 행동과 유사하다는 사실을 여러 차례 언급한 바 있다.

고대 그리스에서 사람들은 이러한 마법사와 마녀의 행동을 단순한 기행으로밖에는 생각하지 않았다. 그들의 힘, 예측할 수 없는 갑작스러운 출현, 신들린 상태, 참을 수 없이 격렬한 야성적 에너지는 모든 것을 극단으로 이끈다. 법의 규제를 받고 공권력으로 다스려지는 그리스 도시 국가에서, 불복종적인 성질을 소유한 고대의 디오니소스 신은 무질서와 혼돈의 원인이었다. 디오니소스의 생애 역시 오랜 기간을 투쟁해 온 저항의 역사이다. 디오니소스가 결국 승리한 것은 그가 자리 잡힌 질서를 다시 문제 삼고, 질서의 인공적이고 상대적인 특성을 생각하게끔 했기 때문이다. 이는 중용과 엄격함이 지배하는 문명에 대해 우리가 흔히 망각해 왔던 다음과 같은 사실, 즉 "인간의 자연에의 귀속, 동물과 식물에게 생기를 주는 에너지와 인간에게 동력을 제공하는 에너지의 동일성"을 우리로 하여금 재발견토록 하였다. 디오니소스적 광기는 "인간들로 하여금 자아의 울타리를 부수고 완전한 자연 속으로 침잠하도록, 또한 인간과 동식물의 삶이 서로 소통할 수 있도록" 만들었다.[91]

신과 자신을 동일시함으로써 모순까지도 수용하여 자신이 갖고 있는 조건을 초월할 수도 있는 인간과 가까운 신에 대한 제의는 도시 국가의 합리적이며 비인격적인 공식적 의식들과 대립된다. 공식 제의들은 하늘에서 내려와 지상의 일들에만 관심을 갖는 올림포스 신들에게 바쳐졌다. "자유로운 사상의 소유자"인 디오니소스 덕택에 오래된 기원과 현재가, 의식과 무의식이, 질서와 혼돈이, 삶과 죽음이 서로 하나가 되었고, 디오니소스를 거쳐 인간은 우주목의 보편적이고 근원적인 전형을 재발견하였다. 신은 우주목의 전형을 가지고 있었으며, 우주목은 끊임없이 존재해 왔다. 그리하여 디오니소스 신봉자는 다음과 같은 사실들을 새롭게 인식하게 되었다. 즉, 우주목의 뿌리는 땅 속 가장 깊은 곳인, 씨앗과 죽은 자들과 과거와 가능한 모든 미래의 세계에까지 뻗어 내려가 고통스럽고 위험한 행로를 걸어야 한다. 이러한 고행은 죽음과 부활의 순환에 복종하는 나무와 신이 하늘을 향해 팔을 뻗기 이전에, 즉 겨울이 지나고 난 뒤에 올 모든 새로움의 봄을 미처 알지 못하는 시기에 이루어진다.

디오니소스적 "깨어남"이란 바로 이러한 의미를 지닌다. 그것은 선사의 저 깊은 심연의 물결을 타고 역사 시대에 새롭게 떠올랐으며, "그리스인들의 정신 세계에 융합되면서 새로운 종교적 가치들을 끊임없이 창출했다."[92]

우리는 지금까지 긴 여정을 밟아 왔다. 그것은 먼저 디오니소스의 역사만이 성목 제의의 기나긴 변천 과정을 알 수 있게 하기 때문이었다. 그 제의는 신적인 속성을 지니며, 때로는 승인되고 때로는 거부되어 왔지만 결국 필요성에 의해 승리의 막을 내린다. 나무의 역사들로부터 우리가 끌어낼 수 있는 교훈은 언제까지 그 효력을 지닌 채 살아남을 것이기 때문이다.

제5장 나무 신의 죽음과 부활

우리는 앞에서 이미 아티스를 언급하였으며, 디오니소스에게처럼 이 신에게도 소나무와 석류나무와 담쟁이덩굴이 바쳐졌음을 말했었다. 그러나 고대의 신화를 보면 이들 두 신의 모습은 전혀 다르게 그려져 있다. 기원이야 어떻든 간에 디오니소스가 수많은 변천 과정을 거쳐 만들어진 복합적인 신으로서 전형적인 그리스의 신이자 신화적 사변思辨의 대상이 되었던 것에 반하여, 아티스의 제의는 어머니 키벨레에 대한 제의가 그리스에서 행해지고도 한참이 지난 후에야 변형된 형식으로(그리스인들은 키벨레의 제의보다는, 그것과 비슷하지만 훨씬 덜 위압적인 모습을 띤 아도니스의 제의를 더 좋아했다) 비로소 인정을 받았기 때문에, 아티스는 그리스들인에게는 프리기아의 지방 신으로 남아 있을 뿐이다. 이러한 사실로 인해 그는 근원적인 단순성과 나무 신의 성품을 보존하고 있는 것 같다. 아티스는 결국 동양의 신으로서, 그리고 무엇보다도 키벨레의 그늘 속에서 로마에 받아들여지게 되었다.

한니발과의 오랜 전쟁이 계속되는 동안 로마인들은 옛 로마 신탁집에 나온 예언을 인용하여 로마에 아시아의 여신인 키벨레를 들여와야 한다고 주장하였다. 키벨레는 프리기아에서 모든 신들의 어머니로 칭송을 받던 여신으로서 그리스의 레아와 유사하다. 예언에 따르면, 그 여신이 로마에 들어오면 외국의 침입자가 이탈리아에서 쫓겨나게 된다는 것이다. 그리하여 키벨레의 제의가 행해지던 주요 장소인 페시누스에 사신이 파견되고, 이 여신을 상징하던 검은 돌이 로마로 운반되었다. BC 204년 오스티아에서 성대하게 맞아들여진 키벨레 여신은 팔라티움 언덕 위에 있는 승리의 신전에 안치된다. 여신이 도착한 몇 주 후에 농사는 보기 드문 풍작을 기록하였고, 한니발은 자신의 군대와 함께 카르타고로 퇴각하였다. 로마인들은 엄청난 힘을 가진 이방인 신의 힘을 이용하긴 했지만 통음난무의 제의를 자유롭게 풀어놓은 것은 아니었다. 제의는 거세된 사제들에 의해 집전되었는데, 이것은 당시의 관행과는 다른 것이었다. 원로원은 신전 안에 갇힌 제물이 로마 시민이 아닌 아시아로부터 온 선택된 인물들이어야 한다고 공표한다. 그러나 제의 장소까지 검은 돌을 실어 오는 연례 행사는 어쨌든 방해를 받지는 않았다. 그후 20년이 채 지나지 않아 로마에서 시작된 디오니소스적 비의는 엄청난 반발을 불러일으킨다. 공화정 말기가 되자 키벨레의 행렬은 이제 대중적인 향락의 대상이 된다. 갈리*의 환상적인 시가 행진에 감명을 받은 군중들은 그들에게 자선을 베풀고, 한아름의 장미꽃으로 그들을 에워싼다. 신비한 음악이 울려 퍼지는 행렬이 계속되는 동안 갈리는 이국적인 동양 의상을 입고 있었다고 한다. 수많은 이방인들이 로마로 몰려들었지만, 로마인들은 개인적인 종교적 체험을 추구함으로써 도시의 고대 제의에서 많이 멀어지고 있었다. 당국은 걷잡을 수 없는 이러한 움직임을 통제할 수 없었다. 로마의 4대 황제인 클라우디우스는 당시 아직 공인되지 않았던 아티스의 제의를 로마의 기성 종교와 결합시킨다. 그때부터 이 제의는 커다란 중요성을 띠기 시작하였다. 로마 작가들의 말에 의하면 키벨레와 아티스의 축제는 춘분을 즈음한 3월 15일에서 27일까지

---

* 아티스의 거세된 사제들.

로마에서 열렸는데, AD 3~4세기에 최대의 전성기를 맞았다고 한다. 이들 축제들은 오래전부터 프리기아에서도 알려져 있었다.[1)]

성스러운 소나무의 축제들

축제는 "갈대의 입장"으로 시작되었다. 첫째 날에 카노포르(갈대 운반자) 조합이 신전 안에 자신들을 상징하는 갈대들을 꺾어다 놓는데, 그것은 키벨레가 어린 아티스를 산가리오스 강가에 있는 갈대숲에서 발견하였기 때문이다. 한 주가 지난 후, "나무 운반자들"(덴드로포레스)은 숲으로 가서 성스러운 소나무를 베어 낸 다음 신전으로 옮겨 온다. 소나무의 줄기에는 붕대가 감겨져 있고, 죽은 신의 형상을 한 초상이 매달려 있었다. 또한 줄기에는 오랑캐꽃 화환이 장식되어 있는데, 이것은 아네모네가 아도니스의 피에서 피어났듯이 오랑캐꽃은 아티스의 피에서 태어났기 때문이었다.

3월 23일 사람들은 깨끗이 손질한 나팔을 불었다. 이것은 분명 "피의 날"을 선포하는 행위였다. 3월 24일 아티스의 대사제 아르키갈루스는 자기 팔에서 피를 뽑아 신성한 소나무에게 제물로 바쳤는데, 그러는 동안 다른 이들은 심벌즈와 북소리가 울려 퍼지는 가운데 귀청이 찢어질 정도로 플루트와 뿔피리를 불어 대며 울부짖었다. 다른 사제들도 여기에 발맞추어 산발을 한 채 광란의 춤 속으로 빠져들어 갔다. 그들은 피가 나도록 스스로를 채찍으로 때리고 칼로 자해하였다. 광란이 지속되면서 군중들 가운데서는 새로운 신봉자가 생겨났는데, 이들은 흥분이 최고조에 달하면 자신의 생식기를 잘라 그것을 키벨레의 상 앞에 봉헌 제물로 던진다. 풍요를 상징하는 이 남성 생식기는 나중에 소중하게 싸여져 흙 속이나 혹은 키벨레 여신에게 바쳐진 지하의 방에 매장되었다. 곳곳에 낭자한 피와 인간의 몸에서 떨어져 나온 에너지는 죽은 신을 소생시키고 모든 자연을 햇살 아래에서 발아시킨다.

3월 24일에서 25일 사이의 밤에도 음울한 비탄의 울음소리는 계속 들려왔다. 그러나 춘분*의 새벽이 밝아 오기 시작하면 슬픔은 신의 부활을 축하하는 기쁨의 날인 힐라리아Hilaria의 환희로 바뀐다. 그날만큼은 제멋대로 행동하는 것이 용납되었다. 사람들은 변장을 하고 거리를 활보하였으며, 가장 높고 고귀한 사람의 흉내를 낼 수 있었다. 다음날인 3월 26일이 되면 온 세상이 휴식을 취한다. 이 축제는 3월 27일, 음악에 맞추어 키벨레의 은제 상을 소가 끄는 수레에 실어, 대사제가 그 상과 성물들을 씻게 될 알모 강까지 옮기는 행진을 끝으로 막을 내린다. 세정洗淨이 끝나면 사람들은 수레와 소들을 봄꽃으로 장식한 다음 키벨레 여신의 신전으로 되돌아온다.

　몇몇 저자들에 따르면, 그 다음날인 3월 28일에는 미리 단식을 해온 새 신도들에게 비밀스런 의식이 집행되었다고 한다. 입문자들은 키벨레 여신에게 봉헌된 두 개의 악기인 "북과 심벌즈를 두드리면서 먹고 마심으로써" 신비로운 의식에 참여한다. 신과의 진정한 교류가 목적인 이 의식의 성찬은 신의 몸과 피를 상징하는 빵—이 빵은 아티스, 즉 "수확한 푸른 이삭"으로 만들어졌다—과 포도주를 마시는 것으로 이루어져 있었다. 그런 다음 이 새 입문자는 피의 세례를 받았다.[2] 세례를 받을 때 그는 황금 관을 쓴 채, 죽은 신처럼 끈을 칭칭 감고 목제 창살이 덮인 굴속으로 내려간다. 사람들은 그곳에 꽃으로 장식한 황소 한 마리를 집어넣은 뒤 축성 받은 창으로 황소의 목을 찌른다.[3] 김이 나는 따뜻한 피가 폭포처럼 흐르고, 새 신도는 온몸에 그 피를 뒤집어쓴다. 얼마 후 피범벅이 되어 동굴에서 나오면, 그는 이제 신의 화신으로 인정되어 참관자들로부터 숭앙 받는다. 그때부터 이 신도는 "영원한 생명을 얻어 다시 소생"[4]하는 것이다. 새로 태어난 이 입문자는 그후 얼마간 우유만 먹는다. 이 새로운 입문자는 손에 케르노스라는 화병을 들고 있었는데, 이것은

---

* 당시에는 3월 25일.

여신 키벨레에게 바쳐진 것으로서 그 안에는 제물로 바쳐진 황소의 생식기가 들어 있었다.5) 그는 "천개天蓋 아래", 혹은 "침실 안에서" 키벨레 여신과 하나가 되는 신성한 결혼을 함으로써 마침내 그녀의 신비스러운 배우자로 인정된다.6) 희생 제물로 바쳐져 피범벅이 되고 거세된 황소는, 자기 스스로 그러한 행동을 할 용기를 갖지 못한 새 신도의 대체물이었던 것이 분명하다.

신들의 어머니와 그녀의 아들 신에 대한 제의는 비록 로마에서 뿌리를 내리는 데 시간이 오래 걸리기는 했지만, 로마에서 멀리 떨어진 여러 지방들과 에스파냐, 골, 아프리카, 심지어는 게르만에 이르기까지 곧 전파될 정도로 대중화되었다.7) 이 제의는 그리스도교가 콘스탄티누스 시절에 로마 제국의 공식 종교가 될 때까지도 살아남았다.8) 성 아우구스티누스 시대의 카르타고9)에서 우리는 거세된 사제들인 갈리의 행렬을 다시 만나게 된다. 이들은 창백한 얼굴에 향내 나는 머리카락을 가진, 여자 같은 모습을 하고 있었다. 우리는 오늘날 이국적이며 유혈 낭자했던 이 제의에 어떠한 매력이 있었는지 거의 상상할 수 없다. 그러나 앞서 그리스 세계에 "디오니소스적 깨어남"이 있었다는 사실을 상기하여야만 할 것이다.10) 그리스보다도 훨씬 시민적인 로마의 종교는 신비주의에 아무런 지위도 부여하지 않았다. 특히 죽음의 문제에 관하여 긍정적인 해답을 주지 않는다. 반면 그리스도교를 포함한 동양의 여러 제의들은 신봉자들에게 영원한 생명을 약속하며, 신과의 합일을 통한 개인의 구원을 보장한다. 달리 말하자면 이들 제의는 도시 국가의 종교가 채워 주지 못하는 욕구와 바람에 응답하는 역할을 한 것이다. 이 아시아의 의례들은 오랫동안 잊혀져 있었던, 자연과 합치될 때 느끼는 교감들을 일깨워 주었다. 이 제의들이 굉장한 종교적 열정을 불러일으켰던 것은 사람들이 과거의 것이라고 여겼었던 정신성이 계속해서 남아 있었기 때문이었다. 이 동양의 제의를 통하여 그들은 잊고 있었던 것을 되찾았으며, 삶은 새로운 의미로 가득 차게 되었다.

한편 우리를 당황하게 만드는 저 낭자한 피가 당시의 로마인들에게는 그렇게 충격적인 일이 아니었다. 왜냐하면 그 당시 거의 모든 행사들에서 피가 뿌려지는 것은 예사였으며, 심지어는 그 행사의 가장 중요한 부분이었기 때문이다. 남자들은 자신의 생식기를 제물로 바치는 것에 대해 어떠한 공포심이나 반발심도 느끼지 않았다. 고대에는 거세가 매우 일반적인 행위였다. 보통 어린아이들은 타의에 의해 강제로 거세되었지만, 후일 로마령이 된 근동 지중해 연안 지역에서는 자의로 거세를 하기도 했다. 에페소스의 위대한 여신인 아르테미스의 사제들은 거세된 자들이었다. 투로스와 요페와 예루살렘에서도 위대한 여신의 사제들은 역시 거세된, 여성 같은 남자들이었다.11) 시리아의 히에라폴리스에서 봄에 거행되는 아스타르테의 성대한 축제 때, 행사에 참가한 사람들이 피를 쏟아 내며 거세를 하는 것은 흔한 일이었다. 이 축제는 키벨레의 그것과도 너무 유사하여 고대의 작가들은 종종 이 둘을 혼동하곤 하였다. 최소한 3세기 초까지의 로마인들에게는 갈리가 자신의 여성적인 모습을 과시하는 것이 놀라운 일이 아니었다. 왜냐하면 로마인들은 자신들의 황제들 중 한 명인 시리아 태생의 헬리오가발루스가 위대한 여신처럼 행동해 온 것을 이미 보아 왔기 때문이다.

아티스, 원초적 희생

상식을 벗어난 듯해 보이는 이러한 제의의 심오한 의미를 포착하기 위해서, 우리는 아티스의 이야기가 나타내고 있는 또 다른 에피소드를 참조해야 할 것 같다.12) 이것은 아티스의 모친 키벨레의 이야기로부터 시작한다. 제우스가 자고 있는 동안 땅에 떨어진 정액에서 한 개의 돌멩이가 생겨났는데, 이 돌멩이로부터 아그디티스라 불리는 양성兩性 식물이 태어났다. 신들은 겁이 나서 이 식물의 수술을 잘라 버린다. 그리하여 아그디티스는 여신 키벨레가 되고, 땅 위에 뿌려진 피에서는 한 그루의 편도나무 혹은 석류나무가 자랐다.

산가리오스 강의 딸인 나나는 이 편도扁挑를 먹고, 혹은 익은 석류를 가슴에 올려놓은 뒤 아티스를 임신했다고 한다. 아버지 없이 태어난 어린아이를 창피하게 생각한 나나는 아이를 강가에 버렸고, 그때 암양들이 풀을 뜯으러 온다. 바로 그곳에서 키벨레-아그디티스는 갈대숲 사이에 누워 있는 어린 아티스를 발견한다. 아이는 자라서 잘생긴 청년이 되고, 아그디티스는 그의 모습에 홀딱 반한다. 아티스는 불륜의 사랑에서 벗어나고자 하였으며, 혹은 파우사니아스가 전하는 말에 의하면 불안해진 그의 부모들(그러나 어떤 부모를 말하는 것일까? 자기 아들을 찾게 될 나나인가, 혹은 그의 할아버지 산가리오스인가? 이 점에 관해 파우사니아스는 명확히 말하고 있지 않다)이 젊은이를 페시누스로 보냈다고 한다. 이곳에서 그는 공주인 아타와 결혼한다. 사람들이 결혼을 축하하고 있는 동안, 사랑하는 사람을 뒤쫓아 온 아그디티스가 연회장에 잠입한다. 곧이어 참석한 사람들이 광란에 빠지고, 왕은 스스로 사지를 절단한다. 도망을 친 아티스는 소나무 아래에서 스스로 거세하고 죽는다. 절망한 아그디티스가 그를 다시 살려 내려고 하지만 제우스는 이를 제지한다. 제우스는 오로지 아티스가 소나무로 변하여 영원히 푸르고 죽지 않는 채로 남는 데에만 동의한다. 이제 머리카락이 자라고 작은 손가락이 움직이는 것만이 그가 살아 있다는 외적 징후일 것이다.13) 어떤 저자들은 아들의 죽음을 슬퍼한 키벨레가 자신의 동굴 안에 소나무를 들여왔다고 말하는데, 이러한 장면은 아티스의 축제들에서 그대로 재현된다.

 파우사니아스는 아티스 신의 죽음과 관련된 또 다른 이야기를 언급하고 있다.14) 이것은 페시누스의 이야기보다 시간적으로 앞서는 것으로서, 아티스가 멧돼지에 의해 살해되었다는 것이다. 헤로도토스는 이 이야기를 가지고 역사적인 고대의 사건을 지어냈다. 그러므로 이것은 BC 5세기보다도 더 이전의 전설과 관련된다. 헤로도토스에 따르면, 아티스는 프리기아가 속해 있는 소아시아의 넓은 영토를 정복한 리디아인들의 왕, 크로이소스의 아들이었다. 아티스는 멧돼지 사냥에서 아드라스토스(이 말은 "피할 수 없는 것"을 의미한다)의 손에 죽도록 예정되어 있었다.15) 멧돼지는 당시 리디아인들의 밭을 엉망으로 만들어 놓곤 하던 "흉악한 짐승"이었다. 아드라스토스는 고르디아스의 아들이자 마이다스 왕의 손자로서, 본의 아니게 형을 죽이고 크로이소스의 땅에 은신한다. 그는 크로이소스로부터 죄를 용서 받는다. 그런데 마이다스 역시 키벨레와 프리기아의 왕인 또 다른 고르디아스 사이에 태어난 아들이었다. 마찬가지로 고르디아스라는 이름을 갖고 있는 아드라스토스의 아버지는 그러므로 키벨레의 손자이다. 결국 에우헤메로스의 신화 실제설에서 우리는 다시 한번 살인의 기원을 발견하게 된다. 아티스가 사냥을 떠날 때 아버지는 아들을 만류한다. 그의 비극적 종말이 꿈에서 예언되었기 때문이다. 그러나 아버지는 그에게 아드라스토스와 함께라면 사냥을 떠나도 좋다고 말한다. 아드라스토스는 아티스의 신변을 보호할 의무가 있었기 때문이다. 당시 아티스는 이제 막 결혼한 상태였다. 우리는 여기서 지나치게 세속화되어 있긴 하지만 전설의 고대적인 여러 요소들이 등장하고 있다는 점에서 흥미로운 부분들이 많은 이 아티스의 이야기를 잠시 몇 걸음 떨어져서 생각해 볼 필요가 있다. 아티스의 죽음은 아도니스의 죽음과 너무도 유사한데 필경 전자는 후자로부터 영향을 받았을 것이 분명하다.

  이제 우리는 누가 누구인지를 알 수 없을 만큼 얽혀 있는 실타래를 풀어야만 한다. 우리는 여기서 적어도 이미 알려진 하나의 요소, 즉 태어나자마자 어머니로부터 버림받은 신의 주제를 금방 발견할 수 있다. 디오니소스와 크레타의 제우스의 어린 시절에서 나타났던 특징이 아티스에게도 역시 드러나고 있다. 그런데 이러한 버림받음의 이야기는 레아, 세멜레, 키벨레로 불리는 '대지의 어머니들'의 아이들인, 나무의 남신들의 특징이다. 이 가운데 키벨레만이 본래적 양성 존재가 거세됨으로써 스스로 번식하게 될 최초의 분리자로서의 모습을 우리에게 보여 주고 있다. 게다가 그녀는 신화의 근원적 모티브를 구성한다.

  이러한 거세 행위가 항상 동일한 의미를 지니지는 않는다. 프리기아의 키벨레는 위대한 여신이자 대지의 어머니로서 그리스의 가이아와 레아에 해당된다. 그런데 다른 계보들과 마찬가지로 그리스 신의 계보를 보면 최초의 신은 완전한 양성일 필요가 있었다. 왜냐하면 최초의 신은 유일자로서, 다른 도움 없이 자기 스스로 그의 자식들인 다른 신들과 사람들을 낳기 때문이다. 최초의 신은 "완전한 근원적 전체로서 모든 힘과 모든 대립 쌍들을 포괄한다." 가이아가 근원적 카오스[16]인 공空으로부터 솟아날 때, 그와 때를 같이하여 사랑의 신이 탄생한다. 가이아는 아이를 갖고자 했으며 또 다른 존재들을 창조하고자 했다. 그리하여 가이아는 "그녀만큼 위대한 어린아이 하나를 탄생시켰고, 별들로 반짝이는 하늘이 그녀를 감쌌다."[17] 헤시오도스의 표현 중에서 우리는 사내아이를 낳는 여신들의 원형을 발견하게 되는데, 그 사내아이들은 여신들의 아들이자 후에 연인이 되는 존재이다. 다시 말해 아들은 아버지가 없으며, 또 아버지를 가질 수도 없다. 신은 최초에 혼자이다. 신은 스스로를 반으로 나누는 이분 행위를 통해 창조를 한다.

프리기아의 우주 발생론을 따르면, 태초에 키벨레가 바로 그러하였다. 이 전설에 관한 그리스의 이본異本에서 신들이 그녀를 거세할 작정을 한 것은, 그리스인들이 자신들의 신화에 그녀를 흡수시켜 올림포스 신들의 지배하에 두려고 했기 때문이다.[18] 원시적인 우주 발생론에서 보면 키벨레는 유일자이기 때문에, 거세를 한 것은 바로 키벨레 자신이며 이러한 절단 행위는 천지 창조와 다름없다.

돌 위에 뿌려진 제우스의 정액으로부터 키벨레가 태어났다고 하는 것은 우주 발생의 진부한 형식을 완전하게 재현한다. "바위는 대지의 어머니의 가장 오래된 상징"[19]이며, "야생의 돌은 양성 겸유자, 즉 근원적 상태의 완벽성을 구성하는 양성자로 간주되었다."[20] 바위로서의 키벨레는 마치 어머니의 태내처럼 속이 비어 있었는데, 이것이 바로 동굴이다. 생물들이 빛을 향하여 솟아오르는 이 근원적 동굴은 죽은 자들을 매장하는 곳이기도 하다. 죽은 자들은 동굴로 들어가고 산 자들은 동굴에서 나온다. 소우주는 대우주의 축소판으로, 소우주의 땅은 대지에, 하늘의 궁륭은 천상에 대응한다. 동굴은 바로 땅 에너지의 어두운 저장소이자 지상의 성소인 것이다. 수태 능력이 없는 양성적인 바위가 갈라지면서 (여성적) 대지가 탄생한다. 이러한 분열 행위에서만 식물은 태어나고 성장할 수 있으며, 식물의 나뭇잎이 썩어 만들어진 부식토는 대지를 살찌운다.

신화에서 대지 위의 최초의 생명체는 바위와 나무의 결합으로 나타난다. "신석神石으로 숭앙 받는 신의 거주지"이자 세계의 중심인 신성한 돌로는 델포이의 옴팔로스가 있다. 이 돌은 신성한 힘이 자리하는 장소이자 아직 발현되지 않은 생명의 집합소인데, 거기에 최초로 나타난 것이 바로 우주목이다. 나무는 돌의 아들로 생각되었다.

프리기아에서의 키벨레-아티스의 쌍은 그 야만성에 있어서 레아와 제우스, 고대의 디오니소스와 프리기아어로 대지의 어머니를 지칭하는 세멜레 간의 근친상간보다 더욱 심화된 원초적인 상태를 나타내고 있다.

아그디티스-키벨레와 아티스의 신화에서 우리는 고대인의 믿음을 재발견할 수 있다. 이 믿음에 따르면 세계는 매 단계마다 새로운 창조를 거듭하는 양성 신의 자기 희생으로부터 태어났다. 그러므로 그리스 신의 계보를 보면 가이아의 아들이자 애인인 우라노스는 최초의 거신족[21]인 티탄족과 퀴클롭스족을 낳은 후 이들에게 두려움을 느낀 나머지 그들을 대지의 한가운데에 가두어 없애 버리려고 한다. 그러나 우라노스는 가이아의 음모로 크로노스에게 거세를 당하고, 이번에는 크로노스가 자기 어머니의 연인이 된다. 그러나 크로노스 역시 동일한 과정을 밟아—단지 자기 아버지의 경우를 보고 그는 자기 어머니의 뱃속이 아닌 자기 자신의 뱃속으로 그들을 사라지게 한다—자신의 막내아들 제우스에게 거세를 당한다. 그리하여 제우스는 마침내 자기 어머니 레아와 동일 인물인 키벨레에게 접근하게 되었다고 몇몇 전설은 말하고 있다. 그러나 그는 키벨레에게 자신의 성기를 바쳐야 되는 순간 황소의 생식기를 주는 꾀를 냄으로써, 예기되는 불륜의 관계를 벗어난다. 우리는 앞서 아티스의 제의에서 입문자가 행한 동일한 예를 본 적이 있다.

거세는 근친상간에 대한 처벌이지만, 근친상간이 없다면 결국 자기 희생에서 출발한 창조도 있을 수 없으므로 근친상간은 불가피하다. 그러므로 신에게 자신을 바침으로써 인간들이 재현하는 것은 바로 신적 행위 그 자체다. 미노아 문명 시대의 크레타에서는 사람의 몸을 갈기갈기 찢어 땅 위에 뿌렸다고 하는데, 이것은 대지를 비옥하게 하기 위해서였다. 이를 위한 가장 효율적인 방법은 생식 능력이 왕성한 인간의 몸을 이용하는 것이었고, 제물의 목숨을 잃게 하지 않고도 번식 능력을 억제시킬 수 있는 거세를 통해 어느 정도 그 목적을 달성할 수 있었던 것이다. 풍요를 비는 이러한 형태의 최종 단계는 할례가 되었으며, 할례는 거세를 대신하게 되었다.

아티스 자신은 아그디티스의 거세에서 태어났다. 전설에 따르면 나나가 삼킨 편도는 아그디티스의 거세 때 사방에 뿌려진 피에서 생겨난 나무에서 열린 열매였다. 또한 산가리오스 강의 딸이 "가슴 위에" 올려놓은 잘 익은 석류는 매우 생생한 상징이다. 왜냐하면 벌어진 붉은 핏빛의 과육 한가운데에는 수없이 많은 씨앗이 들어 있기 때문이다. 그러므로 상징적으로 석류는 수많은 후손을 뜻한다.[22] 신화를 살펴보면 처녀인 나나는 키벨레의 현현에 불과하다. 다시 말해 둘로 분리된 아그디티스는 아티스의 아버지인 동시에 어머니이다. 이것은 단성(單性) 생식에 의한 탄생과 관계된 것인데, 최초의 신들에게 있어서는 매우 일반적인 현상이었으며, 여기서는 특히 그 특징이 뚜렷하게 나타나 있다. 이 이야기의 뒷부분에서 자신의 아들에게 완전히 반해 버린 인물로 그려지는 것이 키벨레가 아니라, 거세를 당한 후 논리적으로는 더 이상 그런 상태로 존재할 수 없는 자웅 동체인 아그디티스라는 것은 부주의에 의한 실수로 보인다. 문제를 더욱 복잡하게 만드는 것은, 몇몇 고대의 저자들이[23] 아그디티스를 아티스의 분신으로 확신하고 있다는 것이다. 여기에는 단 하나의 의미만이 함축되어 있다. 즉, 아티스는 자신의 아버지-어머니와 동일한 운명을 걷는다는 것이다. 그러므로 그 자신이 바로 자웅 동체이며 그러한 이유로 그 역시 거세를 당한다.

달리 말하자면 생식력을 갖기 위하여, 출산을 위하여, 창조를 위하여 원래 양성인 신들은 자신들의 남성 생식기를 포기함으로써 그럼으로써 아이를 낳는데, 아그디티스-키벨레의 경우에는 세계를 낳았으며, 아티스의 경우에는 식물, 특히 나무를 낳았던 것이다.

아티스가 스스로를 거세하고 그로 인하여 목숨을 잃은 것은 그가 근친상간을 저질러서가 아니다. 반대로 근친상간을 범하지 않았기 때문이다. 그는 어머니를 배반했고, 심지어 인간과 결혼하려고까지 했으므로 처벌을 받은 것이다. 우리는 여기에서 정신분석학자들에게는 매우 잘 알려진 하나의 주제를 발견한다. 그것은 "남근을 가진 어머니"—프리기아에서 키벨레는 흔히 수염이 있는 여신의 모습으로 숭배되었다—, 즉 자신을 위하여 영원히 아들을 소유하려고 하는, 거세하는 어머니-아버지라는 주제이다. 아내로서의 키벨레는 거세하는 배우자이기도 하므로 이것은 신화에서 극도의 긴장 상태에 놓여지는 상황이다. 프리기아의 이다 산[24]에서 "이다의 어머니"로 불리던 키벨레는 "꿀벌들의 여왕"으로 칭송 받는다. 그런데 막시류에게 있어서 수태는 매우 특별하다. 교미의 날갯짓을 하는 동안 수컷은 암컷의 몸속에 자기의 생식기를 버린다. 다시 말해 수컷은 스스로를 거세하고 죽는다는 것이다. 그의 생식기만이 여왕벌의 몸속에서 살아남아 여왕에게 영원히 충분한 정자를 제공하게 된다.[25]

뮈시아의 이다 산은 고대에는 가뉘메데스를 납치해 온 산으로 널리 알려져 있었다. 그레이브스는 이 신화를 "그리스와 로마에서는 극히 일반적인 것이었다. 왜냐하면 젊은 미소년에 대한 성숙한 남자의 열정적인 사랑을 종교적으로 정당화시키기 때문이다"라고 적고 있다.[26] 또한 그는 다음과 같은 문장을 여기에 덧붙인다. "그때까지 남색男色은 여신의 제의에서만 인정되는 극단적인 형식이었을 뿐이었다. 키벨레의 남성 숭배자들은 스스로 거세하고 여장을 함으로써 여신과 결합하고자 하였다." 다시 말하자면, 제우스-가뉘메데스 신화는 아그디티스-아티스 이야기에 명분을 부여하기 위한 필요성에서 재구성된 이본임이 분명하다. 그런데 후자의 이야기에서 수염 달린 키벨레가 존재했던 것과 마찬가지로 제우스는 역설적이게도 종종 양성적 신으로 등장하곤 한다. 카리아의 라브란다에서, 그러니까 소아시아에서는 언제나 "가슴에 여섯 개의 유방이 삼각형으로 달려 있는" 수염 난 제우스를 숭배했다.27)

어찌되었든 아티스는 거세 행위를 통하여 궁극적으로는 불사의 존재가 되었다. 아리아드네와 마찬가지로28) 그 역시 순결하게 죽는다. 즉, 그는 생명을 전하는 걸 포기한 채 그 생명을 그대로 보존한다. 키벨레에 의해 씨앗과 미래 존재들의 저장소인 땅 속으로 끌려온 아티스는 그곳에서 부활한다. 그때부터 더 이상 인간의 규칙에 복종하지 않아도 되는 그는 어머니와 하나가 되어 대지에 풍요를 가져다 줄 수 있었다.29)

피누스 피네아

이제까지 우리는 이야기의 본론에서 오랫동안 벗어나 있었는데, 이제는 다시 아티스가 성스러운 소나무로 변한 주제로 되돌아가자. 지금 제기되는 문제는 고대인들이 신화가 정의하고 있는 것만큼 소나무와 아티스라는 인물 사이에서 어떤 연관성을 발견했을까 하는 것이다. 연관성이 존재했던 것은 분명하다. 왜냐하면 우리가 이미 앞에서 나무와 신 사이의 비교가 가능하다는 것을 입증했기 때문이다. 이제 우리는 속屬이 아니라 식물학적으로 정의된 종種의 문제를 살펴보아야 할 것이다.

아티스는 필경 잣나무 혹은 양산소나무(피누스 피네아Pinus Pinea L.)였을 것이다. 라틴어로 그것은 풍족한 소나무 또는 탁월한 소나무이다. 그 이유는 이 나무가 소나무의 종들 가운데서 유일하게 솔씨나 잣과 같은 식용 씨앗을 제공하였기 때문인데, 당시 지중해의 여러 민족들은 이 씨앗들을 매우 좋아했다. 채집이 주류를 이루던 선사 시대의 경제 생활에서 이것은 무시할 수 없는 부식 거리가 되었다. 가을에 수확한 잣은 전분질과 기름이 다량 함유되어 있어서 크기는 작아도 영양가가 매우 높았다. 사람들은 이것을 겨울 내내 잘 저장해 두었다.

소나무의 열매인 솔방울은 그리스인들에게 항상 재생산과 풍요의 상징이었다. 그러므로 앞서 언급했듯이 솔방울은 아티스뿐 아니라 디오니소스에게도 어울리는 상징이다. 한편 신비주의자들은 솔방울을 티탄족들에 의해 갈기갈기 찢어진 자그레우스의 심장과 동일시했는데, 이것은 서로 모순되는 것이 아니다.

우리는 앞에서 아티스의 축제가 3월 15일부터 27일까지 진행되었다는 사실을 알았다. 그런데 1년 중 이 기간은 지중해성 기후로 말미암아 나무에서 일제히 새잎이 돋고 꽃이 피어나는 시기이다. 그러나 소나무는 이와는 반대로 입을 다물고 그 환희의 대열에서 떨어져 있는 것이다. 이 사실은 우리로 하여금 아티스의 축제가 목표로 하는 바가 피상적인 무력감의 상태에서 해방되는 것이 아니었는지를 생각하게 한다. 왜냐하면 몇 주 후면 신과 마찬가지로 소나무 역시 "새롭게 부활하여" 미세한 꽃가루를 내보낼 것이기 때문이다. 게다가 아티스의 축제가 원래는 잣나무에서 열매를 따는 시기와 일치했을 수 있다는 것이다. 사실 유일한 식용 소나무였던 잣나무만이 생산을 촉진시키기 위해 가지치기를 했다. 소나무의 가지치기는 결국 거세 행위와 동일하다. 요즘 같은 경우에는 꽃눈의 남은 부분이나 생식 세포들을 제거하는 행위에 해당하기 때문이다. 그런데 이러한 거세의 궁극적 목표는 생식력을 촉진시키는 데에 있었다. 가상적인 죽음의 결과인 꽃가루는 땅 위에 엄청나게 많은 번식자를 뿌려 놓는데, 이것은 소나무의 부활을 나타낸다. 잣이, 끊이지 않는, 더 나아가서는 과도한 생식력의 전형으로 간주되는 것은 플리니우스의 다음과 같은 텍스트에 의해 증명된다. "어찌되었든 잣나무는 가장 경탄할 만하다. 이 나무에는 (연달아) 열매가 열린다. 다음해에 익는 것이 있는가 하면 그 다음해에 익는 것도 있다. 어떤 나무도 다른 나무와 함께 열매를 맺으려 하지 않는다. 사람들이 잣을 따는 시기와 때를 같이하여 또 다른 잣이 익어 간다. 이 나무에는 익어 가는 잣이 열리지 않는 달이 없다."30) 플리니우스의 문장이 대단히 과장되어 있기는 하다. 그러나 그가 이 소나무에 대단한 가치를 부여하고 있는 것만은 분명하다. 사람들은 그들이 가지고 있지 않은 부富를 잣이 가지고 있다고 생각하였다. 왜냐하면 잣의 왕성한 생식력은 매우 이례적인 것이기 때문이다. 따라서 그것은 상징적인 의미를 지니게 된다.

마르시아스, 매달린 신

마르시아스는 키벨레 여신의 행렬 속에 모습을 나타낸다. 키벨레는 연인이었던 아들의 죽음에 상심하여 방황하고 있었다. 키벨레의 친구인 마르시아스는 그녀의 슬픔을 위로하고자 피리를 분다. 그는 숲의 신 사티로스, 혹은 프리기아의 실레노스였다고 전해지고 있다. 프리기아의 켈라이나이 사람들은 그가 위대한 여신을 위해, 피리로 연주하는 "어머니의 노래"를 작곡했다고 말한다.31) 이 음악가는 순진한 시골 사람들을 초대해서 자신의 피리 연주가 아폴론의 칠현금 연주보다 훨씬 훌륭하다고 장담하기까지 하였다. 그는 기고만장하여 감히 아폴론에게 도전하게 된다. 아폴론은 몹시 노했지만 이에 응한다. 그 대신 승리자는 패배자에게 무슨 벌이든 내릴 수 있다는 조항을 내걸었다. 그는 뮤즈 여신들을 불러 시합의 심판을 보게 한다. 그러나 양쪽의 연주에 모두 넋이 나간 뮤즈 여신들은 어느 한 사람에게 승리를 선언하지 못했다. 결국 아폴론은 비열한 계략을 써서 상대를 이기게 된다. 그는 마르시아스에게 자신과 똑같이 해보라고, 즉 악기를 뒤집어 뒷면으로 연주해 보라고 말했다. 피리로는 그것이 도저히 불가능하다는 것을 그는 알았던 것이다. 아폴론은 자신 있게 올림포스 신들을 찬양하는 훌륭한 찬가를 연주하기 시작했으며, 결국 뮤즈들은 그에게 승리의 왕관을 건네 주지 않을 수 없었다.

모욕을 당한 신의 복수는 엄청나게 잔인했다. 아폴론은 이 교만한 자를 여신의 나무인 소나무에 산 채로 매달고 그의 껍질을 벗긴다. 역사 시대에 사람들은 프리기아 남쪽에 위치한 켈레네스 성채 아래의 한 동굴 속에 대롱대롱 매달려 있는 그의 가죽을 볼 수 있었다. 이 동굴32) 안에서 발원한 마르시아스 강은 맹렬하고 넘칠 듯한 격류가 되어 마이안드로스 강과 합류한다.33) 가죽 부대가 된 그의 살갗은 여전히 살아 있었다. 사람들이 고대 프리기아의 선율을 연주하면 가죽 부대는 감동하여 떨었으며, 반대로 아폴론을 찬양하는 곡이 연주되면 꿈쩍도 하지 않았다고 한다.

프레이저도 언급하고 있는 것처럼 "마르시아스와 아티스 사이에는 밀접한 유사성"이 존재한다. 아티스 역시 "여신의 사랑을 받았던 목동"이었으며, "피리를 연주"했다. 또한 "마르시아스처럼 그의 모습을 본뜬 인형이 해마다 소나무에 매달렸다."34) 『황금 가지』의 저자는 계속해서 다음과 같이 적고 있다. "다음과 같은 추측이 가능하다. 즉, 고대에는 키벨레 축제가 되면 아티스로 분한 사제가 으레 신성한 나무 위에 매달리거나 또 다른 방식으로 죽음을 당했다. 그러나 이 야만적인 관습은 곧 완화되어 현재 우리가 알고 있는 형식, 다시 말해 사제가 나무 아래에서 피를 뽑고 자신을 대신하여 인형을 나무 줄기에 매다는 형식을 띠게 되었다고 추측할 수 있다."35) 그럴 듯해 보이는 이런 가정을 뒷받침하기 위하여 프레이저는 하나의 중요한 예를 덧붙인다. 즉, 마르시아스의 유골이 안치된 동굴은 죽은 연인의 시신을 거두는 여신의 동굴을 연상시킨다는 것이다.

마르시아스와 아티스의 근본적인 차이는 후자가 스스로를 제물로 희생시켰다면 전자는 타의에 의해 희생 제물이 되었다는 사실에 있다. 이와 같은 의식에서 우리는 인간 제물이라는 고대의 관습을 다시금 보게 된다. 이러한 관습은 신화 속에 그 흔적이 남아 있는데, 티탄족들에 의해 몸이 토막난 디오니소스-자그레우스가 바로 그러한 예이다. 만약 이 같은 의례가 고대 제의의 흔적이라면(그렇게 믿는 것은 당연하기 때문에), 마르시아스의 전설은 우리의 자료를 보충해 준다. 불행한 피리 연주자의 전례를 보면, 희생 제물은 크노소스의 황소처럼 산 채로 내장이 꺼내진 뒤 몸이 토막난다. 그런 다음 들판에 살점들이 뿌려지고, 성목에는 살가죽이 매달린다. 몸을 토막내는 행위는 그리스에서만 볼 수 있는 유일한 풍습이었지만 매우 강렬한 인상을 남겼기 때문에 여러 저자들이 언급하곤 했다. 우리는 위의 예를 아주 멀리 떨어져 있지만 매우 잘 알려진 또 다른 예들과 비교하지 않을 수 없다. 그것은 바로 아스텍족들에 의해 **"땅과 식물의 몇몇 신들"**36)에게 바쳐진, "살가죽이 벗겨진" 남녀 인간 제물들이다. 인간의 살가죽은 사제의 옷을 짓거나 신상神像을 입히는 데 사용되었다. 멕시코에서는 인간의 피부를 자신이 직접 입고 나타나는 시페토텍이라는 신이 존재하기까지 했다. 아스텍족은 그를 "살가죽 옷을 입은 우리의 주인"이라고 불렀다. 아스텍족은 "그가 입은 옷을 대지와 식물의 새 옷으로 생각하였으므로",37) 그를 자연에서 봄철이면 깨어나는 신성으로 간주하였던 것이다. 시페토텍은 마르시아스나 아티스처럼 꽃과 젊음과 음악의 신이었다. 그들이 갖고 있는 속성이 무엇이든 간에 우리가 지금 비교해야 할 대상은 소나무에 매달린 마르시아스와 아티스이다. 전자는 진짜 인간이, 후자는 인형이 대신하여 매달렸던 차이점이 있기는 하지만 말이다. 이어지는 다음 장에서는 나무에 매달린 여신들에 관해 살펴볼 것이다.

사티로스였던 마르시아스는 음악 경연에서 아폴론에게 패배한 판을 연상시킨다. 자신의 이름을 딴 피리의 발명자로 등장하는 판이 식물 세계에서 피리를 입수하는 과정은 매우 흥미롭다. 자신의 영토 아르카디아—이곳에는 프리기아와 마찬가지로 두 개의 언덕이 있었는데, 후일 그리스화되면서 고대의 풍습과 전설을 보존하게 된다—에 살고 있던 판은 어느 날 순결한 요정 시링크스의 뒤를 쫓아간다. 그가 다가가자 시링크스는 아버지 라돈 강에게 달려가 자신을 갈대로 변신시켜 달라고 간청한다.38) 그녀의 기도는 이루어졌고, 판은 강가에 널려 있는 갈대들 사이에서 그녀를 알아볼 수 없게 되었다. 그는 이 가운데 몇 개를 꺾어 피리를 만들었다고 하는데, 그것이 바로 판의 피리이다. 마르시아스 역시 강과 연관이 있다. 그는 죽은 뒤 강물이 되었다. 마르시아스는 요정이 아닌 아테나 여신으로부터 피리를 받았다. 피리를 부느라 불룩해진 아테나 여신의 두 뺨을 본 올림포스의 신들이 웃음을 참지 못하자, 아테나는 화가 나서 피리를 강에 던져 버렸고, 마르시아스가 그것을 줍게 된 것이다.

판의 피리의 탄생은, 변신과 시링크스의 희생의 결과이다. 우리는 마르시아스의 경우도 마찬가지라고 가정할 수 있다. 그것은 마르시아스가 제의 때가 되면 항상 껍질이 벗겨지던 왕王나무이거나 혹은 피리를 만들기 위해 홈을 판 나뭇가지였을 것이기 때문이다. 바로 이러한 목적으로 사용되었던 나무로는 강에서 자라나는 오리나무가 있다.39) 우리는 강의 신 이나코스와 물푸레나무의 요정 멜리아 사이에서 태어난 아들 포로네우스의 신화에서 그 흔적을 발견할 수 있다. 포로네우스는 오리나무의 정령이며 신탁의 주인공이다. 트라키아의 음악가 오르페우스도 나무와 관련이 있는데, 그는 아폴론이 그에게 칠현금을 건네 주기 이전에는40) 분명 피리를 부는 음악가였다. 오르페우스의 아버지는 오이아그로스Œagros라는 이름을 가지고 있었는데, 그레이브스에 따르면41) 이 이름은 "야생 올리브나무"를 뜻한다. 따라서 올리브나무는 오리나무와 혼동되기도 한다. 오르페우스 역시 마이나데스에 의해 몸이 갈기갈기 찢긴다.42) 신의 선물인 음악은 결코 쉽게 얻어지지 않는다. 세 명의 피리 연주자들 가운데서 항상 아폴론만이 자신의 악기와 더불어 승리자의 모습으로 등장한다는 점은 주목할 만하다. 오르페우스의 경우를 보면 그의 승리는 유독 평화적이다. 그 이유는 아폴론이 오르페우스에게 칠현금을 선물했고, 때로는 그가 오르페우스의 아버지로 여겨지기도 하기 때문이다. 판의 경우와 비교해 볼 때 아폴론의 행동은 매우 신중한데, 거기에는 이유가 있다. 즉, 아폴론이 오르페우스를 벌주지 않았던 것은 그에게서 예언의 기술을 배우고자 하였기 때문이다. 아폴론은 그의 비위를 맞춰 주면서 결국 그 기술을 얻어 낸다. 헤르메스는 순진한 사티로스가 떨어뜨린 피리를 주워 마치 자신이 진짜 사티로스인 체 그의 흉내를 낸다. 또한 자기가 피리를 만든 장본인이라고 우쭐대며 아폴론에게 그것을 팔았다. 속기는 했지만 판의 피리를 소유하게 되었기 때문에 아폴론에게 있어서도 썩 괜찮은 흥정이 되었다. 마르시아스만이 가혹한 벌을 받았다.

그레이브스의 가정은 아마도 주제를 다루는 방법의 차이점을 설명하는 것이라 볼 수 있는데, 그의 가정에 따르면 마르시아스와 판에 대한 아폴론의 승리는 그리스인들의 프리기아와 아르카디아 정복을 기념하는 것일 수 있다. 이들 침략자들은 음악을 전수하면서 악기의 변화를 가져왔는데, 그것은 사실상 마르시아스의 전설 속에 분명하게 나타나 있다. 프리기아의 침입은 그 지역의—이 지방 사람들이 예술에 있어 마르시아스를 아폴론보다도 더 우위에 놓고 있었다는 사실이 증명하듯이—거센 반발에 부딪쳤다. 아르카디아에서는 반발이 좀 덜하긴 했지만, 결과적으로 판이 아폴론에게 모든 고대 시대의 특권을 넘겨 주었다고 말하는 것은 지나친 결론이 아닐 것이다. 물론 트라키아에서는 전혀 그렇지 않았다. 이것은 아폴론과 오르페우스의 관계를 설명한다. 그러므로 이제 우리는 도도네를 떠올리며 다시 한번 종교적 융합이라는 현상과 마주하게 되었다. 앞선 세 가지의 경우에서, 정복자의 신이긴 하지만 부활한 새로운 신은 그 지역에서 신의 자리를 획득하여 그들의 고대적 역할을 수행하는 것을 알 수 있다. 예를 들어 아폴론은 오르페우스와 같은 고향 사람들인 트라키아인들이 살던 피에리에서 신들의 양떼를 보호하는 책임을 맡게 되었던 것이다. 권위를 상실한 지역 신들은 그때부터 더 이상 전설적인 영웅으로 간주되지 못한다.

아도니스, 몰약沒藥

그리스인들이 유혈 낭자한 제의에 혐오감을 느껴 프리기아의 신 아티스를 결코 받아들이지 않는다 하더라도 아도니스는 맞아들였을 것이다. 아도니스의 축제는 BC 5세기와, 특히 BC 4세기의 아테네에서 굉장한 인기를 누렸다. 아도니스는 페니키아 출신으로, 그의 제의는 페니키아 전역에서 거행되고 있었다. 특히 그리스인들이 "아도니스의 도시"라고 부르던 비블로스에서는 아도니스를 위해 더욱 엄숙한 제의가 행해지고 있었다. 그리스인들이 그에게 부여한 아도니스라는 이름은 "주인"을 의미하는 말인 아돈Adon에서 유래하였다. 이 아돈이라는 말은, 페니키아인들이 페니키아어로 에슈문 혹은 알레인, 시리아어로는 타무즈로 명명되던 자신의 신을 높여 부를 때[43] 사용하던 표현이었다. 타무즈는 두무-지라는 수메르식 이름을 가지고 있는 것으로 미루어 보아 분명 셈족 이전에도 존재하던 아주 오래된 신성이었다.

아도니스의 신화는 BC 5세기 초에 헤로도토스의 선조인 할리카르나소스의 파니아시스의 이본을 통해 우리에게 특히 잘 알려져 있다. "앗시리아의 왕인 테이아스에게는 스뮈르나(혹은 뮈라)라는 이름의 딸이 있었다.[44] 아프로디테는 스뮈르나가 자신에게 경의를 바치는 것을 소홀히 했다는 이유로 그녀를 미워한다. 아프로디테는 이 어린 소녀가 자기 아버지에게 열정적인 사랑의 감정을 품게 만들었다. 유모의 도움으로 스뮈르나는 아버지를 속여 가며 열이틀 밤을 계속 그와 동침하는 데 성공한다. 자신의 과오를 깨닫게 된 테이아스는 칼을 뽑아 들고 스뮈르나를 추격한다. 아버지에게 붙잡힐 지경에 이른 그녀는 자신의 모습이 보이지 않게 해달라고 신들에게 간청한다. 그러자 스뮈르나를 가엾게 여긴 신들이 그녀를 스무르나'smurna' (혹은 몰약을 가진 나무인 뮈라myrrha)라고 부르는 한 그루의 나무로 변하게 하였다. 아홉 달 후 이 나무의 껍질이 터져 아이가 태어나는데, 그가 바로 아도니스이다. 어린 아도니스가 너무나 잘생겼으므로 아프로디테는 신들의 눈에 띄지 않도록 그를 상자에 넣어 페르세포네에게 맡긴다. 그런데 아도니스의 얼굴을 본 페르세포네는 그를 아프로디테에게 되돌려 보내려고 하지 않았다. 그리하여 이들의 분쟁을 중재하고자 제우스가 개입한다. 그는 1년을 3등분하여 그중 3

분의 1을 아도니스에게 주고, 또 다른 3분의 1은 페르세포네에게, 그리고 나머지 3분의 1은 아프로디테에게 준다. 그러나 아도니스는 자신의 몫을 아프로디테에게 주어 버린다. 그후, 사냥을 하던 아도니스는 멧돼지의 공격을 받아 죽게 된다.45)

우리는 매우 간략하게 요약된 위의 이야기에 또 다른 자료들 속에 나타난 여러 정보들을 덧붙여야 하겠다. 이것은 신화를 이해하는 데 있어 필수적이기 때문이다.46) 어떤 저자들은 뮈라의 아버지가 앗시리아의 왕 테이아스(그의 이름이 "점쟁이" 또는 "예언자"를 의미한다는 사실을 언급할 필요가 있다)가 아닌 키프로스의 왕 키뉘라스였을 것이라고 말하고 있다. 키프로스 섬은 이 섬에 그 이름을 붙여 준 아프로디테-퀴프리스에게 바쳐졌던 곳이며, 키뉘라스 왕은 이 여신의 후손이었다. 그의 어머니는 피그말리온의 딸이었는데, 피그말리온은 아프로디테의 조상影像을 너무도 열렬히 사모했기 때문에 이에 감동한 아프로디테가 갈라테이아의 모습으로 그와 결합하여 이 딸을 그에게 준 것이다. 제9대 교황인 히지노에 따르면 아프로디테의 질투는, 뮈라가 아프로디테보다 훨씬 아름답다고 자랑하고 다닌 뮈라의 어머니 켄크레이스의 무례함 때문에 비롯되었다고 한다. 또 다른 중요한 사실은 아버지와 딸의 불륜이, 왕비가 테스모포리아 제전에 참석하고 있는 동안 벌어졌다는 것이다. 테스모포리아 제전은 페르세포네의 실종과 데메테르의 죽음을 추모하는 축제로서, 법적인 부부 중 부인만 참석했는데, 금식과 금욕이 그 특징이다.

오비디우스의 극적인 묘사에 따르면, 뮈라가 죄를 저지르기 전에 문 위에 끈을 매고 목을 매달려고 하는 장면이 있는데, 이것은 뮈라를 교수된 여신에 비유할 수 있는 부분이다. 뿐만 아니라 손에 단검을 들고 그녀를 추격하는 아버지를 피하고자 뮈라는 아홉 달 동안 "광활한 들판을 누비며" 방랑하다가 "종려나무로 뒤덮인 기름진 땅 아랍"을 떠난다. 이 부분은 매우 의미심장하며, 우리는 곧 그 이유를 알게 될 것이다. 급기야 뮈라는 몰약나무로 변하게 되는데, 그 순간 그녀는 출산의 최초의 통증을 느낀다. "나무에서 미지근한 물방울이 떨어진다. (뮈라의) 눈물은 커다란 가치를 갖게 된다. 즉, 나무로부터 걸러져 나온 이 액체는 뮈라의 이름을 따 뮈르(몰약)로 불리게 되었다."47) 몰약은 자기 희생으로부터 생겨났지만, 이 경우에는 죄인이 스스로에게 가한 체벌의 결과물이다. 또 다른 이본에 의하면, 보복이 두려웠던 아프로디테는 키뉘라스가 뮈라 곁에 이른 순간 그녀를 나무로 변하게 하였고, 그가 칼로 나무를 찌르자 거기에서 아도니스가 태어났다고 한다.

아프로디테 여신의 손에 거두어진 아도니스는 "아프로디테가 자기 어머니에게 불러일으켰던 열정에 대하여 마치 복수라도 하듯이" 그녀의 애인이 되었다고 오비디우스는 말한다.48) 1년 중 3분의 1만을 아도니스와 누릴 수 있다는 결정이 난 이후로도 아프로디테는 아도니스에게 할당된 시간을 갖기 위해 끊임없이 그를 위협하거나 졸라댐으로써 규칙을 위반한다. 그러나 아프로디테는 아도니스가 한창 나이에 어떻게 목숨을 잃게 될 것인지를 알고 있었으므로49) 사랑을 접어 두고 그를 보호하려고 애쓴다. 그럼에도 불구하고 올 것이 오고야 만다. 아프로디테의 계략에 격분한 페르세포네는 그 일을 아레스에게 알리러 떠난다. 질투로 광분한 아레스는 야생 멧돼지로 변신하여 아도니스를 찔러 죽인다. 한편 뮈라의 아버지인 테이아스 혹은 키뉘라스는 자기 딸이 나무로 변한 이후 그리 오래 살았던 것 같지는 않다. 아마도 그는 곧 자살했을 것이다. 또 다른 저자들의 말에 따르면,50) 키뉘라스는 마르시아스와 마찬가지로 아폴론과의 음악 경연에서 지고 난 후 아폴론 신에 의해 죽음을 당했다고도 한다. 그리하여 산 채로 살가죽이 벗겨져 나무에 매달리게 되었다는 것인데, 이 나무가 바로 그에게 바쳐진 종려나무이다.51)

리반 산의 장엄한 풍경 속에서 모든 여행자들에 의해 거행된 비블로스의 행진의 날에 아도니스 강이 발원하고 있었다. 이곳에 그리스인들이 아프로디테-아파카라고 이름 붙인 아스타르테의 성소가 세워지는데, 이 성소는 그곳에서 거행된 제의의 "잔혹성" 때문에 콘스탄티누스 황제에 의해 파괴된다.52) 성소의 테라스에서는 높은 절벽으로 둘러싸인 계곡이 보였는데, 그 계곡의 안쪽에는 동굴이 있었다. 이 동굴에서 흘러나온 강물은 폭포수가 되어 빽빽이 자라난 푸른 식물들 주변으로 떨어져 저 깊은 계곡의 심연 속으로 잦아든다. 바로 이곳에서 페니키아인들은 자신들의 신을 죽였다. 매년 강물은 "피로 변하여"53) "바다를 붉게 물들이는데, 이는 비블로스의 주민들에게 아도니스의 죽음을 애도하는 순간이 돌아왔음을 알려 주는 것이었다……. 이를 기념하고자 그들은 주신제를…… 거행하고, 그 제의에서 가슴을 치고 통곡하였으며, 온 나라가 몹시 슬퍼하였다. 통곡과 눈물의 행사가 어느 정도 진행된 후 이들은 죽은 아도니스에게 선물을 바친다. 다음날이 되면 사람들은 아도니스가 살아서 하늘로 올라갔다고 이야기하고, 황소 아피스를 죽일 때 이집트인들이 그러했던 것처럼 스스로 삭발하였다. 자신의 머리칼을 바칠 의사가 없는 여자들은 제의가 진행되는 기간 중 하루 동안 매춘을 하여 그 화대를 벌금으로 바쳐야 했다. 그러나 오직 이방인들만이 그 여자들을 상대할 수 있었으며, 매춘의 대가로 얻은 돈은 비너스(아프로디테) 여신에게 봉헌되었다."54) 이 같은 관습이 당시에는 분명 성스러운 매춘으로 여겨졌겠지만, 그리스도교로 개종한 콘스탄티누스 황제 때에 와서는 혐오스러운 것으로 간주되었다.

  BC 2세기의 그리스 저술가 루키아노스는 이 자료들을 자신이 직접 현장에서 수집했다고 주장한다.55) 우리가 위에서 길게 인용한 그의 문장에 대해, 프레이저는 아도니스56)에 관한 자신의 연구에서 이 같은 행사가 신을 상징하는 붉은 아네모네가 피어나는 시기인 봄에 진행되었다고 지적한다. 핏방울 복수초福壽草(아도니스 아우툼날리스Adonis autumnalis)라는 이름으로 정원사들에게 잘 알려져 있는 이 미나리제비과의 식물은 정확히 봄에 피는 꽃이 아니므로 다른 아네모네와는 다르다. 이 식물은 그 라틴어 종속명에서도 알 수 있듯이* 조금 늦게, 즉 6월에서 7월 사이에 꽃을 피운다. 루키아노스는 아

---

* 아우툼날리스는 '가을의'라는 뜻의 형용사이다.

도니스 제의의 거행 시기에 관해서는 언급하고 있지 않지만, 프레이저는 그 시기를 봄이라고 규정하고 있다. 왜냐하면 프레이저는 자신이 연구했던 다른 많은 신들처럼, 아도니스도 봄을 일깨우는 신이라고 생각했기 때문이다.[57] 만능 열쇠와 같은 이 개념은 신화 해석에 있어서 조르주 뒤메질과 클로드 레비-스트로스의 작업들에 그 기반을 둔 일군의 인류학자들 사이에서 논쟁을 불러일으키기도 하였다. 그들은 다음과 같은 프레이저의 추론 양식에서 더 이상 "얻을 것이 없었다." "아도니스는 몰약나무에서 생겨났다. 그러므로 그는 식물의 정령이다. 그는 생애의 3분의 1을 지하 세계에서 보내고 나머지는 태양이 비추는 곳에서 아프로디테와 함께 보냈다. 그러므로 그는 페르세포네와 동일한 방식으로 곡물의 정령이 되기도 한다." 이 같은 독법은 물론 식상한 것이기는 하지만, 신화라는 것이 동일한 주제의 끊임없는 반복이라는 점에서 볼 때 이러한 관점 역시 모든 종류의 신화들에 적용이 가능할 것이다. 『아도니스의 정원들』에서 드티엔느는 앞서의 독법을 신화 분석으로 대체한다. 빈약한 프레이저 식의 해석과는 대조적으로 그의 분석은 풍부한 자료와 충분한 설득력으로 뒷받침되고 있는 것처럼 보인다. 그는 매우 특이한 방법으로 자기 방법론의 우월성을 드러내 보이려고 한다. 그것은 구조적 분석으로서 "각각의 신은 특정한 만신전 안에서 우호적이고 적대적인 관계들의 망에 의해 정의된다. 하나의 요소는 정돈된 체계 속에서 자신이 점유하고 있는 위치에 따라 의미를 가지며, 그것이 속해 있는 신화는 정돈된 체계의 일부분을 이룬다."[58] 그러므로 드티엔느의 『아도니스의 정원들』이 다루고 있는 것은 바로 식물학적, 이념적, 사회적인 3중의 약호를 해독하는 것이다.

우리의 논의를 계속하기 전에 드티엔느가 내린 표본적인 결론에 관해 간략하게 요약할 필요가 있다. 드티엔느는 그 윤곽이 분명치는 않지만 매우 오래된 이 아도니스 제의가 언제 거행되었는지를 정확하게 규정하고 있다. 그는 이 제의가 결코 봄이 아닌 7월 20일경에 열렸다고 말하는데, 이 날은 1년 중 가장 건조하고 더운 때이다. 사람들이 계절을 불문하고 회향茴香, 밀, 보리

그리고 상추 같은 것들을 며칠 동안 싹 틔우는 데 사용한 용기로, 흙으로 만들어진 단순한 항아리인 그 유명한 "아도니스의 정원"은 그 당시로서는 아주 일반적인 것이었다. 그것은 바로 "일회성" 재배, 즉 "간편한" 재배를 의미한다. 이 기간에는, 아도니스와 아프로디테 사이에 이루어졌던 것과 같은 연인과 정부의 관계를 구실로 삼아, 성적 욕구가 절정에 달한 여자들의 방탕이 묵인된다.[59] 여자들은 자신의 행위가 신을 경배하기 위한 것이라고 생각했다. 이들은 특히 유복한 여인네들이었다고 하는데, 축제가 허용하는—자신의 머리카락을 봉헌하기를 거절하였던 여자들이 일시적인 매춘을 하였던 예에서 이미 보았던 것처럼—이러한 파격적인 관습은 결국 사회 질서를 위태롭게 하는 지경에 이르렀다.

드티엔느는 이 축제가 두 시기에 걸쳐 진행되었다고 강조한다. "첫 번째 기간에는 여자들이 타오르는 태양에 '정원들'을 노출시키기 위하여 (사다리를) 기어오른다. 반면 두 번째 기간에는 여자들은 시리우스 별자리(그것이 천정의 맨 중앙에 위치하는 때에)의 열매들, 즉 한여름이 되면 완연히 익는 향신료들을 수확하기 위하여 사다리를 내려온다. 이 향료들은 아프로디테와 그의 연인을 기념하기 위해 향로 속을 채우는 데 사용되었을 뿐 아니라 아도니스의 신봉자들에게 향수와 유혹의 향유로 제공되기도 하였다."[60]

그렇다면 그리스인들에게 아도니스는 어떤 인물이었는가? 그는 지나치게 조숙한 한 젊은이요, 두 명의 여신 사이를 왔다갔다하다가 결국 희생양이 되고, 그리스의 의학이 이미 법으로 규제하였던 "조숙하고 독점적인 성관계의 관습"[61]에 완전히 몰두하였던 어린 유혹자였다. 그러나 이런 성관계는 생산적인 성격을 띠지 못하였는데, 그리스인들이 생각하기에 그것은 "풍요의 씨앗이 온기와 탄력을 갖지 못했기" 때문이었다. 이렇게 지나치고 너무 성급하게 사용된 씨앗은 "습하고 차가워서"[62] 여성적 성격을 갖게 된다. 아도니스의 금기들은 그를 영원히 여성적인 남자, 조숙하고 무기력한 남자로 만들었다. 이것은 그리스 사회에서 "성적인 무기력과 생명력의 결여"라는, 상추가 드러내고 있는 이미지—이러한 연유로 상추는 지나친 성적 흥분 상태를 약화시키는 치료제로 사용되기도 하였다—를 통해서도 알 수 있다. 사람들은 신의 죽음을 기념하면서 아도니스의 정원들에 상추 씨를 심었는데 상추는 푸른빛이 돌기 시작하자마자 곧 시들었다고 한다. "신화 속에서 그리고 그리스인들에게 있어 아도니스는 남편도 남자도 아닌 단순한 연인이요, 여성적인 남성이었을 뿐이다. 그는 남성적이지 못한 것의 상징으로서 여자들이나 양성적 인간들로부터만 신봉을 받았을 뿐이라고 플루타르코스는 적고 있다.63) 많은 씨앗의 소유자인 이 어린 소년은 큰개자리의 음탕한 아내와 동일한 부류에 속한다."64) 이런 관점에서—오로지 이런 관점에서만—아도니스는 아티스와 아주 유사하다. 즉, 아도니스는 질투에 불탄 아레스에게 거세당해—그는 사타구니에 상처를 입는다—죽는다. 아도니스는 두 여신들이 오로지 키벨레라는 한 인격에 대응되고 있기 때문에 아티스처럼 이중적인 어머니의 희생양이 되고, 그의 어머니는 키벨레처럼 지하 세계의 신성이 된다.

또한 아도니스는 그리스인들에게, 가깝고도 먼 동양의 화신인 동양적 유혹자의 전형으로 남아 있는데, 그들이 경계했던 그 동양은 "문명의 섬세함과 육체의 쾌락 추구가 가장 잘 융합되어 나태와 향락으로 특징 지워지는 삶을 낳는 세계이다……. 이방의 신만이 그리스적 체계 안에 다른 것을 또한 개방적으로 나타낼 수 있었고, 동양적인 힘만이 그러한 방식으로 종교적이며 동시에 정치적인 계획 위에서 데메테르를 통해 묘사되는 가치들의 근본적인 부정을 청산할 수 있었다."65) 그러므로 아도니스 제전은 테스모포리아 제전과 대립되며, 부정을 저지른 딸의 방탕한 행위는 그녀의 어머니뿐 아니라 신의 인정을 받은 합법적인 결합의 수호자인 데메테르에게도 모멸감을 주었다. 부정이 저질러지는 동안 켄크레이스(뮈라의 어머니)는 곡물의 여신에 대한 제의를 거행하고 있었다.

자신의 논의를 "그리스에서의 향료들의 신화"에 초점을 맞추고 있는 드티엔느는 신화의 몇몇 양상들을 단호히 무시한다. 그는 그것들을 부차적인 것으로 간주하고 있지만 나무들의 신화적 맥락에 있어서는 그것들은 매우 중요하다. 나무들은 우리에게 신화에 대한 새로운 독법을 제안한다. 이것은 우리가 지금까지 행해 온 접근 방식과 전혀 상반되는 것이 아니라 오히려 또 다른 시간과 공간 속에서 연장되고 있다. 드티엔느는 4~5세기의 그리스인들이 수집한, 당시보다 훨씬 이전의 동양 신화 이본을 연구했다. 왜냐하면 이 이본은 그리스인들의 사유 체계를 이루고 있기 때문이다. 그러므로 드티엔느는 아도니스 그 자체만이 아니라 고대 그리스에서 아도니스가 차지하고 있는 역할까지를 다루고 있다. 이제 "페니키아의 에슈문도, 시리아의 타무즈도, 심지어 수메르의 두무-지도" 그 자취가 희미해져, 그것은 그리스 신화가 몰약나무에서 태어난 어린아이에게 부여했던 특징들로만 기억될 뿐이다.[66]

이제 또 다른 시각으로 바라보자. 몰약이 단순히 향료로서의 기능만 하지 않았다는 사실은 주목할 만하다. 몰약은 그리스를 제외하고 최소한 이집트와 동양에서는 죽은 시신을 방부 처리하는 약제로 사용되었던 것 같다. 죽은 자들의 여신인 페르세포네 곁에서 아도니스가 며칠 동안을 지냈다는 이야기는 이러한 사실을 설명하는 예가 된다. 게다가 뮈라가 된 스뮈르나는 말하자면 향유를 만들어 내는 나무 속에서 방부 처리가 된 것이다. 그 속에서 스뮈르나의 피는 나무의 수액이 되고, 그녀의 눈물은 "나무에서", 그녀의 "골수에서 떨어지는 몰약"[67]이 되었다. 나무에서 태어난 아도니스는 그러므로 스스로의 모호함 때문에 자신의 생산물인 몰약 그 자체이기도 하다. 왜냐하면 몰약은 최음제인 동시에 죽은 자들을 위한 향유와 신들에게 경배를 바칠 때 태우는 향이기 때문이다.

아티스의 소나무를 포함하여 우리가 앞서 살펴보았던 여러 나무들을 서로 비교해 볼 때 몰약나무에는 중요한 하나의 특징이 있다. 모순된 것처럼 보이는 이 사실이란 어떤 그리스인들이나 페니키아인들도 몰약나무를 한번도 본 적이 없다는 것이다. 이 두 민족은 전설상의 나라인 사바 왕국에서 전해졌다고 하는 몰약만 경험했을 뿐이다. 그들에게 있어서 몰약과 향은 어떤 종인지

불확실하지만 결국은 같은 나무에서 생산된 것으로 여겨졌고, 그것들을 수집하는 것은 무서운 지형에서 온갖 유형의 위험스러운 전설적인 동물들을 등장시키는 기상천외한 이야기의 대상이 되곤 하였다.68)

포이닉스, 종려나무-대추야자나무

때로는 앗시리아의 왕이자 신인 테이아스로, 때로는 키프로스의 왕인 키뉘라스로 호칭되고 있는 뮈라의 아버지가 한편으로는 성대한 제의가 거행된 도시인 비블로스의 왕, 포이닉스로 불리기도 한다는 사실을 고려할 때, 마르시아스의 죽음에 비유되는 뮈라 아버지의 죽음이 우리에게 유익한 지표가 될 수 있기 때문에 이를 짚고 넘어갈 필요가 있을 것 같다.

그리스어로 포이닉스Phoenix는 페니키아인만을 의미하는 것은 아니다. 이 말은 자줏빛(왕을 나타내는 자줏빛)을 뜻하며, 동시에 종려나무-대추야자나무와 불사조를 가리킨다. 그런데 전설적인 이 새는 그리스 신화의 향료에 관한 역사에서 매우 중요한 역할을 담당하고 있다. "불사조는 몰약과 향을 가지고 자신의 보금자리를 만든다. 불사조는 (자신의 부리로 나른) 그 재료들로 장작더미를 쌓아 올리고, 그 위에서 스스로를 태운다." 즉, 이 새는 1천4백61년을 한 주기로 새롭게 다시 태어나기 위해 스스로 타 죽는다는 것이다. 1천4백61년이라는 기간은 "한편으로는 태양이 지는 것과 동시에 출몰하는 시리우스(소티스)가 뜨는 것과 일치하고, 또 한편으로는 태양의 출현, 즉 닐Nil이 성장하기 시작하는 것과도 일치"69)한다. 이것은 대년大年과, 다시 말해 부활과 우주의 순환적인 재생의 회귀와 관계된다. 자줏빛 왜가리로 상징되는—우리는 조금 전 포이닉스라는 말이 그리스어로 자줏빛을 의미한다는 사실을 알았다—이집트의 불사조 혹은 베누 새는 태양의 도시 헬리오폴리스와 연관이 있다. "이 태양의 도시는 원래 이집트의 도시가 아니라 호메로스가 말한 대로 최초의 태양의 땅인 시리아라고 말할 수 있을 것이다."70) 이것은 결국 우리를 시리아 쪽으로, 다시 말하자면 페니키아로 이끌어 간다.71)

그리스어로 포이닉스라는 단어가 지칭하고 있었던 것 중에서 오늘날까지 유일하게 그 이름을 보존하고 있는 것72)은 종려나무-대추야자나무(포이닉스 닥틸리페라Phoenix dactylifera)이다. 수메르인들은 이미 5~6천 년 전에 메소포타미아 지방에서 이 나무를 재배하고 있었다. 이 나무는 인간에 의해 보존되고 선택되어 심어진 최초의 과일나무였음이 분명하다. 이 나무는 지중해와, 대추야자나무가 오아시스에서 구세주가 되는 북아프리카에서 퍼져 나가 유프라테스와 티그리스강의 계곡들에서 가장 무성한 숲을 이루게 된다. 전 세계 대추야자나무의 3분의 1에 해당하는 3천만 그루의 대추야자나무가 현재 이라크에 서식하고 있다.73)

수메르 시대 때부터 종려나무-대추야자나무는 생명의 나무의 초상肖像 속에 들어 있었던 것 같다. 이 나무는 사실 오래전부터 인간들에게 중요한 부식거리를 제공해 왔다. 북아프리카와 마찬가지로 근동에서도 대추야자의 열매는 먹을거리로서 다양하게 사용되었다. 사람들은 이 열매에서 "대추야자 열매의 꿀"로 불리는 단 즙을 짜내어 빵 같은 것을 만들어 먹었다. 플리니우스는 고대인들이 심지어 이 열매로 술까지 담갔을 것이라고 말하고 있다. 영양이 풍부한 이 열매는 다른 열매들에 비해 훨씬 고급스러운 에너지원으로서의 가치를 지닌다. 다른 기록에 따르면 대추야자의 열매는 7~8월에 수확되었으며, 단단한 그 과육들은 특별한 조처 없이도 2~3년 동안 보관할 수 있었다고 한다. 매우 잘 보존된 종려나무 숲은 나무가 심어진 후 12~14년이 지나면 완전히 무성해지는데, 그후 60년 혹은 80년 동안 열매를 수확할 수 있다. 평균 1피에당 20kg에서 50kg의 열매들을 수확할 수 있으며, 가장 좋은 환경에서는 100kg에서 심지어는 200kg까지도 수확이 가능하다. 예를 들어 사하라 사막의 오아시스 같은 불모의 땅에서도 대추야자 열매는 그 어떤 것으로도 대체할 수 없는 기본 양식이 되어 왔다.74) 사람들은 이 열매를 사시사철 언제나 먹을 수 있었기 때문에 종려나무가 인간들에게 1년의 365일에 해당하는 만큼의 360가지에 이르는 유익함을 제공한다고 말했다. 종려나무의 유익함들은 성가 聖歌들에도 잘 나타나 있다. 예를 들자면 스트라본은 페르시아의 찬가[75]를 자신의 저서에 인용하고 있으며, 플루타르코스는 이 나무에 경의를 표하면서 바빌로니아의 찬가[76]를 인용하고 있다.

고대인들의 눈에는 대추야자나무가 풍요의 한 전형으로 비춰졌으며, 그들은 이 나무가 스스로 다시 태어난다는 사실에도 주목하였다. 사실 대추야자나무는 씨앗에 의해 번식하기보다는 오히려 가지가 나지 않은 줄기에 접붙이기를 함으로써 증식한다. 이러한 사실에서 사람들은 이 대추야자나무를 불사조에 비유했던 것이다. 플리니우스는 다음과 같이 적고 있다. "나는 코라 지방(이집트의 알렉산드리아 근교)에 있었다고 하는 한 불가사의한 대추야자나무에 대해 들은 적이 있다. 이 나무는 불사조와 같은 시간에 죽었다가 같은 시간에 부활한다고 한다. 이러한 특성 때문에 불사조는 포이닉스라는 자신의 이름을 이 나무로부터 따온 것이라고 사람들은 말한다. 어쨌거나 내가 글을 쓰고 있었던 바로 그 순간에도 사람들은 이 나무의 열매들을 엄청나게 수확하고 있었다." 불사조의 주기가 1천4백61년이었던 것처럼, 대추야자의 수명 역시 매우 길었을 것으로 생각된다. 플리니우스 시대에 사람들은 델로스에서 아폴론의 출생을 보호해 주었다는 종려나무를 공개하였다.[77] 오르페우스파의 신비주의자들은 이 나무를 늙지도, 영원히 죽지도 않는다고 간주하여 숭배하였다. 이 나무가 가진 특성들 중 그리스인과 로마인들을 놀라게 한 또 하나의 특징이 있었는데, 그것은 바로 나무의 성욕이다.

그리스인들과 로마인들은 대추야자나무에는 수그루와 암그루가 있고, 열매를 맺기 위해서 암그루는 틀림없이 수정이 되어야 한다는 사실을 매우 잘 알고 있었다. 플리니우스는 다음과 같이 적고 있다. "자연림에서 암그루는 수그루 없이는 제 스스로 수정을 할 수 없다. 대추야자의 암그루들은 수그루 주위를 여러 겹으로 에워싼 뒤 수그루 쪽으로 몸을 기울여 왕관 같은 이파리로 그 나무를 애무한다. 나무는 몸을 일으켜 이파리들을 곤두세우고, 숨결로, 시선으로 그리고 가루(꽃가루)로 그것들 모두를 수정시킨다. 만약 사람들이 수그루를 자른다면 암그루는 과부 신세가 되어 생식이 불가능하게 된다. **나무들은 어느 정도 성욕을 지닌다**. 인간은 꽃이 핀 암그루에 수그루의 솜털과 보잘것없는 가루들을 뿌려 수정을 시켰다."[78] 종려나무-대추야자의 이러한 인공적인 수정은 인간들이 이 나무들을 재배하기 시작한 고대에도 매우 성행했던 것 같다. 이러한 수정법은 오늘날까지도 똑같은 방식으로 계속되어 오고 있다. 그것은 "수주간에 걸쳐 사다리를 타고 올라가 암그루의 꽃 위에 수그루의 가지들을 매달아 놓는" 것이다.[79] 이러한 방법은 인간이 종려나무숲을 조성하던 날로부터 현재에 이르기까지 필수적인 것이 되었고, 이 숲에는 생산성 때문에 수그루의 수가 최소로 줄어들었다.

여기서 우리에게 중요하게 부각되는 사항은 나무의 화려하고 지나친 성욕이다. 이것은 고대인들에게 깊은 인상을 심어 주었다. 아도니스의 "풍부한" 성욕은 자신의 할머니와 동시에 할아버지였던 자로부터 물려받은 것이다. 몰약나무인 뮈라는 종려나무인 포이닉스의 딸로 여겨지고 있었다. 그러므로 우리는 종려나무 암그루가 종려나무를 둘러싸고 유혹하는 이와 같은 플리니우스의 묘사―그는 아무것도 지어냄 없이 당시 사람들이 믿고 있었던 바를 참조하는 것에 만족한다―에 등장하는 장면이 역시 그가 묘사했던 뮈라의 불륜과 관계없는지 생각해 보게 된다. 이미 언급된 열두 번의 밤은 아마도 나무의 수태에 필요한 것으로 간주된 시간과 일치할 것이다. 고대인들의 생각처럼 만약 "몰약나무"가 종려나무의 한 변종이었다면, 이 나무는 오로지 자기 아버지에 의해서만 수태가 가능할 것이다.

대추야자나무는 항상 인간의 형상을 한 나무로 여겨져 왔다. 종려palme라는 말은 손등이 아닌 손바닥paume이라는 말에서 유래한 것이며, 그리스어로는 손바닥만을 뜻한다. 대추야자나무의 열매는 그리스어나 라틴어로 모두 손가락을 지칭한다. 결국 종려나무는 플리니우스가 테오프라스토스[80]와 크세

노폰81)을 따라 "골〔腦〕"이라고 명명하고, "달콤한 골수"82)로 규정한 것을 소유하고 있다. 이것은 종려나무 가지 끝에 나는 싹, 다시 말해 종려나무의 "심장"이라고 해서 고대인들이 먹을거리로 사용하던 것으로 현재도 식용으로 쓰이고 있다. 그러나 고대의 저자들이 종려나무에게 재생력을 부여한 것과는 달리, 이 나무에는 그러한 속성이 전혀 없다. 그들은 종려나무가 사람들에게 그 "골"을 채취당하여 생명력을 잃어도 시들지 않는다고 단언한다.

고갈되지 않는 초자연적인 풍요의 상징인 종려나무는 남성적 상징—사람들은 이 나무에서 털이 난 발기된 거대한 남근을 보았다—으로 간주되었을 뿐 아니라, 또한 천상의 불과 지상의 물이 서로 결합하면서 탄생한 식물로 여겨지기도 했다. 오늘날까지도 아랍인들은 이 나무를 "천상의 불 속에 머리를, 그리고 물 속에 다리를 담그고" 있는 식물이라고 생각한다. 수메르의 메소포타미아 지역에서 관개灌漑를 하는 제1의 원동력 중 하나는 종려나무의 밑둥에 고여 있는 충분한 양의 물을 끌어 오는 것이다.

그리스 로마 신화에는 레토 혹은 라토나라고 불리는 종려나무의 여신이 있었다. 그런데 대추야자 열매를 맺는 이 나무의 종은 그리스에서도 이탈리아에서도 서식하지 않는다. 그러므로 여기서는 종려나무와 올리브나무의 신이자 풍요를 상징하는 고대 동양의 신 라트를 말하고 있는 것이다. 이것은 다음과 같은 설명을 가능케 한다. 즉, 티탄족의 딸 레토는 디오네와 마찬가지로 유혹당하여—우리가 앞서 보았듯이 정교 일치를 은폐하는 사건—"자신의 팔로 종려나무를 감싸고",83) 오르튀기아 섬에서 아르테미스(달의 여신)와 아폴론(태양의 신)을 낳는다. 레토의 전설에는 묘하게도 아프로디테와 뮈라의 어머니 켄크레이스 사이에 일어난 분쟁과 유사한 일화가 등장하고 있다. 니오베는 테베의 왕 암피온과의 사이에서 일곱 명의 아들과 일곱 명의 딸을 낳았는데, 그녀는 이들에 대해 지나친 자부심을 가지고 있어서 두 명의 자식밖에 없는 레토를 늘 비웃곤 하였다. 레토는 니오베의 아버지 탄탈로스가 자신의 딸을 사랑하게 함으로써 복수를 한다. 딸에게 거절을 당한 탄탈로스는 그녀의 아이들을 불에 태워 죽인다. 그리고 얼마 후에는 니오베의 남편인 암피온마저 야생 멧돼지에게 갈기갈기 찢겨 죽게 된다.84)

오시리스의 나무들

『황금 가지』에서 아도니스와 아티스에 이어 오시리스에 관한 연구를 시작하면서 프레이저는 다음과 같이 말한다. "오시리스를 아도니스와 아티스와 더불어 그들의 다양한 모습들 중의 하나인 연례적인 대순환으로, 특히 밀로 의인화하는 데는 분명한 이유가 있다."85) 사실 아티스나 아도니스는 곡식의 경작과는 연관이 없고, 반대로 특정한 교목喬木과 관련이 있기 때문에 우리는 오시리스의 경우도 마찬가지가 아닌가 하고 생각해 볼 수 있다. 오시리스가 프레이저의 주장처럼 밀은 아닐 망정, "그들의 다양한 모습들 중 하나"인 보리로 의인화되었던 시기가 정말로 있었을까? 만약 우리가 이 신적인 인물을 접근함에 있어 앞서 여러 다른 인물들을 다룰 때에 연속해서 쌓인 시간의 지층을 통해 매우 오래된 모습을 추적한 것과 같은 방식을 적용한다면, 아마도 우리는 아주 오래된 나무의 제의의 흔적을 원리적으로 밝혀낼 수 있을 것이다.

오시리스의 이야기는 플루타르코스를 통해서만 계승된 이야기의 형태로 우리에게 전해지고 있다.86) 아주 다행스럽게도 『모랄리아』에는 풍부한 자료들을 바탕으로 쓰여진 「이시스와 오시리스에 관하여」라는 긴 장章이 있는데, 여기에는 구체적인 주장뿐 아니라 피라미드에 조각된 비문碑文까지 첨가되어 있다. 이 비문들이 쓰여진 시기는 최소한 BC 2천5백 년, 심지어는 그 이전까지도 거슬러 올라간다.87)

태양의 도시의 연대기에 의하면, 오시리스는 최초의 대양大洋인 누운의 가슴에서 휴식을 취하는, 자기 속에 모든 존재들을 지닌 무한한 영혼인 아툼으로부터 유래한 세 번째 세대에 속한다. 양성적 신인 아툼은 태양신 레와 동일시되기도 한다. 아툼에게서 최초의 남녀 신인 슈와 테프누트가 나오는데, 이들은 각각 공기와 습기를 의미한다. 이 둘 사이에서 대지의 신 겝과 하늘의 여신 누트가 태어나며, 플루타르코스는 이 둘을 레아와 크로노스에 비유하고 있다. 물론 이 같은 도식이 똑같이 전해져 왔다고 볼 수는 없다. 사실 그리스에서 하늘의 신은 남신 크로노스, 더 정확하게는 크로노스의 아버지 우라노스였던 반면, 이집트에 오면 하늘의 신은 여신 누트이고 대지의 신은 "지고의" 신[88]으로 간주되는 남신[89] 겝 혹은 프타이다. 겝의 쌍둥이 누이인 누트는 아툼-레의 뜻을 거역하고 겝과 동침한다. 아툼은 그 벌로 이들의 아버지인 슈를 시켜 둘을 갈라놓게 하고, 누트가 어떤 달 어떤 해에도 아이를 낳을 수 없을 것이라고 선언한다. 다행히도 누트를 불쌍히 여긴 토트 신이 "달과 내기 장기를 두어, 자신이 이길 때마다 달에게서 72분의 1일씩을 얻어냈다"[90]고 플루타르코스는 전하고 있다. 그는 그것을 모아 당시의 정규적인 책력 계산에는 포함되지 않았던 5일을 만들어서 누트로 하여금 하루에 한 명씩 다섯 명의 아이를 낳게 하였는데, 이들이 바로 오시리스, 하로에리스, 세트, 이시스 그리고 네프티스이다. "첫 날에는…… 오시리스가 태어났다. 그가 태어나는 순간 '만물의 주인이 세상에 오셨도다' 라는 소리가 울려 퍼졌다." 후에 세트는 네프티스와 결혼했으며, 오시리스는 이시스와 결혼하였다.

오시리스는 대지를 통치하면서 이집트인들을 야만적인 생활에서 벗어나게 하였고, 그들에게 율법을 가르쳐 신들에게 제의를 올리게 하였다. 보리가 야생에서 자라나는 것을 발견한 이시스가 그 곡식의 재배법과 빵과 맥주를 제조하는 방법을 백성들에게 가르치는 동안 오시리스는 세계를 돌아다니며 농경법을 전파하였고, "신들과 그들의 뒤를 이어 살아 있는 모든 생물들에게 양식을 제공하는 자"[91]로 칭송받았다. 사실 과실수와 포도나무의 재배는 그에게 빚진 바가 크다. 한편 오시리스가 땅에 물을 대어 기름진 토양으로 만드는 동안, 메마른 땅 사막의 신 세트는 이러한 그의 성공을 시샘하여 72명의 반역자들과 형을 해치려는 음모를 꾸미고 오시리스를 잔치에 초대한다. 그는 오시리스의 키를 몰래 잰 다음, 그의 키에 딱 들어맞는 상자를 하나 만들어 멋있게 치장한다. 모든 사람들이 그 상자를 보고 감탄하는 가운데 세트는 그 상자에 꼭 들어맞는 사람에게 그것을 선사하겠노라고 약속한다. 잔치에 참석한 이들이 차례로 시험해 보았으나 상자는 그들에게 너무 컸다. 그러나 오시리스만은 예외였다. 그가 상자 속에 드러눕자마자 반역자들은 달려들어 뚜껑을 덮고 단단히 못을 박은 다음 상자를 나일 강으로 던져 버렸다.

한편 상자는 바다로 흘러들어 페니키아 해안의 비블로스까지 떠내려왔는데, 그곳에서 히이드나무 한가운데에 부딪친다. 그러자 갑자기 나무가 기적같이 자라나더니 줄기 속으로 상자를 집어넣었다. 비블로스의 왕은 이 나무의 성장에 감탄하여 그것을 베어 오라고 명령을 내리고, 이 나무로 "왕궁의 지붕을 지탱하는 기둥을 만들었다." 한편 남편의 시체를 찾아 세상을 누비고 다니던 이시스는 마침내 남편의 소재를 알게 된다. 그녀는 궁전으로 들어가 왕의 아이를 키우는 유모가 되지만, 곧 자신의 정체를 밝히고는 왕궁의 기둥을 달라고 간청하였다. 결국 이시스는 그 기둥에서 남편의 관을 꺼내게 된다.

이집트로 돌아온 이시스는 매의 형상을 하고 날아다니며 찾아낸, 이미 죽은 오시리스로부터 수태해 낳은 아들인 호루스를 만나러 가면서, 경솔하게도 이 상자를 아무런 보호 없이 남겨 둔다. 그 사이 이 상자를 발견한 세트는 오시리스의 시신을 열네 토막으로 잘라 강에 뿌려 버린다. 이시스는 물고기가 삼켜 버린 남편의 생식기를 제외한 시체의 모든 부분을 찾아낸다. 죽은 자들의 왕이 된 오시리스는 자기 아들이 전투를 준비할 수 있도록 자신의 새로운 땅을 떠난다. 호루스는 세트를 쳐부수고, 그를 어머니에게로 끌고 온다. 그러나 세트를 불쌍히 여긴 이시스는 그를 풀어 준다. 화가 난 호루스는 이시스의 왕관을 땅에 던지지만, 즉 그녀의 목을 잘라 버리지만 토트가 왕관 혹은 머리를 암소의 머리로 바꿔 놓는다. 이는 이시스와 하토르가 동일시되고 있음을 의미한다. 또 다른 텍스트들에 따르면 호루스는 하토르의 모습을 한 어머니를 강간하여 자신의 아내로 삼았다고 한다. 세트는 풀려나자마자 호루스가 나라를 통치할 자격이 없는 사생아라고 비난한다. 그리하여 호루스는 나라의 통치권을 획득하기 전에 두 번의 전쟁을 치르게 된다.

  이 책의 주제와 관련된 오시리스 전설의 대략적인 줄거리는 이러하다. 이집트의 텍스트들은 매우 적절하게도 우리에게 또 다른 여러 요소들을 제공하고 있는데, 이것들은 실제로 적용하는 데 있어서는 어려움이 많다. 왜냐하면 호루스는 매우 복합적인 인물이어서 이집트 전문가들조차도 한눈에 서로 상충되어 보이는 여러 가지 다른 해석들을 내리고 있기 때문이다. 그러나 이집트 종교에 관해 연구하는 대부분의 역사학자들은 오시리스에게 세 가지의 다른 면모들이 있다는 점에는 동의한다. 그것은 오시리스가 죽은 자들의 신이요, 씨앗의 신이요, 불어나는 나일 강의 신이라는 것이다. 이들 학자들 가운데 몇몇은 오시리스가 삼각주에 위치한 부시리스 지방의 고대 지역 신과 혼동되고 있으며, 원래는 살해된 왕이었는데 신격화된 것이라고 주장한다. 안드제티 혹은 안디티로 호칭되는 이 신은 인간의 형상—인간과 비슷한 가장 오래되고 유일한 상징이다—으로 나타나고 있는데, 머리에는 두 개의 깃털을 달고, 양손에는 미래의 왕홀인 '헤카héka'에 해당하는 목자들의 지팡이와 도리깨 혹은 편모鞭毛를 쥐고 있다. 도리깨와 편모는 후일 오시리스를 상징하는 속성이 된다. 부시리스라는 그리스 단어는 "오시리스의 집"을 의미한다. 오시리스는 "부시리스의 주인"이라는 직함을 가지고 있는데, 이것은 중왕조 때부터 그의 가장 중요한 성소가 되어 온 "아비도스의 주인"이라는 명칭보다 시기적으로 앞서 있다. 그러므로 부시리스는 오시리스 제의가 거행된 최초의 장소가 분명하다.92) 그의 신원에 대해 확실한 판단을 주저하는 역사가들조차 "죽은 자의 왕인 오시리스는 아비도스가 위치한 디스 지방을 통치한 제1왕조, 이른바 티니트 왕조의 건국자93)인 메네스 가家에 의해 인정받고 숭배되었던 것 같다"고 주장한다. 그러므로 오시리스의 기원이 어찌되든 간에, 오시리스는 나라의 규율을 바로잡고 문명을 개화시킨 왕들 중 한 사람으로서 자신의 경쟁자에 의해 죽음을 당하지만, 결국 그의 아들이 이집트를 통일한다. 그에게서 기적같이 태어난 아들 호루스는 아버지의 과업을 성취하고 자기의 친어머니와 결혼을 함으로써 자신의 정체성을 회복한다. 호루스는 "호루스"라는 이름을 빌어 그 같은 행동을 한 후대의 많은 역사상의 통치자들의 한 전형이다. 이 후대 통치자들은 사후에 죽은 자들의 왕인 오시리스와 동일시된다.[94]

그러므로 오시리스가 씨앗과 식물의 신이라는 두 번째 면모는 부차적인 것일 뿐이다. 프랑크포르[95]가 지적하고 있는 것처럼, 자연 안에서 자신들의 영역을 확보하고 있었던 다른 많은 이집트의 신들과 비교해 보았을 때 오시리스는 그 어떤 영역도 소유하고 있지 않았다. 대지는 그의 소유가 아니라 아버지 겝의 것이었고, "나일 강은 하피라는 고유의 신을 가지고 있었으며, 씨앗은 여신 에르누테트를 그리고 곡식은 네프리라는 신을 각각 가지고 있었던 것이다." 우리는 앞서 인간들에게 보리 재배법을 가르쳐 준 이가 오시리스가 아닌 이시스였음을 보았다. "생식 능력, 즉 동식물의 수태조차도 또 다른 신 민Min을 통해 이루어진다."

결국 오시리스는 죽은 자들의 왕이자 그 자신도 죽음을 당하는 왕이기는 하지만, 지하 세계에서 죽음을 이겨 낸 승리자이다. 그가 다시 지상으로 귀환하지 못한다 할지라도 오시리스는 끊임없이 살아 있는 자들의 수호자로서 나타나고, 그들에게 영향력을 행사한다. 그것은 생명이 죽음에서 태어나기 때문이다. 오시리스의 부활은 죽음의 형이상학이다. 이것은 "성장과 쇠퇴, 예를 들어 나일 강의 범람과 식물의 부활이라는 일반적인 특성을 가진"[96] 자연 현상에 의해 설명된다. 피라미드의 비문이 말하고 있는 "새로운 물"은 식물의 수액과 마찬가지로 잠시 지하 세계에 몸을 피해 있다가 다시 그곳으로부터 솟아나온다.

오시리스의 권능들을 정의해 보려는 역사가들은 그것들이 오시리스 생애에 관한 전설 속에 쓰여져 있고, 또한 그 전설을 통해 정당화될 수 있다는 사실을 가볍게 생각하고 있는 것 같다. 오시리스가 나일 강에 영향력을 행사하고 있는 것은 그의 시체가 바로 이곳에 던져졌기 때문이며, 그가 땅을 비옥하게 하는 것은 토막난 그의 몸이 그 땅 위에 뿌려졌기 때문이다. 이것은 고대 크레타에서 의식에 따라 왕이 희생 제물이 되고, 왕을 대신하여 제물로 오른 자가 갈기갈기 찢기는 경우와 유사하다. 우리는 여기서, 앞서 여러 차례 웁살라와 크노소스에서 만날 수 있었던 상황, 즉 성목의 왕이라는 하나의 상황을 다시 접할 수 있다. 그런데 이와 같은 외면적인 유사함이 단순한 우연에 불과한 것일까? 플루타르코스가 전해 주는 이야기를 보면, 비블로스에는 히이드나무가 있었고, 이 나무는 줄기 속에 관을 품고 그것을 보호하기 위하여 거대해졌다. 이와 같은 이야기를 접했을 때, 우리는 나무에서 태어난 신을 위해 크레타에서 목신제가 거행되는 것이나, 천둥과 바람에 쓰러진 나무 속에서 발견된 신상神像에 관한 그리스의 전설들을 상기하지 않을 수 없다. 비블로스의 나무는 높이가 5~6m까지 자랄 수 있는, 엄밀히 말하면 교목성 히이드나무(에리카 아르보레아Erica arborea)일 수 있지만, 그 줄기는 사람의 몸을 숨겨 줄 만큼 그렇게 굵지 못하다. 사실 세쓰가 이 부분에 관해 언급하고 있는 것에서 알 수 있듯이,97) "히이드나무를 지칭하는 그리스 단어와 서양삼나무를 지칭하는 셈어 단어 사이에 오해가 있었을 것이다. 또 다른 면에서 볼 때, 피라미드의 비문들에는 '신음하다gemir'라는 뜻의 고어가 표기되어 있는데, 이 고어는 '서양삼나무'를 뜻하는 아슈âsh에서 파생하고 있으며 이것은 항상 오시리스에게 적용되는 말이다." 아마도 이 말은 페니키아를 방문했던 최초의 이집트 여행자들에 의해 전해졌을 것이다. 이들은 삼나무 숲에서 부는 바람 소리를 일종의 신음 소리로 듣고는 전설을 빌어 이것이 서양삼나무 줄기 속에 갇힌 오시리스가 내는 소리라고 단정했던 것 같다. 사실 오시리스의 비극적 이야기는 이집트가 아닌 비블로스에서 회자되고 있었고, 그리하여 이 나라의 왕은 이 나무를 왕궁의 지붕을 떠받치는 기둥으로 사용한 것이다. 이 서양삼나무가 다른 어떤 나무들보다 신전이나 왕궁의 골조로 선호되고 있는 것은 잘 알려진 사실이다. 『두 형제 이야기』[98]라는 이집트의 한 텍스트는 오시리스의 전설에서 변형되어 통속화된 또 다른 이야기를 그리고 있다. 이 책에는 서양삼나무와 동일시되는 바타라는 인물이 주인공으로 등장한다. 형수인 아눕으로부터 그녀를 유혹했다는 거짓 모함을 받은 바타가 "스스로 사지를 절단하고는 그것을 물에 던지자, 메기가 그의 조각 난 사지를 삼켜 버린다." 르페브르는 이것을 오시리스의 일화나 아티스의 절단 행위와 일치하는 것이라고 적고 있다. 그러고 나서, 형수의 중상 모략에 위협을 느낀 바타는 삼나무 계곡 또는 양산소나무(아티스의 나무를 연상해 보자) 계곡이 있는 한 숲 속에 몸을 숨긴다. 그는 나무가 잘리게 되더라도 그것을 재생시킬 수 있는 방법을 자기 형에게 암시하고자 자신의 심장을 꺼내 삼나무, 혹은 르페브르에 따르면 양산소나무 "꽃의 맨 꼭대기"에 놓아둔다. 달리 표현하자면 이제부터 그의 생명은 오시리스의 관처럼 나무 안에 갇히게 되는 것이다. 여기서 수많은 반전이 거듭되는 이야기의 후반부를 적을 필요는 없을 것 같다. 『두 형제 이야기』가 펼쳐지는 곳이 바로 페니키아이므로, 우리는 그곳에 퍼져 있는 오시리스의 에피소드에 조명을 비출 수 있는 정도로만 흥미의 범위를 좁혀 보기로 한다.[99] 게다가 서양삼나무냐 양산소나무냐 하는 문제의 대상인 나무는 이집트에서는 찾아볼 수 없다. 필자의 생각에 그 나무가 앞서 르페브르가 주장했던 양산소나무는 아닌 것 같다. 르페브르는 아마 아티스의 소나무에서 힌트를 얻었을 것이나, 어떠한 설득력 있는 근거도 제시하지 않고 있다. 나는 오히려 서양삼나무(이집트어는 양자를 다 지칭한다)라고 주장하고 싶다. 그 이유는 우리가 앞서 보았듯이 이 나무는 소위 오시리스의 히이드나무와 동일시될 수 있기 때문이다. 서양삼나무는 실제로 고대에는 불멸의 상징이었다. 사람들은 시리아 산 썩지 않는 삼나무를 이집트로 가지고 와서 그것들로 신상뿐 아니라 관을 만들기도 하였다. 이 나무에는 특유의 향이 있어서 곤충이나 송장을 먹고사는 벌레들의 접근을 막을 수 있다고 여겨졌기 때문이다. 게다가 삼나무는 신탁을 내리는 나무로도 간주되고 있었다. 이러한 사실은 앞서 우리가 살펴본 바에서 알 수 있듯이 "신음하다"라는 이집트어 이름을 반영하고 있다.

4세기의 피르미쿠스 마테르누스[100]에 의해 기록된 의식—이 의식은 이시스의 제의 때 행해졌다—이 진행되는 동안, 사람들은 침엽수 한 그루를 베어서 그 속을 도려내고 그것으로 오시리스 상을 조각하여 시체처럼 그 나무 속에 파묻었다. "이 상은 1년 동안 그 상태로 보존되다가 소나무에 매달린 아티스와 똑같은 방식으로 매장되었다."[101] 이는 분명 비블로스의 나무 속에 숨겨진 오시리스의 관을 연상케 하지만, 우리의 눈길을 끄는 것은 그래도 역시 아티스 제의와의 유사성이다. 이집트가 아닌 시리아의 나무에 오시리스를 연관 짓는 것은, 이집트적 기원을 갖고 있지 않은 그의 이름에서도 느낄 수 있듯이 오시리스가 원래 국가적인 신이 아니라 선사 시대의 아시아 신이었다는 사실을 엿볼 수 있게 한다. 이러한 견해는 죽은 자의 육신이 자기의 고향으로 되돌아오는 것을 설명할 것이다. 또한 몇몇 이집트 전문가들이 보여 주고 있는 것처럼, 한편으로는 오시리스가 이집트에 자기 소유의 영토가 없었다는 점과, 또 다른 한편으로는 그가 종종 자기 아들 호루스보다도 후대의 인물로 간주되고 있다는 점을 동시에 설명하는 것이기도 하다.[102]

코이아크 달의 마지막에 거행되는 오시리스의 죽음과 부활을 기념하는 몇몇 제의들은 나무에 대해 바쳐지는 제의로서 해석될 수 있다. 사람들은 무화과나무로 만들어진 황소의 상 앞에서 보리를 심은 항아리, 즉 들고 다닐 수 있는 정원을 만들었다. 이 황소상은 센티 여신, 즉 이시스와 흔히 혼동되는 하토르를 표현하는 것으로 그 화분 안에는 머리가 없는 인간의 초상이 들어 있었다. 며칠 후, 해가 진 뒤 뽕나무로 만든 관에 넣어진 오시리스의 상이 무덤에 매장되고, 그날 밤 아홉 번째 시간에(다음날 새벽녘에) 사람들은 지난해에 매장한 초상을 꺼내 무화과나무 가지 위에 매단다.[103] 끝으로 사람들은 "페르세아 과실수들이 싹을 틔우는 지하의 신성한 묘소를 향해"[104] 간다. 방데에르에 따르면, "이집트의 이곳저곳에 분포하는 수없이 많은 오시리스의 무덤들은 모두 섬에 있으며, 나무들로 둘러싸여 있었다." 신의 무덤을 중심

으로 한 나무들의 연원은 아주 먼 고대로 거슬러 올라간다.105)

범람의 계절이 끝날 무렵인 "성장의 계절"의 "첫 달 첫 날"에, 다시 말해서 습지에서 새싹이 돋고 기름진 땅이 모습을 드러내는 시기에, 오시리스의 신비 의식이 끝나자마자 세드 축제가 열린다. 이 축제의 간격에 대해서는 여러 가지 설이 있으나 대체로 땅의 통치 기간인 30년을 넘는 것 같지는 않다. 이 축제는 50년을 기념하는 행사가 아니며, "왕권을 완전히 갱신하고 권력 행사를 쇄신"하는 데 그 목적이 있었다. 바로 이날 새로운 통치가 시작되었던 것이다. 역사가들을 혼동시키곤 했던 것은 축제일이 불규칙했다는 것으로, 이것은 잘 알려진 다른 예들을 참고해 보면 이해할 수 있다. 즉, 축제는 사람들이 원할 때마다, 그리고 통치자의 권력이 약화되었다고 판단될 때, 다시 말해 통치의 한 주기가 끝나 새로운 주기가 시작되어야 한다고 판단될 때 거행되었다. 다시 말해 우리가 이미 여러 차례 보아 왔던 하나의 도식을 따르자면, "첫 달 첫 날에" 왕은 새로운 탄생을 위하여 죽어야만 했다. 이러한 근원적인 동기를 고려하지 않는다면 축제 때에 벌어지는 여러 가지 제의 행위들은 이해할 수 없는 것으로 남을 것이다.

더욱 인상적인 하나의 사실은 나무 기둥 제드djed를 세우는 일이다. 왕비와 왕실 가족이 참석한 가운데 통치자는 사제들의 도움을 받아 쓰러져 있는 커다란 나무 기둥 하나를 일으켜 세우기 위해 줄을 잡아당긴다. 프랑크포르가 주목하고 있는 것처럼 이 행사는 하토르의 별자리 밑에서 이루어졌는데, 행사가 진행되는 동안 "16명의 공주들은 메나트 목걸이를 목에 걸고 여신의 상징인 시스트룸sistrum을 흔들었다."106) "파피루스 줄기들로 교묘하게 만들어진"107) 나무 기둥 제드의 다양한 모습들은 우리에게 그 줄기가 네 개의 포개진 층으로 끝나는 마치 하나의 도식화된 나무처럼 보이고, 나뭇가지들의 시작을 암시하는 수평의 띠에 의해 분리되어 있는 처음 세 개의 줄기는 가지 없는 나무와 관련이 있다. 이러한 장식은 분명 그 나무를 오시리스 자신과 동일시하는 것이다. 손에는 왕홀이 쥐어지고 머리에는 오시리스의 왕관이 씌워진 나무의 기둥에는 "두 눈(중개적인 역할을 하는 최고의 층에 그려진)이 그려져"108) 있다. 종종 오시리스의 모친 누트의 양 날개가 이 기둥을 둘러싸기도 하는데, 이것은 그의 부활과 밀접한 연관을 갖고 있다. 이와 같은 그림들은 고왕국의 왕실 석관石棺에서 볼 수 있는 텍스트들과 정확히 동일한 가치를 지니고 있으며, 이 두 가지 경우에 있어서 기록된 여러 조항들은 죽은 자를 어머니의 몸속에서 되살아나게 하는 데 그 목적이 있다.109) 양자의 관습(본래적인 왕실 장례에서)의 차이는 관점의 차이로 이해될 수 있을 것이다. 관—누트의 관—속에 안장되어 있는 육체는 살아남은 자들과 연관을 지어 봄으로써 파악될 수 있을 것이다. 즉, 그것은 바로 죽은 왕 오시리스이다. 며칠 후 나무 기둥 제드 속에 있는 육체는 하토르의 아들(동시에 남편)인 호루스로 밝혀진다. 그런데 이 두 가지 관점들은 확실한 차이를 보이고 있지 않다. 그렇다면 무엇 때문에 그럴 수 있는 것인가? 위의 두 가지 경우를 보자면 죽은 왕은 자기 존재의 근원으로 되돌아온다. 그리고 그는 다시 태어난다.110) 달리 말해서, 양손에 나무 기둥을 들고 날개를 퍼덕거리며 바람을 일으키는 매의 신적인 형상으로 종종 모습을 보이는 살아 있는 왕 호루스, 즉 인간 호루스는 임기가 끝나는 시점이 되자 오시리스가 되어 죽은 자의 몸속에서 머물다가 그곳에서 다시 힘을 보충하여 새로운 호루스가 되어야 한다는 것이다. 우리는 위에서 아들 호루스가 어머니 이시스를 범한 뒤 그녀와 결혼했다고 말한 적이 있으며, 언급했던 것과는 달리 이시스는 오시리스의 모친 누트와 동일인이 아니라 참수를 당한 하토르라는 사실을 상기하도록 하자. 호루스는 자신의 어머니와 결혼함으로써 "자기 어머니의 황소"라는 뜻의 카무테프kamoutef의 호칭을 갖게 되며, 그는 "스스로를 재창조할 수 있기 때문에"111) 불사의 능력을 획득하게 된다. 신성 불가침의 금기인 불륜 행위는 결국 살아 있는 자들에게 불사라는 특권을 부여하기에 이르렀다. 고대 이집트의 왕들이 자기 누이와 결혼하는 사례가 매우 일반적이었다는 사실에서 우리는 분명 그와 같은 믿음의 완화된 하나의 흔적을 엿볼 수 있다.112) 어쨌든 기둥 제드를 일으켜 세우는 것은 남근 숭배의 상징이며, 동시에 쓰러진 생명의 힘이 통치자에 의해 어머니의 가슴으로 되돌아옴에 따라 다시 그에게로 정확히 귀속된다는 사실을 함축한다. 『사자의 서』113)에서 기둥 제드의 등장이 증명하고 있듯이 이와 같은 부활의 과정은 매우 보편적인 현상이 된다. 이러한 과정을 통하여 죽은 자들은 사자의 왕국에서 오시리스의 보호를 받으며 살아 있는 자로 머물게 된다. 설사 이집트 연구자들이 이 마지막 사항에 관해 단순한 관심 이외의 어떤 특별한 흥미를 갖지 않았다 할지라도 그것은 우리에게 많은 것을 시사한다. 이집트의 여러 텍스트에서, 포개진 네 층으로 이루어진 기둥 제드의 가장 꼭대기 부분은 마지막 네 개(실제로는 다섯 개이나 다섯 번째의 것은 아직 자라지 않은 상태이다)의 추골을 이루는 등뼈의 기초인 신의 선골仙骨을 상징한다. 이것들은 서로가 연결이 되어 골반 뼈에 이어지면서 골반을 형성하고 있다. 선골이라는 이름은 고대에 제물이 되어 신들에게 바쳐진 희생물의 몸의 한 부분에서 유래한 명칭이다. 척수가 끝나는 부분에 있는 이 뼈는 오시리스의 생명력의 중추이다. 신적인 생명력을 지탱하는 것이라기보다는 오히려 수로의 역할을 하고 있는 선골은 "이시스의 온기를 다시 데우고 회복시키는" 것으로 여겨지고 있었다. 즉, 영혼의 신비스런 수액이 이 선골 안에 모인다는 것이다.114) 이집트인들은 생명의 에너지가 줄기의 밑둥에 자리한 수원으로부터 분사되어 나온다고 믿고 있었던 것 같다. 몇몇 표상들을 통하여,115) 기둥 제드에게 바람을 일으키는 날개 달린 뱀의 형상을 한 여신이자 어머니인 누트의 모습에서, 우리는 인도 요가의 쿤달리니를 생각하지 않을 수 없다. 그 뱀은 우주적 에너지의 구현체로서 척추를 받침 삼아 또아리를 틀고 있다가 일어나 온몸으로 돌아다닌다.

　기둥 제드가 표상하고 있는 나무를 살펴보면, 이 나무가 외국에서 이집트로 유입되었기 때문에 그 종이 분명치 않다고 하더라도 결국 이 나무는 우주목, 즉 무화과나무일 수밖에 없을 것이다. 신성이 깃들인 암소 하토르에게 바쳐진 이 우주목에는 영혼들이 새의 형상을 하고 날아들었는데, 하토르는 죽

은 자들의 나라에 새로 도착한 자들에게 음식과 음료를 주었다고 한다.116)
이제 우리는 다음과 같이 자문할 수 있게 되었다. 기둥 제드의 맨 꼭대기가 상징하고 있는 선골이 정확히 신의 선골인가 하는 것과, 오시리스의 세 개의 왕관을 지탱하는 하토르-누트-이시스라는 속성이 함축하고 있는 것에서 알 수 있듯이 다시 태어나기 위해 되돌아가는 곳이 바로 어머니의 골반인가 하는 것이다. 마지막 분석으로 기둥 제드는, 우리가 새로운 통치자로 간주한 신의 남성적 생명력을 표현함과 동시에 어머니의 뱃속에 들어 있는 오시리스 혹은 호루스의 존재를 의미한다. 그러므로 아주 오래전에는 그 모습이 확실했던 많은 특징들에 비추어 보았을 때, 오시리스의 이야기는 아티스의 그것과 흡사하지만 완전히 일치하지는 않는다. 오시리스가 아티스와 마찬가지로 죽음을 당하는 수목 정령의 신이자 어머니의 애인이었다는 점에 있어서 양자는 서로 유사하다. 그러나 이미 지적했듯이 그의 기원은 이집트에 있지 않다. 오시리스에게 근본적인 이집트적 속성이 있다면, 그것은 그가 나일 강의 나라에서 사막의 신인 세트의 위협을 받으며 홍수와 풍요의 땅을 상징하는 신, 천둥의 신이자 특히 죽은 자들의 신이 되었다는 점이다. 이것은 나무신의 성격과 모순되지 않는, 그와는 반대로 나무의 본성 그 자체로부터 유래하는 기능들이다.

아마도 페니키아에서 유래했겠지만, 틀림없이 세 신들, 즉 프리기아, 페니키아, 이집트의 신의 이야기는 매우 다르며, 그 고유한 성격에 있어서는 더욱 그러하다. 따라서 우리는 이들을 서로 혼동할 리 없다. 그러나 우리의 연구와는 또 다른 양상에서 보았을 때 이 세 명의 신들이 궁극적으로는 수목 숭배를 의미한다는 것은 사실이다. 세 개의 신화에는 성적인, 더 정확히는 남근 숭배적인 성격이 공통적으로 드러나 있으나, 성별은 모호하게 나타난다.

아티스는 양성신 아그디티스가 분열하면서 태어난 신이다. 키벨레의 몸이 갈기갈기 찢긴 것과 마찬가지로 그의 생식기는 절단된다. 자신을 원초적이고 완전한 존재, 말하자면 자기 아버지와 동일시하지 않고 자신의 어머니와 동일시하고 있는 그는 스스로 거세를 자행함으로써 종말을 맞는다. 아티스는 용서할 수 없는 불륜 관계에서 태어난 아도니스와 마찬가지로 젊은 나이에 죽는다. 아도니스는 성년이 되면서 곧 양모 아프로디테의 애인이 되고, 그녀에 의한 것은 아니지만 최소한 그녀 때문에 거세되어 죽는다. 질투에 눈이 먼 아레스가 그를 죽이는 것이다. 결국 아도니스는 남성성을 상실한 채 죽은 자들의 나라에 페르세포네를 만나러 간다. 오시리스는 자신의 운명에서 벗어나고자 누이 이시스와 결혼한다. 이시스는 이미 죽은 그에게서 유일한 혈육인 호루스를 낳는다. 그녀는 형제에게 죽음을 당해 갈기갈기 찢긴 오시리스를 짜 맞춘다. 그러나 몸의 한 조각인 생식기만은 영원히 찾지 못한다. 결국 오시리스는 거세가 된 채 죽은 자들의 세계로 내려와 그들의 주인이 된 것이다.

프리기아인, 페니키아인 그리고 이집트인들은 이 신화들에서 어떤 교훈을 이끌어 내었는가? 그것은 동일할 것이다. 생명의 상징인 생식 기관은 더 이상 죽은 자들의 세계에 자리하지 못한다. 만약 살아 있는 채로 삶과 죽음의 경계선을 넘고자 한다면 생식기를 버려야 한다. 그렇지만 설사 교훈이 그렇다고 한들, 무엇 때문에 그것은 신목神木을 중개로 하여 표현되는 것일까?

오딘은 아티스처럼 스스로 희생 제물이 되지만 스스로를 거세하지도, 죽지도 않는다. 그러므로 오딘은 이그드라실 물푸레나무에 매달리지만 결코 영원한 생명을 획득하지는 못한다. 그는 지식을 획득했을 뿐이다. 나무에 매달린 여신들을 보면, 이들의 교수는 이미 살펴보았던 대로 풍요의 제의와 일치한다. 아티스와 아도니스, 그리고 오시리스의 제의들에도 모두 이와 같은 의미가 있는 것 같다. 이 신들을 숭배하는 민족들에게 있어서 이러한 제의들은 겨울의 한파와 여름의 가뭄 같은 표면적인 죽음 저편에 존재하는 자연으로 되돌아가는 것, 인간들을 짓누르는 기근의 위협으로부터 벗어나는 것을 그 목적으로 하였다. 이러한 제의들 한편에는 희생 제물이 된 신들이, 또 다른 한편에는 제물의 도구가 있었다. 이것들은 서로 뒤섞여 있으나 궁극적으로는 하나이다. 희생된 혹은 스스로를 희생한 나무 그 자체라는 것이다. 그러므로 우리는 더욱 오래된 하나의 양상만을 논의의 대상으로 삼을 것이다. 그것은 우리가 이미 다룬 적이 있는 크레타에서의 어머니 여신(대지)과 연인인 아들(나무)이라는 하나의 쌍이다. 사실 어떻게 크레타의 나무 죽이기 제의에서 광적인 흥분 상태가 결합되지 않을 수 있겠는가? 여기에는 불륜과 간통이 횡행하는 신화들에 부합하여 도발적이며 신성 모독적인 금기와 특히 성적인 파괴 현상들이 존재하며, 또한 슬픈 통탄과 기적에 대한 비상식적인 희망이 난무한다. 이러한 경향은 오시리스의 축제를 제외한 아티스와 아도니스의 축제 때에 특히 두드러진다. 오시리스의 축제는 이집트에 적합한 방식에 따라 정리되고 계층화된 하나의 약화된 메아리에 지나지 않았다. 이러한 통음난무의 의식들을 통하여 자연의 원초적인 제의가 투영된다. 인간을 제물로 바치는 제의는 필연적으로, 인간에게 자신의 모든 것을 제공하는 나무의 제의로부터 그 영향을 받았을 것이다.

그 종류가 확인될 수 있는 두 가지 경우—아티스는 소나무이고, 오시리스는 서양삼나무 혹은 이와 매우 유사한 종이다—에서 나무들이 침엽수였다는 사실 또한 우리의 관심을 끈다. 침엽수는 다른 나무들이 모두 죽은 듯 보이는 겨울에도 항상 그대로의 모습을 간직한다. 그러나 가장 중요한 부분인 수액과 수지가 손상되면 침엽수도 죽음을 면할 수 없다. 아도니스의 몰약나무의 경우도 이와 유사하다. 그루터기를 뽑아내지 않으면 나무들은 "새순"을 틔우지 못한다. 아티스도 아도니스도 자식이 없다. 다만 오시리스의 경우는 자신이 죽은 후 자식이 태어난다. 그 대신 이들 신들은 양성적인 속성을 가지고 있어서 자가 생산의 능력을 가지고 있는 것 같다.[117]

그 부활이 광기로까지 이어지는 열광을 야기하는, 죽음을 정복한 나무의 신들은 또 다른 세계에서 근원적인 양성자로 다시 태어난다. 아마도 바로 여기에 신비에 싸인 종교들이 가지고 있는 겉으로 드러나면서 동시에 감추어진 비밀의 의미가 있을 것이다.

제6장 성스러운 숲과 나무들의 영혼

앞에서 살펴본 모든 것을 통해 우리는 이렇게 결론 지을 수 있다. 즉, 매우 오래되고 전통적인 개념들 속에서 클로드 레비-스트로스가 매우 정확하게, 그래서 우리가 보기에는 아주 적절하게 "야생의 사고la pensée sauvage"[1]라고 부른 양상들에 따르면, 야생sauvage이란 말은 "숲"을 뜻하는 실바silva에서 유래하므로 나무들은 살아 있고 "영혼"을 가지고 있다는 것이다. 이 같은 믿음은 빠른 속도로 사라져 가고 있는 민속을 통해 매우 막연한 모습으로밖에 남아 있지 않으며, 우리에게는 다소 철 지난 미신처럼 보인다. 그러나 회의주의라는 것이 어느 정도의 시간이 지나면 그것 자체가 부각되는 것이 아닐까? 버나드 쇼와 앙리 베르그송을 열광시킨, 식물의 심리에 관한 중요한 저서들을 쓴 인도의 한 저명한 학자[2]는 1900년부터 30여 년 동안 실험을 통해 식물들에게도 어떤 특정한 기억 능력이 동반된 감성이 존재한다는 것을 입증하였다. 이러한 기억 능력은 정신 현상의 매우 기본적인 요소로서, 생리학자들로 하여금 식물들에게도 "신경 조직"[3]과 동일한 무엇인가가 존재한다는 것을 가정하게 하였다. 그 이후 자가디스 챈드라 보스의 실험들은 미국과 특히 소련의 학자들에 의하여 확인되고 보완되었다.[4] 물론 이러한 혁명적인 발견들이 확실하게 증명되었다고 인정하기에는 아직 이르다. 그러나 우리가 지극히 신성한 자연의 "지배"를 근본적으로 분리된 것으로 생각하지만 않는다면 이러한 가설은 받아들여질 수 있다. 고생물학은 이미 오래전부터 다음과 같은 사실을 증명하고 가르쳐 왔다. 즉, 식물은 그 전에는 바다 속에 살고 있었던 최초의 유기체로서 동물보다 시기적으로 앞서며, 동물 세포는 변형된 식물 세포일 뿐이라는 것이다. 모든 세포는 그것이 무엇이든지 간에 어느 정도의 자율성을 누리며, 균형과 방어를 조절하는 그 자체의 고유한 체계, 즉 잠재적인 정신 현상의 원리 자체를 가지고 있다. 식물들도 기억 형식을 만들어 내는 반사적 감성을 가지고 있고, 그들 역시 만족을 표시하며, 여러 차례의 실험을 통해 알 수 있었듯이 두려움을 느끼며 또한 기억 능력을 가지고 있다는 사실은 비유적으로 "야생의 사고"를 암시하는 것이 아니겠는가? 특히 나무들이 기억의 어떤 특별한 형식을 부여 받는다는 것은 동심원을 그리는 성장의 여러 층들, 즉 "나이테"에 의해 구체적으로 드러난다. 나무를 베었을 때, 이것들을 통하여 우리는 그 나무의 연령을 알 수 있을 뿐 아니라 그 나무가 기후 조건들에 어떻게 반응하였는지까지도 알 수 있다. 그러므로 나무는 나이테에 의해서, 그 나이테 안에서, 한 해 한 해 기록된다.[5]

여하튼 전통적인 정신 양태는 다른 모든 살아 있는 존재들에게 그런 것처럼 나무에게도 경우에 따라 스스로 모습을 드러낼 수 있는 "영혼"을 부여하였다. 모든 나무들은 그 영혼들 중 하나를 소유하지만, 몇몇 나무들은 최상의 영혼을 지니고 있었다. 그런 나무들은 이름 없는 존재들이 살았던 다른 나무들과는 달리 잘 알려진 신이 살고 있었다는 점에서 신성하다. 바로 이런 사실 때문에 신성한 나무들은 제의의 대상이 되었던 것이다. 그렇다면 매우 희귀한 이 나무들이 어떻게 다른 나무들 속에서 구별될 수 있었을까? 신성한 나무들에겐 계시, 꿈이나 환영, 나무를 만지거나 신탁을 표현할 때 갑작스럽게 병이 낫는 것과 같은 일들이 언제나 결부되어 있었으며, 사람들은 몇몇 징후들. 나무의 엄청난 크기 또는 나무의 고유한 어떤 형태적인 특이성 때문에 그런 나무들에게 관심을 갖게 되었다고 전승은 말하고 있다.6) 설령 신이 자신의 정체를 드러내지 않는다 하더라도 나무들에게는 각각 신성이 부여되어 있기 때문에, 말하자면 신성이 분배되어 있기 때문에 사람들은 이러한 징후들을 신이 선택한 징표로 해석하였다. 그리하여 나무는 외따로 떨어져 있게 되고, 엄격한 금기들로 보호받고, 나무 밑둥에 제물들을 바치기 위한 투박한 제단이 놓여 있는 동안에는 종종 울타리로 둘러싸여 있었다. 이러한 제의가 인도에서는 오늘날까지 그대로 존속되고 있다는 것을 떠올려 보자. 결국 나무는 완전하게 성장하여 나이를 먹어 간다. 아마도 초자연적인 경로를 통해 지명된, 바로 이러한 나무를 중심으로 신성한 숲은 생겨났을 것이다.

신성한 숲

앞에서 우리는 스웨덴의 웁살라,7) 부처의 출생과 계시 그리고 죽음을 지켜주는 인도의 총림,8) 네미의 신성한 숲9)에 관한 몇 구절들을 접했다. 네미의 신성한 숲은 네무스 디아나이Nemus Dianae 혹은 그냥 네무스Nemus라고도 불렸다. 라틴어로 네무스는 그리스어 네모스nemos와 마찬가지로 목장이 있는 숲이나 총림, 특히 성스러운 숲을 지칭한다. 네무스는 사람들이 가축에게 풀을 먹일 수 있는 숲 속의 빈 터들로, 군데군데가 잘려 있었다. 제의의 대상이 되는 나무들을 열렬한 신봉자들에게 공개하기 위해서는 넓게 트인 공간이 필요했기 때문에 성스러운 숲 역시 방목지를 형성하게 되었던 것이다. 그러나 우연히라도 나무에 손을 대서는 안되었다. 그렇게 할 경우에는 죽음을 불사하는 엄한 처벌의 위험이 뒤따랐기 때문이다. 혹 어떠한 필요에 의해 나무들을 베어야 할 경우, 사람들은 그 나무의 주인인 신에게 속죄의 제물을 바쳐야만 했다. 카토가 돼지를 제물로 바치는 것이 바로 그러한 한 예이다.10)

네무스와 네모스는 "배분하다, 나누다, 절단하다"의 의미를 표현하는 넴 nem-이라는 어근을 갖고 있다. 이러한 일반적인 의미 이외에도 그리스어 동사 네모nemô는 "사이를 벌려 놓다, 고립시키다"라는 의미와 "거주하다, 점유하다"라는 의미를 함축하고 있다. 이것은 성스러운 숲의 개념과 일치한다. 왜냐하면 이 개념은 신에 의해 보존되고, 보호되며, 점유되는 하나의 공간이기 때문이다. 신에게 귀속되는 것과 인간에게 남겨지는 것들 사이의 분배와 분할을 담당하며, 모든 남용과 월권 행위의 처벌을 맡고 있는 네메시스가 바로 동일한 어원인 넴에서 유래한다. 네메시스는 아드라스테이아라는 이름의 나무들의 신성, 물푸레나무 요정인 동시에 제우스의 유모이기도 하다. 그래서 신과 왕들은 나무 아래에서, 특히 제우스에게 바쳐진 참나무 아래에서 정의의 판결을 내리곤 했다. 라틴어로 성목은 루쿠스lucus이다. 이 말은 인도-유럽어 어원인 leuk-에서 유래하는데, 산스크리트어로는 자유로운 공간을 뜻하는 lokáh로 쓰여진다. 루쿠스의 첫 번째 뜻은 숲 속의 빈 터이며, 그 다음이 성스러운 숲이다. 우리는 방금 전 네무스-네모스에 관해 말할 때의 숲 속의 빈 터의 개념을 여기서 다시 발견하는데, 이제 루쿠스와 더불어 그 의미가 더욱 뚜렷해진다. 왜냐하면 같은 어원인 leuk는 빛을 의미하는 lux-lucis에, 달을 의미하는 luna(우선 leuk-sna, 즉 "반짝거림")에, "희생으로 정화하다"라는 뜻의 동사 lustrare(leuk-strare)에, 그리고 "야생의 가파른 공간"을 뜻하는 lustrum에, 마지막으로는 라틴어로 "과잉, 식물 속의 충만"을 의미하는 luxuria에 그 기원을 두고 있기 때문이다. 이러한 어원은 음란luxure이라는 말을 파생시킨다. 얼핏 보기에 다양해 보이는 이 개념들은 결국 신성한 숲들의 특수성들과 더 나아가 기능들을 정의한다.

신전이 지어지기 훨씬 전에는 분명 성스러운 숲들이 가장 오래된 성소들이었을 것이다. 성소는 종종 성림 한가운데에 우뚝 솟아 있거나, 혹은 도도네에서처럼 신들에게 바쳐진 나무들을 보호하고 에워싼 울타리의 일부였다. 크레타에서 네모이nemoi는 아마도 신격화된 산들의 정상에 위치했던 것 같다.

"크노소스나 자크로스의 예술가들은 산꼭대기의 성소들을 빽빽이 들어찬 숲에 둘러싸여 있는 것으로 그리고 있다."11) 제의를 올리는 건축물들이 거의 없었던 호메로스 시대의 그리스에서는 "제의는 항상 야외에서, 신봉자들이 모여든 성스러운 숲의 제단을 중심으로 올려졌는데", 이 점에 관해 호메로스는 여러 번 언급하고 있다.12) 그에 따르면, "아름다운 플라타너스의 밑둥에 오색영롱한 물줄기가 흐르고 있었다"는데, 이곳에서 오디세우스와 그의 부하들은 제우스가 보낸 환상적인 환영을 목격한다. 예언자 칼카스에 의해 해석된 이 환영은 장차 아카이아인들이 트로이인들을 이길 것이라는 승리의 전조가 된다.13)

켈트인들은 성스러운 숲을 네메톤nemeton이라고 불렀는데, 이 말은 네무스와 동일한 어원에서 유래한다. 켈트 연구자들은 넴이 "종교적인 의미에서" 하늘을 지칭한다고 주장하였다. 그러므로 아마도 네메톤은 "땅 위에 하늘의 일부가 이상적으로 투영된 것, 일종의 낙원 혹은 오히려 켈트인의 전설이나 이들에게 기원을 둔 전설에서 흔히 우리가 만날 수 있는 '경이로운 과수원'"이었던 것 같다.14) 이러한 명칭은 프랑스, 영국 그리고 폴란드 남부의 갈라시아 지방에 수많은 흔적들을 남기고 있다.15) 그리스인들과 로마인들에 의해서 켈트족 전체에 알려진 네메톤이라는 말은 언어적인 경계선을 넘어서기조차 한다. 왜냐하면 고古 색슨어에는 "뚜렷하게 켈트어에서 차용한" 니미다스nimidas라는 말이 존재하기 때문이다. 우리는 이미 켈트-갈라디아의 종족들이 모여 제의를 올리던 장소인 "물푸레나무의 성스러운 총림"을 뜻하는 드루네메톤drunemeton에서 네메톤이라는 말을 접했었다. 더 일반적으로 말하면, 그것은 "숲 한가운데에 위치한, 사회 집단으로부터 떨어져 있기는 하지만 사회와는 불가분의 정신적 관계에 있는 드루이드교의 신전"이다.16) 이곳에서 입문자인 사제들은 집단 전체에 신들의 축복을 가져오기 위해 필요한 의식들을 거행하였다. 사제들은 신들과 대화할 수 있는 특권을 부여 받은 전문적인 대화자들이었다. 또한 "드루이드교 사제들은 호젓한 숲 속에서 그 나라의 귀족들에게 20년 동안 몰래 많은 것들을 가르쳤다."17) 이러한 학습은 암기로 이루어졌는데, 당시 교육은 엄청난 분량의 시구들을 오로지 구술하는 것이었다. 카이사르는 드루이드교 사제들에게 많은 제자들이 있었다고 하더라도 그 중 몇 명만이 스승의 곁에서 20년 동안 머물러 있었다고 말하고 있는데,18) 그것은 사실처럼 보인다. 이 몇 명의 제자들은 사제직을 준비하는 사람들이었다.

우리는 골족의 네메톤 가운데 마르세유 근처의 한 네메톤에 관한 매우 인상적인 묘사를 잘 알고 있는데, 이것은 공포심을 불러일으키고 카이사르의 파괴를 정당화하기 위한 것이었다. 이 이야기는 루카누스의 『파르살리아』에 다음과 같이 등장한다. "성스러운 숲이 있었다. 이 숲은 아주 오랜 옛날부터 한번도 속화된 적이 없었으며, 아무렇게나 얽혀 있는 나뭇가지들은 음습한 대지와 태양이 스며들지 못해 얼어붙은 그림자를 감싸고 있었다. 들판에 거주하던 판, 숲의 주인인 실바누스 그리고 요정들은 이곳에서 한번도 산 적이 없었으며, 잔인무도한 제의가 바쳐진 신들의 성소들만이 이 숲을 차지하고 있었다. 음산한 작은 언덕 위에는 제단들이 놓여져 있었고, 모든 나무들은 인간의 피로 정화되어 있었다. 천상의 존재들을 숭배하던 고대의 믿음에 따르면 새들은 이 숲을 두려워하여 나뭇가지 위에 앉지 않았으며, 야생 짐승들은 잠자리를 구하기 위해 굴속으로 들어가지 않았다. 바람도, 어두운 구름을 뚫고 나온 천둥도 이 거대한 숲을 쓰러뜨릴 수 없었다. 어떠한 미풍에도 잎사귀가 떨어지지 않는 나무들은 아주 특별한 공포감을 불러일으키고 있었다. 깊은 수원에서 엄청난 물이 떨어지고, 형체를 알 수 없는 신들의 슬퍼 보이는 상들이 잘려진 나무 기둥 위에 아무렇게나 세워져 있었다. 썩은 나무들 위로 모습을 드러낸 곰팡이와 희미한 빛이 우리를 아연케 하고……. 사람들은 제의를 올리기 위해 거기에 접근하지 않았다. 왜냐하면 그들은 신들보다 못하였기 때문이다. 해가 중천에 떠 있거나 어두운 밤이 하늘을 덮고 있을 때는 사제 자신도 숲의 주인을 놀라게 할까봐 접근하기를 두려워했다……. 이 숲은 헐벗은 산들의 한가운데에 무성하게 우거져 있었다."19)

루카누스는, 성림을 파괴하라는 명령을 받은 군인들 중 어느 누구도 두려움을 주는 나무들에게 감히 먼저 일격을 가하려 하지 않았으며, "가장 용감한 자들의 두 손은 떨고 있었다"고 말하고 있다. 백전노장들이 그 자리에서 굳어 버리는 모습을 본 카이사르는 스스로 도끼를 휘둘러, 꼭대기가 구름 속에 파묻혀 있는 몇백 년 된 한 그루의 물푸레나무를 내려친다. 일을 마친 카이사르는 다음과 같이 외쳤다. "이제 그대들 중 그 누구도 숲을 치는 것을 두려워하지 말라. 신성을 모독한 자는 바로 나라는 사실을 그대들은 믿을지어다." 마침내 군인들은 카이사르의 말에 복종한다. 그러나 "두려움이 가신 것은 아니었다. 그들은 신들의 분노와 카이사르의 분노를 적당히 융화시키려 한 것"이라고 루카누스는 쓰고 있다. 공포가 고생대 석탄기의 광활한 숲들을 관통하고 있을 때, 아마도 그들 중 몇 명은 그 지방을 뒤덮고 있던 두려움을 떠올렸을 것이다. 로마의 역사는, 성림에 자신의 군대를 주둔시켰다가 나무들이 부대를 덮쳐 병사들을 몰살시킨 광경을 본 포스투미누스 집정관의 전설적인 모험이 티투스-리비우스에 의해 전해진 이후로, 이 어두운 성역을 훼손하려는 시도가 있을 때면 그 시도자는 위험에 처하게 되었다고 전한다.

우리는 타키투스와 디오 카시우스를 통해 브르타뉴에 성림이 있었다는 사실을 알 수 있는데, 그 숲은 안드라스타라고 불리는 여신에게 바쳐진 것이었다. 이케니인들(현재의 노퍽과 서퍽)의 여왕인 부디카(라틴어로는 보우디케아Boudicea)는 AD 61년, 런던 평야에서 전쟁을 선전 포고하기 전에 로마 여인들을 희생 제물로 바치고 안드라스타 여신에게 보호를 요청한다. 타키투스는, "브리타니아 사람들은 죄인들의 피를 제단에 뿌리고 인간의 뱃속에서 신들에게 조언을 구하는 것을 경건한 제의로 여기고 있었기 때문에",20) 그보다 1년 전에 집정관 수에토니우스 파울리누스가 모나 섬(앙글레시)에서 "잔인한 미신들에게 바쳐진" 숲들을 파괴시켰다고 말하고 있다.21)

그리스와 라틴의 역사가와 지리학자들을 통해 우리는 성스러운 숲들이 브르타뉴인들과 게르만족의 유일한 성소였음을 알 수 있다. 타키투스는 앞서 우리가 얘기한 셈논 민족이 따르고 있는 여러 규범들에 관해 이렇게 말한다. "또 다른 하나의 행위가 이 숲에 바치는 그들의 숭배 의식을 여전히 입증하고 있다. 끈으로 묶이지 않고서는 어느 누구도 그 숲에 들어갈 수 없다. 끈은 종속의 상징이자 신의 권능에 대한 공적인 경의를 뜻한다. 넘어지는 경우가 있어도 일어서는 것은 금지되어 있었다. 사람들은 땅 위를 뒹굴면서 밖으로 나간다."22)

성스러운 숲들은 오늘날에도 여전히 존재하며, 그곳에서 지켜야 할 금기들은 우리에게 금기를 강요받았던 과거인들의 실체를 알려 준다. 가령 장 세르비에가 현존하는 전승들을 연구하면서 그 대상으로 삼았던 베르베르인들의 경우가 바로 그러하다. 성소들은 "올리브나무와 젠 참나무와 유향나무 총림으로 둘러싸여 있다." "숲은 조상의 무덤이 결집되어 있는 성소 그 자체를 보호하는 것은 물론, 한 집안에서 죽은 모든 사람들의 무덤들까지 보호한다. 그 집안의 후손들은 그곳에서 그리 멀리 떨어지지 않은 곳에서 성림의 보호를 받으며 살아간다." 우리의 묘지 또한 옛날에는 성스러운 숲이었으며, 이런 관습은 브르타뉴에서 오랫동안 유지되어 왔다. 베르베르 지방에서는 "고대 셈족의 전승, 로마의 전승…… 그리스의 전승…… 현재 이란의 대중적인 전승들과 아시아의 가장 오래된 전승들에 나와 있는 것처럼 성림에서는 열매들을 수확할 수 없었다. 캐롭나무 열매, 올리브나무 열매 그리고 도토리를 먹은 자는 생명을 잃었다. 가끔 이런 열매들이 사람을 치료하는 효과가 있긴 해도 그 열매들은 보통 종에서 나온 것이었으며, 사람들은 개인적인 혹은 집단적인 순례가 있을 때만 이 열매를 먹을 수 있었다. 생명을 잃은 숲에서는 열매들을 딸 수 없었고,23) 가축들은 방목지의 풀과 신선한 잎사귀들을 뜯어먹을 수 없었다. 장소 전체가 금지 구역이었다." 신전들을 에워싼 성스러운 숲의 이러한 전통은 중국과 특히 일본에서는 오늘날까지도 보존되어 있다.

숲의 박해자들

    그리스도교 전도사들이 이교도들을 개종시키려고 했을 때, 이들이 수행해야 할 최초의 임무들 중 하나는 수목 숭배 제의를 금지시키고 성림을 파괴하는 것이었다. 10세기에 프라하의 성 아달베르는 쾨니히스베르크에서 멀지 않은 피슈하우젠에 위치한 성림들 중 한 곳에서, 자신이 전도했던 프러시아인들에 의해 살해된다. 5~6세기에는 지방의 집정관들이 맹목적인 미신들에 대항하여 그리스도교도들을 보호한다. 452년 아를르의 집정관들은 나무와 샘과 돌을 찬미하는 것을 금지하는 법률을 제정하였으며, 567년 투르와 568년 낭트의 집정관들은 "숲 속의 으슥한 곳에 숨겨진 야생의 장소에서" 불경한 제의를 집전하는 사람들을 향해 비난을 퍼붓고, "악마들에게 바쳐진 나무들"24)을 저주한다. 11세기 초에는 라울 글라베르가 자신의 『연대기』에서 이렇게 회상하고 있다. "우리는 세계 각처에 산재해 있는, 특히 샘과 나무에 대한 병자들의 분별 없는 숭배심과 관련된 악마적이며 동시에 인간적인 가지각색의 속임수들을 경계하고 있다." 중세의 사제들은 오랫동안 일요 설교에서 "나무 아래에 제단을 만들고, 제물을 바치며 자신의 아이들과 집과 밭과 가족과 재산을 지킬 수 있도록 눈물로 기원한"25) 몇몇 신도들을 공공연하게 비난하곤 했다. 그러나 최초의 골족 복음 전파자들은 이미 4~5세기부터 이러한 관습들을 근절시키기에 바빴다.

    술피스 세베르26)는 당시 오툉을 지나던 복음 전파자들 가운데 가장 유명한 성 마르탱(315~397)에 대해서 이렇게 이야기하고 있다. "그가 아주 오래된 신전 하나와 그 옆에 있는 한 그루의 소나무를 쓰러뜨리려고 하자 그곳의 사제와 많은 이교도 무리들이 그에 반대하였다……." 그중 대담한 자 하나가 그에게 이렇게 말했다. "만약 당신이 당신의 신에 대하여 일말의 신뢰를 가지고 있다면, 우리가 스스로 이 나무를 쓰러뜨릴 테니 당신은 베어져 넘어지는 나무를 받아 보시오. 당신의 주인이 당신과 함께한다면 상황을 모면할 수 있을 것이오……." 그러자 마르탱은 나무가 쓰러질 지점에 자신을 묶게 한다. 나무가 쓰러지는 순간 그는 성호를 긋는다. 그러자 나무는 그를 건드리지 않고, 안전한 위치에 피해 있다고 믿고 있던 시골 사람들을 간발의 차이로 비켜 떨어진다. "이러한 기적에 무릎을 꿇은 자들은 곧 개종하였다." 마르탱의 제자로 앙제의 주교인 성 모리유는 코맹주 지방에 복음을 전파하면서, "수많은 나무들로 뒤덮인 한 개의 거대한 바위 위에서" 벌어지는 극악무도한 바쿠스 제의를 중지하려고 밤에 나무에 불을 질렀다. 태워진 성림은 후일 피에르 성인에게 봉헌되었다.27)

더 모호한 것은 오세르의 주교인 성 제르맹(389~448)의 이야기이다. 오세르에서 그리스도교인으로 태어난 그는 수사학과 법률을 공부하기 위하여 로마에 가게 되는데, 이곳에서 그는 대단한 명성을 얻게 된다. 호노리우스 황제는 그를 부르고뉴 지방의 총독으로 임명하였는데, 당시 오세르는 이 지방의 수도였다. 이 도시의 한복판에는 "거대한 위용을 자랑하는 한 그루의 소나무"가 우뚝 솟아 있었다. 제르맹은 자신이 사냥에서 잡은 사냥감들을 이 나무의 가지에 걸어 놓곤 하였다. 아마토르 주교는 그의 이러한 행동에 자주 주의를 주었다. "사려 깊은 분이시여, 이제 제발 그만하시오. 그리스도교인들을 욕보이고, 이교도들에 동조하는 이런 장난들을 그만두십시오. 어리석은 짓입니다."28) 제르맹의 고집에 주교는 "불경한 나무를 베어 그 밑둥을 불 속에 던져 버렸다." 이 같은 행동을 본 제르맹은 "그리스도교의 가르침을 망각한 채 주교를 죽이겠노라고 위협했다." 그의 광기를 피해 아마토르 주교는 오툉에 은신한다. 그후 주교는 다시 오세르로 돌아와 "속임수를 써서 제르맹을 교회 안에 가두고는 그가 자신의 후임자가 될 것이라고 예언하며 제르맹의 머리를 삭발한다. 이 일은 성령이 주교에게 계시했던 것으로", 실제로 이루어진다. 이러한 이야기에 따르면, 이교도들의 의례에 빠져 있던 몇몇 그리스도교인들은 거기서 벗어남으로써 신성함에 이를 수 있었다.

우리는 5세기 골족의 대도시에서 벌어졌던 위와 같은 상황이 이교도들, 다시 말해 시골 사람들과 북부 민족들 사이에서 오랫동안 지속되고 있었음을 쉽게 상상할 수 있다. 특히 북부 민족의 경우, 그들에게서 나무들의 제의를 금지시키는 데 많은 어려움이 있었다. 우리는 앵글로색슨족의 선교인인 보니파키우스 성인이 게르만족에게 복음을 전파하면서 토르 신에게 바쳐진 게스마르의 물푸레나무를 쓰러뜨린 것을 알고 있다. 그후 50여 년이 지난 772년, 헤센 지방을 차지하고 있던 앵글로색슨족을 토벌하면서 샤를마뉴 대제는 하늘의 궁륭을 떠받치고 있다고 여겨지고 있던 거대한 나무 기둥 이르민술이 있는 성소를 파괴한다. 789년의 법령집은 "촛불을 밝히고, 나무와 돌과 샘을 숭배하는 모든 종류의 맹신자"를 비난한다. 그리스도교가 전파되면서, 이러한 신봉자들이 살아남았던 지방에서는 제도권에 대항하는 투쟁이 계속 일어났다. 리투아니아의 이교도들은 그리스도교인들이 잘라 버린 나무에서 피가 흐르지 않는 것에 놀란다. 1258년에는 스반타니에스티스에서 앙셀므 주교가 신성한 물푸레나무를 잘라 버리라고 명령을 내린 일이 있었다. 그런데 그 일을 맡은 벌목꾼은 도끼에 찍혀 심하게 상처를 입었고, 주교가 대신 도끼를 내리쳤지만 허사였다. 결국 사람들은 도끼로도 잘라지지 않는 이 나무를 불에 태워야만 했다. 100년 후인 1351년에서 1355년 사이, 프러시아의 로무바에서는 주민들이 기도하기 위해 성스러운 물푸레나무 아래에 모여 있었는데, 십자군 기사의 대장이 주교 장 1세의 요청을 받고 그 나무를 잘라 버린다.

끝으로 우리가 염두에 두어야 할 사실은, 숲 속에 수도원을 짓는 것은 단순히 명상에 필요한 평화와 침묵을 얻기 위해서만이 아니라, 그곳에 은신해 있는 악마적인 힘을 중화시키려는 데도 그 목적이 있었다는 것이다. 수도사들이 땅을 개간하고 구획을 정리하여 경작하는 것은 경제적인 목적에 그 이유가 있었지만, 그들은 환경을 정화하면서 그때까지도 숲에 남아 있던 초자연적인 피조물들과 범법자들을 그곳에서 몰아냈던 것이다.

브로셀리앙드의 숲 속에서

교회는 실제로 여기저기에서 많은 공격을 받았다. 신성한 숲들은 그 수가 많았으며 골 지방뿐 아니라 게르만 지방에까지 뻗어 있었다. 여러 세기 동안 숲은 그 안에 성소를 간직하고 있었으며, 켈트족에게는 회합과 교육의 장소로 사용되었다. 카이사르[29]에 따르면 실바 카르누타에서는 매년 그 나라 전역에서 온 드루이드교도들이 회합을 가졌다고 한다. 숲은 오를레앙 지방, 가탱 지방, 블루아 지방, 페르슈 지방 그리고 현재의 보스 지방에 걸쳐 광활한 대지를 덮고 있었다. 그중 몇몇 숲들은 아브노바 여신에게 바쳐진 검은 숲이 있는 보주 지방과 아르두이나의 영토인 아르덴 지방에서처럼 인격화되고 신격화되었다. 아르두이나는 멧돼지의 여신으로 디아나와 유사하며, 제의의 시작은 아마도 석기 시대까지 거슬러 올라갈 수 있을 것이다.[30] 이와 같은 봉헌의 흔적들은 중세 시대 이전에도 남아 있었다. 고지 알프스 산맥에서 벤느의 시정관市政官들은 공직에 임명될 때, 글레제트의 시냇가 근처에 소재한 작은 숲 전체를 지키고 보존하겠노라는 선서를 한다. 그것은 그 숲이 고대 골족의 네메톤으로 인정되고 있었기 때문이다.[31] 13세기에 파리 근교의 장티에는 보베르의 버려진 성이 하나 있었다. 울창한 숲으로 둘러싸인 계곡에 위치한 이 성은, 수도사들이 성왕 루이로부터 그곳에 정착해도 된다는 허락을 받은 1259년 5월까지 "성에 접근하는 사람들을 괴롭히는 사악한 자들의 은거지로 이용되었다." 그 이후 "악마 보베르"는 몇 가지 구어적인 표현을 제외하고는 더 이상 사람들의 입에 오르내리지 않는다.

오래된 성목들이 잘려지거나 그리스도교화되어 성모 마리아나 성인들에게 봉헌된 것처럼, 자연의 신들 역시 악마가 되거나 성인이 된다. 성인이 된 신들은 자신의 선대들이 신봉자들에게 했던 봉사들을 다시 책임지게 되었다.[32] 성직자들이 여러 유사한 변종의 흔적들을 없애기 위해 노력했음에도 불구하고 몇 가지 흔적들은 여전히 숨겨진 채 존재하였다. 고대의 신앙이 가장 오랫동안 남아 있었던 곳은 켈트족의 영토인 브르타뉴 지방이었다. 병을 고치는 많은 성인들은 성스러운 샘과 숲의 정령들을 은폐시켰으며, 이 같은 사실은 그들이 숭배하는 장소를 통해서 입증된다. 고대에는 온 나라 전체가 근접하기 어려울 정도로 울창한 참나무 숲으로 뒤덮여 있었고, 사람들은 그 참나무 숲을 "깊은 숲"(다우나Dauna)이라 불렀다. 숲은, 이교도 침략자인 앵글로색슨족을 피해 피난민들과 함께 브리튼 섬의 성인들이 아르모리카*에 도착했을 때도 여전히 남아 있었다. "전설에 따르면 아르모리카에 도착한 사람들은 숲이 내뿜는 신비한 공포감에 사로잡혔다고 한다. 그러한 사람들 가운데는 로낭, 에르베, 에르보와 에플람 그리고 앙벨이 있는데, 이들은 속세를 떠나 자신들의 구원을 찾기 위해서 숲에 들어왔으며, 이곳에서 일종의 은자적 도취에 빠져 은둔하였다.33) 설사 은둔자들의 정체가 분명치 않았다 하더라도, 우리는 최소한 이들 중 대부분이 드루이드와 음유 시인의 후손들이었음을 알 수 있다. 이들은 5세기 아일랜드의 전도사인 성 패트릭 시대에는 제법 힘이 있었다. 패트릭은 이들과 결속했으며, 그중 몇 명을 자신의 뒤를 잇는 사제와 대주교로 임명하기까지 하였다. 그래도 그리스도교로 개종한 은둔자들의 자식들은 여전히 드루이드교의 전통과 켈트의 오래된 신화에 집착하고 있었다.34)

성 앙벨의 이름을 통해 우리는 동일한 이름을 가진 대 브리튼 출신의 쌍둥이를 떠올린다. 그들 중 한 명은 '밤의 숲'에, 그리고 다른 한 명은 '낮의 숲'에 정착하여 나무와 야생 동물들을 현혹시켰다. 한편 에르보는 뿔 달린 짐승들의 수호자로서, 그의 분신인 성 코르넬리처럼 숭배되었다. 코르넬리는 "이른바 부처의 자세를 하고"35) 군데스트롭의 유명한 냄비 위나 혹은 파리의 제

---

* 5~6세기에 걸쳐 앵글로색슨족의 침입이 있자 당시 브리튼 섬에 살고 있던 사람들은 브르타뉴 지방으로 남하하기 시작한다. 이때부터 7세기 이전까지의 브르타뉴 지방을 아르모리카라고 부른다.

단 위에 모습을 드러내는 사슴 숲의 신 세르누노스이며, 네 마리의 야생 동물들에 둘러싸인 "야수의 왕"36)의 형상으로 나타난다. 이 신비로운 인물의 기원은 까마득한 선사 시대에 이미 그 자취를 감춰 버리지만, 우리는 흔히 '삼형제'의 동굴(아리에주 지방의 몽테스키외-아반테스 근교에 위치)에 등장하는 마녀로 지칭되는, 거대한 사슴 뿔을 지닌 반인반수의 존재를 상상할 수 있을 것이다. 그런데 뿔이 등장하는 이유는 무엇일까? 그것은 드 브리37)가 지적하고 있는 것처럼 사슴 뿔이 가을에 떨어졌다가 봄이 되면 더욱 크게 새로 돋아나기 때문이다. 이것은 자연의 주기적인 "재생이라는 주제를 암시"한다. 게다가 동전이 흘러 떨어지는 주머니를 옆에 끼고 있는 모습이 증명하고 있는 것처럼 세르누노스는 풍요의 신이기도 하다. 나뭇잎이 떨어지면서 없어졌다가, 그 잎들이 다시 돋아나기 시작하면서 사슴에게 생겨나는 것은 뿔이 아니라 바로 "나무"이다. 나무의 신, 즉 식물의 죽음과 부활의 신을 우리가 이보다 더 잘 떠올릴 수 있겠는가? 아마 이런 이유 때문에 우리는 동시대의 또 다른 브르타뉴의 성인인 에데른에게, "생명의 나무"이자 "켈트족의 전승 속에서…… 생명과 부활의 상징"인 "뿔 달린 사슴"의 모습을 부여해야 할 것이다.『마비노기온 Mabinogion』, "특히 쿨취와 오웬의『마비노기 Mabinogi』"에 따르면, 이 에데른이라는 인물은 손에 은화를 든 아일랜드 신 누아두로서 골족에게는 노덴이라는 이름으로 알려진 누드의 아들인 아더 왕의 부하였을 것이다. 누드에게는 모든 일을 예언할 수 있는 능력을 가지고 사자들의 왕국을 다스렸던 또 다른 아들 긴이 있었다.38) 그에 관한 더 이상의 자세한 기술은 불가능하지만, 그가 엄청난 능력의 소유자였음은 분명하다.

성림과 직접적인 연관을 갖고 있는 성 로낭이라는 인물과 그에게 바쳐진 제의를 통해 우리는 오래된 켈트의 전통을 더욱 분명하게 알 수 있다.

수도승이자 아일랜드의 주교인 로낭은 5세기 말 은둔자의 삶을 살고자 아르모리카에 온다. 그는 후일 생-르낭이라는 도시가 세워지게 될 레옹 저지低地에 우선 자리를 잡은 다음, 고대의 네메톤에 해당하는 느베의 숲에 은신하였다. 13세기의 연대기 작가인 알베르 르그랑은 로낭에게서 성직자라기보다는 마술사를 연상시키는 활동과 기적들을 발견한다. "사람들은 로낭이 마법사이자 흑마술사로, 마치 고대의 낭광 병자(늑대 인간)처럼 야생 짐승으로 변신하여 밤마다 떠돌아다니면서 그 나라에 엄청난 재앙을 불러일으키고 있다고 생각했다." 결국 로낭은 경쟁자인 케반 마녀의 마법에 걸려 도망가지 못하고 벌을 받는다. 로크로낭에는 오늘날에도 명백한 이교도식 행사의 흔적이 남아 있는 봉헌 제의가 존재한다. 매년 7월의 두 번째 일요일이 되면 트로메니(브르타뉴어로 "수도원의 탑"을 의미하는 '트로 미니tro minihy') 소제전이 열렸고, 순례자들은 일명 뒤크 숲으로 불리는, 고대 성림이 온통 비탈을 덮고 있는 로크로낭 산의 정상까지 행진했다. 이 제전은 종을 울리며 자신의 영지에서 마귀를 쫓고, 늑대를 몰아내던 로낭 성인의 모습을 재현하는 행사이다. 한편 트로메니 대제전은 고대의 자연 제의처럼 태양의 주기적 리듬에 따라 6년마다 거행되었다.[39] 트로메니 대제전과 마찬가지로 소제전 역시 골 지방의 오래된 들판에서 열렸다. 행사는 성스러운 산에 오르는 것을 시작으로, "돌로 된 암말"이라는 뜻을 가진 큰 바위 '가제크 벤Gazek Ven'을 돌아오는 순서를 밟았다. 트로메니의 행렬이 이어지는 동안, 임신을 기원하는 여인들은 "로낭 성인의 의자"라고 불리는 화강암 바위 위에 앉아 기도를 드렸다. 로크로낭 교회와 인접한 곳에 안느 드 브르타뉴가 세운 페르티의 소성당에서 성인은 그가 죽은 후 힐리옹에서 가져온 와상臥像으로 상징된다. 이 와상은 성유물을 앞에 놓고 서로 언쟁을 하는 세 명의 공작들의 호위를 받으면서 소들이 끄는 한 대의 수레 위에 놓여진다. 황소들은 곧장 느베의 숲까지 가서 켈트의 신 벨랑의 것임을 암시하는 이름을 가진 "움직이는 구멍" 앞에 멈춘다. 480년경 프라강의 지휘하에 "카르디 강에서" 골 지방으로 온 씨족의 후손인 에른스트 르낭은 자신의 이름이 발음상—그는 르낭이 로낭의 현대적 표기라고 상술한다—로낭과 거의 유사하며, "로낭은 성인이라기보다는 오히려 땅의 속성을 지닌 자였으며, 사물들에 대한 그의 권능은 가공할 만한 위력을 지니고 있었다"고 말한다. 르낭은 다음의 장면을 묘사하고 있다. "로낭의 보이지 않는 손에 이끌려 온 황소들은 울창한 숲의 한가운데를 향해 곧장 걸어간다. 엄청난 진동 소리와 더불어 소들의 발 아래 나무들이 꺾이고 부러진다. 마침내 거대한 참나무가 위용을 드러내는 숲 한가운데에 도착하자 수레가 멈춘다. 사람들은 그 장소에 성인을 묻고 그의 교회를 세운다."40)

그곳을 지나는 신봉자들은 여섯 천사들의 어깨에 올려진 성인의 와상 밑으로 머리를 숙이고 몸을 구부린 채 지나갔다. 이는 매우 오래된 제의로, 지금도 브르타뉴 지방에는 이에 기원을 둔 유사한 제의들이 남아 있다.

한편 성직자들이 기술하고 있는 성인들의 일대기에는 켈트족의 조상들이 가능한 한 삭제되어 있지만 그 조상들과 동시대인이었던 아일랜드인 성 콜롬바누스 혹은 콜룸실(521~597)의 경우는 그렇지 않다. 그는 고대의 지도자, 즉 드루이드교의 사제이자 음유 시인이다. 귀족이었음에도 불구하고 그는 성직을 택한다. 아일랜드 북쪽의 데리 반도에 위치한 성림에 최초의 수도원을 세웠던 그는 많은 선교자들과는 달리, 이교도들이 숭배하던 오래된 참나무들을 베는 것에 반대하였다. 콜룸바누스는 온갖 수단을 동원하여 드루이드교도들의 오래된 전통을 보존하고자 하였으며, 심지어는 자신이 세운 수도원의 계율 속에 신비적인 요소들을 융합시키기까지 한다. 그러나 그리스도교를 변모시키기 위한 "공식적인 그의 노력들은 많은 갈등을 초래하고, 그는 결국 파문을 당해 아일랜드에서 쫓겨나기에 이른다." 그는 열두 명의 동지들과 563년 스코틀랜드 남서쪽 해변에 위치한 이오나 섬에 은신한다. 당시 이오나 섬은 이교도의 매우 오래된 성스러운 수도였다. 그후 574년 콜룸바누스는 드룸세마트의 공의회 때문에 다시 아일랜드로 돌아온다. 성직자들은 그가 폭동의 비호자였다는 이유로 음유 시인의 자격을 박탈하지만, 그는 이 점에 대해 저항하지 않는다. 그가 스코틀랜드에서 드루이드교도들과 회합을 가졌다는 사실을 우리는 알고 있다. 이교도의 전통을 그리스도교와 융화시키려는 그의 끈질긴 노력 말고도, 그의 너그러움은 우리에게 전해지는 금지된 이야기들을

통해 추측할 수 있는 것보다도 훨씬 더 크다.41)

물론 고대의 "깊은 숲" 다우나는 이미 오래전에 사라졌다. 그러나 이 숲은 브로셀리앙드의 마법의 숲이라는 모습으로 브르타뉴의 전설 속에 등장한다. 브로셀리앙드의 숲은 아르모리카 반도의 중심을 뒤덮고 있으며, 아레 산에서 시작하여 뢰 강까지 펼쳐져 있다. 아르모리카에 은거하고 있던 브르타뉴인들은 아더 왕의 부하들이 펼치는 여러 가지 무훈담과 원탁의 기사들을 이곳에 옮겨다 놓았다. 그러나 이 이야기들의 본래 무대는 그들이 도망쳐야만 했던 바로 그 나라이다. 브로셀리앙드의 숲은 단순히 상상 속의 한 장소에 불과하지만 사람들의 머리 속에는 늘 생생하고 강한 이미지로 남아 있다. 팽퐁의 숲에는 그 중요한 흔적들이 남아 있으며, '청춘의 샘'과 '탄식의 언덕'과 마법사 멀린의 이야기에 등장하는 '돌아오지 않는 계곡' 같은, 여전히 바렌톤 Barenton이라 불리는 장소들이 있다.

멀린, 나무 인간

"나무 인간" 같은 최근의 연구 작업들42)의 조명을 받아 등장한 이 수수께끼 같은 인물은 "수목 숭배 제의"와 관련되어 있는 것처럼 보인다. 떠돌이 시인이자 예언자인 멀린은 아더 왕의 곁에서 브르타뉴의 이교도들과 용감하게 싸웠으며, 왕에게 '원탁의 기사'를 어떻게 훈련시킬 것인지에 관해 조언하곤 하였으나, 자기 부하들의 죽음을 보고 정신이 이상해졌고 또한 사회 집단에 염증을 느껴 브로셀리앙드의 숲에 은신한다. 그곳에서 그는 악에 사로잡힌 세상을 향해 저주를 퍼붓고 숲을 떠난다. 그는 악을 너무도 잘 알고 있었다. 흔히 사람들은 그가 선과 악으로부터 태어났다고 말한다. 그러나 그는 요정 비비안을 만나면서 내부에 잠재되어 있는 악을 눌러 이긴다. 요정에게 자신의 지식과 능력을 전수해 주고 난 후, 그는 기꺼이 그녀에게 자신의 모든 것을 바치고 깊은 숲 속의 "유리집"에 스스로를 가둔다. 장 마르칼에 따르면 이 유리집은, "**숲 한가운데**에 있는 닫힌 세계이며 과수원인 또 다른 세계를 보이지 않는 벽 속에 가두는 세계이다. 이 과수원 안에서 이원론, 다시 말해 남매인 신과 여신의 성스러운 결합이 실현된다. 비록 사회로부터 분리되어 있기는 하지만 절대적인 사랑이 살아 있기 때문에, 세상과 고립되어 있을지라도 멀린과 비비안은 그들 자신에게 스스로 만족한다. 그들은 **원죄 이전의**, 즉 바깥 세상을 알지 못하는 아담과 이브의 원초적인 상황을 재구성한다."[43] 달리 말하자면 돌이킬 수 없을 만큼 쇠퇴한, 세속화된 인간 세계에서 멀어진 멀린과 비비안은 함께 기원紀元으로, 자연의 상태로, 과수원으로 되돌아온다. 이 과수원에서 그들은 "식물과 동물의 주인이 되어" 그들을 다스리고, 보호가 필요한 모든 이들을 지켜 주며, 보이지 않는 존재가 되어 구세주의 부활을 준비한다. 이들의 이야기는 종종 복잡하고 모순적인 이야기의 형태로 우리에게 전해지고 있지만, 이 이야기 속에는 선사 시대까지 거슬러 올라가지는 않더라도 켈트 이전의 민족과 켈트족의 고대 신앙이 투영되어 있다. 이런 사실은 현상적인 의미에는 별 관심을 갖지 않았던 중세 작가들의 당혹스러움과, 복잡하게 꼬여 있는 실타래를 풀고자 노력했던 켈트 연구자들의 어려움을 말해 준다. 우리는 여기에서 가장 근본적인 두 가지 요소, 즉 멀린과 나무와의 밀접한 관계와, 고대의 네메톤일 것이 분명한 원초적인 "환희의 정원"에 은신해 있으면서 입문자요, 드루이드교도요, 마법사요, 예언자요, 샤먼인 멀린이 이 숲에서 맡은 역할을 살펴보는 것으로 만족해야 할 것이다. 멀린은 드루이드교도들의 후손으로서 브리튼 섬에서 온 신성한 은둔자들의 예를 따른 것이다.

숲에 은둔하기 이전의 멀린의 예언 능력을 묘사하고 있는 시들에 따르면, 마법사들은 나무들—특히 샤먼의 나무인 자작나무와, 죽은 자들을 샤먼의 세계로 유인하기 위해 요정들이 사용했다는 가지 달린 사과나무—을 통해 예언력을 얻어 브르타뉴인들에게 닥치는 미래의 불행을 예언한다. 어떤 텍스트에는 멀린이 사과나무 아래에서 설교했다고 기술되어 있다.44) 그러나 더 중요한 것은 이 이야기 속에 등장하는 소나무, 즉 네메톤의 방목지 한가운데에 솟아 있던 '바렌톤의 샘'의 소나무이다. 이 샘은 요정 비비안이 사는 곳이다. 샘의 화신인 비비안은 비를 내리게 하는 마법의 힘을 소유하고 있었다. 샘을 에워싸고 있는 낮은 층계에 물이 쏟아지면 사람들은 무시무시한 천둥의 위협을 느꼈다. 그녀가 내리는 물은 광기를 치유할 수 있었으며, 비비안은 이 물로 멀린의 광기를 치료한다. 장 마르칼이 지적한 것과 같이 바렌톤의 샘은 브르타뉴의 대부분의 샘들과는 달리 한번도 그리스도교화된 적이 없었다. "이 샘은 몇 세기에 걸쳐 여전히 비그리스도교적으로 남아 있었으며, 완고한 성직자들도 가뭄이 들면 끊임없이 이 샘으로 이어지는 주민들의 발길을 막지 않았다."

마치 샤먼처럼 바렌톤의 소나무 맨 꼭대기에 기어올라 간 멀린은 최상의 앎에 도달하고 그곳에 살게 되는데, 이는 "유리집이 푸른 나무 꼭대기에 있으며, 이곳에서 멀린이 마침내 완전한 힘을 획득하기 때문이다."45) 완전한 힘이란, "미래를 내다볼 수 있는 능력, 변신의 능력, 자신의 모습을 보이지 않게 할 수 있는 능력, 동물들(신탁을 내리는 나무들)의 언어를 해독하고 동물에게 명령을 내릴 수 있는 능력, 치유자로서의 능력과 종종 죽은 자를 부활시키는 능력, 샘을 솟아나게 하는 능력, 존재하지 않는 존재들과 사물들을 나타나게 할 수 있는 능력, 식물계에 영향을 끼치는 힘, 동시에 여러 곳에 있을 수 있는 능력 혹은 하늘로 날아서 이동할 수 있는 능력을 말한다. 이러한 모든 힘들은 아일랜드와 웨일스의 문학적 전통이 드루이드교도들에게 부여하였던 속성들이며",46) 동시에 시베리아의 샤먼들에게서도 볼 수 있는 특징들이다.

그러므로 멀린의 소나무는 수원과 관련이 있는 우주목이다. 죽은 자들과 씨앗의 거주지로부터 나온 지하수는 다시 수원으로 거슬러 올라가 우주목에 필요한 물을 댄다. 바렌톤의 방목지와 관련된 매우 오래된 믿음들은 옛날 켈트족의 네메톤이 담당하던 역할을 설명해 준다. 바렌톤은 '벨렌톤Belenton', 달리 말해서 골 지방의 태양신인 벨랑 혹은 벨레노스의 성림 '벨네메톤 Belnemeton'의 변형이다. 가르강의 아버지인 벨랑 역시 숲의 신이며, 그는 가르강튀아*의 모델로 여겨질 만큼 전설 속에서 멀린과 매우 밀접한 연관을 갖고 있다.47) 바렌톤의 소나무는 이미 오래전에 그 모습을 감추었지만 "멀린의 성목"은 아직도 웨일스 지방의 도시 카마텐에 존재한다. 멀린의 성목은 오래된 참나무의 검은 가지들이 틈새를 뚫고 만든 시멘트 기둥에 지나지 않지만, 나무가 베어 없어지는 날에는 도시가 멸망한다는 마법사의 예언 때문에 여전히 사람들의 숭배를 받고 있다. 그래서 통행량이 많은 교차로에 위치한 이 나무가 사람들의 통행에 엄청난 지장을 주고 있어도 나무를 없애거나 다른 곳으로 옮기지 않는다.48)

하나의 의미에 연속적인 여러 겹의 덧옷이 입혀지면서 그 진의를 더 이상 파악하기 어렵게 되었을지라도, 우리는 멀린의 전설을 통하여 이미 앞서 확인한 우주목의 일반적인 특징들을 밝힐 수 있다. 즉, 샘과 관련된 바렌톤의 소나무는 비를 내리고, 예언을 하며— '멀린-비비안'은 네미의 성림에서의 '누마-에게리아'의 한 쌍을 연상시킨다—특히 정상에 오르는 자에게는 모든 지식을 나누어준다. 장 마르칼은 지식이라는 말이 "어원학적으로 나무(vidu)의 이름과 연관이 있으며, 라틴어 videre, 영어 wood, 드루이드("매우 선견지명이 있는"이라는 뜻의 dru-wid)라는 말 그리고 나무에 매달림으로써 최상의 지식을 획득한 물푸레나무의 신 우단-오딘의 이름의 어원에서 동일한 어근이 발견된다"고 지적한다. 우리는 앞에서 나무의 신들이 갖는 매우 독특하고 동시에 고대적인 하나의 특징, 즉 불륜의 결합을 언급한 바 있다. 우리는 '멀린-비비안'에게서도 다시 한번 그러한 현상을 발견할 수 있는데,

---

* 16세기 프랑스의 작가 프랑수아 라블레(1494~1553)의 소설 『가르강튀아』의 주인공.

이 둘 사이의 관계는 바렌톤 샘과 관련된 이반의 전설에서만큼이나 고대의 아르모리카에서도 빈번히 등장한다.49) 마르칼이 지적한 것과 같이, 바렌톤 샘은 "최초의 여성의 화신"인 어머니와의 근친상간, 그러나 죽음의 위험에 맞서 이를 극복해야 하는 주인공에게 있어 중요한 통과 의례인 '인간과의 금지된 근친상간'이라는 주제와 밀접한 연관을 갖는다.50)

이제 우리는 멀린에게서 새의 모습—멀린이라는 이름은 티티새merle에서 유래하였으며, 우리는 그 밖의 다른 어원을 아직까지 발견하지 못했다. 소나무 꼭대기의 유리집에 붙여졌던 '에프루모아르Eplumoir'의 이름이 그 사실을 증명해 주고 있다—을, 그리고 수많은 세월이 흐르면서 그 모습을 제대로 알아볼 수 없을 만큼 변한 오래된 나무 신의 모습을 발견할 수 있을 것이다. 이런 이유로 이제부터 우리가 살펴볼 다소 희미한 과거의 유물들 가운데서 멀린은 가장 항구적이고 소중한 대상이 될 것이다.

나무들의 영혼

설사 고대에는 어떤 초자연적인 특징51)을 보이는 일부 나무들만이 제의의 대상이 되었다고 하더라도, 모든 나무들은 각각 자기의 고유한 본질에 어울리는 영혼을 가지고 있었다. 종종 특정한 이름의 근원지로 여겨지는 반신半神의 존재가 있는데, 변신을 하는 요정의 경우가 바로 그러하다. 우리는 앞에서 갈대와 판의 피리가 된 시링크스를 예로 들어 이것을 언급한 적이 있으며, 변신의 과정을 묘사한 오비디우스를 인용해 몰약나무 뮈라에 대해서도 살펴보았다. 고대인들은 이러한 이야기들을 일상적인 것으로 받아들였다. 오비디우스의 『변신 이야기』는 온통 이러한 주제로 일관하고 있는데,52) 무궁무진한 전설적 소재에서 이런 주제를 이끌어 냈던 작가로는 그가 처음은 아니었다. 오비디우스의 시대에는 이러한 주제가 시적 과장이 허용되는 우화로만 표현되었으나, 그래도 여기에는 오랜 과거의 믿음들이 반영되고 있었다. 일반적으로 변신은 죽음의 위협을 모면하게 하는 유일한 수단이었다. 신에게 쫓기다가 겁탈당할 위기에 처하자 요정은 강의 신인 아버지에게 구원을 요청하고, 아버지는 그녀의 모습을 변하게 한다. 자신을 사모하는 신을 피하려고 그녀는 갑자기 육체를 포기하고 모든 탐욕으로부터 영원히 멀어진다. 그러나 뮈라의 경우는 예외적이다. 인간인 그녀의 아버지는 보호자로서의 역할을 하지 않으며, 모르고 저지른 일이라고는 하지만 딸과 근친상간을 저지른 후 그녀에게는 위협적인 인물로 등장하고 있다.

요정이라고 해서 누구나 변신할 수 있는 것은 아니다. 오비디우스와 선대의 그리스 작가들이 전하는 변신 이야기들 속에는 나무가 된 요정과 그녀의 아버지 사이에 매우 분명한 하나의 연관성이 존재한다. 즉, 이들은 가족이며, 나무의 영혼이 인간의 형상을 빌어 잠시 뮈라의 모습으로 발현한 것이 아닌가 하는 자문을 불러일으킬 만큼 요정 뮈라는 자신이 앞으로 변하게 될 나무의 속성을 이미 내부에 가지고 있었던 것으로 보인다.

나무와 요정을 동일시하고, 이들이 신과 어떠한 관계를 갖고 있으며, 변신을 하기 위해 어떤 조건들이 필요한지 살펴보는 것은 그들이 갖는 미덕과 고대인들이 그 본질에 부여한 인격적인 모습을 감지할 수 있게 한다. 우리는 변신 이야기들을 통해 모든 의미의 중심체인 자연을 읽고, 인간이 다른 종들과 맺는 관계와 그 각각의 정확한 용도를 해석할 수 있기 때문에 변신은 뚜렷한 의미를 갖는다.

식물의 변신으로 가장 유명한 것은 아폴론의 월계수, 즉 모든 종교적인 공식 행사에서 중요한 역할을 담당하는 소관목인 월계수로 변신한 다프네이다. 다프네는 델피안*이 유혹한 최초의 요정은 아니었지만, 그에게 유일하게 저

---

* 델포이의 아폴론.

항한 요정, 아마도 그의 사랑을 완강히 뿌리친 유일한 요정이었던 것 같다. 한편 델피안은 코르크참나무의 요정인 아레이아와의 사이에서 밀레토스라고 하는 아들을 두었으며, 참나무의 또 다른 요정인 드뤼오페와의 사이에서 암피소스를 얻는다. 우리는 이 두 가지 이야기를 각각 자세히 살펴볼 필요가 있다.

아레이아는 때로는 데이오네로, 때로는 테이아로 불렸다. 우리는 데이오네라는 이름에서, 오케아노스와 테티스의 딸이며 가이아와 우라노스의 손녀인, 도도네의 신탁을 내리는 참나무의 여신 디오네를 연상할 수 있지 않겠는가? 헤시오도스의 『신통기』에 따르면 "여신"을 뜻하는 테이아는 최초의 남녀 한 쌍이 낳은 딸들, 즉 우주를 창조한 전지전능한 신성인 대지의 어머니 가이아가 자신의 아들이자 연인인 우라노스와 근친상간하여 낳은 딸들 중 하나이다. 테이아는 테티스와 레아처럼 여섯 명의 티타니스들 가운데 하나였으며, 레아는 디오네와 유사한 인물이기도 하다. 이 모두가 우리를 성스러운 참나무의 제의로 다시금 인도한다. 우리는 앞에서 그리스 침략자들의 신이 토착민의 여신을 유혹하여 그녀를 자기들의 여신으로 삼는 과정을 여러 차례 살펴본 적이 있는데, 여기에서 다시 한번 이 문제를 다룰 것이다. 이러한 찬탈 행위에 대해서는 아폴론의 경우를 예로 들어 언급하였다. 여신들뿐 아니라 오래된 지방 신들과도 사이가 좋지 않았던 레토의 아들은 음악 경연에서 승리한다. 아레이아는 코르크참나무의 여신이지만,[53] 아르카디아의 고유한 여신이었다. 우리는 앞에서 판 신의 이야기를 통하여, 오래된 관습이 지배적이었던 이 지방에서 아폴론 제의가 어떠한 반발을 견디며 뿌리를 내렸는지 보았다. 신의 음모가 야기한 결과들에 대해서는 그 이후에 전개되는 이야기를 통해 알 수 있다. 아폴론과 아레이아의 아들 밀레토스는 미노스와 라다만테스와 사르페돈의 마음을 끌게 된다. 그는 그들 가운데 사르페돈을 가장 좋아했기 때문에 미노스에 의해 추방되어 카리아로 향하게 된다. 밀레토스는 카리아에 밀레토스라는 도시를 세우고, 그곳에 델피온이라는 신전을 지은 후 아버지에게 제의를 바친다. 그는 밀레트와 인접한 디뒤메스라는 도시에서도 제의를 올렸는데, 그 신전은 샘 근처의 성림에 지어졌으며, 델포이의 신전 다음으로 그리스에서 가장 유명한 신전이 되었다.54)

이질적이기는 하지만 참고할 수 있는 것이 있다면 바로 드뤼오페의 이야기일 것이다. 드뤼오페는 테살리아 남쪽에 위치한 오에타 산의 요정이다. 드뤼오페라는 이름은 정상을 의미하는데, 그녀는 참나무와 연관이 있는 새로서 숲의 요정들, 즉 참나무 요정들과 함께 살았다. 한눈에 드뤼오페에게 반한 아폴론은 거북이―거북이에 해당하는 그리스어 chelus는 '거북이'와 그 거북이의 껍질로 만들어진 아폴론의 칠현금을 지칭한다―로 변신한다. 요정들은 드뤼오페가 장난 삼아 자기 가슴속에 넣은 이 작은 동물을 가지고 놀고 있었는데, 그것이 뱀처럼 소리를 내기 시작하자 모두들 도망쳐 버린다. 그후 드뤼오페는 임신해서 아들 암피소스를 낳았고, 이 아들은 밀레토스처럼 오에타라는 도시 국가를 건설하여 자기 아버지를 위한 신전을 짓는다. 어느 날 숲의 요정들은 드뤼오페를 찾으러 오에타에 왔다가 이곳에 한 그루의 포플러나무를 남겨 둔다.55) 오에타의 펠라스기아 민족이 드뤼오페스라는 이름으로 불려졌기 때문에 오에타에서 숭배 받았을 것이 분명한 이 참나무는 태양의 신 아폴론에게 바치는 나무인 은백양으로 대체되게 된다. 이것은 제의의 변화와 일치한다.

다프네, 월계수

아레이아와 드뤼오페 이야기는 우리로 하여금 다프네 신화의 의미를 더 잘 이해할 수 있게 한다. 다프네는 오케아노스와 테티스의 아들로 테살리아 강의 신인 페네이오스의 딸이다. 그러므로 페네이오스는 디오네의 형제들 중 하나이다. 순결한 아르테미스를 숭배하던 다프네는 숲의 고독과 은둔을 만끽하며 자유롭고 독립적으로 사는 것이 더 좋았기 때문에, 아버지의 질책에도 불구하고 그녀에게 청혼하는 모든 구혼자들을 완강히 거절했다. 한편 아폴론이 자신의 힘을 자만하여 에로스를 비웃자 이 어린 신은 그를 다프네와 격정적인 사랑에 빠지게 한다. 아폴론이 "다프네의 목에 헝클어진 머리칼을 입김으로 어루만지면서" 그녀를 쫓아가자, 다프네는 아버지 페네이오스에게 다음과 같이 호소한다. "아버지, 저를 도와주소서. 강물에 신력神力이 있다면 저를 변하게 해주소서. 저를 괴롭히는 이 아름다움을 거두어 주소서……." 그러자 곧 변신이 이루어졌다. 포이보스는 "나무 껍질 아래에서 그녀의 심장이 뛰는 것을 느꼈다. 그는 나뭇가지로 변한 요정의 팔다리를 자신의 양팔로 껴안으며 나무에 입맞춤을 한다. 그러나 나무는 그의 입맞춤마저 거부한다. 아폴론 신이 말하기를, '나의 아내가 될 수 없다면 그대는 나의 나무가 될지어다. 나는 그대를 내 머리 위에 쓰리라. 오 월계수여, 그대는 나의 칠현금과 화살통을 장식하리라.'"[56]

 오비디우스는 아폴론의 사랑이 불륜일 것이라고 암시하고 있지만, 이 이야기는 다소 진부한 감이 없지 않다. 작가는 아폴론을 포이보스라고 부르며 다프네를 아르테미스에 해당하는 포이베에 비교하고 있는데, 뒷부분에 가서는 그녀를 디아나라고 호칭한다. 그러나 이 로마 시인은 그리스의 선배 작가들이 신화를 발전시키면서,[57] 또 다른 심오한 의미를 부여하였던 한 부분을 염두에 두지 않았다.[58] 그리스 작가들에게 있어 다프네는 '대지의 어머니'의 여사제였고, 그녀는 바로 이 대지의 어머니에게 간청한 것이다. 여신은 순식간에 그녀를 크레타까지 데리고 간다. 다프네는 그곳에서 파시파에로 변신하고, 그 자리에 월계수를 남겨 놓는다. 마음을 달래기 위하여 아폴론은 월계수 나뭇가지로 왕관을 만들었는데 이것이 최초의 월계수 왕관이다. 이제 우리는 다음과 같은 사실들을 주목하지 않을 수 없을 것이다. 즉, 이야기는 먼저 아레이아의 나라인 테살리아에서 시작되어 결국 아레이아의 아들 밀레토스가 미노스의 마음을 끌게 된 크레타에서 끝난다는 것이다. 미노스는 결국 파시파에와 결혼하여 딸을 낳는데, 그녀가 바로 나무와 밀접한 관련을 갖는 아리아드네이다.

그리스의 신화학자들은 다음과 같이 이야기한다. 다프네를 사랑하게 된 레토의 아들―레토 자신은 원래 나무, 즉 종려나무의 동양적 신성이다―은 오이에노마오스의 아들로 자신의 연적인 레우키포스를 죽음으로 몰고 간다. 레우키포스는 다프네의 반발을 이겨 내기 위하여 젊은 여자의 모습으로 변장한 다음 다프네와 함께 골짜기를 돌아다니곤 하던 요정들 틈에 끼어 든다. 레우키포스를 이기기 위해 아폴론은 계략을 써야만 했다. 그는 나무의 요정들에게 알몸으로 목욕을 하라고 부탁한다. 결국 레우키포스의 속임수가 발각되고, 그는 요정들에게 몸을 갈기갈기 찢기게 되는데, 이 일화는 아르테미스의 복수를 떠올리게 한다. 그것은 아르테미스가 악타이온에게 벌을 내렸던 사건으로, 악타이온은 요정들과 목욕을 하고 있던 아르테미스를 놀라게 했기 때문에 개들에게 물려 죽는다. 레우키포스의 이야기에서 그의 죄는 별 의미 없이 저지른 그의 변장에 의해 무거워지고 있다. 월계수나무의 제의는 인간들에게는 엄격히 금지되어 있었고, 우리는 아폴론이 다프네를 자기 여자로 만드는 데 성공하지 못하고 기껏해야 그녀를 자신의 제의에서 신탁을 내리는 나무로 정했음을 알고 있다. 엑스터시 상태에 빠져들어 신탁을 전달하게 하는 데 있어 필수적인 것으로 여겨졌던 성스러운 월계수 나뭇잎의 시식 행위는 델포이에서 여사제 퀴타아를 제외한 다른 모든 이들에게는 금지되어 있었다. 어쨌든 여기에서도 새로운 신이 나무의 제의를 차지하게 되었음이 분명하며, 우리는 레우키포스라는 인물을 통해 그 사실을 확인할 수 있다. "백색 종마"를 의미하는 이름인 레우키포스는, "말을 길들이는 자"를 뜻하는 '히포다메이아'의 아버지로 말에 대한 사랑으로 유명한 오이에노마오스의 아들이다. 이 이야기는 페네이오스 강이 흐르는 템페 계곡을 침략한 그리스 기병들과 관계가 있는데, 전설에 따르면 아폴론은 이곳에서 델포이로 월계수를 가져갔다고 한다. 오랫동안 야생의 상태로 남겨져 있어 현재까지도 이곳을 지나는 여행자에게 인상적인 느낌을 주는 이 장소에서, "진홍빛" 다시 말해 "핏빛"을 뜻하는 여신 다포에네[59]를 기리기 위해 마이나데스는 월계수 잎을 씹으며 열광적으로 바쿠스 신의 제의—오이에노마오스는 정확히 "포도주에 열광하는 벗"을 의미한다—를 올렸다는 사실을 우리는 알고 있다. 여신 다포에네는 나무와 말의 제의에서 신성한 왕이 의지하는, 암말을 머리에 얹은 대지의 어머니인 것 같다. 레우키포스를 지칭하는 이 왕의 통치는 1년 만에 끝이 나고, 그는 트라키아의 나무 신 오르페우스처럼 광분한 마이나데스들[60]에 의해 몸이 찢긴다. 플루타르코스에 따르면,[61] 테살리아에서 잡혀 온 다포에네의 여사제들은 크레타 섬에 몸을 숨기고 있다가 그곳에서 파시파에—"모든 이에게 빛을 주는 여자"라는 뜻으로 달에 붙는 관용적인 수식어이며, 다프네는 그녀와 관련이 있다—라는 이름을 붙여 다포에네를 숭배한다. 오비디우스는 파시파에를 포이베에 비유했는데 여기에는 분명 이유가 있을 것이다. 이제 우리는 달, 나무 그리고 말과 연관된 원초적인 하나의 제의와 마주하게 되었다. 그러나 이미 앞에서도 보았듯이 말은 포세이돈에게 바쳐진 것이고, 이 동물은 끈질기게도 오이에노마오스의 자식들이 갖고 있던 이름들에까지 영향을 미치고 있으므로, 우리는 광분한 박칸테스의 디오니소스 행렬 뒤에 시대를 거슬러 올라가는 또 하나의 제의가 숨겨져 있는 것이 아닌가 하는 의구심을 갖게 된다.

레우케, 은백양

훨씬 덜 정확하기는 하지만 그리스와 로마의 신화학자들은 나무로 변신하여 신의 욕정으로부터 벗어나려고 하는 요정들에 대한 세 가지 다른 이야기들을 우리에게 제공한다. 첫 번째로는 하데스의 추격을 받아 은백양leukè으로 변신한 레우케가 있다. 그녀는 하데스의 손아귀에서 벗어나지 못하고 결국 지옥의 문턱인 기억의 강가에 머무르게 된다. 레우케는 아마도 기억의 강의 딸이었을 것인데,[62] 이 강은 하데스의 영역인 타르타로스*와 크로노스가 다스린다는 엘뤼시온의 뜰** 사이의 경계에 위치한다. 레우케는 '운명의 섬'들―길들여진 야생 동물들이 모여 사는 낙원으로 영웅들이 죽고 나면 이곳에서 안식을 취한다―중 하나의 이름이기도 하다. 이것은 그리스인들이 은백양에게 부여한 상징적인 의미, 즉 불길한 흑양과는 대조적으로 빛을 발하는 죽음의 나무라는 상징적인 의미를 우리에게 알려 준다.[63]

필뤼라, 보리수

필뤼라의 이야기에는 이중의 변신과 관련된 흥미 있는 이본이 하나 있다. 오케아노스의 딸인 이 요정은 퐁-위생에 위치한 섬에 살았다. 이 섬에는 그녀의 이름이 붙여져 있는데, 이는 그녀가 섬의 수호자이며 그곳에서 제의가 있었을 것이라는 사실을 의미한다. 어느 날 필뤼라와 사랑을 나누다가 헤라에게 들킨 크로노스는 종마로 변신하여 자기 연인을 내버려 두고 쏜살같이 도망을 가 버린다. 크로노스가 오케아노스와는 형제 관계였으므로 필뤼라는 그의 조카가 된다는 점을 기억하자. 또한 크로노스의 딸로서 결혼의 여신인 헤라가 그의 불륜과 간통을 막았다는 점 역시 염두에 두자. 필뤼라가 아이를 낳았을 때, 그녀는 방금 막 자신이 낳은 아기가 반은 사람의 형상을 하고 반은 말의 형상을 한 괴물임을 알아차린다. 그녀는 이 사실이 두렵고 창피하여 자기 아버지에게 자신을 보리수로 변신하게 해달라고 간청하였다.[64] 그녀의 아들 케이론은 식물의 비밀을 알고 있었기 때문에 후일 천부적인 신탁의 능

---

* 지옥의 아래에 위치한, 세상의 가장 밑에 있는 심연.
** 그리스 로마의 신화에서 영웅이나 덕이 있는 사람들이 사후에 간다고 전해지는 곳.

력과 의학 지식으로 엄청난 명성을 얻게 된다. 필뤼라의 보리수는 그리스와 이미 크레타 섬에서―필뤼라philyra는 크레타어이다―탁월한 약용목藥用木으로 알려져 있었으며, 보리수 이파리는 민간에서 오래전부터 치료제로 사용되고 있었다. 한편 사람들은 보리수의 속껍질 혹은 인피靭皮―필뤼라라고도 불리는―로 종이를 만들었으며, 이것을 띠처럼 찢어서 점을 보는 데 쓰기도 하였다.[65]

그러므로 필뤼라의 이야기는 초자연적인 힘―병을 치료하고 미래를 예견하는 힘―을 보유한 나무들에게 바쳐진 제의를 암시한다. 말로 변신한 크로노스, 어머니인 보리수의 힘을 보유한 미래의 예언자이자 신성한 동물―그는 "신성한 야생 짐승"을 뜻하는 '테르 테이오스thèr théios'라 불렸다―인 그의 아들 켄타우로스, 그리고 인적이 없는 외딴 지역에서 일어난 이들의 행적은 이 같은 사실을 증명한다.

피튀스, 검은 소나무

시링크스와 마찬가지로 판 신이 범하려고 한 순결한 요정 피튀스도 그에게서 벗어나지 못하고 소나무로 변신한다. 그러나 피튀스의 소나무는 그리스어로 '페우케'인 아티스의 양산소나무(피누스 피네아Pinus Pinea)가 아니고, 그리스어로 '피튀스'라는 이름을 간직한 검은 소나무(피누스 피나스테르Pinus Pinaster) 혹은 바다의 소나무이다. 자세한 내용에 따르면, 판 신과 북풍의 신 보레아스는 동시에 피튀스를 사모하고 있었다. 그런데 피튀스가 판을 더 좋아하자 보레아스는 엄청난 바람을 몰고 와서 그녀를 절벽 아래로 밀어 버렸다. 판은 죽어 가는 피튀스를 찾아내어 그녀를 검은 소나무가 되게 한다. 그때부터 가을이 되어 보레아스가 바람을 일으키면 솔방울에서는 투명한 송진이 흘러나오는데, 이것은 피튀스가 흘리는 눈물이다.

카뤼아, 호두나무

카뤼아와 더불어 우리는 가장 오래된 신앙의 흔적을 다시 발견한다. 라코니아에서 디오니소스는 디온 왕의 초대를 받는데, 그는 왕의 딸 중 가장 어린 카뤼아와 사랑에 빠진다. 그런데 이를 질투한 두 언니가 이 사실을 왕에게 이르자, 디오니소스는 두 언니들을 바위로 변하게 한다. 슬픔에 잠긴 카뤼아는 갑자기 죽게 되고, 신은 그녀를 호두나무가 되게 하였다. 아르테미스 여신에게서 이 사실을 전해 들은 라코니아인들은 '카뤼아티테스'라고 불리는 호두나무 숲 속에 여인의 형상이 기둥에 조각된 신전 하나를 짓고는 그것을 아르테미스 카뤼아티스에게 봉헌한다. 아르테미스 여신이 디오니소스의 애인의 죽음을 전하고 라코니아인들이 아르테미스 카뤼아티스에게 신전을 지어 바쳤다는 사실은, 오래된 제의가 새로운 제의로 대체되는 것을 말하는 것 같다.

우리는 펠라스기아 시대의, 그러니까 상고 그리스 시대의 카르Kar 혹은 케르Ker라 명칭되는 한 신의 존재를 알고 있다. 소아시아의 카리아는 바로 이 신의 이름에서 유래한다. "머리" 혹은 "나무의 꼭대기"를 뜻하는 그리스어 '카라Kara'는 같은 어원에서 유래하며, "뇌"를 뜻하는 라틴어 '케레벨룸 cerebellum' 역시 이 말에서 파생되었다. 호두의 식용 부위는 두 겹으로 되어 있는데, 그 생긴 모양 때문에 뇌의 반구들을 연상시킨다. 어쨌든 카르 혹은 카뤼아 여신은 그리스에서 아르테미스에게 자리를 내준 후에도, 수많은 고대의 전통들이 살아 숨쉬는 이탈리아 땅에 살아남아 있었다. 이곳에서 그녀는 예언을 내리는 요정, 즉 라틴 어원학에 따르면 "성가聖歌, 신탁"을 뜻하는 카르멘carmen에서 파생한 '카르멘타'라는 이름으로 알려진 에게리아 요정이 된다. 카르멘타는 원래, 앞서 우리가 고대의 제의들을 다루면서 여러 차례 언급한 적이 있는 펠로폰네소스 반도의 아르카디아 지방에 살고 있었던 것 같다. 이곳에서 그녀는 헤르메스와의 사이에서 "인간들에게 선을 베푸는 자"라는 뜻의 이름을 가진 아들 에반드로스를 낳았다. 그는 라티움 왕국을 건설했던 펠라스기아족의 우두머리가 되어 티베르 강가에 촌락을 만들고, 팔라스 아테나 여신에게 헌정된 아르카디아의 한 마을 이름이자 자신의 고향인 팔란티온이라는 지명을 이곳에 붙였다. 라틴어로 팔란티움인 이 작은 마을은 로마의 언덕들 중 하나인 팔로마 언덕이 된다. 에반드로스의 어머니 카르멘타는 펠라스기아어의 자모가 조합되어 만들어진 라틴어 자모에 그 기원을 두고 있으며, 그러므로 알파벳과 달력과 나무 제의 사이에는 명확한 연관성이 존재한다.66) 신탁을 내리는 호두나무를 통해 오랫동안 예언의 능력을 행사하던 카르멘타는 2백 살이 되도록 살았으며, 죽고 나서는 신에 버금가는 존경을 받았다.

카르멘타와 에반드로스의 이야기는, 그리스 민족보다 더 오래된 펠라스기아 민족의 기원이 밝혀지기만 한다면 아마도 성목 제의와 관련된 이탈리아의 수많은 고대적 자취들을 파악하는 하나의 열쇠가 될 수 있을 것이다. 호두나무 요정의 아버지의 이름이면서, 디오니소스와, 전승이 말하고 있는 것처럼 제우스(디오스Dios)와 특히 도도네의 신탁을 내리는 참나무 여신 디오네의 하인(하인을 지칭하는 그리스어 diakon은 디온과 동일한 어원을 갖는다)의 이름이기도 한 디온Dion을 통해, 우리는 그러한 사실을 읽을 수 있다.67)

그러나 호메로스는 카르를 "여도둑la voleuse d'homme"68)이라 불리는 고대 죽음의 신 케르로 묘사하고 있으며, 고대의 작가들은 페르세포네 여신과 더 일반적으로는 극악무도한 모든 여신들에게 호두나무가 갖는 역할들을 부여하고 있다. 우리는 모든 풍속 안에 잔존해 있는 이러한 호두나무의 불길한 면모를 잘 알고 있다.69) 케르는 고대 그리스 시대에 흔히 불행과 냉혹한 죽음의 신으로 등장하곤 하였다. 번쩍거리는 눈과 비뚤어진 입, 어두운 혈색과는 대조적으로 뾰족하고 하얀 치아를 가진 이들은 어지러운 전쟁의 와중에 모습을 드러낸다. 빨간 옷을 입고 우울한 괴성을 지르는 케르는 부상당한 자들의 피를 게걸스럽게 마심으로써 그들을 죽음에 몰아넣는다. 그리하여 사람들은 케르를 하데스의 암캐라고 불렀다. 케르들 가운데 우리에게 잘 알려진 하나가

소포클레스의 『오이디푸스 왕』70)에서 오이디푸스에게 질문을 던지는 스핑크스이며, 스핑크스라는 이름은 도리아 침입 이전의 그리스 시대에는 "교살자"를 의미했다.

퓔리스, 편도나무

  일련의 음울한 이야기들 다음으로 등장하는 순결한 퓔리스 역시 상사병의 희생양이다. 그녀에 관한 전설은 나무의 또 다른 수목 정령인 아리아드네를 연상시킨다. 트라키아의 공주인 퓔리스는 트로이 전쟁에 출정하는 테세우스의 아들 아카마스에게 반한다. 아카이아인들의 함대가 그리스로 돌아오기 위해 닻을 올리자, 퓔리스는 강가에 서서 자기 애인의 귀환을 지켜 본다. 배가 난파되어 귀환이 늦어지자 이 불행한 여인은 슬픔을 이기지 못해 죽게 된다. 그러자 충실한 연인들의 여신인 헤라는 그녀를 편도나무로 변하게 하였다. 다음날 아카마스가 도착했을 때는 이미 퓔리스의 나무 껍질만이 그를 기다리고 있었다. 그가 껍질을 어루만지자 다른 과실수와는 달리 아직 잎도 나지 않은 나무에서 꽃이 피었다.71) 일찍 핀 꽃들은 봄철의 서리를 맞고 이내 시들어 버리기 일쑤인데, 퓔리스의 이 아름다운 이야기는 편도나무의 때 이른 개화가 상징하는 순결한 은총과 이 나무가 갖는 유약성을 상기시킨다. 퓔리스는 amygdalea로 불리는 종, 즉 그리스어보다 시기적으로 앞서는 지중해의 고어古語로서 편도나무를 뜻하는 '아미그달레amygdalè'의 그리스식 이름이 아니다. 퓔리스phyllis는 "나뭇잎"을 의미하며, 전설은 편도나무가 잎이 나기 전에 꽃을 피우는 것은 바로 이와 같은 변신의 결과임을 암시하고 있다.

퀴파리소스, 실편백

여기에서도 역시 연인들 사이의 이별이 등장하지만, 변신의 대상은 요정이 아니라 퀴파리소스라 불리는 소년이다. 오비디우스에 따르면,72) 퀴파리소스는 "요정들에게 바쳐진 길들여진 한 마리의 커다란 사슴"과 함께 살았다. "그는 본의 아니게 투창으로 사슴을 찌르게 되었다. 치명적인 부상을 입고 죽어가는 사슴의 모습을 본 그는 대신 죽고 싶은 마음뿐이었다." 이 아이를 사랑했던 태양의 신 아폴론은 그를 위로하려 하지만, 그럼에도 불구하고 그는 자신의 눈에서 영원히 눈물이 흐르게 해달라고 신께 간청하며 흐느낄 뿐이었다. 그리고 그는 스스로 실편백이 되어 버렸다. 슬픔에 잠긴 아폴론은 다음과 같이 말한다. "나는 그대를 위해 영원히 눈물을 흘릴 것이고, 그대는 다른 이들을 위해 눈물을 흘리며 그들과 고통을 함께 나눌 것이다." 그때부터 사람들은 언제나 푸른빛을 간직한 이 나무를 무덤 옆에 심었고, 실편백은 장례와 위로할 길 없는 고통의 상징이 된다.73) 퀴파리소스가 그리스 본토가 아닌 크레타어라는 사실을 통해 우리는 나무 신을 연상할 수 있다. 사슴은 나무 신의 신성한 동물이며, 생명의 나무의 연례적인 부활을 상징하고 있기 때문이다. 그러나 유감스럽게도 우리는 이 점에 관해 이야기하고 있는 후대의 작가들의 신화 해석에서 더 멀리 나아가지 못하고 있다.

퓌라모스와 티스베, 뽕나무

나무로의 또 다른 변신들에는 한 사람이 아닌 두 사람의 연인, 즉 헤어질 수 없는 한 쌍의 남녀가 주인공으로 등장한다. 퓌라모스와 티스베, 그리고 필레몬과 바우키스가 그러하다. 퓌라모스와 티스베의 이야기는 앞선 여러 경우들처럼 희망이 없는 이별로부터 연유하기 때문에 비극적이다. 이들의 이야기를 다룬 최초의 작가 오비디우스는 그 무대를 바빌로니아로 설정하고 있는데, 그러므로 이 이야기는 그리스적이 아니라 아시아적이다. 두 연인은 부모의 반대 때문에 몰래 사랑을 나눈다. 양쪽 집이 서로 붙어 있었기 때문에 이들은 경계를 이루는 벽의 틈새를 이용해 서로 애정을 나누지만, 두 연인은 서로를 볼 수도, 포옹할 수도 없었다. 그래서 그들은 샘 옆에 서 있는 뽕나무 밑에서 만나기로 약속한다. 뽕나무에는 눈처럼 흰 열매들이 주렁주렁 달려 있어서 남들의 시선을 피하기에는 안성맞춤이었기 때문이다. 어느 날 약속한 장소에 먼저 도착한 티스베는, 물을 마시러 그곳에 온 암사자를 발견하고 공포에 질려 자신의 베일을 떨어뜨린 채 도망친다. 사자는 그녀가 떨어뜨린 베일을 발견한다. 먹이를 잡아먹은 지 얼마 안된 암사자는 피로 범벅이 된 입으로 티스베의 베일을 갈기갈기 찢는다. 한편 뒤늦게 도착한 퓌라모스는 사자가 남겨 놓은 피 묻은 티스베의 베일을 보고는 그녀가 죽었다고 생각한다. 그는 사랑하는 연인이 다시는 살아날 수 없다는 사실에 비통해하며 칼로 자신의 심장을 찌른다. 그러자 피가 솟구쳐 올라 뽕나무 열매에 붉은 자국을 남겼다. 그 장소로 다시 온 티스베는 잠시 후 바닥에 길게 누워 있는 시체를 발견한다. 그것이 바로 자신의 연인이라는 사실을 깨닫고는 뽕나무에게 다음과 같이 말한다. "나무여, 지금 그대의 가지들로는 단 하나의 몸밖에는 숨길 수 없지만 머지않아 두 개의 몸을 숨겨 주소서. 우리의 죽음의 표지를 거두어 주시고, 영원히 죽음을 상징하는 슬픈 열매를 맺으소서. 이는 두 연인이 피로 그대를 적시는 것을 증명하는 것이리라.' 그녀는 이렇게 말하고 퓌라모스의 더운 피가 아직 식지 않은 칼 위로 몸을 던진다. 그녀의 기도는 신들을 감동시켰다. 그후로 완숙기에 있는 뽕나무에는 검은 빛깔의 열매가 열렸으며, 사람들은 연인의 시신을 화장한 다음 그 재를 한 항아리에 넣어 주었다."[74]

1617년 테오필 드 비오에 의해 비극으로 쓰여진 이 이야기의 주인공은 로미오와 줄리엣을 연상시킨다. 이 이야기는, 왜 뽕나무 열매가 처음에는 흰색이었다가 차츰 붉은색을 띠고 열매가 완전히 익을 때쯤이면 진한 보라색이 되는지를 설명하는 데 그 목적이 있는 것 같다. 뽕나무 열매 '모롱moron' (그리스가 아닌 지중해에 그 어원을 두고 있다)은, 그 이름이 불행을 뜻하는 '모로스moros'와 매우 유사하기 때문에 그리스에서는 불길한 것으로 여겨지고 있다.

필레몬과 바우키스

필레몬과 바우키스의 짧은 이야기는 또 다른 흥미거리를 제공한다. 이 이야기의 기원이 그리스임에도 불구하고 우리는 오비디우스의 『변신 이야기』를 통해서만 그 내용을 접할 수 있다.75) 필레몬과 바우키스의 이야기는 라 퐁텐의 우화 덕분에 우리에게는 매우 친숙하다. 대략의 줄거리는 다음과 같다. 필레몬(사랑을 하는 자)과 바우키스(정숙한 여자)는 별다른 어려움 없이 서로를 사랑하며 살았다. 어느 날 두 명의 여행자가 여기저기에서 냉대를 받은 후, 필레몬과 바우키스의 누추한 집을 찾는다. 선량한 늙은 부부는 이들을 따뜻하게 맞이하고 음식을 대접하지만, 그들이 인간의 모습을 하고 있는 유피테르와 메르쿠리우스라는 것을 알아차리지는 못한다. 유피테르는 자신에게 염소 고기를 내오는 주인의 호의에 감동하여 그들 앞에서 자신의 정체를 밝힌다. 두 신은 몰인정한 이 지방의 주민들을 벌하고 친절한 노인들에게는 은혜에 보답하고자 한다. 두 부부는 집에서 나와 근처의 산으로 올라갔다. 그들이 정상에 도달해서 아래를 내려다보니 박정한 이웃의 집들이 물에 잠기고 있었다. 필레몬과 바우키스가 이 광경을 보고 놀라 어쩔 줄 모르는데, 문득 자신들의 집이 엄청난 신전으로 변하는 것을 본다. 메르쿠리우스는 부드러운 목소리로 그들에게 다음과 같이 묻는다. "훌륭한 노인이여, 그리고 훌륭한 노인의 진정한 배우자여, 그대가 소원하는 것을 나에게 말해 보시오." 필레몬은 바우키스와 잠시 상의한 뒤에 신들에게 자신들의 소원을 말한다. "우리는 사제가 되어 신전을 지키고 싶습니다. 그리고 저희는 이제까지 서로 하나가 되어 화목하게 살아 왔기 때문에 이 세상을 떠날 때도 함께 가고 싶답니다. 나 혼자 살아남아 아내가 먼저 저 세상으로 가는 것을 보는 일이 없게 하시고, 또한 그녀가 보는 앞에서 내가 먼저 무덤으로 가는 일도 없게 하소서!"

신은 그들의 소원을 들어주었다. 그들은 살아 있는 동안 내내 신전을 지켰다. "세월이 흘러 이제는 많이 노쇠한 어느 날, 그들은 신전 계단 위에 서서 옛날 그곳에서 있었던 일을 서로 이야기하고 있었다. 그러던 중 바우키스는 나뭇잎이 필레몬을 덮는 것을, 필레몬은 나뭇잎이 바우키스를 덮는 것을 보았다. 잎사귀가 그들의 얼굴을 덮기 시작하자 그들은 서로에게 말했다. '잘 가요 할멈, 잘 가요 영감.' 동시에 말을 끝낸 그들의 입은 나뭇잎 밑으로 사라져 버렸다." 튀노스(프리기아의 한 지방으로 여겨지던 뷔티니의 영웅)가 살던 지방에는 지금까지도 여전히 필레몬과 바우키스의 몸에서 생겨난 두 개의 나무 줄기가 있다. 프리기아에 오랫동안 남아 있었던 나무 제의들 중 몇몇은 바로 이들의 나무에서 유래한다는 사실을 기억해 두자.

필레몬은 제우스의 나무인 참나무로 변하고, 바우키스는 병을 고치는 나무인 피나무로 변했다. 이 이야기에서 변신은 소원에 대한 신의 응답인 동시에 신이 내리는 최상의 보답인 셈이다. 서로 뒤얽힌 쌍둥이 나무의 가지들은 대중의 상상력 속에서, 죽음도 그들을 갈라놓지 못하는 두 명의 충실한 연인들을 종종 떠올리게 한다. 바로 이것은 민간 전승 안에서 그리고 특히 켈트족 사이에서 매우 일반적인 주제가 되었다. 아일랜드의 전설에 의하면,[76] 노이즈와 데르드르의 몸속에 박혀 있던 두 개의 말뚝에서 두 개의 주목朱木이 나와 무덤 위에 나뭇가지들을 서로 뒤엉키게 하였다고 한다. 특히 브르타뉴 지방에서는 속죄해야 할 영혼들이 이 나무에서 살았다고 하는데, 아나톨 르 브라즈가 자신의 책[77]에서 자케트 크라즈 드 랑뫼르를 통해 이야기하고 있는 "두 그루의 고목古木 이야기"에는 이와 같은 이야기가 비교적 최근의 일인 것처럼 묘사되어 있다. 에르베 민감이라는 한 농부는 어느 날 밤 밖으로 나갔다가 자기 집 굴뚝 옆에서 "이상한 소리"를 내는 나뭇잎을 발견한다. "그는 고개를 들고 어둠 속에서 반짝이는 하얀 나무 껍질을 발견한다. 이상한 소리를 내고 있는 나무는 마치 포옹을 하기 위해 서로 마주 보고 뒤엉켜 있는 것 같은 아주 오래된 두 그루의 너도밤나무였다." 나무에서 들려오는 가느다란 소리가 그에게는 마치 속삭이는 인간의 목소리처럼 느껴졌다. 그 소리는 바로 추위에 흐느끼는, 돌아가신 자기 부모의 목소리였다. 침실로 돌아온 그는 두 그루의 너도밤나무가 무거운 발걸음으로 집 주변을 배회하는 소리를 듣는다. 그리고 잠시 후 그의 부모가 인간의 모습을 하고 방으로 들어와서는 몸을 녹이러 난로 앞으로 가는 것이었다. 그들이 나누는 대화를 듣고, 민감은 자신의 부모가 과거 불쌍한 사람들에게 선행을 베풀지 않았기 때문에 지금 벌을 받고 있는 중이라는 것을 알게 된다. 다음날 아침이 되자 민감과 그의 아내는 가난한 사람들에게 선물을 나누어주고 교회로 가서 미사를 드렸다. "그때부터 두 그루의 너도밤나무에서는 더 이상 말소리가 들리지 않았다." 브르타뉴 지방의 사람들은, 죽은 자들이 "고통 받는 영혼"의 상태로 나무 안에 은신해 있으면서 산 자들에게 모습을 보이며, 그들을 거기서 벗어나게 하는 것은 바로 산 자들의 의무라고 믿고 있었다.

이런 변신이 고대 그리스와 로마에서는 처벌이 되기도 한다. 『변신 이야기』[78])의 작가 오비디우스는 우리에게 그 몇 가지 예들을 알려 주고 있다. 그가 오이칼리아의 왕, 즉 에우리토스의 딸로 묘사하고 있는 드뤼오페는, 아폴론의 사랑을 받았지만 포플러나무가 된 드뤼오페와는 다른 인물로서 바로 이러한 변신의 벌을 받는다. 에우리토스가 "넘쳐 나는 물"을 의미하고 있는 것으로 보아, 오이에칼리의 딸 드뤼오페 역시 강의 딸, 그러니까 요정일 것이다. 그녀는 물가를 거닐다가 만발하게 핀 흰 연꽃을 발견하고는 그 줄기를 꺾는다. 갑자기 꽃에서는 핏방울이 떨어지고, 줄기는 "전율하면서" 몸을 움직였다. 그러자 불쌍한 드뤼오페의 몸에서는 잎이 자라나기 시작했고, 잠시 후 그녀는 연꽃으로 변한다. 그녀가 꺾었던 연꽃은 프리아포스 신의 "음흉한 접근"을 피해 달아나다가 변신한 요정 로티스였으며, 드뤼오페는 아무것도 모르고 요정의 몸에 상처를 낸 것이었다.

이제 우리는 하나의 이야기 속에 그것을 설명하는 또 다른 이야기가 들어 있는 이야기, 즉 격자 변신이라 부를 수 있는 것에 관해 살펴보고자 한다. 줄기와 잎이 있는 장과漿果 식물처럼 묘사하는 이 흰 연꽃lotus은 무엇인가? '로토스lôtos'라는 말은 그리스어로 이집트의 백련('님페아 로투스Nymphea lotus')을 지칭할 뿐 아니라, 로마인들이 오비디우스 시대 때부터 재배하기 시작한 대추나무('지지푸스 후후바Zizyphus jujuba' 혹은 '지지푸스 로투스 Zizyphus lotus')를 지칭하기도 한다. 플리니우스에 따르면 백련은 AD 1세기가 되어서야 비로소 시리아에서 수입되기 때문에,[79] 지금 논의의 대상이 되는 종은 바로 대추나무이다. 그러므로 오비디우스의 이야기는 무엇보다도 "나뭇가지를 꺾지 않도록 경계하라. 줄기에는 '신의 몸'이 들어 있다는 것을 잊지 말라"는 하나의 경고이다. 여기에는 시인의 감추어진 면모, 즉 대수롭지 않은 것처럼 보일 수 있지만 그의 작품에 심오한 깊이를 부여하는, 자연과 특히 나무에 대한 공손하고 열렬한 사랑이 자리하고 있다.

『변신 이야기』[80]에는 또한 요정을 모욕하여 생기는 위험을 그린 하나의 삽화가 짤막하게 소개되어 있다. "아플레우스의 목동이 어느 날 그들을 뒤쫓았다……. 갑작스러운 공포감으로 인하여" 이내 "흥분 상태가 된 요정들은 자신들을 뒤쫓는 사람을 거들떠보지도 않은 채" 춤을 추기 시작한다. 한 시골뜨기가 이들의 모습을 비웃고, "상스러운 말과 욕설을 내뱉자, 나무 하나가 그의 목구멍을 덮쳐 침묵하게 만들었다." 그리하여 그는 "불경한 혀를 연상시키는 쓴 열매가 달린" 야생 올리브나무로 변했다. 우리는 여기서 악타이온과 레우키포스 같은 이야기들에서 묘사된, 긴 생명력을 가진 하나의 주제를 다시 한번 보게 된다. 중세의 요정들은 자신에게 경의를 표하지 않는 사람들을 이러한 방식으로 벌하였다는 점이다.

"비법을 행하는 음유 시인"[81]인 오르페우스를 살해한 죄를 지은 마이나데스가 뤼알루스("모든 근심에서 해방시키는 자"라는 뜻을 갖는 말로서 디오니소스의 별칭)에 의해 나무로 변한 경우 역시 처벌로서의 변신의 예이다.

모든 우화들은 각각 그 나름의 방식으로 식물의 출현을 설명하고 있으며, 우리는 이 식물들의 종種을 통해 요정의 기원을 알 수 있다. 그것은 이 요정들의 이름이 약간 변형되기는 했지만 나무들의 이름으로부터 유래하는 경우가 많기 때문이다. 이러한 도식에서 종을 구성하는 모든 나무들이 나온다. 게다가 나무는 그것이 무엇이든지 간에 서로 다른 익명의 여러 존재자들로부터 생명력을 얻는다. 우리는 그 줄기 안에, 위험한 상황이 닥치면 언제든지 나무를 떠날 수 있는 숲의 요정인 드뤼아데스와, 나무에 살면서 나무와 생사를 같이 하는 요정인 하마드뤼아데스를 감추고 있는 참나무에 관해 이미 언급한 적이 있다. 분명 참나무는 식물의 왕이요, 최고신의 발현이기 때문에 거기에는 이 나무만이 소유할 수 있는 절대적인 특권이 있다. 숲의 또 다른 요정들은 모두 드뤼아데스에 속하며, 이들 중 일부는 고대인들에게 잘 알려져 있었다. 예를 들어 호두나무의 요정인 카뤼아티테스, 크로노스에게 거세를 당한 우라노스가 흘린 피에서 태어난 물푸레나무의 요정 '멜리아이méliac' 혹은 '멜리에méilées'("물푸레나무"를 뜻하는 '멜리아melia'에서 파생)가 있다. 이것은 물푸레나무의 신 포세이돈처럼 이미 오래전부터―드뤼아데스와 제우스의 참나무 요정인 하마드뤼아데스가 출현하기 이전부터―이 물푸레나무의 요정들이 숭배되고 있었다는 사실을 암시한다. 소포클레스[82] 역시 물푸레나무의 요정 멜리아데스(사과나무를 뜻하는 '멜리스mélis'에서 파생)에 대해 언급하고 있다. 끝으로 태양신 헬리오스의 딸들이며 오만한 파에톤의 누이들인 헬리아데스가 있는데, 이들은 그가 아버지의 마차를 몰다가 하늘에서 추락하여 죽자 비탄에 빠져 결국 포플러나무가 되었다. 이 나무에서는 "햇빛을 받아 굳어 버린 용연향龍涎香이 방울져"[83] 눈물이 되어 떨어졌다고 한다. 이렇듯 요정들이 개인적인 신분과 역사를 가지는 것은 모두 이유가 있었다. 그것은 이들이 그 옛날 사람들이 제의를 올리던 나무들 속에 깃들어 살아 왔기 때문이다.

살아남은 이교도들

그리스도교는 별다른 어려움 없이 수목 숭배 제의들을 들판에서 추방시켰지만, 그 제의들이 남긴 여러 가지 신앙들을 완전히 없애지는 못했다. 후대의 풍속사에는 이러한 흔적들이 남아 있다. 나무로 변한 인간들에 관한 이야기는 민담과 설화 속에서 거의 사라진 상태이긴 하지만 그래도 여전히 존재한다. 디낭 근방에는 1900년경까지도 거대한 참나무 한 그루가 있었는데, 그 나무는 요정이 자신의 마술 지팡이로 건드림으로써 나무가 된 이교도 연인이었다.84) 미슐레가 『바다』(1861)라는 작품에서 인용한 생통즈 지방의 한 발라드에는 바닷물에 빨래를 하는 왕의 딸이 등장한다. 왕의 아들이 빨랫감을 찾기 위해 바다에 뛰어들었다가 빠져 죽자 그녀는 슬픔에 잠겨 관목인 강의 로즈메리가 된다. 『추근거리는 방랑자』(1852)에서 제라르 드 네르발은 발루아 지방의 전설을 인용해 숲의 왕자였던 어린 벌목꾼이 호랑가시나무로 변한 이야기를 한다. 얼마 후 이 호랑가시나무는 어린 벌목꾼에 의해 그 숲의 왕자였다는 사실이 밝혀진다.85) 17세기 말의 설화86)에는 자신의 연인들을 나무로 만드는 한 요정이 등장하는데, 그녀의 연인들은 요정이 죽은 자와 사랑에 빠질 때까지 나무의 모습으로 남아 있어야만 했다.

땅에 떨어지면서 푸른 잎이 돋아나는 지팡이에 관한 이야기는 그 종류가 훨씬 다양하다. 지팡이는 오래전부터 지역을 불문하고 항상 성스러운 속성을 지니는 것이었다. 『가르강튀아』에서 라블레는, "마르탱이 심은 지팡이(순례의 지팡이)가 나무가 되었기 때문에, 흔히 성 마르탱의 나무라고 부르는 키가 큰 거대한 느릅나무"에 대해 말하고 있다. 라블레는 이 느릅나무가 베드에서 그리 멀지 않은 쉬농 지방에 있다고 밝혔다. 그런데 이 지방의 역사에서 우리는 흥미로운 몇 가지 요소들을 발견할 수 있다. 순례의 지팡이를 심고 이 나무에 푸른 잎을 틔운 사람은 성 마르탱이 아니라 그의 제자 브리스라는 것이다. 우리는 브리스의 생애에서 호기심을 끄는 몇 가지 사항들을 발견할 수 있다. 그에게는 부자들만이 가질 수 있었던 노예와 성의聖衣들이 많았다. 마르탱의 부사제였음에도 불구하고 브리스는 마르탱이 "허황된 미신과 허무맹랑한 환상과 우스꽝스러운 헛소리"를 한다고 늘 그를 비난하였으며, 심지어는 공공연하게 모욕하였다. 어느 날 마르탱이 자신을 고쳐 줄 수 있으리라는 희망을 가진 한 병자가 브리스에게 마르탱이 어디에 있느냐고 물었다. 그러자 브리스는 "그대가 찾고 있는 정신 나간 자, 하늘을 하찮게 생각하는 자는 바로 저기에 있소이다"라고 대꾸한다. 그러나 마르탱은 이 모든 모욕을 참았다. 그러던 어느 날 그는 브리스를 불러 "나는 신으로부터 그대를 주교직의 후임자로 내정하라는 지시를 받았소. 이제 그대는 여러 가지 시련들을 겪어야만 할 것이오"라고 말한다. 브리스는 이 말에 웃을 뿐이었다. 성 마르탱이 죽고 나자 그는 투르의 사제로 선출되었고, 그의 시련은 시작된다. 이 시련들 중 하나가 우리의 주의를 끈다. 브리스의 의복을 세탁하는 여신도에게는 아들이 하나 있었는데, 브리스가 그녀에게 추근댔다는 비난을 받은 것이다. 사람들의 분노는 대단했다. 신명심판神明審判*으로 자신의 무죄를 증명하기 위하여 브리스는 모든 사람들이 지켜 보는 가운데 활활 타는 엉겅퀴위를 아무런 상처 없이 걸어갔다. 브리스는 켈트식, 즉 이교도식 이름으로 고대 성화聖火의 여신이었던 성녀 브리지트와 어원이 같다. 동일한 어원에서 유래한 이 두 성인들이 모두 불에 타지 않았고, 또한 하얀 옷을 입었던 것으로 미루어 보아 아마도 이들은 드루이드교의 사제였던 것 같다. 『성자전』87)에는 브리스가 성 마르탱과 최고의 앙숙 관계로 그려지고 있다. 그러므로 브

---

* 불이나 열기에 손을 넣어도 다치지 않는 자는 무죄로 판정하였던 중세의 심판 방법.

리스는 분명 이교도였으며, 그리스도교도들의 수가 아직은 많지 않았던 5세기 초만 해도 많은 사람들의 추종을 받았을 것이다.

6세기 아르모리카의 초기 선교자들 중 한 사람인 구드왈은 자신의 지팡이를 땅에 심은 후 잠이 든다. 그런데 잠에서 깨어 보니, 지팡이는 어느새 잎이 무성한 나무로 변해 있었다. 이 나무는 오래 근처의 로코알 섬에 그가 왔었다는 사실을 오랫동안 증표하게 되는데,[88] 그는 이곳에 플레시트의 수도원을 세운다. 흔히 기적을 행하는 나무들은 성인들의 유물 혹은 순교와 매우 밀접한 관계를 갖곤 한다. 496년에는 아리우스파 사람들이 고트족에게 그 직위를 박탈당한 투르의 주교 볼리지앙을 처형한 사건이 있었는데, 처형자들의 창槍이 변한 물푸레나무는 박해자들의 비행을 증언하기 위해서 오랫동안 그곳에 살아 있었다고 한다. 4세기 툴루즈의 주교였던 성 피르맹의 시신 역시 또 다른 기적의 기원을 이룬다. 그는 북부의 이교도들에게 복음을 전파하다가 아미앵에서 순교한다. "숲"을 의미하는 라틴어 실바에서 유래한 까닭에 매우 의미 있는 이름을 가진 실브Silve라는 한 성인이 생-아쉴의 수도원에서 피르맹의 시신을 발견했을 때, 한겨울이었음에도 불구하고 수도원의 나무들에는 잎과 꽃이 만발했다. 또한 740년 베네딕트파 교리 확립자의 성유물을 카생 산에서 플뢰리(현재의 생-브누아-쉬르-르와르)의 수도원으로 가지고 왔을 때도 상황은 마찬가지였다.[89] 여기서 우리는 초기의 개종 주체자들이 자신의 믿음을 기적으로 증명하면서 이교도들의 제의와 맞서 싸웠다는 점에 주목해야 할 것이다.

죽은 자들의 영혼이 나무에 깃들인다는 믿음은 매우 일반적인 것이었다. 앞에서 언급한 몇 가지 예들 외에, 이제부터 우리는 브르타뉴 지방의 작은 마을의 묘지목인 "살아 있는 호두나무"에 얽힌 이야기를 덧붙여야 할 것이다. 아르모르*의 사람들은 죽은 자들의 나무[90]인 주목들이 묘지에서 자라는 유일한 나무라고 믿고 있었다. 왜냐하면 이 나무들은 묻혀 있는 모든 죽은 자들의 입에서 자라기 때문이다.[91] 대 브리튼의 콘웰 주에서는 한때 묘지의 나무들에 접근하는 것을 금지한 적이 있다. 왜냐하면 그 나무들의 가지나 잎을 따는 사람에게는 반드시 다음날 밤 그 나무의 유령이 찾아왔기 때문이다.92) 임종 시에 병자의 입에서는 나비의 형상(그리스어로 프시케psyché는 영혼, 숨, 그리고 나비를 동시에 지칭한다), 또는 "주검들의 파리"('퀴노미아 모르투오룸 Cynomyia mortuorum L.')라고 불리는 커다란 파리의 형상을 한 영혼이 빠져 나온다. 이러한 믿음을 반영하는 이야기들에 따르면,93) 회색 나비들은 고인의 가슴 위에 앉아 있다가 입관이 끝나면 관 밑에 붙어 있기 때문에, 나비는 구원 받은 혹은 구원을 받게 될 영혼들임이 분명하다.94) 반면 파리는 지옥에 떨어진 영혼들을 상징한다. 매장이 끝나면 이들은 모두 하늘을 날아다니면서 심판을 받기 위해 나무로 온다. 사람들은 종종 죽은 자가 나무에서 서성거리는 모습을 보기도 한다. 이웃인 프랑소아 캉키의 장례식에 참석하지 못한 트레가르반의 농부 장-르네 브레리베에게 일어났던 일이 한 예가 될 것이다. 장례를 알리는 종소리가 교회에서 울려 퍼지는 동안, 이 농부는 나무들 사이로 불안하게 주위를 살피며 모습을 감추는 고인故人의 모습을 발견한다. 곧이어 농부는 고인이 "조그마한 잎사귀가 붙은 다섯 개의 잔가지 위에 앉아" 있다는 사실을 알아차린다. 그런데 몸의 무게에도 불구하고 잔가지는 부러질 것 같지 않았다. 장-르네가 "너무 놀라서…… 무서움도 잊어버린 채" 친구에게 다가가자, 고인은 이렇게 말했다. "장-르네, 나는 선택의 여지가 없었다네. 신은 각자에게 장소와 처벌 기간을 지정해 주는데, 나는 이 나무의 새싹이 연장의 손잡이로 쓸 수 있을 만큼 자랄 때까지 이곳에 머물러야 한다네." 다행히 장-르네는 근면하고 관대한 자였다. 그는 이렇게 외쳤다. "그러니까 자네는 어서 빨리 자유의 몸이 되어야 하겠구먼!…… 요즘 들어 아내는 부침용 국자 손잡이를 새로 갈아야 한다고 말하고 있었네." 농부는 즉시 줄기만큼 자라난 새싹을 잘랐다. 그것을 손질하는 동안 그는 친구의 기쁨에 찬 인사말을 들었다. "이제 프랑소아 캉키의 관을 땅에 묻을 시간이 되었다."95)

나무들은 종종 매우 이상한 모습을 띠기도 한다. 한 예로 클리송(르와르-

아틀란틱) 성에 있던 전나무는 피를 흘렸는데, 이 나무에는 총살당한 방데인들의 전리품들이 숨겨져 있었다.96) 역시 르와르-아틀란틱의 모뮈송에 있는 한 참나무는 밤이면 흐느끼는 소리를 냈다고 하는데, 그것은 대혁명 당시 프랑스 공화국의 병사들이 이 나무 아래에서 소교구의 사제를 처형했기 때문이다.97) 코트-뒤-노르 연안 지방의 랑모데즈에 "성 모데즈의 의자"라고 불리는 바위 근처에서 자란 산사나무 역시 자주 피를 흘리곤 하였으며, 그리하여 6세기 한 선교자는 브레아 섬에 수도원을 세웠다. 또한 어떤 나무들은 맹세의 증인 역할을 하여, 이를 어긴 자에게 처벌을 내렸다고 한다. 그 대표적인 예로 앙제의 전설 속에 등장하는 참나무가 있는데, 기사는 이 나무 아래에서 한 소녀에게 영원한 사랑의 서약을 하였다. 그런데 맹세를 저버린 기사는 버림받은 불행한 여인이 목숨을 끊던 날 참나무 밑을 지나가다가 나무에 깔려 죽었다고 한다.98) 반면 나무가 구원의 상징이 되는 경우도 있다. 알자스 지방의 설화에서 배나무와 사과나무는 슬픔에 잠긴 소녀를 위로하려고 그녀의 앞치마에 과일들을 떨어뜨려 주었다. 또 다른 과일 나무들은 손이 닿지 않아 과일을 딸 수 없는 병자들을 위해 자신들의 가지를 늘어뜨려 주기도 하였다. 또한 제의를 올리는 자리에서 구원의 노래를 불러 주는 나무들도 있었고, 그 옛날 시인 오르페우스가 자신의 칠현금으로 나무들을 감동시켜 그것들을 움직이게 한 것처럼 행진을 하는 나무들도 있었다. '행진하는 숲'의 주제는 전형적인 켈트식인데, 우리는 영웅 쿠슈렌느의 이야기와 셰익스피어의 『맥베스』에서 이 주제를 다시 찾아볼 수 있다. 한편 서로 싸움을 하는 나무들도 있었다. 『탈리에신의 서書』99)에 묘사된 켈트의 유명한 전설인 "나무들의 전쟁"에는, 침략자에 대항하여 전쟁을 벌이던 (대 브리튼 섬의) 사람들이 열세를 보이자 기디온이라는 자가 나타나 갑자기 자신의 마술 막대기로 적군을 나무로 변신시켜100) 승리를 가져오는 이야기가 등장한다. 기디온에는 숲을 의미하는 말인 Gwydd 혹은 Wydd가 함축되어 있기 때문에, 사실 그 이름 자체가 이미 나무와 연관이 있다. 아르모리카의 민간에 널리 알려져 있는 동화로서, 천국에 편지를 가지고 가는 어린 목동의 이야기인 『이야니크의 여행』101)에도 나무들의 전쟁, 적절한 표현을 쓰자면 나무들의 말싸움이 나온다. 길을 가던 이야니크는 나무 두 그루가 "서로 다투면서 홧김에 나무 껍질을 벗겨 멀리 던지는" 놀라운 광경을 목격한다. 목적지에 도착한 그는 자신이 본 광경이 무엇을 의미하는지 카푸친회 수도사에게 편지로 묻는다. 수도사는 그에게 "다투는 나무들은 살아 있을 때 서로 화목하게 지내지 못했던 부부들이란다" 하고 대답한다. 그러나 시간이 흐르면서 이 주제는 점차 변질되어, 서사적인 주제는 평범하고 심지어는 풍자적으로 변하게 되었다.

이제는 거의 찾아보기 힘들게 된 대부분의 살아남은 나무들에 대해서도 우리는 평범하고 풍자적인 감정을 갖는다. 이러한 결과에 관해 폴 세비요는 매우 타당한 이유들을 제시하고 있다. "돌과 샘물에 바치는 제의들은 매우 생생하고(『프랑스의 풍속』이 쓰여진 1905년까지도 최소한 그러하였다), 그리스도교화되어 쉽게 납득이 가며, 종종 뚜렷한 모습을 띤다. 그러나 나무에 대한 숭배 의식은 매우 희미해졌다. 그것은 아마도 그리스도교가 점차 나무 제의를 없애기 시작한 데 그 원인이 있는 것 같다. 그리스도교는 수확이라는 명목으로 숲을 개간하기 위해 나무들을 베기 시작했는데, 이러한 경제적인 차원의 변환은 주교들의 배척과 선교사들의 저주보다 훨씬 더 실용적인 효과를 가져왔다. 이제 우리는 나무의 생명에는 한계가 있다는 사실과, 수원을 메우고 장애가 되는 수많은 바위들을 치우는 일보다 참나무의 뿌리를 뽑는 일이 더욱 쉽다는 사실을 덧붙일 수 있을 것이다." 작가는 다음과 같이 부언한다. "우리는 샘들의 목록을 하나하나 작성하지 않은 것처럼, 어떤 지역에서 어떠한 나무가 제의의 대상이 되었는지 그것들의 목록을 일일이 열거하지 않았다. 파리 근교의 한 지역에서 조사한 통계 자료를 보면 아마도 모두 놀라움을 금치 못할 것이다. 1954년 그레이브스가 쓴 『오이즈에 관한 고고학적 고찰』에 따르면, 그 지역에서 숭배의 대상이 되고 있는 나무의 수가 느릅나무 74, 참나무 27, 가시나무 24, 호두나무 15, 너도밤나무 14, 보리수 14그루 등" 모두 합쳐 자그마치 253그루에 이른다. 폴 세비요는 다음과 같이 끝을 맺는다. "그러나 사람들은 숲 한가운데 고립되어 있는 나무들에게는 대부분 개인적이며 은밀한 방법으로 경의를 표했다. 하지만 우리는 이 점에 대해 이야기하는 풍속 연구가들을 거의 찾아볼 수 없다."[102] 이제 세비요가 언급하지 않은 또 하나의 이유를 여기에 덧붙이도록 하자. 최근의 풍속학자들은, 살아남은 나무들의 수가 극히 적었기 때문에 그것들을 분석하는 일―그러나 독자들도 이미 느끼고 있겠지만 그 일은 종종 유용하다―을 소홀히 하였으며, 그 점에 관하여 관심을 거의 기울이지 않았다. 식물에 대한 무관심과, 단순하게 말하자면 고대 드루이드교의 제의들에 대한 무관심 때문에 이들은 우리에게 아무런 암시도 남기지 않았던 것이다.

제7장 사로잡힌 숲

시골을 정복하고 이교도들이었던 농부들을 개종시키기 위해 기독교는 오랜 시간을 필요로 했다. 그러나 수도사들은 일찍부터 숲 속에 정착해 숲을 개척해 나가면서 점차 이교도들을 몰아냈다. 오래된 성목이 있던 자리에 수도원이 세워지는 경우도 있었다. 6세기 초반에 브누아 드 뉘르지는 동료 수도사들과 함께 카생 산에 정착하는데, 고대의 네메톤으로 이 산의 꼭대기에 위치한 울창한 숲에는 아폴론의 신전이 세워져 있었다. 물론 브누아가 "우상들"에게 바치는 제의를 그리스도교 유일신의 제의로 바꾸며 시골을 "정화시킨" 유일한 인물은 아니었을 것으로 보인다. 같은 시대에 콜룸바누스 역시 아일랜드의 성목이 있던 빈자리에 그의 최초의 수도원을 건립했기 때문이다.

모든 수도자들의 조상 격인 은자들(외따로 떨어져 사는 사람들)을 본따 은둔자ermite(버려진 장소를 지칭하는 그리스어 '에레모스eremos'에서 유래)들은 거목들이 울창한 깊은 숲에서 살고 있었다. 콘스탄티누스 황제 시대의 인물로서 "최초의 은둔자"로 알려진 성 폴은 "수도사들의 대부"인 성 안토니우스가 등장하기 조금 전에 속세를 떠나, 상 이집트에 위치한 테베 사막으로 온다. 그는 그 밑으로 샘이 흐르는 한 그루의 종려나무 옆에서 살면서 이 나뭇잎으로 옷을 만들어 입었다. 한편 자신보다 먼저 고행을 시작한 은둔자가 있다는 꿈을 꾼 안토니우스는 그를 방문하고자 한다. "그를 찾으려고 숲을 헤매던 중 안토니우스는 제일 먼저 반인반마半人半馬의 켄타우로스와 맞닥뜨리게 되었는데, 이 괴물은 그에게 자기 앞을 지나가라고 말한다. 다시 길을 가던 안토니우스는 이번에는 대추야자 열매를 갖고 있는 한 마리의 동물을 만나게 된다. 이 동물의 상반신은 인간을 닮았으며, 배와 다리는 염소의 모습을 하고 있었다. 안토니우스가 그에게 누구냐고 묻자, 그는 자신이 이교도들의 나무 신 사티로스라고 대답한다. 마지막으로 성 안토니우스는 늑대 한 마리를 만나게 되고, 이 늑대가 그를 폴 성인의 은거지로 인도한다."[1] 은둔지는—이 이야기 속에서는 숲이라고 명시된다—수많은 이교도 신들로 가득 차 있는 것이다. 그러나 이곳에서 이교도 신들의 모습은 조금도 적대적이지 않으며, 심지어는 호의적으로까지 보여진다. 성 안토니우스가 겪은 유혹은 수많은 예술가들의 상상력을 자극한 장면으로, 이것은 중세의 마녀 집회와도 매우 유사하다.

 한때 신으로 숭앙 받던 존재들은 중세에도 여전히 숲 속에 숨어살았다. 교회는 한번도 그들 모두를 몰아내는 데 성공하지 못했다. 분명 교회가 그들 중 일부를 기독교로 개종시켜 성인으로 만들고, 또 일부는 "그리스도교적 후광"을 씌워 모호한 모습으로 바꾸긴 했지만, 그들은 살아남았다. 그 수는 엄청나게 많았으며 이들 중 몇몇은 끝까지 굴복하지 않고 옛날 그대로의 모습을 간직하였다. 발은 염소처럼 생기고, 몸에는 털이 박혀 있었으며, 머리에 뿔이 있는 사바의 사탄은 바로 위대한 신 판Pan이었다. 목신牧神과 실비우스, 사티로스 등은 반인반수의 하급 마신魔神이나 몽마夢魔*로, 이들은 여자들(마녀들)이 잠자는 동안 그들을 탐하기도 하였다. 아우구스티누스는 『신국론』에

---

* 잠자는 여자를 범한다는 마신.

서 "실비우스와 목신은 몽마라고 불린다"라고 말하고 있다. 이 반인반수의 신들은 숲 속에서 자신들을 따르는 마법사 혹은 마녀들을 거느리고 다녔다. 이 마법사와 마녀들은 그리스도교가 교훈적 차원에서 억압하지 않을 수 없는 본능적인 힘을 표상하고 있었기 때문에, 그리스도교의 입장에서는 실제적인 위험의 대상이 되었다. 마법사와 마녀는, 그리스도교로 개종된 지역에서 지방의 교리를 통해 전파된, 사탄에 대한 믿음으로부터 탄생한 인물들이다. 그러므로 이들은 악인이었다. "그 이름에서 알 수 있듯이 마법사의 주된 기능은 어떤 이유에서든 악행을 저지르고자 하는 사람들에게 주술을 거는 것이다. 그들은 마치 성직자가 하늘의 은총을 설파하듯 사람들에게 지옥의 저주를 내린다. 그러므로 이런 상황 속에서 그들은 성직자들과 완전한 경쟁 관계를 이루었다."[2]

지금 우리가 고대의 신들을 특히 숲에서—성직자들은 성목을 지칭하는 단어 네무스를 사용하여 Aures sunt nemoris(나무는 귀를 가지고 있다)라고 말하고 있는데, 여기서 성목은 켈트식의 네메톤을 가리킨다—마주하게 되는 이유는, 이 신들이 그리스도교가 발전하는 과정에서 숲으로 모습을 감추어 버렸기 때문이 아니다. 그것은 이들이 원래 숲을 창조한 자들이었기 때문이다. 이들이 야기한 두려움 혹은 수상한 소리, 그들의 존재를 암시하는 야릇한 빛은 고대인들이 느끼던 "알 수 없는 공포심panique"이었다. 이 단어는 원래 그리스어로서, 외딴 장소에서 자신이 판 신에 의해 사로잡혀 있다고 믿는 사람에게 닥쳐오는, 저항할 수 없는 갑작스러운 공포를 의미한다. 뿔이 달린 판 신은 내부에 제어할 수 없으며 전염성을 지닌 동물적 성욕을 가지고 있었기 때문에, 인간의 영혼을 교란시키고 모든 능력을 행사할 수 있었다. "범汎"을 의미하는 그의 이름은 신들에게 부여 받은 것인데, 이것은 모든 살아 있는 존재들에게는 어느 정도 판의 탐욕적인 성격이 잠재되어 있기 때문이며,[3] 판 신의 기원 자체가 생명의 총체이자 우주에 생명을 부여하는 발생적 에너지를 구현하고 있기 때문이다.[4]

이 공포는 게르마니아의 거대한 야생림을 통과하던 로마 군대를 사로잡았으며, 또한 러시아를 침공한 나폴레옹 대군을 뒤흔들기도 했다. "전해지는 이야기에 따르면, 나폴레옹은 세 번을 연속해서 수도원(모스크바 근처의 성 삼위일체 수도원)으로 그의 군대를 진군시켜 트로이스타 문까지 갔다. 그런데 갑자기 덤불숲이 그 앞에 나타나는 것이었다. 갑작스런 공포 때문에 두 차례나 모스크바에서 퇴각한 적이 있던 그에게 또 한 번의 공포가 엄습한다. 나폴레옹은 이 세 번째 진군에서는 기필코 이 숲을 통과하리라 결심한다. 결국 숲에서 길을 잃어 3일 밤 3일 낮을 헤맨 끝에 그는 가까스로 모스크바로 가는 큰길을 다시 찾을 수 있었다."5)

　사탄이 된 판 신은 그리스도교 시대에 매우 위험한 존재로 여겨졌다. 판의 영역에 침입한 은둔자들은 판의 술책과 '계략embûches'에 걸려들기 쉬운 조건에 있었기 때문에 그의 첫 번째 위협 대상이었다. 계략이라는 용어는 악마의 함정과 간교한 수작을 지칭하기 위해 종종 사용되던 종교적인 어휘로서, 지금의 논의에 매우 적절한 표현이다. 왜냐하면 '매복embuscade'이라는 말이, 나무를 뜻하는 bosco에서 파생한 이탈리아어 imboscare에서 유래한 것처럼, embûches라는 단어는 나무를 의미하는 '장작bûche'에서 나왔기 때문이다. 바로 여기에 고행자들로 하여금 모임을 결성하여 은둔자들의 공동체를 구성하게 한 이유들 중의 하나가 있다. 결국 은둔자들은 숲의 거의 대부분을 장악했으며, 결코 사라지지 않고 항상 존재해 왔다. 그들 중 다수는 나무 안에서, 종종 움푹 패인 나무 구멍 속에서 생활하였다. 이곳은 비좁기는 했지만 그들에게는 더할 나위 없는 자연의 안식처였던 것이다. 아토스 산*에는 아직까지도 이와 같은 생활 방식이 유지되고 있다. 아토스 산에 관한 책을 저술한 엠마뉴엘 그라씨6)는 한 고행자가 기거하고 있는 구멍 파인 굵은 나무통을

---

* 그리스어로는 "신성한 산"을 의미한다. 그리스의 마케도니아 지방에 있는 산으로 10세기 때부터 20여 개의 수도원이 생겼다.

사진으로 찍었는데, 그 나무의 껍질에는 십자가가 박혀 있었다. 이러한 수행의 풍습이 이 지방에서는 대단히 일반적인 것처럼 보인다. 아토스 산은 "여기서 일생을 마치는 것이 유일한 소원인 수많은 은둔자들로 넘쳐 났다. 이들은 마치 그리스도를 영접하는 천사들처럼 그리스도의 지상 재림을 기다리며 나무 구멍 속에서, 동굴 안의 경사진 바위 위에서, 튼튼하고 깨끗한 나무통 속에서 은둔자의 삶을 살았다."7) 이러한 수행 과정이 무척 험난했던 것은 사실이지만, 그래도 이들의 고독한 은둔에는 성 베르나르의 교훈만큼이나 풍부한 의미가 담겨 있었다. "그는 나무 안에서 명상을 하면서 신비에 쌓인 성인들의 모든 것을 알게 되었다고 말했다. 그는 벗들에게 자신의 유일한 스승은 참나무와 너도밤나무였다고 즐겨 말하곤 했다."8)

몇 편의 기사도 로망에는 영웅과 고행자의 만남이 서술되어 있다. 이들 로망 가운데 일부는 사실상 의심의 여지가 거의 없는 것처럼 보인다. 1230년에 쓰여진 작자 미상의 작품 『트리스탄』에서 우리는 다음과 같은 구절을 읽을 수 있다. "어느 날 그들은 우연히 골짜기의 벼랑에 위치한 작은 오두막집을 찾게 된다. 그곳에는 은둔자인 오그린이 살고 있었다." 이 오그린이라는 이름은 분명 중세적인 상상력을 불러일으키는 오그르ogre의 축약형이다. 오그르는 자기의 자식들을 집어삼켰던 크로노스에 그 기원을 두고 있는데, 골족은 신에 버금가는 존재인 그에게 희생 제의를 바치기도 하였다. 오그린은 트리스탄에게 금발의 이졸데를 되찾으려면 마르크 왕에게 거짓말을 하라고 조언하는데, 이러한 그의 조언에는 그리스도교적 성격이 거의 없는 것처럼 보인다.

물론 숲을 통과하는 길에 매복하여 비행을 일삼는 부랑자들 때문에 놀라는 것은 그리 기분 좋은 일이 아니다. 숲에서 일하며 한철 동안 나뭇잎으로 된 오두막집에 거주하는 벌목꾼과 채석공들은 매우 험악한 얼굴을 하고 있었기 때문에 만약 우리가 덤불숲 깊은 곳에서 튀어나오는 그들을 보게 된다면 그 유명한 "나무 인간"이 아닌가 하고 자문하게 될 것이다. 물론 이들은 요주의 인물이 아니었지만 그 외모만큼은 사람들에게 상당한 공포감을 주었다. 생각해 보라! 익명의(13~14세기의) 한 골족 이야기꾼의 작품인 『오웬(이뱅)』을 보면, 한 영웅이 "나무 안에서 이 세상(그러므로 그는 '다른 세상' 사람이었다) 사람 둘의 키를 합쳐 놓은 것만큼 키가 큰 흑인 남자 한 명을 발견할 것"이라는 예고를 받는다. "이 흑인 남자는 외다리로, 이마 한가운데에는 눈이 하나 박혀 있었고, 손에는 쇠로 된 몽둥이가 쥐어져 있었다. 단언컨대, 그토록 육중한 체구의 인간을 나는 단 한번도 본 적이 없다. 그는 고약한 인간은 아니지만 보기에 흉하다. 그러나 그가 바로 숲을 지키는 자이다. 여러분은 수천의 야생 동물들이 그의 주변에서 먹이를 뜯어먹는 모습을 볼 수 있을 것이다."9) 크레티앵 드 트루아의 『이뱅』에는 이뱅이 숲에서 마주친 이 남자의 모습이 다음과 같이 묘사되어 있다. "무어인같이 생긴 이 끔찍한 인물은 너무도 추하고 흉칙한 모습을 하고 있으며, 어떤 말로도 표현이 불가능할 정도로 흉한 괴물이다. 그는 손에 큰 지팡이를 들고 나무 밑둥에 앉아 있었다. 내가 그에게 다가가 살펴보니, 그는 노새나 혹은 다른 짐승들의 것보다도 훨씬 큰 머리통, 무성하게 헝클어진 머리카락, 두 뼘 정도로 벗겨진 넓은 이마, 코끼리 귀처럼 크고 털이 잔뜩 난 귀, 넓은 눈썹, 평평한 얼굴, 올빼미의 눈, 고양이의 코, 늑대보다 훨씬 길게 찢어진 입, 붉고 날카로운 멧돼지의 이빨, 붉은 턱수염, 꼬인 콧수염을 갖고 있었다. 그의 턱은 가슴까지 쳐져 있었고, 길게 굽은 등에는 혹이 솟아 있었다. 또한 이상한 옷을 걸친 그는 지팡이에 몸을 지탱하고 있었다. 그가 입고 있는 옷은 천으로 된 것이 아니었다. 그는 황소인지 수소인지 모를 두 마리의 소에서 이제 막 벗겨 낸 동물 가죽을 목까지 꼭 달라붙게 걸쳐 입고 있었다."10) 이 괴물을 만났을 때 이뱅은 브로셀리앙드의 숲을 지나 바렌톤의 샘을 향해 가고 있는 중이었다. 그러므로 이 야생 인간은 경우에 따라 마법사 멀린이 되는데, 로베르 드 보롱(12~13세기)의 『메를랭(멀린)』에는 다음과 같이 쓰여져 있다. "그는 몽둥이로 참나무를 힘껏 치면서 앞으로 나아갔다. 그리고 그 몽둥이로 양떼를 모으는 목동처럼 수사슴과 암사슴, 흰반점사슴의 무리, 온갖 종류의 붉은 가축들을 몰고 갔다."[11] 그러나 중세의 저자들이 묘사하고 있는 이 나무 인간이 비단 멀린만은 아니었으며, 다른 이름으로 장소와 시대를 불문하고 언제나 존재했다. 그는 야생 동물들의 호위를 받으며 나무의 스승이자 숲의 스승으로 군림하였다. 고전 문장紋章에도 등장하고 있는 이 인물은 덥수룩한 수염에 벌거벗은 채 나뭇잎 왕관과 허리띠를 만들어 차고 몽둥이에 몸을 지탱하고 있는 모습으로 그려지곤 하였다. 우리는 이 인물이 덴마크 왕가의 장롱에 그려진 가문家紋의 양쪽을 장식하고 있는 것을 보게 되는데, 프러시아의 가문에서는 창을 들고 있다. 몽둥이는 실제 우리가 야생 인간을 통해 상기할 수 있는 헤라클레스의 몽둥이다. 외눈이라는 점에서 그는 퀴클롭스와 닮아 있다. 퀴클롭스는 외눈박이였을 뿐 아니라 외팔과 외다리였고, 몸집도 기형적일 정도로 거대했다. 여기에는 전혀 의심의 여지가 없다. 왜냐하면 아일랜드의 발로나 골족의 이스파다엔 펜카비치는 자신들의 한쪽 눈으로 병력 전체를 꼼짝 못하게 할 수 있었기 때문이다. 그리스도교에서도 사바의 사탄은 이마 중앙에 눈 하나가 있는 것으로 묘사되고 있다. 이들 모두는 깊은 숲 속에서 완전한 자유를 만끽하는 세력, 즉 본능적이고 어두운 힘의 세력을 상징한다. 나무 인간, 퀴클롭스 그리고 이들이 상기시키는 판 신, 이 3자는 숲과 더불어 인간 세계를 감싸고 있는 야생적 자연의 의인화이다. 따라서 중세 이야기 속에 등장하는 나무 인간은 나무 신의 마지막 화신인 것이다.

만약 우리가 벌목꾼이나 채석공을 나무 인간으로 취급하게 되는 경우, 언급해야 할 중요한 사항이 있다. 이들은 단지 숲의 아주 일부분에서 모습을 드러냈으며, 이웃 농부들은 이곳에 가축들, 특히 떡갈나무나 너도밤나무의 열매들을 먹고사는 돼지들을 데려와 풀을 먹인다는 것이다. 이러한 지역을 지나칠 때면 으레 우리 앞에는 미지의 넓은 빈 터가 나타난다. 프랑크 시대 이후 중세에는 가까운 숲과 먼 숲을 구분해 왔다. 가까운 숲은 가축들의 목초지로 이용되면서 개발이 되었지만 먼 숲은 버려진 채로 남아 있었다. 여기서 우리가 주목해야 할 하나의 유용한 사실은, 숲이라는 말이 원래 봉건 영주가 취미 삼아 나무를 심었던 구역을 지칭하던 곳으로, 영주의 소유지이긴 하지만 소작인들이 그들의 사용권과 방목권을 행사할 수 있다는 점에서 '실바 코무니스sylva communis'(공동의 숲)와는 대립되는 개념이라는 것이다. 롱고바르의 법령과 샤를마뉴 대왕의 법령집에만 나타나고 있는 '포레스티스forestis'(silva가 함축된)라는 단어는 본래 왕실의 숲을 의미한다. 이 단어는 왕이 재판을 주재하는 경우 법률적 의미를 띠는 '포룸forum'으로부터 파생하였거나, "문"을 뜻하는 라틴어 '포리스foris'에서 유래했을 것으로 추정된다. 뿐만 아니라 문 밖에 서 있는 것을 의미하기도 하는데, 이 경우에는 '포레스티스forestis'가 "밖에서"라고 번역된다. 'foris'는 "추방시키다"라는 뜻의 라틴어 속어 '포레스타레forestare'와 프랑스어 '포렝forain'을 낳았는데, 이 말은 원래 "이방인"이라는 의미였지만, (forum에서 온) '프와르foire'(장터)라는 말과 접촉하면서 이 장터 저 장터를 옮겨 다니는 상인을 지칭하기 시작했다. 속어 라틴어 '포레스티우스forestius'에서 파생된 '파루슈farouche' 역시 영어의 '포리너foreigner'나 이탈리아어의 '포레스티에레forestiere'처럼 이방인을 의미한다. 언어학자들은 숲의 어원이 될 수 있는 두 가지 가능성 사이에서 망설이고 있으나, 사실 이 두 가지 어원의 가능성은 장터나 재판 장소를 의미하기 이전에 집을 에워싸고 문 앞에 위치한 토지나 작은 앞마당이 있는 곳을 지칭하는 'forum'으로 귀착된다.

  그러므로 언어는 숲과 그 지방 사람이 아니라 당연히 "야생의farouche" 미지인들인 이방인들 사이에 하나의 연관 관계를 수립한다. 13세기에 프랑스어 forasche는 잘못 길들여져 야생sauvage 상태로 남겨진 짐승들을 가리켰다. 이때 'sauvage'라는 말은 "숲"을 뜻하는 라틴어 '실바티쿠스silvaticus'에서 온 것으로 특히 식물에 관해 이야기할 때 사용하는 단어이다. 우리는 'silvaticus'의 다른 어원을 찾을 수 없기 때문에 이 단어를 아주 오래된 라틴어 '실바silva'에서 유래한 sylve 혹은 silve와 관련 짓는다. 또한 라틴어 '실바'역시 그 자체로 모호한 기원을 갖는 그리스어 '울레ulè'(숲, 나무)로부터 파생하였을 것이다. 야생 짐승은 길들여지지 않은 짐승이며, 두려움을 내포하는 그 모든 것과 더불어 여전히 숲에서 살아간다. 야생 인간은 나무 인간이다.

저주 받은 사냥꾼, 성 위베르와 오리나무의 왕

만약 숲에서 갑자기 나무 인간을 만나게 된다면 우리는 그가 해를 끼치지나 않을까 하는 순간적인 "공포감"에 사로잡힐 것이다. 그러나 전 유럽에 널리 알려진 전설적인 인물인 유령 사냥꾼의 경우는 그렇지 않다. 우리는 유령 사냥꾼을 통해, 도리아 침입 이전의 그리스 신화에서 "위대한 사냥꾼"으로 그려지고 있는 크레타의 자그레우스라는 인물을 다시 만날 수 있다. 그는 지하 세계의 신으로서 "야생 사냥"을 주재한다. 야생 사냥은 초겨울의—11월 1일, 즉 후일 만성절萬聖節이 되는 "사자들의 날"을 중심으로—죽은 자들의 지상 출현을 상징한다. 민간에 전해지는 수많은 전설들은 이 야생 사냥에 관한 갖가지 해석을 낳았다. 그러나 이 주제는 정식으로 그리스도교화되면서 일요일의 평화로운 안식일을 지키지 않았던 한 사냥꾼을 등장시킨다. 봄므-레-담므('담므'는 '봄므' 동굴 속에 사는 요정들이다) 근처의 쥐라 산맥에 있는 로몽-쉬르-크레트에 떠돌이 사냥꾼이 하나 있었다. 어느 일요일 그는 사슴 한 마리를 잡으려고 개들을 풀어놓아 과부의 밭을 망쳐 놓았다. 그는 사슴을 잡을 수 없었고, 결국 영원히 사슴의 뒤꽁무니를 쫓아다녀야 하는 형벌을 받게 되었다. 봄므 숲 속의 비텔 근방에는 이교도처럼 동굴 속에 기거하던 장 드 봄므라는 인물이 있었는데, 이 사람은 일요일과 축제일까지도 쉬지 않고 사냥을 했다. 그때부터 그는 항상 그로부터 도망치기만 하는 토끼를 쫓아 헤매 다녔고, 사람들은 숲에서 개들을 부르는 그의 목소리를 들을 수 있었다.12) 베아른이나 가스코뉴 지방에서와 마찬가지로 브르타뉴와 노르망디 지방에서도 저주 받은 사냥꾼은 바로 아더 왕 자신인 경우가 많다. 숲이 울창한 이 지방에는 다음과 같은 이야기가 전해 내려온다. 부활절날 "아르튀 영주"는 자신의 사냥개들이 토끼를 쫓는 소리를 듣고, 미사를 올리다 말고 교회에서 나온다. 그의 이러한 행동은 영성체가 신자들에게는 가장 엄격한 의무이며, 누구나 미사에 참석해서 그리스도의 부활을 축하해야 할 일요일에 있어서는 안될, 도저히 용서 받을 수 없는 불경한 행위였다. 그러나 흥분한 아르튀에게는 아무 생각이 없었다. 그가 사냥개들을 몰아 막다른 숲에 이르렀을 때, 그곳에 엄청난 크기의 바위 하나가 박혀 있는 것이 보였다. 그는 멈추고자 했으나 저항할 수 없는 힘에 떠밀려 말을 몰았다. 막다른 지점에 이르자 토끼는 공간을 박차고 튀어 올랐고, 아르튀와 사냥개들은 허공을 달리게 되었다. 그들은 이 세상이 끝나는 날까지 쉬지 않고 달려야만 했으며 땅에 발을 붙일 수도 없었다. 아르덴의 민간 전통은 야생 사냥을 다음과 같이 표현하고 있다. "숲이 우거진 곳에서, 특히 천둥이 칠 때면 개들이 짖고 뿔피리가 울리는 소리를 듣게 됩니다. 피리 소리가 울려 퍼지는 가운데 사냥꾼들의 개 모는 소리도 들립니다. 여러분이 만약 그곳을 지나는 중이었다면 분명 도망치고 싶겠지요. 그러나 보이지 않는 힘이 여러분을 그 자리에 꼼짝 못하게 붙잡아 둘 것입니다. 그 순간 다음과 같은 광경이 보일 겁니다. 먼저 덤불에서 빠져나온 수천 마리의 작은 흰 개들이 목에 방울을 단 채 질풍처럼 달리고, 그 다음에는 백 마리가량의 몰로스 산 사냥개들이 무리를 지어 주위로 흩어질 것입니다. 그런 다음 한 명의 거인이 나타납니다. 그는 넓고 붉은 띠를 허리에 차고 있습니다. 그를 뒤따르는 사람들은 걸어서 또는 말을 타고 가면서 소란스럽게 개떼를 몰고 갑니다. 이 광경은 실로 지옥의 행렬을 방불케 할 것입니다. 그 무리는 보이지 않는 사냥감을 뒤쫓고 있었던 것이지요. 그들은 단숨에 개울을 뛰어 강을 건넙니다. 개들은 헤엄을 치고 사람들은 마치 얼음 위를 걸어가듯 조심스럽게 갑니다. 강을 건너고 나면 이내 그들의 모습은 사라질 것입니다. 그리고 여러분은 더 이상 그 어떤 소리도 듣지 못할 것입니다."13) 페리고르 지방과 쥐라 산맥 지역에서는, "창을 들고 사람들에게 명령을 내리면서 나팔을 부는 백의白衣의 여인"이 이러한 "공중 사냥"을 지휘한다. 동트빌14)은 이 여인이 "진짜 발키리"이며, 다른 "백의의 여인들"처럼 요정이라고 주장한다. 여인은 "골족과 게르만족의 모든 성마聖馬들처럼 눈부시게 빛나는 백마" 위에 앉아 있다.

블랭과 샤토브리앙 사이에 위치한 르와르-대서양 지방에는, 1835년경까지도 검은 개를 끈에 묶어 데리고 다니면서 냄새를 맡게 하는 고약한 인물이 있었다. "비탄의 예언자"라고 불렸던 그가 불길한 예언을 할 때면 눈에서 불이 뿜어져 나왔다. "야수들이 들판으로 밀려들고 사냥개가 무리 지어 몰려오리니, 저주 받은 영혼들이 자리하리라!" 그는 "저주받은 자들의 대사냥"을 그렇게 예고했던 것이다. "그를 만나는 사람은 누구든지 맥주를 준비해야 할 것이다. 주사위는 던져졌다."15) 그의 출현이 거의 운명적이라 하더라도 아무 때나 그리고 누구에게나 나타나는 것은 아니었다. 그것은 일종의 저주의 위협이요, 최소한 사전 경고였기 때문이다. 중세 작가들은 그를 이렇게 이해하고 있었다. 연대기 작가인 오드릭 비탈은 『성직의 역사』에서, 1092년 1월 어느 날 밤 지옥의 기마 행렬을 목격한 리지외 교구의 사제 고슈랭의 이야기를 적고 있다. 이 대열은 저지른 죄에 대한 벌을 받느라 악마에 사로잡혀 끌려다니는 영혼들의 행렬이었다. 고슈랭은 행렬에 들어 있는 자들 가운데서 자신이 알고 있는 몇 사람과 이야기를 나누기까지 하였다. 사람들은 이 "아더 사냥"을, 연속 혹은 대열(경우에 따라서는 '지옥의 행렬')의 의미를 가진 '메스니mesnie' 또는 '메스네maisnée'에서 유래한 "지옥의 행렬mesnie Hellequin"이라고 부르기도 한다. 셰익스피어의 『윈저의 명랑한 아낙네들』에서 숲을 이리저리 뛰어다니던 사냥꾼인 '헬킨Hellequin', '헨킨Hennequiin', '헤른Herne'의 이름에서 '아를르켕Arlequin'이라는 말이 생겨났다. 이 이름은 1275년 아당 드 라 알의 『나뭇잎 놀이』에서 처음 사용됐는데, 이 작품에서 아를르켕은 일종의 "악의 원형"으로 지칭된다. 16세기 말 프랑스에 온 이탈리아 극단의 한 광대가 자신이 맡고 있던 "자니"라는 인물에 새로운 입체감을 부여하기 위하여 대중적인 이 인물을 자신의 역할에 차용했다. 그리하여 아를르켕의 검은 얼굴은 더 이상 거부감을 주지 않게 되었고, 일면 매력적인 부분이 새로 평가되기까지 한다. 헬킨이라는 이름은 단순히 "지옥"을 의미하는 독일어 '헬레Helle', 그리고 12~13세기 앵글로-노르만 사회에 등장하는 단어인 왕을 뜻하는 영어 '킹king'(독일어로 '쾨니히König')으로부터 유래된 것일 수도 있다. 바르트부르크에 따르면 이 단어의 기원은 "악마의 우두머리로 형상화된 우단 신의 이름들 중 하나와 연관이 있는 것 같다."16) 우리가 앞서 살펴본 바에서 알 수 있듯이, 우단 혹은 오딘은 나무의 신, 즉 우주목의 신이다.

　살생을 포기하고 개종한 사냥꾼은 악마적인 사냥꾼의 반대항이다. 성 제르맹 도세르와 성 에우스타키우스 그리고 특히 성 위베르의 경우가 바로 그러한데, 이들 사이에 유사성은 거의 없다. 『황금 전설』17)에 따르면 에우스타키우스는 원래 '평온한', '온화한'이라는 뜻을 지닌 플라시드라는 이름으로 불리던 이교도로서 트라야누스 황제의 군대를 지휘하고 있었다. 이름에서 알 수 있듯이 그는 조용하고 관대한 성격의 사나이였지만, 동시에 뛰어난 전사이자 위대한 사냥꾼이었던 것으로 보인다. "어느 날 사냥을 나간 그는 한 무리의 사슴떼를 만나는데, 그 무리 중에 유독 몸집이 크고 아름다운 사슴 한 마리가 있었다. 그 사슴은 사냥꾼을 보자마자 무리를 이탈하여 숲으로 힘껏 내달렸다. 플라시드는 곧 그 사슴의 뒤를 쫓기 시작했고, 긴 추격 끝에 사슴은 가파른 바위 위까지 쫓겨 올라갔다." 사슴을 어떻게 따라잡을까 고민하고 있을 때, 플라시드는 그 짐승의 양 뿔 사이로 그리스도의 영상과 함께 커다란 십자가가 빛나는 것을 본다. 하느님이 사슴의 입을 통해 다음과 같이 말씀하셨다. "플라시드야, 너는 왜 나를 박해하느냐? ……너는 몰랐겠지만 나는 그리스도이니라." 이 말을 들은 플라시드는 신의 은총에 감동한 나머지 다음과 같이 대답한다. "주님, 저는 당신을 믿나이다." 그 일이 있고 난 후 플라시드는 곧바로 로마의 주교에게 세례를 받는다. 주교는 그에게 "아름다운 이삭을 지닌 사람"이라는 뜻을 가진 에우스타키우스라는 그리스식 세례명을 주었는데, 그것은 아마도 이 이삭들이 들판에서 수확되고 타작될 것이기 때문일 것이다. 에우스타키우스에게 약속한 바대로 그리스도는 그 이후에도 그에게 자주 나타났는데, 그때마다 항상 사슴의 형상을 하고 있었다. 그리스도는 그에게 "나는 승리의 면류관을 얻게 되기까지 수많은 고통을 당하게 될 것이다" 하시며, 선한 트라야누스 황제의 뒤를 이어 왕위에 오른 폭군 하드리아누스에 의해 자신이 처형될 것이라고 예언하였다. 그렇다면 무엇 때문에 그리스도는 고통스런 속죄를 해야 하는 것이며, 그 와중에 신의 섭리는 왜 그에게 "새로운 임무"를 힘겹게 부여하는 것일까? 그것은 그에게 있어 사냥이 속죄해야 할 하나의 죄이기 때문이다.

이 이야기는 2세기 초를 배경으로 하고 있고, 성 위베르의 이야기는 400년이 지난 후인 메로빙거 왕조 시대 아르덴의 오래된 성림에서 펼쳐지는데, 우리는 이 이야기에 더욱 흥미를 느낀다. 민간 전설은 위베르를 오스트라지아 왕의 궁중 감독관이라고 말하고 있으나, 그가 658년에 태어나 그리스도교로 개종할 당시 불과 스물다섯 살이었다고 소개하는 다른 해석본이 더 현실성이 있는 것 같다. 사냥에 미쳐 있었던 위베르는 성 금요일까지도 사냥에 시간을 보냈다. 그러던 683년 어느 날, 그는 굉장히 크고 아름다운 사슴 한 마리를 뒤쫓다가 사슴이 몸을 돌려 그를 정면으로 바라보는 순간 사슴을 죽인다. 그 순간 사냥꾼은 나무 사이로 빛나는 십자가를 본다. 이 일이 있은 후 위베르는 사냥을 그만두고 그리스도교로 개종한다. 그리고 얼마 후 로마로 가서 교황 세르지우스 1세(687~701)를 보좌한다. 당시 교황 세르지우스 1세는 이교도가 많은 나라들에 그리스도교를 전파하고자 온 힘을 쏟고 있었기 때문에, 그가 오스트라지아인인 위베르에게 호의를 베푼 것은 그다지 놀랄 만한 일이 아니다. 그는 위베르를 주교로 임명하고 아르덴에 그리스도교를 전파하라는 사명을 내린다. 브라방으로 돌아온 이 새로운 사도는 분노를 잠재울 수 있는 권능을 지닌 영대領帶*를 하늘로부터 하사 받는다. 이 "성스런 영대"는 아직도 룩셈부르크의 작은 도시에 세워진 생-위베르 대성당의 성물 상자에 보관되어 있다. 이 도시는 언덕으로 이루어져 있으며 현재까지도 이곳에는 울창한 숲이 있다. 한편 생-위베르 대성당에는 위베르의 개종 4년 후인 687년에 베네딕트의 중요한 부속 수도원이 세워진다. 프레이르 근교에 위치한 숲의 빈 공터에는 사슴의 기적이 일어났을 것으로 추정되는 한 장소가 표시되어 있다. 어쨌든 성 위베르가 705년부터 727년까지 통그르-마에스트리히트-리에주 주교로 있었고, 이교도가 지배적이었던 "동양적인 벨기에를 개종"[18]시키는 데 헌신적인 힘을 쏟았다는 것만은 역사적으로 분명하다.

성 위베르의 이야기는, 한편으로는 대부분이 거룩한 전사들인 브르타뉴의 아르모리카 개종자들의 이야기와 유사하고, 다른 한편으로는 저주 받은 사냥꾼의 전설과도 닮은 점이 많다. 그러나 두 이야기가 모두 동일한 방식으로—위베르는 성 금요일에 사냥을 한다—시작된다 할지라도 그 전개 과정은 같지 않다. 즉, 사냥꾼은 불길한 열정을 포기하고 갑자기 그의 이교도 형제들에게 복음을 전파하는 하느님의 제자가 된 것이다. 그러나 불행히도 이들을 교화하기란 쉽지 않았기 때문에, 결국 사냥꾼들은 생명을 존중하는 야생의 성인들을 자신들의 주인으로 받들게 된다.

게르만족의 민간 전승에 등장하는 식인귀 '마왕'은 헬킨과 매우 밀접한 연관이 있는데, 어쩌면 이들은 동일 인물일 수도 있다. 마왕은 괴테의 발라드에 등장하는 오리나무의 왕이다. 괴테는 이 주제를 "엘프 왕의 딸"이라는 덴마크의 서정 시가에서 빌어 왔는데, 이것은 헤르더가 수집하여 "오리나무 왕의 딸"이라고 제목을 붙인 『대중 시가』 모음집에도 등장한다. 덴마크의 원본에 따르면 이 주제는 엘프들의 왕과 관련이 있다. 밤에 산책을 하던 중 올뤼프는

---

* 주교나 신부가 목도리처럼 걸치는 천으로 흔히 '스톨라'라고 부른다.

들판에서 춤을 추는 엘프 요정들을 만난다. 엘프들의 왕의 딸이 올뤼프에게 함께 춤을 추자고 청하나 그는 거절한다. 그러자 왕의 딸은 올뤼프의 심장을 때려 그를 죽인 다음 생명을 잃고 축 늘어진 그를 안장에 태워 집으로 보낸다. 올뤼프의 결혼식이 있기로 예정되어 있던 다음날 아침, 그의 약혼녀는 진홍빛 커튼 뒤에서 싸늘하게 죽어 있는 그의 시체를 발견한다. 괴테는 이 주제를 나름대로 재해석한다. 그의 발라드에는 비바람이 몰아치는 어두운 밤중에 어린 아들을 안고 말을 몰고 가는 아버지가 등장한다. 아들은 오리나무 왕을 보자 두려움에 떨기 시작했다. 아버지가 아들을 진정시키려 하는데도 아이는 자꾸만 오리나무 왕이 자기에게 속삭인다는 말만을 반복한다. 사방에서 자기를 위협하고 있다는 생각에 점점 더 공포에 질린 아들은 고통스럽게 비명을 지르고 그만 정신을 잃는다. 아버지는 두려움에 휩싸여 전속력으로 말을 몬다. 집에 도착했을 때 아들은 그의 품에서 이미 죽어 있었다. 대단히 강렬하고 극적인 이 괴테의 발라드는 '알 수 없는' 신비롭고 성스러운 공포감으로 인하여 더욱 매혹적인 작품이 되었다.

이 주제를 가지고 『오리나무 왕』(1970)이라는 매우 인상적인 작품을 쓴 미셸 투르니에는 후속 작품인 『성령의 바람』에서 다음과 같이 적고 있다. "슈베르트가 작곡한 가곡으로 더욱 유명해진 이 괴테의 발라드는 독일어와 독문학, 특히 시를 접하려는 프랑스의 어린 학생들에게 항상 독일의 상징 그 자체가 되어 왔다. 그런데 이상한 것은, 이 시의 기원에는 독일에 덴마크 민속을 대중화시켰던 헤르더의 번역상의 오류가 있다는 점이다. 엘프 요정들을 뜻하는 '엘러Eller'는 그의 붓 끝에서, 그의 고향인 근동 프로이센의 모룅겐에서 사용하는 방언의 영향을 받아 오리나무aulne를 뜻하는 '에얼렌Erlen'이 되어 버린 것이다. 괴테가 평범한 엘프 왕의 전설에 대해 관심을 가지고 있었다는 가설은 거의 신빙성이 없다. 오히려 그와는 반대로 그의 정확하고 독창적인 상상력이 오리나무 왕이라는 인물을 만들어 낸 것이 아닌가 하는 생각이 든다. 왜냐하면 버드나무가 살아 있는 물에서 서식하는 축복받은 푸른 나무라고 한다면 오리나무는 죽은 물에서 서식하는 불길한 검은 나무이기 때문이다. 늪지대의 오리나무는 안개 낀 평원과 북부의 진동하는 대지를 상기시킨다. 이곳의 마왕은 날아다니는 식인귀로서 어린아이를 좋아하며 슬픈 나라 위를 날아다닌다."19) 식물 애호가인 동시에, 전기 낭만주의가 가치를 부여하던 대중 설화에 대해 대단한 관심을 갖고 있었던 괴테가 헤르더의 해석으로부터 자기 나름의 새로운 주제를 끌어냈다는 것은 결코 놀랄 일이 아니다.

괴테의 발라드가 발표된 지 30년이 지난 후, 감춰져 있었던 엘프 요정들은 오랜 침묵을 깨고 대중에게 다시 모습을 드러내기 시작한다. 이 요정들은 난쟁이와 물의 요정 운디네 등의 모습으로 동화집의 주인공이 되었다. 1813년부터는 호프만에 의해, 그리고 1812년부터 1822년 사이에는 그림 형제 같은 위대한 작가들에 의해 여러 가지 동화들이 출판되었다. 역사가이자 문헌학자였던 야콥 그림은 『독일의 신화』(1835)와 『독일의 전설』(1816~1818) 같은 뛰어난 작품을 출간하기도 하였다. 이들 두 형제가 정성껏 수집한 동화들에 대해 빌헬름은 다음과 같이 적고 있다. "모든 동화에서 발견되는 이 요정들은 풀잎과 꽃 사이에 흩어져 있는 부서진 돌멩이와도 같다. 섬세한 눈만이 그들을 감지할 수 있다. 그들이 갖고 있는 의미가 설사 오래전에 없어졌다고 하더라도 지금 우리는 여전히 그들을 느낄 수 있다. 이것이 바로 동화가 지니는 가치이다." 동화를 통해 단편적이나마 고대의 지식을 되찾을 수 있다고 믿었던 낭만주의 석학들의 나라 독일에서는 동화를 "요정 이야기"라고 부르지 않고 "착한 여자 이야기"라고 부르고 있는데, 마르트 로베르는 그림 형제의 『동화』20) 서문에서 이 단어를 두 가지 의미로 해석이 가능한 '산파sage-femme' * 라는 말로 적절히 번역한다. "여자 마법사나 마녀이기 이전에, 산파는 운명의 신인 그리스의 모에라이나 게르만족의 노른느처럼 인간의 출생을 주재하

---

* 프랑스어로 형용사 sage는 '현명한', '슬기로운'을 뜻하지만, '여자femme'라는 단어와 결합하여 명사 앞에 놓일 때는 '산파'를 의미한다.

는 것처럼 보인다. (그림 형제의) 동화에 등장하는 노파가 종종 실을 잣는 여인이라는 점을 주목해야 할 것이다. 'sage-femme'를 일반적으로 산파라고 생각할 경우, 요정은 그 이미지가 고착되어 있는 고대 사회에서 '지혜'의 규율을 적용하여, 즉 생명의 모든 주요 행위와 마찬가지로 출생을 주재하는 엄격한 제의 절차에 따라 아이를 세상에 나오게 하는 사람이라는 가정이 가능해진다. 그림 형제의 동화 속에 등장하는 노파는 외모는 볼품없어도 어느 정도 제의와 전통의 수호자적인 면모를 간직하고 있다. 이는 일반적으로 그녀를 둘러싼…… 두려움과 존경을 설명해 주는 것이다. 생명의 어두운 힘과 밀접한 연관을 갖는 산파이자 현인賢人이면서 마법사인 이 '현명한 여인'을 통해, 우리는 고대에서 그 모델을 가져온 흔적이 역력한 프랑스 낭만주의의 요정에 대해 더 잘 알 수 있다. 어린이와 청소년처럼 동화가 가장 필요한 사람들에게 종교적이고 사회적인 관행에 대한 지식을 전수함으로써, 인간은 사물의 질서에 편입되고 진정한 세상의 빛을 받아 제자리를 찾을 수 있을 것이다." 우리에게는 요정이 되는, 골족의 여사제들이 담당했던 역할도 아마 이와 같았을 것이다. 우리는 이 점에 관해서 잠시 후에 다시 살펴볼 것이다.

엘프, 루틴, 코리간

프랑스에서 엘프 요정은 독일이나 영국에서만큼 동화나 전설 속에서 중요한 역할을 수행하지는 않는다. 프랑스어에서는 엘프라는 말이 스코틀랜드의 요정을 지칭하면서 16세기에 잠깐 등장하지만, 이 명칭은 1842년이 되어서야 비로소 사용되기 시작한다. 엘프 요정들은 묘지를 헤매는 도깨비불처럼 일종의 광채를 발하는 영靈들이다. 땅과 물에서 나온 이들은 안개 속을 떠다니면서, 괴테의 『오리나무 왕』에서처럼 어린아이들에게만 나타난다.

반면 프랑스의 민속에는 숲 속 깊은 곳을 찾아다니며 사는 다소 환상적인 존재들이 가득하다. 우리는 4세기 말엽 파리의 주교 성 마르셀에게 나타난 여러 마리의 용을 이미 알고 있다. 베난케 포르투나의 말에 따르면 마르셀은 6세기의 푸아티에 지방의 주교로서, 비에브르 계곡의 저지 늪지대에 있는 숲으로 용을 잡으러 가서 자신의 영대로 이 동물을 묶어 가지고 왔다고 한다.[21] 또한 동시대의 성 리파르는 고대의 실바 카르누타인 오를레앙의 숲에서 흉칙한 뱀을 몰아낸다.

용처럼 그렇게 빨리 사라지진 않았지만, 식인귀들은 거의 용만큼 무시무시했다. 그들이 인간의 모습을 하고 있었음에도 불구하고 어쨌거나 공포의 대상이 되었던 이유는, 큰 키와 엄청나게 큰 목소리 때문이 아니라 그들의 탐식욕貪食慾 때문이었다. 그들은 어린아이 같은 신선한 먹이만으로는 만족할 수 없었다. 페로의 동화에 등장하는 주인공 엄지 동자는 식인귀를 속여 그가 자신의 딸들을 잡아먹게 하였는데, 이 같은 행위는 분명 크로노스를 연상시킨다. 크로노스는 그 자체가 "성도착적인 일그러진 아버지 상"[22]으로서 자기 자식들에게는 위협적인 존재였는데, 이와 같은 배경이 페로 동화의 기원이 된 것으로 보인다. 언어학자들은 식인귀 오그르가 죽은 자와 지옥을 주관하는 고대 로마의 신 오르쿠스와 동일한 존재일 것이라고 주장한다.

용 또는 오그르가 조금이나마 인간의 형상을 한 숲의 피조물로 나타나는 경우는 매우 드물다. 이들은 수많은 이름들을 가지고 있지만 최소한 몇 개의 범주로 구분이 가능하며, 지역에 따라서는 때때로 몇 개의 이름들을 동시에 가지기도 한다. 이들 무리 가운데 대다수는 몸집이 무척 작은데, 이것은 나타났다가 쉽게 사라지기 위해서이다. 숲 속의 난쟁이들은 몸에 털이 있다는 점에서 다른 존재들과 다른 것 같다. 또한 다른 것들보다 수적으로도 훨씬 많으며 일반적으로 더 많이 알려져 있다. 난쟁이들은 광부이자 솜씨 좋은 대장장이로, 금속 광맥을 발굴하기 위해 거쳐가는 산허리의 동굴에 모여 살고 있다. 예를 들면 엘프 요정들의 도움으로 오딘의 마법의 창 '군그니르'를 만든 자들이 바로 이들이었으며, 그 어떤 것도 이 창을 과녁으로부터 빗나가게 할 수 없었다. 종종 난쟁이들은 보물의 수호자로, 루틴 요정과 더불어 그들만의 특권인 비밀을 소유하고 있었다.

　난쟁이와 루틴 요정들을 서로 구분할 수 있는 것은 아니다. 원래 루틴들이 북아프리카의 드진djinns과 일면 유사한 점이 많은 사악한 요정이라 하더라도, 우리는 곧 그들이 악하다기보다는 오히려 짓궂고 장난기가 많은 작은 존재들임을 알게 된다. 어원학자들에 따르면 루틴lutin이라는 단어는 밤nuit이라는 말에서 영향을 받은 넵투누스Neptunus의 변형일 것으로 추측되는데, 그 이유는 루틴 요정들은 밤이 되서야 모습을 나타내기 때문이다. 여기에서 한 가지 흥미로운 사실을 발견할 수 있다. 그것은 이 요정들이 바다와 아무 상관이 없는데도 불구하고, 그 이름에서 포세이돈(넵튠)이 연상된다는 점이다. 포세이돈은 한때 요동하는 땅과 그 땅을 기름지게 만드는 물을 다스렸다. 브르타뉴 지방에는 다른 어떤 곳보다 더 루틴이 자주 등장하며, 그 이름 또한 헤아릴 수 없이 다양하다. 이들은 코리간, 케리온, 코릴, 코리켓, 코르난돈과 코란돈, 풀피칸 혹은 풀피켓, 부딕, 부제-노즈, 마체안, 폴리케드, 도르네간, 크리온 등으로 불린다. 프랑스에는 불행히도 『나무와 들판의 제의들』(베를린, 1875~1877)을 쓴 독일의 빌헬름 만하르트와 같은 세심한 민족지民族誌 학자가 없다. 그래서 우리는 앞서 언급한 이름들 가운데 소수에 대해서만 그 어원을 알 수 있을 뿐이다.23) 예를 들어 풀피칸poulpikans은 저지대의 폐허에 사는 사람들을 뜻한다.(poul은 "낮은 장소", pika는 "파헤치다") 코리간, 코리켓, 코르난돈 그리고 코란돈, 코리카네드와 여타의 코르난도네제드에 관해 말하자면, 이들에게는 작은 뿔—언제나 머리에 달려 있는 것은 아니다. 허리에 달려 있는 경우에는 뿔이 피리로도 사용되었다—이 달려 있으며, 달빛 아래서 춤을 추고, 보통 숲이나 나무 근처에서 살아간다. 체구는 작았지만 그들은 쉽게 고인돌이나 선돌을 옮길 수 있다고 알려져 있다. 이들은 바로 고대의 살아남은 이교도들이었다. 웨일스의 고대 시가는 그들을 '코리그웬'으로 지칭하고 있으며, 1세기의 로마 작가 폼포니우스 멜라의 『연대기』에는 이미 이들이 '가리게나이'라는 이름으로 등장하고 있다. 그들의 뿔은 죽음과 부활의 정령인 골족의 신비한 사슴 신 세르누노스와 관계가 있다.24)

우리는 루틴, 코리간, 풀피켓의 존재에 대한 비교적 최근의 자료들을 가지고 있다. 1880년 『켈트의 잡지』에서 르 망은 여전히 이렇게 기록할 수 있었다. "나는 이 요정들을 보았다는 사람뿐 아니라 그들에게 잡혀갔다가 부모들의 신속한 도움으로 풀려났다고 증언하는 노인들을 자주 보았다. 19세기 말엽 대다수의 브르타뉴 사람들은 이 종족이 실재한다고 믿고는 있었지만, 그 대부분은 이미 자신이 태어난 미지의 나라로 떠나고 소수의 난쟁이들만이 브르타뉴의 마을과 도시에 살고 있다고 생각했다. 일반적으로 이들은 밤에, 폐허의 한복판에서 혹은 어두운 나무숲의 빈 터에서 모습을 나타낸다." 그런데 르 망의 경우는 브르타뉴 저지를 탐사한 것이고, 동시대의 폴 세비요는 그렇게 말하고 있지 않다. 그는 『브르타뉴 고지의 전설』25)이라는 자신의 저서에서, 농부들은 루틴 요정들이 여전히 존재하는 것으로 믿고 있다고 확신하였다. 인간들이 점점 더 사악해짐에 따라, 그리고 일련의 그리스도교 제의의 신비한 그늘에 가려 그들은 자신의 존재를 드러내지 않고 있다는 것이다. 미사 때 신부가 성경책을 넘기는 동안, 루틴 요정들은 모습을 드러내지 않고 사람들의 뒤를 지나간다. 이러한 연유로 우리는 그들을 볼 수가 없다. 선녀와 요정들에게 적대감을 갖게 하기 위해 만들어진 여러 가지 재앙의 이야기들도 있다. "그들은 악마와 협정을 맺어 초현실적인 능력들을 지닐 수 있었을 것이다." 『일-드-빌랜느의 민속(1897)』에서 아돌프 오랭은 다음과 같이 적었다. "원반 돌리기의 명수이며, 때로는 선하고 때로는 심술궂은 변덕쟁이 루틴이 입에 오르내리는 곳은 이제 더 이상 없다. 마을에서도 시골에서도 지방의 농가에서도 더 이상 그에 관해 이야기하지 않는다. 모든 이들은 그를 잠깐 보았거나 혹은 그의 짓궂은 장난의 희생자가 되었다."

설사 루틴의 흔적이 다른 곳에서는 좀더 일찍 사라졌다고 해도, 브르타뉴에서만큼은 그들을 찾을 수 있다. 노르망디 지방에서는 이 요정을 '고블랭

gobelins'(독일어로 '코볼트kobold'와 동일어이다)이라고 불렀다. 에브뢰 지방의 고블랭은 "디안느 사원"의 악마로서, 7세기쯤 그 마을의 최초의 주교인 토랭에게 추방당했다.26) 한편 베리 지방에서 '파데fadets'로 불린 꼬마 요정은 조르주 상드 덕택에 유명해진다. 로렌 지방에서는 그들을 '소트레sotret'라고 부른다. 또한 프로방스에서는 '드락drac'으로, 도피네 지방에서는 '세르반스servans'로, 알프스 지역에서는 '솔레브solèves'로 부르고 있다. 그중 마지막 단어가 우리의 관심을 끄는 이유는, 이 '솔레브'가 우리가 곧 만나게 될 골족의 '술레비아이Suleyviae'와 같기 때문이다. '위그노huguenot'들에 대해 말하자면, 이들은 투르의 마을에서 밤마다 모습을 보이곤 하였는데, 이 명칭은 후일 야간에 회합을 갖던 신교도들을 부르는 이름이 된다.27) 위그노는 "밤의 아이"라는 뜻을 갖는 브르타뉴어 '부구엘-노즈buguel-noz'에서 유래했을 것이다.

게르만족 계열의 민족들은, 엘프 요정과 난쟁이 말고도 '코볼트kobold', '스코가라skogara'(스웨덴), '트롤troll'(노르웨이), '니스niss'(덴마크)를 가지고 있다. 알벤Alben은 그 이름에서 알 수 있듯이 독일에서 불리는 이름이다. 오랫동안 이교도로 남아 있었던 슬라브 민족들은 새로운 땅을 지날 때 그 지역의 정령들의 보호를 받던 광활하고 깊은 숲을 헤치며 나아갔다. 그들은 이 정령들을 '레시Lechy'("숲"을 뜻하는 '레스less'로부터 파생)라고 불렀다. 각각의 숲에는 레시가 있었으며, 이들은 수많은 민간 전설에 등장한다. 깊은 숲에서 사는 레시는 사람의 외모를 하고 있었지만 피부와 혈색은 푸른 빛을 띠고 있었다. 섭금류涉禽類처럼 비쩍 마른 다리 끝에는 새의 것처럼 조그만 발이 붙어 있었다. 레시는 그림자가 없으며 끊임없이 몸의 크기를 바꾼다. 난쟁이가 되어 나뭇잎이나 숲 속으로 몸을 숨기는가 하면, 가장 높은 나무의 꼭대기에 머리가 닿을 정도의 거인으로 변하기도 한다. 그는 정성스레 자신의 영역들을 보호한다. 멀리서 사냥꾼의 모습이 보이면 레시는 사냥꾼으로 하여금 똑같은 자리를 맴돌게 함으로써 길을 잃게 만든다. '숲에서 길을 잃고 헤맨다'는 모든 민간 설화의 공통적인 주제는 바로 여기에서 등장한 것이다. 그러나 대부분의 경우 레시는 성격이 아주 순해서 매번 희생물들을 그냥 놓아주곤 한다. 그러나 어떻게 그의 마법에서 풀려날 수 있는지는 알아야 할 것 같다. 즉, 나무 밑둥에 앉아서 옷을 모두 벗고 그 옷들을 뒤집어―레시 자신도 카프탄*의 단추를 반대로 채운다―놓기만 하면 된다. 또 한 가지, 왼쪽 신발을 오른쪽 발에 신는 것을 잊어서는 안된다.28)

우리는 또한 레시가 자주 찾는 나무, 즉 만하르트의 기록에 의하면 자작나무에서 그를 쫓아낼 수도 있다. 사람들은 어린 자작나무를 잘라 뾰족한 부분이 중심을 향하게 그것들을 원형으로 배치한다. 그런 다음 원 속으로 들어가서 사람의 형상을 하고 나타나게 될 정령을 부른다. 이 정령은 자기를 불러주는 사람이 있다면 누구에게든지 달려갈 준비가 되어 있는 영혼이다. 이러한 점들은 확실히 샤먼의 관습을 상기시키는 부분들이다.

나무의 정령인 레시들은 나뭇잎이 떨어지기 시작하면 숲을 떠나야만 한다. 하지만 나무들은 새잎과 더불어 다시 태어나기 때문에 이것은 단지 일시적인 죽음에 지나지 않는다. 어쨌든 레시들이 미쳐 날뛰는 10월경에는 그들을 만나지 않는 편이 좋다. 우리는 그들이 숲을 뛰어다니면서 휘파람을 불며 괴성을 지르는 것을 볼 수 있다. 그들은 인간뿐만 아니라 조류나 야생 동물의 울음소리 같은 것을 흉내 낼 줄 안다.

물의 요정들로 알려진 '루살키roussalki' 역시 조심해야 할 대상이다. 이들은 물에 빠져 죽은 처녀 귀신들로서, 밤에 물가를 산책하는 사람들을 자신들의 운명 속으로 끌어들일 궁리만 하기 때문이다. 루살키들은 나무에서도 산다. 강물이 더워지는 초여름이 되면 이들은 물을 떠나 버드나무나 자작나무로 거처를 옮긴다. 달이 밝을 때면 나뭇가지 사이에서 그네를 타거나, 나무에

---

* 띠 달린 긴 소매 옷.

서 내려와 숲 속 빈 터에서 춤을 추는 이들을 볼 수 있다. 만약 루살키[29]들이 두려워 그들에게서 벗어나고자 한다면, 그들이 두려워하는 "저주받은 풀" 압생트* 이파리를 한 장 들고 있기만 하면 된다.[30] 태양이 그들의 거처인 어둡고 차가운 물 위를 비추면 루살키들은 그곳에 머무를 수 없어 숲으로 간다. 그러나 나뭇잎이 떨어지면, 레시들은 땅 밑의 자신들의 어두운 영역으로 되돌아오지 않을 수 없다.**

루틴은 그 수가 많을 뿐 아니라 그 이름과 지역적인 특성 또한 다양하다. 이들은 모두가 작아서 감지하기 어렵고, 활동적이고, 일반적으로 눈에 잘 띄지 않고, 사악하기보다는 잔꾀가 많고, 동일한 기원을 갖지 않는다고 말하기에는 너무도 공통적인 특징들이 많다. 대표적으로 우리는 브르타뉴의 루틴들이, 비밀스런 성격으로 변한 고대의 이교도 제의와 유사점이 많다는 사실을 알았다. 루틴들은 지은 죄를 보속하기 위해 지상에 머물러야 하는 형벌을 받은 죽은 영혼들이기도 하다. 고대의 게르만족은 난쟁이를 거인 이미르의 시체를 갉아먹던 구더기에서 태어난 자들이라고 생각했는데, 이미르는 우주적 인간이며 살아 있는 모든 존재들의 시조始祖요, 거인족들의 아버지이다. 구더기는, 수호자로 간주된 신격화된 조상인 '마네스manes'와는 대조적으로 살아 있는 자들에게 고통을 주기 위해 내려온 사자들의 영혼인 '라레스Lares'처럼 유충들larves이며, 라틴어로 '라르바larva'는 유령을 의미한다. 죽은 망령들인 루틴들은 구세주 그리스도를 알지 못하는 고대의 사자인 까닭

---

  * 쓴맛을 내는 약쑥의 일종.
 ** 이들의 이중 생활(물과 나무, 죽음과 생명)은 죽음과 죽은 자에 관한 슬라브인의 일반적인 신앙이 반영된 것이라 볼 수 있다. 그 신앙에 따르면 녹색의 나무들은 죽은 자들의 주거지이다. 죽은 영혼들인 루살키들은 어둡고 차가운 물 속에서 살다가 '생명의 태양'이 비추기 시작하면 더 이상 그곳에 머무를 수 없어 죽은 자들의 주거지인 나무 위로 올라간다는 것이다.

에, 구제 받지 못한 채 불경한 제의 속에서 버티고 있는 것이다. 이들은 작은 키만큼이나 사는 기간도 짧지만, 마법사이며 게다가 비물질적 존재이므로 인간이 엄두도 못내는 일을 해낼 수 있다. 오로지 야생의 장소에서만 살아남았던 다른 세계의 영혼들은, "돌 없이도 자신들의 오랜 거처인 나무와 바위 속에 잘 은신할 수 있었다."[31]

코리간 요정이 켈트적이라고 한다면 엘프 요정은 독일적이고 레시는 슬라브적이다. 우리는 유럽 전역에서 이러한 요정들을 찾아볼 수 있지만, 프랑스에서 이들이 가장 오랜 기간 동안 살아남았던 장소는 역시 브르타뉴이다.

요정들의 본성에 관하여

깊은 숲 속에서, 사람의 발길이 드문 곳에서, 샘 근처에서, 오래된 나무의 그늘 아래에서, 사람들은 "초인간적인 아름다움을 가진" 흰 옷 입은 여자들을 얼핏 볼 수 있었다. 이들의 외모가 너무 눈부셨기 때문에 사람들은 그들의 모습을 보고 등燈에서 나오는 불빛을 보았다고 생각할 정도였다.[32] 종종 숲 속의 빈 터에서 춤을 추는 그들의 모습이 목격되기도 했다. 그들이 즐겨 놀았던 장소에는 놀이의 흔적으로 보이는 "요정들의 원"이 그려져 있었는데, 우리가 보기에는 몇몇 버섯들의 균사체菌絲體에 의해 형성된 원들에 지나지 않는다.

브르타뉴에서 요정들은 고인돌의 주변에서 자주 모습을 나타내는데, 그것은 고인돌이 그들의 피신처가 될 수 있었기 때문이다. 드물기는 하지만 이들을 보았다는 사람들의 말을 고려해 볼 때, 요정들은 19세기 초까지 빈번하게 사람들 앞에 모습을 나타냈던 것 같다. 일반적으로 요정들은 인간과 우호적인 관계를 유지하였다. 인간들을 돕기도 하고 잃어 버린 물건들을 찾아 주기도 했으며, 때로는 그들이 가지고 있던 "단순한" 비밀을 알려 주기도 했다.

"요정들은 의심이 많아서 자기에게 복종하지 않거나 모욕적인 행동을 한 자에게는 복수를 하기도 했지만",33) 그들에게 경의를 표하고 구원을 요청하는 사람들이 있으면 언제든지 달려가 기꺼이 도움을 주었다. 이러한 이유로 사람들은 이 요정들을 "선량한 부인", 혹은 흰옷을 입고 있었기 때문에 "흰옷 입은 부인"이라고 부르기도 했다. 그러나 그들이 어린아이들을 훔치거나 아이를 갖기 위해 남자들과 동침하려고 한 점에 있어서는 비난을 면할 수 없다. "농부들은 요정들이 저주 받은 자신의 종족을 구하기 위해 그러한 행동을 했다고 말한다. 그 목적을 달성하기 위해 그들은 골족의 여사제들처럼 온갖 수치스런 행위를 저질렀다."34) 그러나 18세기가 되면서부터는 브르타뉴에서조차 요정들이 사라지기 시작한다. 이러한 현상은 "계몽주의"가 개화하면서 요정들을 없애 버렸기 때문만은 아니다. 지방의 경계가 도로 확장에 의해 정리되면서 인적이 드문 야생의 지역이 줄어든 것에도 그 원인이 있었다.35)

우리는 이 요정들에게서 로마 신화에 등장하는 세 명의 파르카에 여신들, 즉 순백의 아마천을 걸친 달빛의 여신들인 그리스의 모에라이 여신을 찾아보고자 한다. 이들은 물레에서 생명의 실을 뽑아내는 클로토, 반지를 가지고 "실의 길이를 측정하는" 라케시스, 그리고 가위로 실을 끊는 아트로포스(우리는 이들에게서 벗어날 수 없다)가 바로 그들이다. 로마의 대광장에는 "세 명의 파르카에들이 보통 '세 요정들tria fata' 36)이라 불리는 세 개의 조각상으로 세워져 있다." 운명을 뜻하는 '파툼fatum'의 복수형 '파타fata'에서 요정 fée이 유래하여, 프로방스어로는 '파다fada', 가스코뉴어로는 '파드fade' 그리고 '파데트fadettes', '파이예트fayettes', '파데fadets', '파르파데farfadets' 같은 시골 방언들을 낳은 것이 분명하다. 또한 요정들에게 클로토의 물레와 라케시스의 반지가 자주 등장한다는 사실 또한 부정할 수 없다. 왜냐하면 요정들의 주된 소일거리 중 하나가 실잣기였으며, 이들의 힘의 수단은 마법의 반지이기 때문이다. 그러나 이들 요정들에게서 아트로포스의 가위는 등장하지 않는데, 이는 매우 의미심장하다. 즉, 요정들은 생명의 신이지 죽음의 신이 아니라는 이야기이다. 파르카에 여신들의 조상은 아주 먼 과거에 있으며, 요정들의 기원은 켈트에 있다. 우리는 파르카에의 후예가 분명하지만 귀부인들Matres과 조금은 혼동되고 있는[37] 골족의 '파타Fatae'를 요정들의 직접적인 조상이라고 알고 있다. 종종 무릎 위에 젖먹이를 앉힌 모습으로 그려지는 이 세 명의 부인들은 전前 켈트적인 모성의 신으로서, 고갈되지 않는 자연의 창조적인 힘을 의인화하면서 게르만족 "산파"들의 조상들로 그리고 '대지의 어머니', 풍부한 물과 달에 대한 신석기 시대의 제의에서 살아남은 사람들로 나타난다. 이 요정들은 또한 신비스런 숲의 신들인 '술레비아이'의 후예들이기도 하다. 이들의 제의는 지금의 루마니아에 있었던 고대 국가 다키아로부터 영국에 이르기까지 증명되었다.[38]

신화적인 기원에 있어서 요정들이 실재했던 존재들로 보이는 경우도 있다. 이들은 야생 상태로 남겨진 외딴 장소에 살면서 사람들 앞에 거의 모습을 드러내지 않았는데, 잊혀지는 것이 이들에게는 이익이 되었기 때문이다. "우리는 구체적인 자료들(19세기 동안에 수집되었지만 버려진 수많은 자료들)을 모아 그들이 어떻게 살았고 무엇을 좋아했으며 그들의 행동 양식은 어떠했는지, '선량한 부인' 혹은 '선한 어머니 요정들'이 남긴 감정은 무엇이었는지, 그 공통 요소들을 찾아 마치 생존했던 인물들을 대상으로 하듯 객관적으로 연구할 때, 우리는 요정의 존재에 대한 믿음을 역사적이고 인간적으로 설명하고 싶어질 것이다."[39]

증인들의 입을 통해 드러난 요정의 여러 특징들은, 이들이 개종보다는 고독한 삶을 선택한 고대 골족 여사제들의 계승자라는 가설을 다분히 사실적으로 만들었다. "이들은 외딴 장소에 피신해야 했으며, 후미진 곳이나 동굴, 혹은 고인돌 같은 곳에서 살아야만 했다." 이곳은 마법사들에 의해 은밀한 제의가 행해지던, 즉 그 장소와 결부된 맹목적인 두려움으로 인하여 보호를 받던 고대 이교신들의 거주지였기 때문이다. 백색 아마천으로 된 옷을 입고 있는 — "흰옷 입은 부인"이라는 말은 여기서 유래한다 — 드루이드 무녀들에 대해 우리는 사실 거의 아는 바가 없다. 이들은 약용 식물에 대한 비밀을 보유하고 있는 자로서, 여러 가지 점성술을 행하며 적에 대항하여 마법의 저주를 내리고,40) 스트라본41)의 증언에 따르면 종종 이들이 마이나데스처럼 행동했다는 사실 정도만 알고 있다. 그러나 요정들에 대한 우리의 미비한 지식이 위의 가설을 증명하고 있다. 비록 로마인들에게 박해를 당하기는 했지만 골족의 여자 예언자들은 로마 제국하에서, 심지어는 더 늦은 3세기 말까지도 그런대로 특권을 누렸던 것으로 보인다. 람프레두스에 따르면 이들은 알렉산더 세베루스에게 그의 죽음을 예언했다. 또한 보피스쿠스는 아우렐리우스가 '골족의 드루이드 무녀들'에게 자기 자손들의 운명에 대해 자문을 구했다고 말한다.

1843년 마우리42)는 이렇게 적고 있다. "요정들은 드루이디즘이 영혼들 속에 각인해 놓았던 모든 흔적들 가운데 가장 생존력이 강한 최후의 존재들로 우리에게 나타난다. 이들은 십자가에 의해 무너진 드루이디즘의 상징처럼 고대 골족의 종교에 대한 모든 추억들이 연관된 하나의 실타래가 되었다. 그러나 그들의 이름은 제의의 모든 기념비들에 남아 있다." 최후의 여사제들은 그 수가 극히 적었고43) 고립되어 있었으며, 사람들에게 해를 끼치지 않았기 때문에 교회의 박해를 받지 않는다. 그러나 이들은 교회에 대한 두려움 때문에 종소리조차 견딜 수 없어 했으며, "자신들을 지옥의 영혼들과 혼동한" 교회를 원망하였다. 사제들은 이들을 멀리 내쫓는 것으로 만족했다. 해마다 동레미의 사제는 사악한 요정들을 쫓아내기 위해 "요정들의 나무"로 복음을 노래하러 갔다. 이는 한편으로 선한 요정들이 존재하고 있음을 가정한다. 우리는 잔다르크가 요정의 말에 복종을 했다는 이유로 형을 언도 받은 사실을 알고 있다. 자신의 주장처럼 잔다르크는 이 성목에서 자신에게 말을 했던 성인들에게 복종한 것이 아니었다. 18세기까지도 파리에서 멀지 않은 푸와시에서는 사제가 "요정들의 분노로부터 나라를 지키기 위해" 미사를 봉헌했다고 한다. 17세기 초 브르타뉴의 선교사인 르 노블레츠는 생 섬에서 '두에-타드'

라는 이름으로 태양 숭배 제의를 퍼뜨리고 다니던 세 명의 드루이드 사제들을 본다. 그런데 '두에-타드'라는 이름에서 우리는 하느님과 켈트족의 고대 신 테우타테스의 모습을 동시에 발견할 수 있다. 사람들은 바다에 나가기 전에 이들에게 자문을 구했다. 르 노블레츠는 자신이 이 여사제들을 그리스도교로 개종시키는 데 성공했으며, 그들로 하여금 단단한 대지 위의 수녀원에서 일생을 마치게 했다고 말한다.44) 아마도 이것만이 아닐 것이다. 그리스도 교화된 사람들과의 접촉이 점점 더 잦아지면서 자신들이 살아온 야생적인 삶에 싫증이 난 많은 "선량한 부인들"은 결국 "착한 수녀복"을 입고 생애를 마감하게 된 것이다.

아일랜드의 요정으로서 여자 마법사이자 저승의 전령인 '반시'를 통해 우리는 이 켈트 여사제들의 모델을 찾는다. 반시는 여행을 할 때면 새나 혹은 흔히 백조로 변신하는데, 그녀에게서 나뭇가지나 혹은 마법의 사과를 받은 사람들은 반시에게 저항할 수가 없다. 골 지방 사람들은 이 요정들이 보속을 선고 받은 드루이드 여사제들의 영혼이라고 생각했던 반면, 브르타뉴의 농부들은 이들을 아르모리카 사제들이 왔을 때 개종을 거부하여 신의 저주를 받은 공주라고 생각하였다.

마법의 막대기, 마녀의 빗자루와 헤르메스의 지팡이

요정들의 정체와 그 주된 속성이 무엇이었든 간에 이제는 그들이 사용하던 도구에 관해 말하고자 한다. 요정의 막대기는 드루이드교의 사제들이 자연적인 힘에 대항하여 행사했던 마법의 힘을 상징한다. 켈트의 민간 설화에 따르면 드루이드 사제나 아일랜드 무녀는 인간을 보통 백조 또는 야생 돼지로 변신시킬 때 자신의 막대기로 그들을 한 번 툭 건드렸다고 한다. 이것은 키르케가 반지로 오디세우스의 동료들의 어깨를 살짝 건드리자 그들이 멧돼지로 변신한 이야기를 상기시킨다.45) 마찬가지로 페로의 동화 『신데렐라』에서도 정원의 호박이 황금 마차가 되고, 못된 계모는 두꺼비가 되었다.

'막대기baguette'라는 단어는 인도-유럽 어족의 어근인 바크bak로부터 유래한 라틴어 '바쿨루스baculus' 혹은 '바쿨룸baculum'에서 나왔으며, 그리스어 '박트론baktron' 역시 이 어근의 영향을 받았다. 바쿨루스는 'baktron'과 마찬가지로 막대기를 의미하는데, 특히 점을 치는 막대기와 왕홀을 지칭한다. 그러나 이 마지막 개념은 우리의 논의와는 매우 동떨어져 있으므로 보류해 두기로 하자.46) 여기서는 먼저 바쿨루스baculus로부터 imbecillus(in은 탈격이고 baculus는 바보를 뜻함)가 파생되었다는 사실을 강조할 필요가 있는데, 왜냐하면 언어학자들이 말하듯이 지팡이가 없는 존재는 힘이 없기 때문이다. 또한 막대기가 남성 생식기를 상징하는 것이 아니라면, 어떻게 imbecillus가 "불모의"(사실 대지를 언급하면서)라는 의미를 지닐 수 있을 것인가? 막대기를 지칭하면서 동시에 생식 기관뿐 아니라 초인간적인 힘의 보유자로 인식되는 성스러운 팔뤼스를 지칭하는 또 다른 그리스어와 특히 라틴어들은 이러한 현상을 잘 설명해 주고 있다. 이제 이러한 사실들은 우리를 요정들의 반지와 그들의 물레로 인도한다.

요정들의 막대기는 반듯하고 매듭이 없어야 한다고 명시되어 있지만, 사실 이것은 작은 지팡이나 혹은 작은 나뭇가지에 지나지 않는다. 요정들은 그 성품이 착하든 악하든 간에 갓 태어난 아기의 요람에 몸을 숙이고 아기의 운명을 결정하기 때문에, 아마도 순수한 의미로 파르카에 여신들처럼 요정들이 사용하는 물레 가락fuseau 역시 단 하나의 막대기일 것이다. 라틴어 fusus는 '지팡이·말뚝·페니스'를 뜻하는 fustis와 동일한 어원에서 파생한다. 또한 '밀어 올리다, 성장하게 하다'를 뜻하는 그리스어 phuô와 '자연, 싹을 틔우는 모든 것, 특히 식물'을 뜻하는 phusis의 어원이기도 하다. 또한 라틴어 esse 동사의 완료형 fui와 "있기(이기) 이전"을 의미하는 미래형 futurus의 어원 역시 마찬가지이다. 그러므로 물레는 돌아가는 막대기이며, 바로 이 막대기에

다가 실을 잣는 여인은 우주적인 윤회에 부합하는 단일한 움직임을 각인한다. 그렇게 함으로써 물레는 새로운 운명을 탄생시키는 것이다.

생명을 부여하고 변모시키는 이 막대기를 우리는 그리스의 데메테르의 여사제들의 손에서 보게 된다. 이들은 막대기로 땅을 치는 의례를 통해 "풍요를 기원하고, 씨앗과 미래의 존재자들과 재생의 주인들인 지상의 힘들을 불러 모았다."[47] 변신에 능란한 마법사 키르케[48] 역시 지하 세계와의 소통 능력을 가지고 있었다. 키르케는 꾀가 많은 오디세우스에게 패배한 뒤, 예언자 테이레시아스를 만나고자 하는 그에게 타르타로스로 내려가는 길과 다시 산 자들의 세계로 올라오는 방법을 알려 준다.

신화에서 마법의 막대기의 주인은, 제우스를 아버지로, 신비의 여신 마이아[49]를 어머니로 둔 헤르메스이다. 깊은 동굴에서 태어난 것으로 알려진 이 헤르메스는 도리아 침입 이전인 펠라스기아 시대의 아주 오래된 신이었다. 그는 트라키아 출신으로 아르카디아 목동들의 숭배를 받았는데, 이는 아폴론과 경쟁 관계였음을 말해 준다. 아폴론은 다른 적수들을 별 어려움 없이 이겼지만,[50] 자신보다 더 계략에 뛰어난 이 최고의 마법사 헤르메스는 쉽게 이길 수가 없었다. 태어나자마자 레토의 아들이 지키던 암소들을 빼앗아 온 헤르메스는 아폴론의 분노를 진정시키기 위하여 자신이 거북이 등 껍질로 직접 만든 칠현금을 꺼내 그에게 연주를 들려준다. 그 소리에 감동하여 아폴론이 화를 풀자, 마이아의 아들은 그에게 칠현금을 선물한다. 그러자 그 보답으로 아폴론은 그에게 예언을 내리는 막대기를 주면서, "이 막대기는 그대를 모든 위험에서 보호할 것이다. 그대는 제우스의 입을 통해 내가 알게 된 말과 행동과 선행들을 행하게 되리라"[51]라고 말했다. 달리 말하자면 아폴론은 자신이 이길 수 없는 상대에게 신탁의 능력을 함께 나누어 갖자고 제안한 것이다. 말솜씨가 뛰어나고 영리한 헤르메스는 올림포스 신들에게 많은 호감을 샀다. 남편의 불륜으로 태어난 아이들에게 늘 복수를 해왔던 헤라조차도 그를 어여삐 여겨 양식을 내린다. 제우스는 헤르메스를 자신의 전령으로 임명하고, 그에게 여행자의 둥근 챙모자와 바람처럼 날 수 있는 금날개가 달린 신발과 마지막으로 흰 리본으로 장식된 막대기 하나를 준다. 지하 세계의 대표적인 뱀을 상징하는 리본이 그의 막대기에 붙어 있는 이유는 그가 "하데스에게서 인정을 받은 유일한 전령"[52]이었기 때문이다. 그리하여 '헤르메스의 지팡이'가 탄생하였다. 그리스어로 Kêrukeion인 이 지팡이는 군대kêrux의 깃발, 말하는 예언의 막대기(그리스어 kêrukeion은 '울리다, 붙잡다'를 뜻하는 고어 동사 karkairo와 가깝다)로, 죽음의 왕국에서 온 전령사와 저승 사자로서의 헤르메스의 권능의 상징이다. 다양하고 변화무쌍한 성격의 헤르메스는 신탁을 내리는 지하 세계의 신으로 숭배되었는데, 이것이 아마도 그를 특징 짓는 첫 번째 성격일 것이다. '헤르마이오스Hermaios' 혹은 '헤르마니온Hermanion' 달은 사자들의 달인 아르고스Argos(10월 24일부터 11월 23일까지)에 포함되어 있다. 아르고스라는 말은 예기치 못한 기회, 뜻밖의 횡재, 분리된 삼세계(올림포스 신들의 세계, 산 자들의 세계, 죽은 자들 혹은 조상들의 세계)를 서로 소통시키는 신이 내린 갑작스런 호기好機를 지칭하기도 한다.

두 마리의 뱀이 서로 교차하면서 휘감고 있는 모습의 헤르메스의 지팡이는 그리스인들보다 훨씬 앞선 아주 오래된 상징의 하나이다. 라가시의 수메르의 왕인 구데아(BC 2600년경)의 술잔과 '나가칼'로 불리는 돌로 된 고대 인도의 식탁 위에 이미 이 지팡이의 모습이 그려져 있는데, 이는 천지 창조를 묘사하고 있는 듯하다. 헤르메스는 두 마리의 뱀을 분리하는데, 두 마리의 뱀은 두 에너지(正과 反)의 형상 아래 구현된 원초적인 혼돈 상태를 표상하며, 막대기를 중심으로 균형을 이루는 긍정과 부정의 두 에너지를 재현하고 있다. 세계를 탄생시키는 이러한 창조적인 분리 행위에서 우주적 질서가 나돈다. '수슘나'의 주위를 휘감고 있는 '쿤달리니'의 모습에서 볼 수 있듯이, "수직의 나무"를 발판 삼아 숨어서 잠을 자는 이 우주의 뱀은 일단 잠에서 깨어나면 인도의 탄트라에 그려진 두 개의 '나디스', 즉 긍정과 부정의 에너지를 발생시키는 운하 사이를 미끄러지듯 기어간다.[53]

헤르메스가 신의 전령이 되는 순간부터 그의 지팡이에는 두 개의 날개가 달린다. 이러한 우라노스적 상징들은 뱀과 연관이 있으며, 하늘과 지하 세계를 서로 소통시키는 신적인 기능을 가리킨다. 마법의 막대기가 지니는 위력은 헤르메스의 이야기를 통해 뚜렷하게 나타난다. 사실상 헤르메스는 불을 창조한 장본인이다. 그는 여린 나뭇조각에 딱딱한 나무 막대를 빠르게 휘돌림으로써 마찰을 일으켜 불을 만들었다. 그는 신들에게서 이러한 방법을 배웠을 것이며, 신들 옆에서 그들의 애정을 독차지하였을 것이다. 프로메테우스가 훔쳐서 유명해진 최초의 불이 바로 이것이다. 이러한 사실은 헤르메스가 오래된 고대의 신이라는 가설을 입증해 준다. 헤르메스를 이길 수 없었던 신들은 결국 그를 올림포스 산에서 찬미하기에 이른다.[54] 헤르메스의 지팡이는 또 다른 능력을 지니고 있었다. 그것은 인간을 잠들게 하고 깨우는 것, 말하자면 인간을 다른 세계로 보낼 수 있는 능력이었다. 이 때문에 헤르메스는 꿈의 주인을 뜻하는 '에게토르égétôr' 또는 '오네이론oneiron'이라 불리기도 한다. 하데스는 눈에 막대기를 올려놓아 사람들을 잠들게 함으로써 조용하게 죽은 자들을 데려오도록 하는 임무[55]를 그에게 맡겼다.

마지막으로 헤르메스의 지팡이는 치유의 능력을 가지고 있는데, 우리는 이러한 성격에 대해 잘 알고 있다. 그러므로 그의 지팡이는 "한없이 선한"이란 뜻을 지닌 아스클레피오스[56]의 상징이 되기도 한다. 아스클레피오스는 원래 『일리아드』에 등장하는 유능한 의사였는데 후일 의술의 신이 되었으며, 흔히 훌륭한 의술을 행한 의사들에게 우리는 이 칭호를 붙인다. 아스클레피오스는 신성화된 고대 여신 코로니스(라 코르네이유)와 아폴론 사이에서 태어난 아들이다. 그는 오른손에 지팡이를 들고 힘의 표징이자 주체인 뱀과 함께 있는 모습으로 그려지는데, 그것은 그가 죽은 자들을 살려 냈기 때문이다. 아스클레피오스의 사제들인 아스클레피아데스는 그의 도움을 받아 사람들의 병을 고친다. 그리하여 그들은 고대에 의학에 관한 독점권을 소유하게 된다. 아스클레페이아Asclepeia 달〔月〕에는 흔히 병자들이 밤을 샌다. 아스클레피오스가 그들의 꿈속에 나타나 신탁을 내리면 아스클레피아데스가 이를 해독하였다고 한다. 아스클레피오스는 그의 지식을 반인반마인 켄타우로스 케이론에게서 전수받았는데, 케이론은 우리가 앞에서 보았듯이 말로 변신한 크로노스와 보리수의 요정 필뤼라 사이에서 태어난 아들이다.

우리가 이제 막 정의한 바의 헤르메스는 타로의 맨 첫 번째 카드에 등장하는 '바틀뢰르'라는 인물을 통해서 다시 구체화된다. 바틀뢰르는 우주 놀이의 시작에 위치하고 있으며, 각각의 카드에는 이 놀이의 전개 과정이 나타나 있다. 그렇다면 원래 지팡이나 마법의 막대기를 가진 자를 지칭하는 것이 아니라, 어원적으로 "요술을 부리다"라는 의미의 고어 동사 basteler에서 유래된 이름 바틀뢰르가 지칭하고 있는 것은 무엇일까? 바틀뢰르는 고대 그리스인들이 생각하고 있던 헤르메스의 외모, 즉 눈은 약삭빠른 지혜로 번득이고, 머리는 한쪽으로 약간 기울어져 있는 건장하고 호리호리한 젊은이의 모습을 하고 있다. 오른손에는 막대기를 쥐고, 왼손은 자기 앞의 탁자에 놓인 한 시클*의 금을 가리키고 있었다. 그는 마법에 입문하는 자들에게 자신이 요술을 부리는 동안 침묵을 지키도록 요구하였다. 그들은 바틀뢰르가 무엇을 하고 있는지 알고 있었지만, 관중들은 자신들의 눈앞에서 실제로 벌어지는 일을 감추고 있는 화염밖에 볼 수 없었다. 다시 말해서 바틀뢰르는 헤르메스가 처음으로 만든 불을 마법의 불로 바꾸어 관중들에게 보여 주고 있었던 것이다. 그러므로 이 마법사는 창조주와 동일한 존재이다. 헤르메스의 지팡이를 감싸는 두 마리의 뱀이 8자 모양을 하고 있었던 것처럼, 마법사의 모자 역시 무한대를 상징하는 ∞ 모양을 하고 있다. 바틀뢰르는 세계를 알 수 있는 자들에게 '세계는 단지 우리가 갖고 있는 감각들이 만들어 낸 환상일 뿐이다'라는 교훈을 준다. 우리는 이러한 개념을 헤르메스의 어머니의 이름을 통해 짐작할

---

* 고대 히브리에서 사용된 중량 단위로, 1시클은 약 6g에 해당

수 있었다. 마이아는 플레이아데스 혹은 펠레이아데스 중의 하나였다는 사실을 다시 한번 덧붙이도록 하자. 이 이름은 우리를 도도네와 성스러운 우주목인 참나무로 향하게 한다. 특히 로마 신화에서 파우누스의 딸로 등장하는 마이아는 이탈리아의 오래된 고대 신의 하나로서 식물의 신이었다. 여신의 이름을 딴 마이아 축제는 5월에 열렸다.57) 마이아 덕분에 로마인들은 상업의 신, 즉 그리스의 헤르메스의 반영인 메르쿠리우스에게서 고대 로마의 기원을 찾을 수 있었다. 메르쿠리우스라는 명칭은 BC 5세기경에야 등장한다. 여기서 우리는 크레타의 제우스에 해당하는 고대의 베조비스의 경우에서처럼, 이탈리아인들이 고전 그리스 시대에 사라진 펠라스기아족의 몇몇 신들을 전혀 섬기지 않았는지 자문하게 된다. 이 신들 가운데 몇몇은 인도-유럽 어족 전체에 공통적으로 등장한다는 것을 알고 있다. 그러므로 그리스인들에게는 잊혀지고 로마에서는 약간 그 모습이 남아 있는 이 고대의 마이아를 "우주의 근원이자 의식의 근원…… 환상의 힘"58)인 힌두 문명의 마야와 비교하는 것이 가능하다. 요컨대 헤르메스가 마술의 신 '트리스메기스투스'("힘이 세 배나 센")였던 것은 바로 그가 마이아의 아들이었기 때문이다. 마이아maia라는 이름의 어원에서 우리가 확인할 수 있는 사실은, 이 단어가 인도-유럽어 어근에서 비롯되어 라틴어로는 주인을 뜻하는 '마기스테르magister'와 '마구스magus'를, 그리스어로는 마술 혹은 마술사를 뜻하는 '마고스magos'를 파생시켰다는 것이다. 마고스는 꿈을 해독하는 사제인 메데스를 지칭하는 말로서 페르시아어에 그 기원을 둔다. 그러므로 치유(아스클레피오스), 세계의 환상(마이아), 마법사 바틀뢰르의 기예, 그리고 5월의 환희 등 꿈(헤르메스는 또한 꿈의 신이기도 하다)들 사이에 공통점이 존재하는 것은 결코 놀라운 일이 아니다.

   데메테르의 여사제들의 지팡이, 헤르메스의 지팡이, 요정들의 막대기는 땅속에 숨겨진 보물들을 발견하게 해주었지만, 그렇다면 마녀의 막대기는 어떤 소용이 있었을까? 오늘날에도 여전히 사용되는 방법이기는 한데, 이것은 금속 광맥을 찾거나 보이지 않는 수맥을 찾아내고자 할 때 이용된 것이다.[59] 소위 '점쟁이'라고 불리는 이 막대기는 물과 대단한 친화력이 있는 개암나무에서 잘라 낸 두 갈래의 나뭇가지에 불과하다. 개암나무는 게르만족과 켈트족에게 있어서 마법의 수행遂行과도 관련이 있는 나무이다.[60] 금을 찾는 사람들과 마녀들이 개암나무를 이용하는 이유는, 다른 어떤 나무보다도 개암나무에서 잘라 낸 가지가 광맥이나 수맥에서 나오는 파장의 진동을 쉽게 감지하기 때문이다. 나무 막대기가 두 갈래로 갈라져야 하는 것은, 나무 막대기를 두 손으로 잡고 물의 흐름을 몸으로 감지해야 하기 때문인 것 같다. 쉐뤼엘은 사용 방법을 다음과 같이 설명하고 있다. "한 손에 나뭇가지의 한 끝을 잡되 너무 꽉 잡지 않도록 한다. 손바닥은 위를 향해 있어야만 한다. 다른 손으로는 나뭇가지 다른 끝을 잡되 가운데 줄기는 수평이 되게 한다. 그런 다음 조심스럽게 물이 있을 것으로 예상되는 장소를 향해 나간다. 그러다가 막대기가 손 안에서 돌아 자석에 이끌리는 바늘처럼 땅을 향해 기울어지는 장소가 있을 것이다. 이것은 신력을 지닌 막대기를 믿는 사람들의 이야기이다. 그들은 이 막대기가 광맥을 찾아내고 숨겨 놓은 보물이나 도둑, 도망간 살인범 등을 색출하는 능력을 지니고 있다고 덧붙인다."[61]

 수맥을 찾는 사람의 막대기가 하는 역할과, 성서의 일화로 더욱 유명해진 모세의 '베르주verge'(지팡이)가 하는 역할은 같다. 순수한 의미로 줄기나 나뭇가지―라틴어로 '비르가virga'는 좀더 특별하게 마법의 막대기를 가리킨다―를 의미하는 이 '베르주'가 프랑스어에서는 남성의 성기를 가리키는 말임을 짚고 넘어가자. 모세를 따라 사막을 건너던 히브리인들은 르비딤에 여정을 풀다가 "먹을 물이 떨어지자 모세에게 물을 내놓으라고 윽박질렀다. 모세가 '어찌하여 나에게 대드느냐? 어찌하여 야훼를 시험하느냐?'고 말했지만, 백성들은 당장 목이 말라 견딜 수 없었으므로 모세에게 불평을 터뜨렸다. '어쩌자고 우리를 이집트에서 데리고 나왔느냐? 자식들과 가축들과 함께 목말라 죽게 할 작정이냐?' 모세가 야훼에게 부르짖었다. '이 백성을 어떻게 하면 좋습니까? 당장 저를 돌로 쳐죽일 것만 같습니다.' 야훼께서 모세에게 말씀하셨다. '너는 이스라엘 장로들을 데리고 이 백성보다 앞서 오너라. 나일 강을 치던 너의 지팡이를 손에 들고 오너라. 내가 호렙의 바위 옆에서 네 앞에 나타나리라. 네가 그 바위를 치면 물이 터져 나와 이 백성이 마시게 되리라.' 모세는 이스라엘 장로들이 지켜보는 앞에서 그대로 하였다."[62] 모세의 지팡이는 지금 막 예로 든 「출애굽기」의 구절에서 알 수 있듯이 바로 마법의 막대기이다. "야훼께서 모세와 아론에게 이르셨다. '파라오가 너희에게 이적을 보이라고 요구하거든 너는 아론에게 지팡이를 집어 파라오 앞에 던지라고 하여라. 그러면 그것이 뱀이 되리라.' 모세와 아론은 파라오에게 갔다. 야훼께서 분부하신 대로 아론이 자기 지팡이를 파라오와 그의 신하들 앞에 던지자 지팡이는 뱀이 되었다. 파라오도 이집트의 현자들과 마술사들을 불러들였다. 이집트의 마술사들도 같은 재주를 부렸다. 그들은 저마다 지팡이를 던졌고 그 지팡이들도 모두 뱀이 되었다. 그러나 아론의 지팡이가 그들의 지팡이를 삼켜 버렸다."[63] 여기서 우리가 빼놓아서는 안될 것이 있다. '지팡이-뱀'의 등가 관계가 고대 초기 근동 지역의 헤르메스의 지팡이와 나무와 뱀이 갖는 관계를 떠올리지 않을 수 없다는 것이다. 우리는 앞에서 성스러운 이그드라실 물푸레나무를 묘사하면서 지하 세계의 동물로 변신한 나무의 뿌리에 대해서 언급한 적이 있는데, 이 점에 대해서는 천국의 나무를 연구할 때 다시 보고자 한다.

옛날이나 지금이나 수맥을 찾는 사람의 행위가 마법sorcellerie과는 아무런 상관이 없다고 하더라도, 우리는 수맥 탐색자sourcier와 마법사sorcier를, 혹은 수맥을 짚는 막대기와 마녀의 그 유명한 빗자루를 혼동하여 생각해 왔다. 그러나 사실 빗자루는 마술에 그 기원이 있다. 고대의 성전에서뿐만 아니라 오늘날 극동의 힌두교와 불교 사원에서도 빗자루질은 문화적인 행위이다. 비질은 외부의 세속적인 세계로부터 들어온 오물을 성스러운 바닥에서 쓸어 내는 행위이기 때문에, 깨끗한 손으로만 빗자루질을 할 수 있었다. 빗자루는 가는 나뭇가지들로 된 다발에 불과하지만, 그렇다고 모든 나무가 다 빗자루로 사용되는 것은 아니다. 나무가 많이 자라는 나라에서는 샤먼의 나무인 자작나무 잔가지를 한데 묶어 빗자루를 만들고, 남부 유럽에서는 "빗자루가 달린" 금작화(사로탐누스 스코파리우스Sarothamnus scoparius Wimm)64) 가지들을 사용했는데, 바로 이 이름에서 빗자루라는 명칭이 유래한다.65) 꽃이 핀 금작화를 선호하는 브르타뉴 지방에서 최근까지도 빗자루를 만들 때 이 나무만을 사용한 이유는 카빌리의 베르베르인들에게 지켜지고 있는 한 관습에서 잘 나타난다. 이들에게 비질은 일종의 마술적인 행위이다. 빗자루는 금작화 덤불이나 꽃이 핀 히스로 만들어졌는데, 사람들은 "문턱을 지키는 정령들이 그곳에 머물 수 있도록 창문이나 지붕을 이 빗자루로 스치게"66) 하였다. 행운이 빠져나가지나 않을까 그리고 혹여 떠돌아다니는 영혼들과 부딪치지나 않을까 하는 생각 때문에 브르타뉴에서는 밤에 비질을 하는 것이 금기시되어 있다.67)

 불순한 것들을 몰아내는 빗자루는 그것이 일으키는 먼지의 음습한 힘에 짓눌려 오염되기도 한다. 그러면 빗자루는 불길한 물건이 된다. 마녀들은 이 빗자루를 타고 굴뚝을 통과하여 마녀 집회에 간다. 우리가 "마녀의 빗자루"라고 부르는 것은 비정상적으로 짧고 꽉 묶여진 잔가지 다발인데, 이것은 주로 여러 가지 종류의 버섯들이 기생하는 몇몇 과실수나 견과류로 만들어진다. 고대 켈트의 네메톤과 흡사한 숲의 빈 터에서 악마 같은 마술사에 의해 숭배를 받던 판 신과 관련하여, 날아다니는 빗자루는 헤르메스의 지팡이와 이 지팡이가 갖고 있는 남근적 성격을 상기시킨다. 마녀들은 빗자루 위에 말을 타듯 걸터앉는다califourchon. '말을 타듯 걸터앉는다'라는 말은 '고환'을 뜻하는 브르타뉴어 kall과 여기서는 악마를 상기시키는 프랑스어 fourche가 결합된 것이다. 제의의 순서에 따라 숲의 빈 터에서 광란에 빠져 바쿠스의 지팡이를 휘두르는 마이나데스들을 사람들은 고대 무녀들이나 혹은 드루이드교의 마법사들인 마녀들로 생각했다. 우리는 괴테의 발라드『견습 마녀』에서 이 빗자루가 지팡이처럼 마법의 도구로 사용되고 있음을 알 수 있는데, 아마도 괴테는 이 주제를 독일의 유대 풍습에서 빌어 왔을 것이다. 왜냐하면 이 주제는 유대 신화에 나오는 '골렘golem'과 유사하기 때문이다. 유대 신화에 따르면 빗자루는 한 경솔한 입교자가 외운 마법의 주문의 효력으로 생명을 지닌 존재가 된다. 그러나 미숙한 이 마법사가 마술의 효력을 그치게 하는 주문을 잊어버리는 바람에 빗자루는 이 마술사의 명령에만 복종하게 된 것이다.

막대기건 빗자루건, 모세의 지팡이건 헤르메스의 지팡이건, 마법의 막대기는 결코 일상적인 한 개의 나뭇가지에 불과한 물건이 아니다. 이 나뭇가지가 성목, 생명의 나무 혹은 우주목에서 유래한다는 사실만으로도 이미 그것은 권능을 갖는다. "헤르메스의 지팡이로 대표되는 이 마법의 지팡이는 에게 해 지역에서 행해지는 매우 오래된 제의, 즉 뱀에게 양식을 제공하는 대지와 나무의 제의들을 떠올리게 한다."[68] 마찬가지로 "힌두교의 지팡이는 성목과 불가분의 관계를 갖고 있다. ……메소포타미아의 지팡이는 중요한 막대기를 상징한다. 그러므로 우리는 헤르메스의 지팡이(또한 아스클레피오스의 지팡이)를, 신성이 머무는 자리 혹은 신성의 대체물인 나무의 상징으로 볼 수 있을 것이다. 더불어 이 막대기가 신의 권능과 치유 능력과 같은 또 다른 의미를 갖고 있다는 것은, 나무가 갖는 신성한 효능을 상징하는 것이기도 하다."[69]

처녀림과 환상적 현실

요정들이나 숲 속의 다른 피조물들을 사라지게 만든 것은 종교라기보다는 적극적인 합리주의였다. 교회는 사탄에게 예속될지도 모르는 영혼들로부터 신자들을 보호했을 뿐이지만, 합리주의는 악마의 존재를 부인한 것처럼 요정들의 존재도 부인했기 때문이다. 학교에서는 이것을 또 다른 시대의 미신이라고 가르쳤다. 결국 우리는 마법이 풀린 숲을 새로운 기술을 동원하여 개발할 수 있게 되었다. 숲을 가로질러 도로가 생기고 덤불숲 깊은 곳까지 길이 놓이면서 숲은 훼손되기 시작한다. 과학적으로 이루어진 최초의 대규모 세계 일주 항해를 수행한 박물학자들, 부갱빌(1766~1769)과 쿡 선장(1768~1780)의 탐험대들이 지구의 정반대편에서 "처녀림"을 다시 발견한 것은 정확히 18세기 말에서 19세기 초의 숲을 훼손하기 시작하던 바로 그 시기이다.70)

신대륙―그곳은 타히티였다―에 발을 딛자마자 항해사들은 흥분에 휩싸였다. 부갱빌은 "나는 에덴 동산에 떨어진 것 같았다"며 소리쳤으며, 그와 동행했던 식물학자 커머슨 역시 어쩔 줄 몰라 했다. 장-자크 루소가 몇 년 전에 내놓은 『인간 불평등 기원론』(1754)이라는 논문에 전적으로 공감하고 있었던 커머슨은 "이성으로 인해 타락하지 않았기 때문에 모든 편견에서 벗어나 불신도 회한도 없이 확실한 본능의 부드러운 충동을 따르는, 근본적으로 선한 자연적 인간의 상태"71)를 발견했다고 확신했다. "야생 인간", 달리 말하자면 나무 인간은 18세기 후반의 극도로 문명화된 프랑스인들에게 있어서는 지구의 반대편에 존재하는 하나의 이상적인 존재, 즉 잃어버린 순수성 속에서 다시 되찾아야 할 이상적인 모델이었다. 그러나 유감스럽게도 환상은 금방 깨져 버렸다. 이런 환상에 가장 격렬하게 반대했던 사람은 프랑스인 라 페루즈였다. 항해가들에 의해 발견된 섬 가운데 하나인 마누아(튀틸라)에 1787년 12월 정박한 그도 처음에는 이 섬에 매료되어 다음과 같은 글을 남겼다. "이 섬의 남자들은…… 분명 이 지상에서 가장 행복한 사람들이다. 그들은 아내와 아이들에 둘러싸여 휴식을 취하면서 순수하고 조용한 나날들을 보낸다. 그들은 **자신들의 머리 위에서 자라는 과일들을 따는 것 이외에는 별다른 일이 없었던 최초의 인간처럼** 새만 키우며 지낸다." 그러나 며칠 후 라 페루즈는 섬사람들이 흉악하고 뻔뻔스러운 악한이라는 사실을 알게 된다. 배가 출발할 때 그들이 일부 선원들을 죽였던 것이다. 결국 이 항해가는 "무정부 상태의 야생 인간은 야수보다도 더 포악한 존재이다."라는 결론을 내리고, 자신에게 환상을 심어 준 철학자들을 비난한다. "그들의 책을 불 속에 던져 버려야 한다. 나는 30년 동안 여행을 해왔다." "자연과 가까이 있다는 이유로 우리가 선하게만 그려 왔던" 이 인간은 사실 "야만적이고 포악하고 음흉했다."[72] 결국 라 페루즈는 이 몇 줄의 글을 쓰고 난 몇 달 후, 부하들과 함께 살해되는 불행한 최후를 맞는다.

이런 종류의 사건들을 통해 "야생 인간"은 거의 살아남지 못했지만, 그래도 사람들은 그 모습을 드러낸 열대의 자연에 열광했다. 루소의 한 신봉자는 『자연의 연구』(1784)와 『자연의 조화』(1796)라는 책에서 소리 높여 자연을 찬양하였다. 연약한 영혼들을 그리도 많이 울렸던 『폴과 비르지니』(1787)의 작가 베르나르댕 드 생-피에르에게도 추종자는 많았다. 이들 가운데는 특히 대규모 해양 탐험 대원으로 배를 탄 열성적인 젊은 자연 숭배자들도 많이 있었다. 1800년부터 1804년까지 뉴 홀랜드(오스트레일리아)에서 보뎅 선교단으로 활동했던 동물학자 프랑수아 페롱은 타스마니의 방대한 삼림을 발견하고 이렇게 적고 있다. "자연과 시간의 오랜 후손인 이 깊은 숲은 장관을 이루고 있다. 이곳에서는 도끼 소리가 전혀 들리지 않으며, 풍성한 과일 나무들이 여기저기에 산재해 있다. 숲의 반대쪽 끝에는 유럽에는 알려져 있지 않은 나무가 자라고 있는데, 여기에는 특이한 식물과 과일들이 많아서 우리의 주목을 끈다. 신비스러운 어둠과 신선한 공기, 그 속을 관통하는 습기가 늘 숲을 지배하고 있었다. 강인했던 나무들이 노쇠하여 쓰러져도 수많은 새싹들이 힘차게 돋아난다. 오랜 세월 동안 습기로 갈라진 오래된 나무통에는 이끼들이 기생하여 그 줄기를 덮고 있었다. 그 속에는 파충류와 수없이 많은 곤충의 무리들이 숨어산다. 나무들은 숲의 길을 가로막고 서서 사방으로 성장한다. 여기저기에서 마치 수호자처럼 나타나 여행자들의 발길을 가로막고, 그들 주변에 장애물과 위험을 증가시킨다. 여행자들은 종종 쓰러진 나무에 짓눌려 발이 묶이는 경우도 있으며, 썩은 냄새를 풍기는 축축한 나무 껍질에 미끄러지기도 한다. 때때로 나무들이 쌓여서 8~10미터 높이의 자연 제방이 만들어지기도 하고, 깊은 계곡의 급류에 떠밀려 와 다리가 생기기도 한다. 그러나 이다리를 건널 때는 주의를 기울여야 한다. 자연은 그 창조적인 힘이 제공할 수 있는 위압적인 모든 것으로 이와 같은 무질서와 분노, 죽음과 파멸의 장면에 대항하였다."[73]

우리는 이 서정적인 묘사를 통해, 자연 숭배자에 의해 일깨워진 호기심 저 너머로, 그리고 신비로운 미지의 세계를 발견한 탐험가들을 사로잡았던 일종의 흥분 저 너머로, 당시 게르마니아의 대수림을 통과하던 로마인들이 느꼈을 성스러운 공포감, 즉 낭만주의자들이 어느 정도 재생시켜 놓은 감정을 느낄 수 있을 것이다. 이 순수의 숲, "처녀림"은 창조될 당시의 모습 그대로를 간직하고 있다. 우리는 마치 이 숲의 기원과 마주하고 있는 것처럼 시간을 벗어나 기적처럼 그 장소로 옮겨 온 것이다. 이것은 여행자들의 이야기에 공통적으로 등장하는 주제이며, 19세기 말의 모험 소설 작가들로 하여금 아직 사람의 발길이 닿지 않은 미지의 세계에 대한 선사적인 상태의 신화를 만들어 내도록 하였다. 만약 『해저 이만리』(1870)의 네모 선장이 해저 숲에서 그 신화를 찾았다고 한다면, 『지구 중심으로의 여행』(1870)의 쥘 베른은 아일랜드의 화산 속에서 이 신화를 찾고 있다. 이 작품에 등장하는 주인공들은 마스토돈*의 무리를 보호하는 거인인 일종의 원숭이 인간을 포함하여 항상 살아 있는 화석을 만난다. 그러나 영국인 코난 도일이 별난 챌린저 교수를 통해 "잃어버린 세계"를 발견하는 곳이 바로 거대한 아마존 정글 속이었다는 것은 더욱 의미심장하다. 빅토리아식 과학 만능주의가 각인된 이 이야기의 유아적인 성격에도 불구하고, 혹은 그러한 성격 때문에 오히려 코난 도일은 옛날의 켈트 이야기꾼들의 전통과 유사점이 많다. 이것은 그가 즐겨 말한 것처럼 어쩌면 그가 "훌륭한 브르타뉴인의 피"를 물려받았기 때문일 것이다. 우리는 『잃어버린 세계』(1913)에서 "숲의 정령들"을 심심치 않게 만난다. "쿠루푸리는

---

* 홍적층 제3기층산의 코끼리 비슷한 큰 동물.

숲의 정령이다. 두려운 그 어떤 것, 악의를 지닌 그 어떤 것, 피해야 할 그 어떤 것 등등……. 그 어떤 말로도 그의 생김새나 성격을 묘사할 수 없다. 그러나 그 이름은 아마존 강가에서 공포를 조장하며", 우리는 의미심장한 여러 환경들 속에서 특히 "나무 인간"을 만난다. 챌린저 박사가 이끄는 소규모의 과학 탐험대가 익수룡翼手龍과 금룡禽龍 등을 관찰할 수 있는 고원 위에 자리를 잡는 동안, 대원들은 울창한 숲에 가려진 이 땅의 전체적인 모습을 보려고 열중해 있었다. 탐험대 가운데 가장 젊은 신문 기자 말론은 "자기 가지들 위로 뻗은 향신료 나무의 마디 많은 커다란 줄기"를 발견하고는, 어린 시절에 그랬던 것처럼 그 나무 위로 기어오를 생각을 하였다. 이 "거대한 나무"의 이파리에 깊숙이 들어간 말론은 그곳에 누군가가 있는 것 같은 불안감을 느꼈다. "30~40cm 앞에서 한 형체가 나를 바라보고 있었다……. 그것은 인간의 모습이었다……. 아니 최소한 원숭이보다는 훨씬 더 인간의 형상에 가깝다고 말해야 될 것 같다. 납작한 코에 돌출된 빈약한 턱, 그리고 아래턱 주변에는 구레나룻으로 보이는 뭔가가 있었고, 두텁고 무거운 속눈썹 밑으로 이쪽을 노려보고 있는 사나운 동물의 눈이 있었다. 저주가 튀어나올 것만 같은 반쯤 열린 입 사이로 날카롭고 휘어진 송곳니가 드러나 보였고, 훌쩍거리는 묘한 소리가 들려왔다. 한순간 나는 그의 시선 속에서 증오와 위협을 읽을 수 있었다. 누를 수 없는 두려움이 내 몸 안에 밀려들었다. 나뭇가지 두세 개를 부러뜨리며 그는 절망적인 모습으로 녹음 속으로 자취를 감췄다. 그가 사라지고 난 뒤, 나는 그의 몸이 붉은빛 털로 뒤덮여 있었음을 깨달았다."[74] 이 상상의 존재가 중세의 묘사들에 등장하는 수수께끼 같은 나무 인간과 유사한 것 같지 않은가? 코난 도일이 그 사실을 알았건 몰랐건 간에, 그의 작품은 남미의 방대한 정글 속에 살고 있는 인디언의 신앙을 반영하고 있음이 분명하다. 알렉상드르 드 훔볼트는 1814년 "신대륙의 적도 지방"[75]을 여행하면서 쓴 여행기에서, '실바제selvaje(야생)'라고 불리는 "나무로 뒤덮인 인간"에 대해 자신이 수집했던 소문들을 기록하고 있다. "뒤쪽에 발가락이 붙어 있는 그의 발 모양 때문에, 지역적으로 서로 떨어져 있는 모든 장소에서도 사람들은 쉽게 실바제의 흔적을 찾을 수 있다." 훔볼트가 해온 연구는 큰 성과를 거두지는 못했다. 그러나 이 유능한 자연주의자는 매우 신중하게 결론을 내린다. 즉, "우리는 모든 대중 신앙이, 설령 표면적으로는 매우 불합리하게 보일지라도 잘 관찰되지 못할 뿐 현실로 존재하는 현상들에 기초하고 있다는 사실을 잊지 말아야 한다. 대중 신앙들을 주의 깊게 다루지 않으면, 동물학에서처럼 물리학에서도 발견의 흔적을 잃어버릴 수 있을 것이다."

1913년에 백인들이 아마존을 횡단함으로써 코난 도일 경이 그려내고 있는 것과 같은 모험들은 더 이상 그 틀을 유지할 수 없게 되었지만 그래도 여전히 위험은 남아 있었다. 왜냐하면 1925년에 퍼시 해리슨 포세트가 아마존에서 그의 동료들과 함께 흔적도 없이 사라졌기 때문이다. 오로지 상상력이 풍부한 소설가나 그렇지 않으면 과학자만이 가상적인 '사라진 고리', 즉 인간과 이미 알려진 화석 원숭이 사이의 중간적 존재가 어디에 살고 있는지를 알 수 있을 것이다. 모든 것을 이해하고 설명하고자 했던, 인간과 세계 그 자체의 기원에 대한 연구는 19세기 말이 되면서 탐험가들뿐 아니라 고생물 학자들에게도 절실한 강박 관념이 된다. 그들은 사람의 발길이 닿지 않은 깊은 숲만이 유일하게 신비의 열쇠를 제공해 줄 수 있다고 믿었던 것이다. 1891년에서 1892년 사이에 뒤부아가 유인원 피테칸트로푸스의 유골을 발견한 곳이 바로 우림 지역인 자바 섬의 정글 속이었고, 얼마 후 오스트랄로피테쿠스의 유골이 발굴된 곳도 바로 남아프리카의 숲 속에서였다. 또한 1880년과 1890년 사이에 중앙 아프리카의 적도 부근의 숲에서는 전설로만 여겨져 왔던 피그미족이 발견되었다. 헤로도토스는 이미 이들에 관해 언급한 적이 있는데,[76) 아리스토텔레스[77)에 따르면 이 불가사의한 부족은 나일 강 주변에서 살았다. 그리스어로 '피그마이오스pygmaios'는 1쿠데*의 높이를 의미한다. 그러므로 그들은 키가 아주 작은 난쟁이들이었다. 여하튼 피그미족은 실재했었고, 비록 키는 작았지만 조금도 기형적으로 생기지 않은 완전한 인간이었다. 당시의 인종학자들이 보기에 피그미족은 대단히 진화된 단계에 있었으며, 진정한 "원시인"이었다. 그러나 그 시대에 자주 사용되던 이 원시인이라는 단어는 결국 진정한 "야생 인간"을 곧 되찾을 수 있으리라는 우리의 확신을 깨버렸다. 처녀림은 모든 희망의 원천이다. 우리는 오랫동안 유럽의 숲에 살아 있었다는 루틴 요정의 존재를 믿지 않았지만, 아프리카와 남아메리카의 숲에서 그들을 다시 발견하였다. 그들은 정말로 실재하는 존재들이었던 것이다.

끔찍한 모습으로 사람들의 상상력과 무의식 속에 자리 잡고 있던 광활한 영토에 대한 공포심은 끊임없이 존재해 왔다. 이 공포는 엄청난 고통을 치르고 살아남은 몇몇 인디언 종족들을 중심으로 형성되었으며, 이들이 백인들에게 퍼부은 저주는 전적으로 백인 자신들에게 그 책임이 있었다. 아마존의 인디언들에게 생긴 이 공포는 끊임없이 사람들을 괴롭혀 왔는데, 〈에메랄드의 숲〉(1985)이라는 영화에 이것이 잘 나타나 있다. 이 인디언들은 숲 속에 살고 있기 때문에 진정한 최후의 "야생 인간"이라 말할 수 있다. 여행자들은 이들을 흔히 나무나 리아나**와 혼동하여 그 모습을 쉽게 발견하지 못하지만, 어쩌다 숲에서 불쑥 튀어나오는 그들과 마주치면 공포심을 느낀다. 이러한 공포감 때문에 저질러진 브라질 인디언의 계획적인 몰살 행위는 우리 시대의 부끄러운 단면이 아닐 수 없다.[78] 미지인에 대한 공포는 이미 반쯤 공사가 끝난 아마존 횡단 철도 사업에서 비롯된 것이기도 하다. 개발의 무용성을 주장하는 생물학자들은, 온 지구의 허파 역할을 하고 있는 아마존의 숲을 개발하면서 마구 파헤친 땅이 머지않아 황폐해질 것이며, 결국 지구에 심각한 타격을 가져올 것이라고 말한다. 마법에 걸린 브르타뉴의 숲에서 그랬던 것처럼 이것은 환상을 몰아내는 파괴 행위이지만, 유감스럽게도 현대 사회에서는 저항할 수 없는 일이기도 하다.

---

* 옛날 길이의 단위로 약 50cm 정도이다.
** 열대 아메리카 산 칡의 일종.

자연의 균형을 깨뜨리고 있다는 오명을 씻기 위하여 인간은 임시방편적인 하나의 대안을 찾아냈다. 그것은 이른바 "자연 보호 지역"의 설정인데, 지난 수십 년 동안 이 구역은 전세계적으로 확장되어 나갔다. 최첨단의 현대 사회는 한 손으로는 신성을 모독하면서 다른 손으로는 신성을 다시 구축—영어로 국립공원은 'sanctuaries'라는 아주 의미심장한 이름으로 불린다—한다. 심지어는 성림과 처녀림을 재창조하면서 자연을 "보호한다"고까지 주장하는데, 이것이 과연 자연을 위한 것이란 말인가? 분명 이 말에는 어폐가 있다. 여기서 "보호 지역"이라는 말은 인디언의 거주 지정 지역, 즉 그 지역의 옛 주인들인 인디언들이 평화롭게 살다가 죽을 수 있도록 그들에게 주어진 일부 제한된 공간을 지칭한다. 이 말 속에는 그 지역을 제외하고는 어느 곳이든 약탈과 파괴가 인정된다는 의미가 함축되어 있는 것이다. 결국 '보호 지역'은 관광을 빌미로 개발에 박차를 가하는 이 소비 사회에 의해 만들어진 것이다.

우리는 피그미족을 통해 옛날 전설 속의 난쟁이들을 만날 수 있었지만, 모든 신화에 공통적으로 등장하는 거인족에 대해서는 어디에서도 그 흔적을 찾을 수 없었다. 그러나 여론을 불러일으키는 데는 한두 번 대중 매체를 타는 것만으로 충분하다. 우리는 얼마 전에, 히말라야 산 속에서 거인을 보았다고 말하는 사람을 본 적이 있다. "끔찍하게도 못생긴 설인雪人" 예티는 아직도 "사람의 손길이 닿지 않는" 곳에서 살 수는 있겠지만, 너무도 속속들이 알려져 있는 이 지구상에서는 사실상 불가능한 일이다. 외계인들은 다른 곳, 다른 행성, 심지어는 다른 은하계에서 온다. 미래 공상 소설이나 만화—몇몇 순진한 작가들은 이러한 것에 몰두하고 있는데, 여기에는 소위 교훈적이라 불리는 진실한 주제가 얼토당토않은 줄거리와 뒤섞여 있다—에 등장하는 이들이 우리의 오그르이며 요정들이 되었다. 오늘날 미지의 존재는 더 이상 숲 속에 존재하지 않는다. 단순한 호기심 이상으로 선망의 대상이 되고 있는 것은 불행히도 우주 공간이다.

19세기의 과학 탐험가들은 미개척지를 통과하면서 당시에는 상상조차 할 수 없었던 엄청난 크기의 나무들을 발견한다. 사실 옛날의 기행 문학에는 환상의 나무가 빠지지 않고 등장한다. 『세계 여행기』에서 마르코 폴로는 흰빛과 붉은빛의 술이 들어 있는 나무, "밀가루로 가득 차 있는" 나무와, "파라오의 열매"로서 "설탕처럼 부드럽고 우유처럼 하얀, 컵 모양의…… 인간이 배불리 먹을 수 있는 대단히 맛이 좋은" 과육이 들어 있는 미지의 나무에 대해 경탄 섞인 묘사를 한다.[79] 우리는 이것이 코코아 열매라는 것을 금방 알 수 있다. 마르코 폴로는 우리에게 술을 만들어 내는 이 나무가 "작은 대추야자나무"와 유사하다고 말하고 있는데, 그러므로 이 나무는 야자즙과 관련이 있다. "밀가루가 있는 나무"라는 것은 아마도 빵이 달린 나무일 것인데, 만약 그의 묘사가 부정확했다면 그것은 여행자들의 이야기를 전해 듣는 과정에서 그가 잘못 이해했기 때문일 것이다. 사실 이 베네치아인이 말하는 유일한 환상적인 나무는 투노칸이라 불리는 지방의 "광활한 대평원" 한복판에 서 있는 "고독의 나무"이다. 이 평원은 이란 북동쪽에 위치한 건조한 초원 지대로서 현재의 코라 산이 있는 곳이다. 폴로 일행은 룻의 소금 사막을 통과한 후 이곳을 지나게 된다. 그 지방 사람들의 말에 따르면 투노칸의 평원에서 "마케도니아의 알렉산드로스 대왕과 페르시아의 다리우스 대왕이 대전투를 벌였다"고 한다. 그리스도교인들이 "메마른 나무"라고 부르는 이 "고독의 나무"는 서양과 동양 사이의 경계를 표시하고 있다. 그것은 이 나무가 이름처럼 완전히 외따로 떨어져 있어 지표로 삼기가 용이했기 때문이다. "근처 100마일 이내에는 다른 나무가 없었다. 10마일 떨어진 지점에 있는 단 한 그루를 제외하고는 말이다." 이 나무는 "대단히 크고 굵었다. 나뭇잎의 한 면은 녹색이고 다른 면은 흰색이다. 나무에는 속이 빈 밤처럼 생긴 열매가 열렸지만, 맛은 좋지 않았다. 이 나무는 대단히 단단하고 회양목처럼 노란 빛깔을 띠고 있어서 사람들은 그것을 가지고 방향성 수지를 만든다."[80] 마르코 폴로는 자신이 실제로 본 대로 나무를 묘사하고 있는데, 텍스트 주석가인 스테판 에라지

모스의 지적처럼 그것은 플라타너스와 아주 흡사하다. 또한 '동양의 플라타너스Platanus orientalis'일 가능성도 있지만 이 종은 나뭇잎의 한쪽 면이 하얗지는 않다. 결국 흰색 포플러 이파리가 있는 플라타너스라는 가정하에, 마르코 폴로는 이 전설적인 나무를 "고독의 나무" 혹은 "메마른 나무"라고 칭하였다. 그러나 이 나무가 중세의 묵시 신화에서는 또 다른 맥락을 갖게 된다.[81]

오드릭 드 포르데논은 1327년 북경에서 베니스로 돌아오는 길에 아시아의 이곳저곳을 거치게 되었다. 그는 인도의 말라바르에서 열매를 맺는 대신 남자와 여자를 낳는 나무에 관해 듣게 되는데, 이 남녀는 키가 50㎝도 채 되지 않았고,[82] 아주 작은 탓에 나무통 안에서 산다는 것이다. 사람들은 이들의 몸이 바람이 불면 차가워졌다가 바람이 멈추면 다시 건조해졌다고 말한다. 인도에서도 양을 낳는 나무가 있었으며,[83] 러시아에서도 '바란니에즈'(어린 양)라는 이름으로 알려진 한 그루의 나무가 있었다. 교황 피우스 2세가 된 15세기 이탈리아의 위대한 인문주의자 아이네아스 실비우스 피콜로미니는, 아시아와 유럽에 대한 그의 저서에서 약간은 비꼬는 어조로 서양에서 자라는 환상적인 나무에 관해 기술하고 있다. "스코틀랜드에는 어느 강가에 오리 모양의 열매가 달린 나무 한 그루가 있는데, 그 열매는 익으면 강가나 물 속으로 떨어진다고 한다. 땅 위로 떨어지는 열매는 곧바로 썩어 버리고, 물 속으로 떨어진 열매는 살아남아 하늘을 난다. 사실의 진위를 밝히려는 마음이 있다면 더욱 깊이 있는 연구를 해야 할 것이다. 그러나 기적을 보려고 가까이 접근하면 이미 그 기적은 우리로부터 멀어진다는 사실을 알아야 한다. 이 기적의 나무는 지금은 스코틀랜드에서 자라지 않고 오르카데 섬에서 자라고 있다." 오드릭 드 포르데논이 암시하고 있는 바에서 알 수 있듯이, 이 전설은 시기적으로 15세기 이전으로 거슬러 올라가며, 그 지역적인 범위도 매우 넓다. 이와 유사한 전설은 심지어 중국에서도 찾아볼 수 있다. 1670년 아타나즈 키르셰 신부는 『중국을 조명함』이라는 책에서 잎이 떨어지면서 새가 된다는 하남 지방의 나무에 관해 언급한다. 이 믿음은 그후로도 오랫동안 계속되었으며, 17세기에도 여전히 학자들은 이를 설명하고자 노력했다. 이제 그 모든 주석들에 대해 우리 나름대로의 설명을 덧붙이도록 하자. 작가들은 나무에서 태어난 이 새들을 "흑기러기barnacle"라고 불렀는데, 이 전설의 기원은 바로 영국이다. 영어로 barnacle이라는 단어는, 우리가 프랑스어로 "bernache" 혹은 "bernacle"로 부르는 '바다기러기'인 동시에 "bernacle" 또는 "anatife"라고 불리는 '배가 불룩한 조개 모양의 연체 동물'을 가리키기도 한다. 사람들은 바다에서 조개들이 마치 알을 낳듯이 bernacle이라 불리는 기러기를 낳고, 삿갓조개는 나무에서 만들어진다고 믿고 있었다. 사실 이것들은 보통 물에 잠긴 나무 조각이나 목선木船 선체에서 쉽게 발견된다.

훨씬 더 최근의 것으로, 유명한 『1844, 1845, 1846년 동안의 타르타르와 티벳 여행에 관한 추억』에서 후크 신부가 보고한 현상들은 모호하기보다는 신비스럽다. '암도'라는 티벳 지방의 금범 사원에 머무르고 있던 후크 신부와 그의 동료 가베 신부는, 사원에서 향 대신에 종종 태우곤 하던 향나무의 일종인 백향목白香木에 경탄하게 된다. 금범 사원의 이 나무는, 달라이 라마가 속해 있는 '겔룩파黃頭巾'의 계율 창시자였던 위대한 스승 '청가파'에게서 떨어진 한 방울의 피에서 1356년 태어난 것으로 알려져 있다. 오랜 세월이 흐른 후 청가파의 어머니는 떠돌이 승려가 된 아들에게 암도로 돌아오라고 간청했고, 그는 자신의 초상화와 신들의 성상聖象을 어머니에게 보낸다. 심부름꾼이 이 선물을 그의 어머니에게 건네는 순간, 백향목에 붙어 있는 잎사귀들 위에 신들의 성상이 찍히고, 나뭇가지와 줄기에는 '옴 마니 밧메 훔'이라는 말이 나타났다. 후일 이 자리에 세워진 사찰이 '수천의 형상들'을 뜻하는 금범이라는 이름을 갖게 된 것은 바로 이와 같은 기적 때문이다. 후크와 가베 신부는 자신들이 직접 두 눈으로 신들의 형상을 보았다고, 아니 최소한 나뭇가지와 줄기에 새겨진 '옴 마니 밧메 훔'이라는 글자를 보았다고 주장했다. 후크 신부의 말에 따르면, 어린 잎사귀 위에 그리고 나무 껍질을 벗겨 보면 그 껍질 아래에 씌어 있는 그 글자들을 분명하게 알아볼 수 있다는 것이다.

알렉상드라 다비드 넬은 1918년 금범에 머무르면서 그의 선임자들이 말한 것을 확인하고 싶어했다. 나무는 여전히 그곳에 있었지만—그 나무는 500살이 넘었다—일종의 성壓 유물함 속에 밀폐되어 있었다. '라마 부인'이라는 명칭의 이 유물함은 최근의 것이지만 연대기에 따르면 14세기에 세워졌을 것으로 보인다. 알렉상드라 다비드 넬은 앞선 두 신부가 이전에 보았던 것은 나무가 아니라 두 개의 새싹이었을 것이라고 가정한다. 먼 곳에서 온 순례자들은 그 두 싹의 잎에서 성스러운 만트라(다라니)를 보았다고 주장한다. 알렉상드라는 그것을 알아볼 수 없었다. 그녀는 승려들에게 물어 보았지만, 그들 역시 아무것도 본 것이 없었다.[84]

그러니까 후크 신부와 가베 신부가 금범의 나무를 보았을 때는, 이미 오래 전에 새로운 종의 연구를 위해 세계를 탐험하던 식물학자이자 수집가들이 그보다 훨씬 더 놀랄 만한 나무들을 발견한 후였다. 놀랍게도 이 나무들은 종종 원래 서식지의 나무들보다 훨씬 굵고 생명력이 길었다. 1757년 『세네갈 자연사』에서 프랑스인 미셸 아당송은 세네감비아*의 바오밥나무에 대해서 쓰고 있다. 이 나무는 키가 큰 것은 물론이고 지금까지 한번도 본 적이 없을 정도로 통이 굵은 나무였다.[85] 이 "거대한 식물"의 줄기는 사실 보기보다 훨씬 크고 높았다. 지름은 9~10미터에 달했다. 페로테는 40년 후 동일한 지역에서 직경이 20~30미터에 육박하는 거대한 바오밥나무를 발견하게 된다.[86] 아당송은 나무들 중 가장 굵은 것을 6천 살 정도로[87] 추정하고 있다. 그러므로 이 나무들은 유럽의 모든 나무들보다도 3배는 더 오래된 것이다. 그보다 더한 것들도 얼마든지 있다. 1799년 테네리프에서 알렉상드르 드 훔볼트는 오래전부터 알려진 한 그루의 나무에 관해 연구한다. 이 나무에 '용혈수dragonnier'

---

* 세네갈과 감비아를 포함하는 서아프리카의 지역.

(드라코에나 드라코Dracoena draco)라는 이름이 붙게 된 데에는, 단지 이 나무에서 "용의 피"로 불리는 일종의 고무가 생산되기 때문만은 아니다. 이 고무는 약제사들이 사용하는 것으로 일단 마르면 쉽게 부서지고 붉은 핏빛을 띤다. 1799년 오로타바 용혈수의 줄기는 직경이 15미터에 이르렀는데, 훔볼트는 그 수령을 8천 살 정도로 추정하고 있다. 남아메리카를 여행하고 돌아오는 길에, 훔볼트는 1804년 멕시코의 옥사카 근처의 산타 마리아 델 툴레에서 거대한 실편백나무를 보고 경탄을 금치 못한다. 그는 이 나무의 나이를 4천 살에서 6천 살 사이로 추정하였다.[88]

1770년 4월과 5월에 제임스 쿡이 지휘하는 '전진 호'가 오스트레일리아의 미개척지인 남동쪽 만灣에 정박했을 때,[89] 배에 타고 있던 식물학자들은 유럽에서 가장 큰 나무의 키보다 두 배나 더 큰, 100미터 높이의 나무들을 발견하게 된다. 이것이 유럽인들이 본 최초의 유칼리나무eucalyptus였다.[90] 지구의 반대편인 태평양까지 뻗어 있는 북아메리카 북서쪽의 경사진 산 위에서, 밴쿠버 호[91]의 승무원이었던 스코틀랜드인 맨지스는 1792년과 1793년 사이에 거대한 견과류 나무숲을 탐험한다. 그는 견과류의 새로운 종을 만들어 내기도 했는데, 전부가 20~30미터쯤 되는 유럽의 전나무보다 컸다. 한편 1825년에서 1831년 사이에는 또 다른 스코틀랜드의 식물학자인 데이빗 더글러스가 높이가 80미터에 육박하는 거대한 나무들의 종자를 유럽에 보내면서 같은 지역을 체계적으로 탐사했다.[92] 우리가 신문을 통해 알 수 있는 것에 따르면, 이들 탐험가들은 때로는 생명의 위험을 무릅쓰면서까지 탐사에 열의를 보였고, 자신들이 인류를 위해 중요한 일을 하고 있다고 자부하였다. 그들은 또한 이 거대한 식물의 비할 수 없는 장대함에 매혹당했으며, 야생 상태의 자연 그대로의 고갈되지 않는 힘 앞에서 놀라움을 금치 못했다. 영겁의 시간으로부터 나온 고대의 성스러운 감정 속에, 즉 일찍이 그리스인들에 의해 "신의 영감을 받은 흥분"이라는 뜻의 말로 사용된 '흥분 상태'에 탐험가들은 푹 빠져 버린 것이다.

어쨌든 멘지스도 더글라스도 모든 기록을 능가하는 현존하는 세쿼이아 혹은 세쿼이아스 나무를 발견하지는 못했다. 이 나무는 '상록 세쿼이아'(세쿠오이아 셈페르비렌스Sequoia sempervirens Lamb. Endl.)와 '거인 세쿼이아'(세쿠오이아덴드론 기간테움Sequoiadendron giganteum Buch.)라는 두 개의 종으로 나뉘는데, 이것들은 둘 다 키가 100미터를 넘는다. 특히 1841년 칼라베라스 그로브에서 '거인 세쿼이아'가 발견된 이후, 이곳은 오늘날까지도 미국 관광객들의 경의에 찬 발길이 끊이지 않으며, 전세계 학자들의 이목과 대중의 관심을 집중시켜 왔다. 이 나무는 보통 그 둘레가 36미터에 육박하며, 그 크기—133미터에 육박하는—와 나무통의 굵기로 보아 가히 식물계를 지배하는 제왕이라고 말함직하다. 그 당시 세계적인 센세이션을 일으켰던 세쿼이아가 발견된 지 몇 년 후, 사람들은 다시 이 나무의 키를 재고 나이를 추정했다. 그들이 발견한 이 나무의 종들에 대해 이전의 박물학자들이 시행했던 방식은 다소 과장된 것으로 드러났기 때문에, 이번에는 모든 채록된 표본들의 나이테를 체계적으로 환산하는 방식을 채택한다. 어떤 것들은 그 나이가 3천 년을 넘는 것도 있었지만 그렇다고 이것이 가장 통이 굵은 나무는 아니었다. 어떤 세쿼이아들은 4천 년을 넘어가는 것도 있었다.[93] 세쿼이아는 분명 지상에서 살아 숨쉬는 모든 존재들 가운데 가장 키가 크다. 이들보다 더 오래된 나무로, 1950년대에 들어서 알려진 소나무(피누스 아리스토나Pinus aristana)가 있기는 하다. 소나무는 해발 3천 미터도 넘는 험준한 바위산의 한랭 건조한 기후 속에서 살아가며, 거의 5천 년 동안 생존할 수 있다.

하지만 박물학자들을 더욱 놀라게 한 것은 여전히 살아 있는 화석 나무가 존재한다는 사실이다. 1690년부터 독일의 의사이자 식물학자인 엥겔베르트 캠퍼는 그 어떤 분류나 계통수에도 포함되지 않는 매우 특이한 하나의 종을 일본에서 발견하였다. 수목학자들은 이 은행나무 '징코 빌로바Ginkgo biloba'[94]를 연구하면서 다음과 같은 사실을 확인한다. 이 종의 기원은 쥐라기 중기까지 거슬러 올라가며, 그 이후에도 변함없는 상태로 보존되어 1억5

천만 년 동안 생존해 왔다는 것이다. 캠퍼는 이 나무가 일본에서 사원을 둘러싼 숲 속에서만 발견된다는 사실에 주목했다. 그것은 중국에서도 마찬가지였다. 이 은행나무는 그 수명이 수천 년 혹은 그보다도 오래된 성목이었기 때문일 것이다. 캠퍼의 발견이 있은 지 250년 후인 1946년에서 1947년 사이, 중국의 수목학자들은 중국 서쪽으로부터 한참 떨어진 지방에서 한 나무—그때까지는 화석 상태의 '메타세쿠오이아 글립토스트로보이데스Metasequoia glyptostrobo des Hu et Cheng'로밖에는 알지 못했던—를 발견하게 되는데, 이것이 바로 오늘날 우리가 공원에 심는 그 은행나무이다.[95]

따라서 우리는 식물계의 거목들이 갖는 이 놀라운 영속성에 대한 증거를 갖게 되었다. 그러나 새로운 종이 발견되면 으레 사람들이 열광했던 것과는 달리, 메타세쿼이아 종의 출현은 대단한 관심을 불러일으키지 못했다. 이제는 신성한 의미뿐 아니라 신적인 발현으로서 간주되어 온 자연에 대한 존경과 경이로움이 사라져 버렸던 것이다. 이제 사람들의 머리에 떠오르는 것은 오로지 이 나무들로부터 얻어낼 수 있는 이익뿐이었다.

그러나 이러한 관점은 18세기 말과 19세기 초에 지구상의 미개척지를 발견하고자 길을 떠났던 사람들의 생각과 유사점이 없지 않다. 이러한 관점은 인간의 모태인 '대지의 어머니'에 대해 그들이 느끼던 인식의 감정에 영향을 미친다. 탐험가들은 더운 지방의 사람들로 하여금 천혜天惠의 선물인 "자연의 상태"로 살 수 있도록 허락한 대지의 관대함과 예지를 감탄의 눈으로 바라보았다. 열대 지역에서는 나무들이 모든 생필품을 제공한다. 훔볼트는 이렇게 적고 있다. "'크레센티아Crescentia'와 '레퀴티스Lecythis'의 과실들은 물병으로도 사용된다. 종려나무의 껍질과 표피는 그 자체로 의복과 모자로 이용될 수 있었다……[96] 내부에 마디가 있는 대나무의 줄기로는 사다리를 만들었으며, 오두막을 지을 때나 의자와 침대와 다른 가구들을 만들 때도 그와 마찬가지로 긴요하게 쓰였다. 이것들은 야생의 자연에 풍요를 가져다 주었다."[97] 그후 남미의 여행담 속에서도 훔볼트는 아메리카의 사과야자나무

(마우리티아 플렉수오사Mauritia flexuosa)의 미덕을 칭찬하고 있다. 스페인 사람들은 '생명의 나무'라고 부르는 이 나무로 "밀가루, 술, 그물 침대를 짜기 위한 실, 그물, 바구니, 옷" 등을 만들었다. 그는 또한 "나무통에 홈을 파면······ 신맛이 전혀 없고 달콤한 향기가 나는 진하고 끈끈한 우유가 가득 들어 있다"는 '암소의 나무'에 대해서도 말한다. 이 "우유"는 원주민들의 중요한 한철 양식이 되었다고 한다.

같은 시대인 1796년 영국의 탐험가인 문고 파크는 밤바라의 원주민들이 '쉐아'라는 과일의 과육으로부터 추출한 식물성 버터의 효용에 관해 기술한 바 있다. 이 버터는 "일년 내내 보관할 수 있다는 이점이 있다. 염분이 없고 훨씬 더 하얗고 단단하며, 소젖으로 만든 버터 중 그 어떤 버터보다도 더 맛이 좋았다."98) 더 유용한 나무로는 "빵나무"('아르토카르포스Artocarpos, 그리스어로 빵을 뜻하는 artos와 과일을 뜻하는 carpos가 합성된 말)가 있다. 이 나무는 손드 섬의 몰뤼크에서 맨 먼저 발견되었으며, 그 이후 쿡 선장이 이끄는 초기 탐험단의 박물학자였던 뱅크스에 의해 타히티에서 두 번째로 발견되었다. 1789년 윌리암 블리가 안틸리아에 이 타히티의 빵나무들을 운송하던 중 자신이 지휘하던 바운티 호에서 반란이 일어나, 티무르에 도착하기까지 6천7백km를 타고 온 그 함대 위에서 열아홉 명의 부하들과 함께 버려졌던 사실을 우리는 알고 있다. 그러나 블리는 2년 후에 이 바다를 다시 항해하였고, 빵나무 300그루를 자메이카로 운반하는 데 성공한다. 빵나무에 대해 항해가들이 느끼는 경외심은 뒤이어 식물학자들에 의해 행해진 여러 연구들에서 더욱 두드러진다. '아르토카르푸스 인키사Artocarpus incisa. L.'의 열매는 "그 지역 주민들에게 8개월 내내 신선하고 맛 좋은 양식을 제공해 주었다. 이 열매는······ 완전히 숙성되기 전에 가루가 있는 희고 단단한 과육이 된다. 우리는 과일을 그 상태로 먹거나, 혹은 빵처럼 화로에 구워서, 혹은 끓이거나 다양한 다른 방법으로 조리해서 먹는다······. 폴리네시아인들은 이 열매로 반죽을 하여 발효시킨 다음 보관해 두었다가 빵나무에 열매가 열리지 않는 계절에 이것을 요리해 먹었다. 밤 크기 정도의 씨 또한 먹을거리로 사용되었다. 폴리네시아 주민들은 줄기의 내피로 옷감을 만들고, 넓적하고 질긴 이파리로는 돗자리를 만들었다. 마지막으로 건조시킨 수꽃 잎은 초의 심지로 이용되며 온 나무에 넘쳐 나는 우유빛 즙은 아교로 사용된다."[99] 빵나무는 진실로 신의 섭리로 만들어진 나무이다. 열대 지방의 사람들은 이 나무의 열매를 따 먹으면서, 그리스 로마 작가들의 말대로 최초의 인간들처럼 신의 나무에서 양식을 구하고 보호를 받으면서 아무런 걱정 없이 산다. 문명을 벗어난 곳에서 황금 시대는 여전히 존재하고 있었다.

제8장 열매, 신화 그리고 역사

 우리의 조상들이 나무에 대해 가졌던 존경심에는, 그들이 나무에게 바쳤던 봉사들의 일부분, 단지 일부분만이 포함되어 있다. 그들은 과일나무를 각별하게 숭배하였다. 과일나무가 인간들에게 중요한 양식이 되었던 원시 시대 이후 과실의 양은 엄청나게 줄어들었다. 베르길리우스는 민간 신앙을 예로 들어 "나무 열매와 성림의 도토리가 부족해지기 시작하면서"[1] 농업이 탄생했다고 말한다. 황금 시대는 단지 하나의 추억에 지나지 않았으며, 황금 시대의 종말과 더불어 시작된 쇠퇴는 인간들의 노동에 의해서만 극복될 수 있었다. 그리하여 충분한 수확을 보장하기 위해서는 나무를 재배하고 가꾸는 일에 정성을 쏟아야만 했다. 베르길리우스가 활동하던 시기에 농업은 사실상 하나의 진정한 기술이 되어 있었다. 이 농업 기술에 관해서는 『농경시』의 저자 베르길리우스에게 영감을 주었던 작가들인 카토[2]와 바로,[3] 혹은 베르길리우스와 동시대인들인 콜루멜라[4]와 플리니우스[5]에 의해 묘사되어 있다. 과일나무에 관한 연구서에서 플리니우스는 그 당시 막 시행되기 시작한 여러 가지 접목법에 대해 말하고 있는데, 이 방법들을 통해 과일의 새로운 변종들, 특히 1세기 전 카토도 언급하지 않았던 새로운 변종인 오얏 열매가 탄생한다. 플리니우스는 수입된 과일의 여러 종들, 예를 들어 BC 73년에 루쿨루스에 의해 퐁에서 들여온 버찌나무와 당시 이탈리아에서만 재배되고 있었던 동양 산 배나무, 그리고 복숭아나무에 관해서 말하기도 하였다.

고대인들은 나무의 열매가 신의 선물이라고 믿었다. 라틴 민족에게는 과실의 숙성을 관장하는 과수의 여신 포모나가 있기까지 하다. 이들은 포모나를 선대의 신인 베르툼누스Vertumnus("변화하다"라는 뜻의 라틴어 '베르테레 vertere'에서 파생)와 연관 지었는데, 이 신은 계절의 변화를 관장하고 과일나무에 각별한 정성을 쏟는다. 두 경쟁자들, 즉 젊은 포모나와 늙은 베르툼누스 사이에 얼마간의 경쟁이 있었다고 할지라도 그것은 신화가 상상하는 것일 뿐이다. 베르툼누스는 젊은 아가씨를 유혹하려고 농부, 포도 재배인 그리고 수확하는 사람으로 모습을 계속 바꾸어 보지만 아무런 성과가 없자 성性을 바꾸어 늙은 여인의 모습을 한 뒤에야 목적을 달성한다.

열매Fruit는 라틴어 '프룩투스fructus'에서 유래한다. 그러나 원래 이 단어는 열매를 지칭하는 것이 아니라, 우리가 '사용 수익권usufruit'이라 부르는 법률 용어, 즉 소유권이 타인에게 있는 어떤 것의 생산물을 징수하고 사용할 수 있는 권리를 지칭한다. 더 일반적으로 말하자면 fructus는 재화, 결과, 수익, 보상 등의 소득이다. fructus가 유래하고 있는 유럽어의 어근 bhrug-에는 '재화와 대지가 제공하는 즐거움'이라는 더욱 포괄적인 의미가 함축되어 있다. '프루게스fruges'는 그것의 생산물이며, '프룩투오수스fructuosus'는 '풍부한' 혹은 '비옥한'이라는 뜻을 지니고 있으며, 프랑스어 형용사 '유익한 fructueux'은 이 라틴어 형용사에서 왔다. 원래의 의미를 고려한다면 열매는 즐거움의 대상이다. 열매는 또한 '은총이 가득하신 마리아여'로 시작하는 성모송의 "태중의 아들le fruit de vos entrailles"에 표현되어 있는 것처럼 결실, 즉 나무의 아이를 의미하기도 한다. 라틴어로 과일은 '포뭄pomum', 과일나무는 '포무스pomus'라 일컬어진다. 그러므로 라틴어로 '말룸malum'인 프랑스어 '폼므pomme'는 훌륭한 열매를 뜻한다. 실제 프랑스에서는 솔방울과 감자를 각각 "pomme de pin"(소나무의 열매) 그리고 "pomme de terre"(땅의 열매)라고 부른다. 그리스어에는 열매를 지칭하는 데 이보다 더 다양한 의미를 함축하는 낱말이 있다. '카르포스Carpos' 라는 단어는 대지와 식물의 생산물(라틴어로 carpo-carpere는 "따다, 떼어 내다, 뽑아내다"를 의미한다), 씨앗, 종자뿐 아니라 동물의 새끼를 뜻하기도 하며, 또한 손이 팔의 열매라는 의미에서 손목을 지칭하기도 한다. 대추야자 열매datte는 "손가락"을 뜻하는 그리스어 '닥튈로스dactylos'에서 유래했다는 점을 기억하도록 하자. 여기서 우리는 카르포스를 수수께끼 같은 '카르Kar'와 연관 지어 생각해 볼 필요가 있다. "호두 열매"를 뜻하는 '카뤼아carya'는 카르에서 파생했으며, "몸"뿐만 아니라 과육, 심지어는 수액이 통과하는 나무의 부드러운 안쪽 부분을 뜻하는 라틴어 '카르노-카르니스carno-carnis' 역시 이 말과 관련이 있는 것 같다.

우리보다 자연과 더 친숙하고 그것의 성스러운 성격에 더욱 민감한 반응을 보였던 고대인들은 도토리와 사과, 편도와 무화과, 올리브, 호두와 밤이 똑같이 열매들이지만 그것들 각각이 고유한 진화 과정을 통해 전혀 다른 구조를 가지고 있기 때문에, 과일들의 신비로운 기원과 그것의 다양한 용도에 경탄을 금치 못했다.

도토리는 수과akène("결여"를 뜻하는 a- 와 "열다"라는 뜻의 동사 kheinein이 결합한 그리스어), 즉 깍정이에서 나온 한 개의 커다란 씨앗이다. 그리고 너도밤나무의 열매, 털가시 밤송이 안에 든 밤나무 열매와, 목질 껍질에 갇힌 헤이즐넛도 마찬가지이다. 그러나 호두와 편도의 경우는 다르다. 이것들은 핵과인데, 과육이 아니라 핵noyau(호두noix에서 파생) 속에 든 씨앗이 식용으로 쓰인다. 일반적으로 편도에는 두 개의 씨앗—그러나 그중 한 개는 도태된다—이, 그리고 호두에는 기름진 두 개의 떡잎으로 구성된 한 개의 씨앗이 들어 있다. 올리브, 버찌, 오얏, 복숭아, 살구 같은 또 다른 핵과들은 반대로 껍질에 즙이 많아 먹을거리로 이용된다. 장과baie(라틴어 bacca에서 파생)의 과육 속에는 한 개의 중심 핵뿐만이 아니라 수많은 씨pépin("소년의 음경"을 뜻하는 라틴어 pipinna에서 파생)들이 발견된다. 사과나 배에도 이런 씨들이 들어 있지만 이것들은 완전히 다른 종류의 열매들이다. 식물학자들은 이 과일에게 '피리디온piridion'("배"를 의미하는 라틴어 pirus에서 파생한 유사 그리스어 단어)이라는 이름을 붙여 주었다. 여기서 우리는 다섯 과일들의 씨방이 될 다섯 개의 꽃 암술의 심피心皮를 볼 수 있다. 이러한 형태에서 마르멜로 열매, 서양모과, 마가목 열매, 산수유 열매, 산사나무 열매가 나온다. 이 가운데 그리스인과 라틴 민족들이 식용했던 모든 열매 가운데 가장 신비롭고 이상한 열매가 바로 무화과인데, 이들 민족들에게 있어 무화과는 매우 중요한 역할을 담당하고 있었지만, 그들은 이 열매의 비밀을 밝히지는 못한 것 같다.

올리브나무와 아테네의 건설

그리스인들에게 있어 올리브보다 더 유용한 열매는 없었으며, 우리는 올리브나무를 제외한 그리스와 그리스 문명을 거의 상상할 수 없다. 올리브 열매는 오늘날과 마찬가지로 고대에도 두 가지 방법, 즉 신맛을 제거하기 위해 일정 시간 동안 물에 담근 후 검게 변한 열매를 먹거나, 혹은 씻은 다음 단물에 담가 약간의 소금기를 배게 한 푸른 열매를 먹는다. 이 열매를 눌러 짜 낸 기름은 필수품이다. 사람들은 올리브 기름을 음식에 넣어 먹었을 뿐 아니라, 점등용으로도 유용하게 사용했다. 그리하여 우리는 이미 미노아 문명 시대의 크레타에서 "찰흙과 동석凍石 그리고 석고와 대리석으로 만들어진 많은 등잔들이 어떻게 초가집과 궁전을 밝힐 수 있었는지 알 수 있다. 기름의 양에 따라 밝기에는 엄청난 차이가 있었기 때문에, 사람들은 불을 밝히는 데 올리브 기름을 아끼지 않았다."[6] 또한 올리브 기름은 씨름을 할 때 몸에 발라 대리석과 같은 광택을 내는 피부 미용 재료로 쓰이기도 했다.[7] 『오디세이아』에 등장하는 신과 영웅들조차 영원히 빛나는 아름다움을 간직하기 위하여 이 기름을 즐겨 바르곤 했다. 이러한 까닭에 호메로스 시대의 그리스 사람들은 신들의 동상에 이 기름을 발랐다고 한다.8) 또한 올리브 기름은 향유와 향수의 기본 성분이기도 했다. 의술과 마법의 성스러운 도유 예식이 진행될 때면 사람들은 올리브 기름으로 시신을 닦고 이 기름을 신에게 바쳤다.

  올리브나무의 재배, 그 열매의 수확 그리고 올리브 기름 짜기는 도리아인 침입 이전의 에게 문명 시대 때부터 고대인들의 삶에서 매우 중요한 부분을 차지했다. 현재까지 남아 있는 여러 사료들을 참조하여 미노아 문명기의 크레타의 일상 생활9)을 연구했던 폴 파우르는 우리에게 매우 유용한 몇 가지 사실들을 알려 주고 있다. "올리브 열매의 수확은 1년의 마지막 시기에 이루어졌으며 아주 오랜 기간에 걸쳐 행해졌다. 이 일은 열매가 너무 익어 스스로 바닥에 떨어지는 11월에 시작하여 3월 초가 돼야 끝난다. 어떤 열매들은 손으로 딸 수 있는 위치에 열리지만, 높은 가지에 달린 것들은 남자들이 장대로 쳐서 떨어뜨려야만 했다. 여자와 아이들은 바닥을 깨끗이 청소한 후 천을 깔고 그 위에 올리브 열매가 떨어지면 주워서 나뭇잎과 줄기를 떼낸다. 농작물의 수확이나 포도 수확 때처럼 농가의 거의 모든 사람들이 모인다. 세 명의 부지런한 일꾼들이 한철 동안 엄청난 양의 기름을 짜 모은다. 저장을 하거나 식용을 목적으로 한 열매들은 소금물에 넣었으며, 헤시오도스에 따르면 나머지 열매들은 나무 절구에 넣고 방망이로 잘게 부순다. 이렇게 만들어진 재료를 대롱이 달린 작은 통 속에 담은 다음 그 위에 두꺼운 널빤지를 차곡차곡 쌓아 즙을 낸다. 이러한 방법은 오늘날까지도 일부 지역에 남아 있다……. 열을 가하지 않고 최초의 압축에 의해서 나온 이 기름10)은 작은 항아리나 그릇 속으로 흘러내린다. 사람들은 이 기름을 다시 농장의 기름 탱크 안에 저장하거나 염소 가죽으로 만든 부대 속에 넣는다. 기름은 가죽 부대 속에 담겨 왕자나 사제 혹은 상인의 집으로 실려 가기도 한다." 두 번째 단계에서는 "기름을 짜고 남은 찌꺼기를 다시 모은다. 이것들을 이십 일 동안 놓아두면 열이 발생한다. 그때

이 찌꺼기들을 잘게 부수고 다시 한번 압력을 가한다. 이러한 과정을 통해 처음 짜낸 기름의 3분의 1에 해당하는 분량의 기름이 다시 나오는데, 이 기름은 더 맵고 신맛이 난다. 끝으로 기름 분리기인 작은 점토 항아리에 더운물을 넣고 그 물이 누르는 힘을 이용하여 마지막 기름을 나오게 한다. 우리는 프레소스, 구르니아, 말리아 그리고 바티페트로에서 오늘날의 것과 유사한, 미노아 문명 시대의 대표적인 올리브 기름을 보았다……. 우리는 엄청난 노력을 들여 수공으로 진행된 기름짜기의 모든 과정을 보았기 때문에 그 올리브 기름의 값어치와 질이 얼마나 다양할지 짐작할 수 있다."

그리스에서 올리브나무와 그 열매는 '엘라이아élaia'로, 올리브 기름은 '엘라이온élaion'으로 불리는데, 이 두 단어는 모두 크레타어이다. 'élaion'은 라틴어로는 '올레움oleum'인데, 이 말에서 '향기를 내다'라는 뜻의 동사 '올레레olere'가 나온다. 고대에는 사람들이 다른 종류의 기름을 알고 있지 못했기 때문에 엘라이온과 올레움은 그냥 기름이라는 말로 통용되었다. 이 명칭은 다른 식물에서 나온 기름을 지칭할 때도 사용되었으며, 라틴어 계통의 언어(프랑스어로는 huile, 이탈리아어로는 olio, 스페인어로는 oleo)에서뿐 아니라 게르만어 계통의 언어(영어로는 oil, 독일어로는 Öl)에도 남아 있다. 식물 용어로 모든 핵 과일을 부를 때 사용하는 프랑스어 'drupe' 역시 마찬가지이다. 이 단어는 "검은 올리브 열매", 그러므로 익은 열매를 뜻하는 라틴어 'drupa' 혹은 druppa에서 나왔는데, 이 라틴어는 "나무에서 자연적으로 떨어진 열매"라는 뜻의 그리스어 '드루페테스drupetès'와 "나무 위에서 익은 것", 특히 올리브 열매와 무화과 열매를 뜻하는 '드루페페스drupépès'에서 파생한 말이다. 그런데 drupetés와 drupépès는 "성스러운 것으로서의 나무"라는 뜻의 '드루스drus'에서 유래했으며, '덴드론dendron'과는 반대로 drus는 참나무를 지칭한다. 우리는 여기서 왜 익은 올리브를 지칭하는 말의 어원이 dru-에 있는지 생각하지 않을 수 없다. 참나무뿐만 아니라 올리브나무 역시 성목이었기 때문만은 아니다. 도토리는 황금 시대에 중요한 양식으로 여겨지고 있었으며, 우리는 이미 베르길리우스가 고대의 신앙을 예로 들어 자신의 『농경시』에서 "성림의 도토리"의 수량의 감소는 황금 시대의 종말을 암시한다고 읊고 있는 것을 보았다. 그런데 재배 기술의 덕택으로 올리브 열매가 도토리를 대체하게 된 것이다. 올리브나무는 야생에서 자라지 않고 오로지 재배를 통해서만 자라는 종이기 때문이다. 그러므로 도토리가 황금 시대의 과일이었던 것처럼 올리브 열매는 고대인들에게는 문명의 과일이었던 것이다.

오늘날 올리브나무가 그리스 세계와 서로 분리되어 생각할 수 없음에도 불구하고 이 나무는 그리스에 그 기원을 두고 있지 않다. 식물학자들의 연구 결과에 의하면, 그 최초의 기원은 소아시아이다. 남부 아라비아에서 시작하여 시나이 반도의 거의 전 지역, 팔레스타인, 시리아 그리고 터키의 남쪽 해안을 거쳐 코카서스 산맥까지 이르는 광활한 지역에 숲이 형성되어 있었다. 바로 이곳에서 올리브 재배가 시작된 것이다. 그러므로 대홍수를 말하고 있는 「창세기」의 여러 장에서 올리브나무가 최초로 언급되고 있는 것은 전혀 놀랄 만한 일이 아니다. 노아는 "이레를 더 기다리다가 그 비둘기를 다시 배에서 내보냈다(처음에 그 비둘기는 "발을 붙이고 앉을 곳"을 찾지 못하고 그냥 돌아왔다). 비둘기는 저녁때가 되어 되돌아왔는데 부리에 금방 딴 올리브 이파리를 물고 있었다."[11] 하느님의 분노가 가라앉자 물이 빠지고 식물이 푸른색을 띠기 시작한 것이다.

원래부터 히브리인들에게 있어 올리브나무는 야훼의 가장 귀중한 선물들 중 하나였다. 이 나무는 노아와 우리가 곧 보게 될 아브라함 같은 최초 조상격의 인물들을 통해 하느님과 인간들을 서로 묶는 상징이었다. 올리브의 기름은 봉헌 예식에 사용되었다. 그러므로 하느님의 대리자요, 이스라엘 민족의 기다림을 받던 자는 당시 메시아, 즉 히브리어로 "기름 부음을 받은 사람"이라는 뜻의 '마시악Mschiak'으로 불렸다. 이 말은 그리스어로 "성유聖油의 도유 의식을 받은 자"라는 뜻의 '크리스토스Khristos'로 번역된다. 알다시피 프랑스에서는 대관식이 거행될 때, 왕은 천사 혹은 비둘기가 가지고 왔다는

'성유 그릇'의 기름으로 도유를 받는다. 프랑크 왕국 최초의 왕[12]인 클로비스 대제가 세례를 받을 때 바로 그러하였다. 일곱 가지의 도유 의식은 고위 성직자에 의해 장엄하게 집전되었는데, 특별한 경우를 제외하고는 성 레미의 후계자로서 클로비스 대제에게 세례를 내리고 기름을 발라 주었던 랭스의 대주교가 그 의식을 담당했다. 주교는 머리 위에, 양 어깨 사이의 가슴 위에, 오른쪽 어깨와 왼쪽 어깨 위에, 오른팔의 관절과 왼팔의 관절에 성유를 붓는다. 집전자는 매번 라틴어로 다음과 같이 말한다. "성부와 성자와 성령의 이름으로 그대에게 성유를 부어 왕으로 임명하노라, 아멘." 왕을 "만드는" 이와 같은 도유 의식은 대관식의 주요 행위로 인식되고 있었다. 이 의식은 예수 그리스도의 가르침을 선택 받은 민족의 계율인 모세의 율법에 결부시킨다. 모세의 율법에 따르면, 실제로 사울과 다윗은 예언자 사무엘—이 예언자들은 왕처럼 도유를 받았다—에 의해 성스러운 자가 되었으며, 솔로몬 역시 위대한 사제 사독과 예언자 나탄에 의해 거룩한 자가 되었다. 랭스에서 도유 의식이 진행될 때 성가대가 부르는 노래에는 이러한 내용이 들어 있다.

『신약 성서』는 "기름 부음을 받은 사람"인 구원자의 도래로 말미암아 『구약』의 약속들을 실현시켰고, 도유 의식은 새로워진다. 교회는 이 의식을 성대하게 치렀으며, 그리스도의 구원을 받고 그를 따르는 신자들에게 이 의식을 관전할 수 있도록 하였다. 도유 행사시에는 기독교인의 삶에서부터 죽음까지의 중요한 성사聖事들이 함께 거행되었다. 이때 사람들이 사용하는 "성유chrême"("기름 바름, 향유"를 뜻하는 그리스어와 라틴어 chrisma에서 유래)는 향유가 첨가된 올리브 기름으로 만들어졌다. 그러나 한 전례 사가에 따르면, "향유는 단지 교회의 계명에 지나지 않는다. 왜냐하면 4세기 혹은 5세기 초 교회에서는 향유를 기름과 섞지 않았다는 것이 증명되기 때문이다." 다른 기름은 모두 금지되어 있었으므로 여기서 기름이라는 것은 올리브 기름이었을 것이다.[13]

엄밀한 의미로 성유는 향유 성분을 지니고 있으나, "영세 지망자"와 "병자"의 기름은 "어떠한 혼합도 인정하지 않는다." 엄숙한 의식이 진행되는 동안—"주교는 열두 명의 사제와 일곱 명의 부사제, 그리고 충분한 수의 시종들의 보좌를 받게 된다—교구의 주교는 세 종류의 기름만을 사용할 수 있었다. 1년에 단 한 번, 성 목요일에 진행되던 이 의식은 마귀를 쫓는 주문과 함께 주교와 사제가 축복 받은 기름에 경배를 하는 것으로 시작되었다.

성유는 세례식—영세 지망자의 가슴과 양어깨 위에 기름이 부어진다—때에, 그리고 견진 성사—주교는 성유에 담근 손으로 십자가를 그린 후 그 손으로 영세자의 이마에 성유를 묻히고 안수한다—때에 사용되기도 하지만, 정확히 종부 성사로 불리는 병자 성사와 더불어 사제 서품식과 주교 축성식에서 보다 중요한 역할을 하고 있다. 주교가 머리와 양손 위에 성호를 긋는 도유식으로 축성 받는 반면에, 미래의 사제들은 입문자의 도유식을 사제로부터 받는다. 이 두 가지를 위하여 사람들은 "신성한 성유"를 사용한다. 죽은 자들에게 성유를 붓는 의식에서는 마귀를 쫓는 주문이 중요하다. 성 그레고리우스 대제의 성찬집에는 이러한 과정이 생생하게 묘사되어 있다. "사무엘이 다윗을 왕과 예언자로 만들기 위해 그에게 했던 것처럼, 나는 그대에게 성유를 붓노라. 전능하신 아버지의 이름으로 기름의 창조주는 그대에게 효력을 발휘할 것이니라. 그리하여 불경한 영혼이 숨지 못하며, 사지 어느 곳에도 그것이 스며들지 못할 것이니, 높은 곳에 계시는 그리스도와 성령의 미덕이 언제나 그대와 함께 할지어다." 성유는 또한 오감과 신체의 다른 부분들로 인해 저질러진 죄들을 용서하는 것으로 여겨졌기 때문에, 눈과 코, 입과 귀, 손과 다리에 성유를 붓기도 하였다.[14] 종부 성사는 "영혼을 정화시키고 영혼을 위로하며 악마의 위협으로부터 그것을 보호하기 위해서뿐 아니라, 육체의 고통을 완화시키고 심지어는 건강을 되찾게 하기 위해서도 행해졌다."[15]

올리브나무에 대한 히브리인들의 숭배는 다른 셈족들과 아랍인들에게까지 전해졌다. 이들 민족들에게 있어 올리브나무는 토착적인 나무였으며, 이들은 오래전부터 그것을 재배하고 있었다. 이슬람 문화권에서의 올리브나무는 세계의 중심이자 기둥으로, 가장 대표적인 우주목이다. 이는 우주적 인간, 예언자 그리고 "신의 이름들 중 하나를 상징한다. 각각의 나뭇잎에는 성스러운 낱말이 적혀 있다. 올리브 기름의 '바라카baraka'는 매우 진해서 기름 그 자체의 양을 증가시켜 해를 끼칠 수도 있다. 어떤 부족들은 생식력을 증대시키기 위해 올리브 기름을 먹었다."16) 그러므로 올리브나무는 생명의 나무인 동시에, 이슬람 세계에서 **축복 받은 나무**로서 그것이 제공하는 기름으로 인해 빛의 원천으로 간주된다. 『코란』의 24장은 "빛"에 관해 이렇게 기술하고 있다. "신은 하늘과 땅의 빛이다. 이 빛은 램프가 있는 작은 방과 유사하다. 램프는 빛나는 별과 같은 한 개의 유리잔 속에 있으며, 이 별은 **축복 받은 나무**의 광채로 빛을 발한다. 그것은 동양에서 온 것도 서양에서 온 것도 아닌 한 그루의 올리브나무이다. 올리브 기름은 불에 직접 닿지 않고도, 혹은 불이 없어도 빛을 발한다."17) 신비로운 이 비밀의 나무는 "태양을 중심으로 도는 (땅의) 회전과 아무런 연관이 없는"18) 천상의 나무이다. 그러므로 이 나무는 창조된 세계의 움직이지 않는 축이다.

축복 받은 나무인 올리브나무는 신자들의 아버지요 유대인들과 그리스도인들과 이슬람인들의 조상인 아브라함을 상징한다. 선대의 노아와 마찬가지로 아브라함은 이 결합의 징표로서 올리브나무와 동일시되며, 신의 선물로서의 올리브 열매는 이 결합을 증거한다.

성스러운 올리브나무로 올라가는 것은 기원으로 되돌아가는 것, "아브라함의 가슴으로" 돌아가는 것이다. 『하디스』*에 기록된 마호메트의 꿈이 이를 설명한다. "나는 오늘밤 '성스러운 땅'으로 인도하려고 내 손을 잡아끄는 두 남자를 보았다……. 그들은 나를 푸른 정원으로 데리고 갔다. 그곳에는 거대한 한 그루의 나무가 있었는데, 이 나무의 기둥 속에는 한 늙은이와 아이들

---

* 마호메트와 그 교우敎友의 언행에 관한 전승 기록.

이 있었다. 나무 옆에 있던 남자 하나가 불을 켰다. 두 남자는 나무 안으로 나를 데리고 올라가서는 지금까지 한번도 본 적이 없는 너무나 아름다운 장소로 나를 인도하는 것이었다. 그곳에는 노인들과 젊은이들, 여자들과 아이들이 있었다." 예언자는 자신이 본 것이 어떤 의미를 갖는지 두 명의 인도자들에게 물었다. 그러자 그들은 이렇게 대답했다. "그대가 나무 기둥 속에서 본 노인은 아브라함이고 아이들은 그의 백성들이오. 불을 켠 자는 '불의 재무관'이라오. 당신이 처음 들어간 곳은 신자들의 집회소였소. 그리고 나무 속에 있던 아름다운 장소는 바로 순교자들의 거주지였다오." 올리브나무는 우주목의 꼭대기에 있으며, 선택된 자들의 낙원이 있는 하늘에까지 뻗어 있다. 나무의 가장 높은 부분은 신에게 자신의 모든 것을, 심지어 생명까지도 바쳤던 순교자들matyrs과 증인들을 위해 마련된 곳이었다.19)

올리브나무는 동양적인 나무였다. 지중해 연안을 따라, 특히 카르타고의 식민지에 이 나무를 전파한 자들은 아마 페니키아인들이었던 것 같다. 이곳에서부터 북아프리카 전역에 올리브나무가 퍼져 나갔다. 그리스에서 가장 잘 알려진 기록에 따르면, 올리브나무는 펠라스기아의 최초의 왕으로 농업을 가르치고 아테네를 건설한 영웅 케크롭스에 의해 이집트 혹은 리비아로부터 아티카에 들어왔을 것으로 추정된다. 고대의 텍스트들과 고고학에 따르면 아크로폴리스가 있던 언덕은 원래 '글라우코피온glaucô-pion' 20)이라고 불렸다고 한다. 이 언덕은 처음에 올빼미(글라우스glaux) 여신에게 헌정되었다가 후에 뱀의 신 케크롭스에게 바쳐졌기 때문이다. 케크롭스라는 이름은 "숨기다"라는 뜻의 '크륍토cryptô'와 "꼬리"라는 뜻의 '케르코스cercos'가 서로 엇갈려 결합하고, "목소리"를 의미하는 '옵스ops', "시력" 그러므로 "얼굴"을 의미하는 '옵시스opsis'가 접미사로 붙으면서 만들어진 것으로 보인다. 고대의 조각에서 흔히 볼 수 있듯이 케크롭스는 반은 사람이고 반은 뱀의 형상을 한 신이다. 우리는 이미 지하 세계의 힘을 상징하는 뱀이 성목과 밀접한 연관이 있음을 살펴보았다. 고고학자들에 따르면 최초에는 글라우코피온이라 불리다가 펠라스기아 시대에는 케크로피아라고 칭해지던 아크로폴리스는, 그 위치의 중요성을 인식한 그리스인들이 침략을 시작하던 시기에 이미 요새화되어 너덧 개의 마을로 둘러싸여 있었다. 그들은 그때까지 "어둠 속에 고립되어 있던" 고대의 뱀 신 케크롭스의 형상을 따서 새로운 에레크테우스 신상을 이곳에 세웠고,21) 아크로폴리스는 "올빼미 제의를 관장한" 그들의 여신 아테나와 에레크테우스의 공동의 소유가 된다. 이제 아크로폴리스 언덕이 정식으로 에레크테우스의 몫이 되고 케크로피아의 소집단들은 그의 민족이 되었으며, 마을들이 서로 융합하는 과정에서 아테네 도시 국가가 탄생하게 된다. 자신의 영토가 케피소스 평야에까지 이르게 되자, 그는 올리브나무의 여신 아테나를 자기편으로 끌어들인다. 또한 영토가 연안에 이르자 이번에는 포세이돈과 연합한다. 에레크테이온 신전은 케크롭스의 성소와, 에레크테우스와 아테나와 포세이돈의 제단과, 성스러운 아테나의 올리브나무와 포세이돈의 작은 바다와 더불어 모든 과거를 상징한다.22) 이러한 일련의 제의들은 세밀한 연구 작업들을 통해 드러난다. 현재의 에레크테이온 신전은 폐허가 되긴 했지만, 그리스와 미케네 시대의 근원적인 연관성을 연상시키면서 그리스 신전과 미케네 시대의 건축물 아래에 지어져 있다.23)

고대의 그리스인들에게는 아테네의 건설이 역사적인 관점에서 혼돈되어 있기 때문에 우리는 아테네—이 이름은 복수이며 아테나 여신의 방패 아래에 모인 연합군을 지칭한다—도시 국가의 건설과 발전에 대해 여러 가지 전설들을 접하게 된다. 케크롭스는 때로는 에레크테우스의 아버지이고, 때로는 포세이돈에게 죽음을 당하는 에레크테우스의 아들이다. 그러나 이러한 혼동이 전혀 근거가 없는 것은 아닐 것이다. 스스로를 토착민이라고 주장하는 아테네인들은 자신들이 여러 인종들의 혼합에서 태어났음을 인정하려 하지 않았다. 그러나 연구에 따르면, 아테네에서 행해져 온 일련의 제의들은 그리스 세계에서 우리가 일반적으로 볼 수 있었던 것과 마찬가지로 계속되는 침략자들의 유입 현상과 일치하는 것 같다. 그러므로 다음과 같은 견해가 명백하게 수립될 수 있을 것이다. "아테네에 거주하던 이오니아의 펠라스기아인들은 (우리는 아테네인들이 이오니아와 항상 특권적인 관계를 갖고 있음을 알고 있다) 아이올리스인들의 침략을 받았고, 아테나 여신은 제우스의 아카이아인들과 연합함으로써만 통치권을 다시 획득할 수 있었다. 그러자 제우스의 아카이아인들은 그녀에게서 포세이돈의 부성父性을 박탈하고 제우스의 머리에서 그녀를 한 번 더 태어나게 하였다."24)

그레이브스의 이러한 가정은 전설을 다룬 여러 자료들에 의해 확증된다. 케크롭스의 아들이자 후계자, 즉 포세이돈에게 죽음을 당한 에레크테우스의 아들은 "전지 전능한 제우스"를 뜻하는 이름인 판디온으로 불렸고, 그러므로 그는 아카이아인들의 제우스의 사제였다. 아테나와 포세이돈의 경쟁 관계에 대해서는 유명한 삽화들에 잘 묘사되어 있다. 이 삽화들에는 펠라스기아 시대의 고대 신과 침략자들인 아이올리스인들의 신 사이에 일어났던 여러 투쟁들이 등장한다. 지상의 모든 왕국들을 자기 손아귀에 넣고 싶었던 포세이돈은 아크로폴리스 땅에 자신의 삼지창을 꽂아 놓고는 아티카의 소유권을 주장했는데, 그가 삼지창을 심은 땅에는 곧바로 소금물 샘이 만들어졌으며 지금도 아크로폴리스에는 이 샘이 남아 있다. 한편 아테나 여신은 샘 옆에 최초의 올리브나무를 자라나게 함으로써 이에 응수한다.25) 성이 난 포세이돈은 결투를 신청하지만, 제우스는 이들의 분쟁을 올림포스의 여러 신들로 구성된 재판에 넘긴다. 증인으로 불려 나온 케크롭스는 아테나 여신에게 유리한 발언을 한다. 모든 남신들은 포세이돈을 지지하고 모든 여신들은 아테나를 지지하였으나, 제우스가 견해를 내놓지 않아 결국 아테나 여신이 승리를 거둔다. 장내에는 아테나 여신의 지배권을 알리는 목소리가 크게 울려 퍼지는데, 이는 그녀가 가장 훌륭한 선물을 케크롭스에게 주었기 때문이다. 그리하여 케크롭스의 견해가 결정적인 것이 되었고, 에게-미케네 시대의 고대 여신인 신성한 "소녀" 팔라스는 고대의 절대적 권위를 보존한다. 이러한 점에 비추어 볼 때 케크롭스는 여신에게 바치는 신전들을 짓고, 유혈이 낭자한 희생 제물 대신 보리빵을 공물로 바치고 아티카에 올리브나무를 들여옴으로써, 제우스와 함께 수호 여신이 되는 아테나 여신과 영광을 함께 나누면서 12개의 공동체를 구성한 아티카의 개화 영웅이 되었다. 그리스어에는 아크로폴리스뿐만 아니라 아레오파고스와 아카데미아에서 아테나 여신에게 바치던 올리브나무를 지칭할 때 사용되던 낱말이 하나 있었다. 사람들은 그것을 '엘레아éléa'가 아닌 '모리아moria'로 불렀다. '모리오스morios'는 (운명이나 신에 의해서) "분배된"을 뜻하며, 모리오스 제우스morios Zeus는 신성한 올리브나무들의 주인이었다.

파우사니아스는 독실한 여행자들의 지침서에서, BC 2세기의 모습 그대로 아크로폴리스를 자세히 묘사하고 있다. 이 책은 그 동안 수없이 표절되고 개작되어 왔음에도 불구하고, 우리는 언제나 "바위 안의 포세이돈의 삼지창 자국"과 "남풍에 밀려오는"26) 파도 소리가 들리는 바다의 샘과 바로 그 옆에 있는 아테나 여신의 올리브나무를 발견할 수 있다. 이 나무는 페르시아의 크세르크세스 왕이 침입해 왔을 당시 에레크테우스 신전에 화재가 나면서 불탔는데, "화재가 난 다음날 제물을 바치라는 왕의 명령으로 아테네인들이 성소에 올라가 보니 타버린 나무의 줄기에서 약 50cm 가량27)의 싹이 자라나 있었다"고 한다.28) 그곳에서 그리 멀지 않은 곳에, 여신에게 바쳐진 금 램프 하나가 있는데, 그것은 파우사니아스 시대부터 지금까지 경탄의 대상이 되고 있다. "사람들은 이 램프에 기름을 채우고 다음해의 그날이 오기를 기다린다. 이 램프는 밤낮으로 켜져 있었는데, 그 안에는 충분한 양의 기름이 들어 있었다." 설사 파우사니아스가 언급하고 있지 않다고 해도 이 기름이 성스러운 올리브나무의 열매들에서 나온 것임은 자명하다.

아테네인들은 이 신성한 나무들—에피다우로스인들은 델포이의 신탁에 따라 이 나무들로 두 개의 신상을 만들고자 했기 때문에, 아테네인들에게 이것들 중 하나를 자를 수 있게 해달라고 간청한다—의 특권을 보존하였을 뿐만 아니라, "당시의 아테네는 이 나무가 존재하는 지구상의 유일한 장소였다"고 헤시오도스는 적고 있다. 엘레우시스 평야에 심어진 올리브나무는 각별한 숭배를 받았고, 『데메테르에게 바치는 호메로스의 노래』에는 엘레우시스의 입문 의식과 결부되어 이 올리브나무가 신격화되어 나타난다. 올리브나무를 손상시키는 자들은 재판에 회부되어 엄격한 처벌을 받았다. 올리브나무는 그리스 전역에서 보호를 받았고, 사람들은 제의에 필요한 신상을 만들기 위해서만 그것을 재목으로 사용했다. 올리브나무를 베거나 불태우는 것은 인간과, 특히 신의 처벌이 따르는 일종의 범죄였다. 아티카를 쑥대밭으로 만들었던 스파르타인들도 그곳의 올리브나무에 아무런 해를 가하지 않았던 것은 신의 복수가 두려웠기 때문이다.

올리브나무는 아티카로부터 시작하여 그리스 전역으로 퍼져 나갔지만, 이탈리아는 한참 뒤에야 이 나무를 받아들인다. 플리니우스가 인용하고 있는[29] 티베리우스 통치 초기에 사망한 라틴의 역사가 페네스텔라에 따르면, "로마력 173년, 대 타르퀴니우스의 통치하에서는 올리브나무가 이탈리아, 스페인, 아프리카에 전혀 알려져 있지 않았다"고 한다. 플리니우스 시대(BC 1세기), 그러니까 7백 년 후에야 올리브나무가 "알프스 산맥을 넘어 골 지방과 스페인에까지 이르게 된다."

로마의 기원, 마르스의 무화과나무

고대 세계에서 무화과나무와 그 열매가 갖는 상징과 신화는 올리브나무만큼이나 풍부하다. 무화과나무의 종과 그것의 지리적인 확장의 역사는 올리브나무의 그것과 비슷한 점이 많다. 단지 차이가 있다면 무화과나무는 아프리카 전역과 극동에 걸쳐 자연 발생적으로 서식한다는 것인데, 식물학자들은 카나리아 군도에서 가장 멀리 떨어진 장소에서 야생 상태로 자라고 있는 무화과나무를 발견했다.[30] 그들은 또한 북부 아프리카에서 시작하여 사하라의 오아시스, 아프가니스탄, 벨로루시 그리고 올리브나무처럼 무화과나무에게도 마지막 서식지가 되는 코카서스 산맥의 남단에서 무화과나무를 발견한다.31) 우리는 이 무화과 열매가 제3차 포에니 전쟁을 일으켜 카르타고를 멸망시켰다는 사실을 알고 있다. "카르타고인들에 대한 증오심과 로마인들의 안전에 불안감을 느꼈던" 카토는 어느 날 원로원 의원들에게 한 개의 신선한 무화과 열매를 보여 준다. "아시다시피 이것은 3일 전 카르타고에서 따온 것입니다. 그만큼 적군은 우리의 방벽 가까이에 있는 것입니다."32)

어쨌든 그리스인들이 무화과나무를 크레타에서 들여왔다33)는 사실은 이 열매를 지칭하는 그리스식 이름에서 알 수 있다. 크레타 섬에서는 사람들이 마른 무화과 열매를 지칭할 때는 '쉬콘sykon'이라는 이름을, 그리고 생무화과 열매를 지칭할 때는 '올륀토스olynthos'라는 이름을 사용했다. 그리스어에서는 무화과 열매와 무화과나무를 뜻하는 '쉬콘-쉬케아sykon-sykea'가 이 양자를 다 지칭했던 것으로 보이지만, 언어학자들34)의 주장에 따르면 olynthos는 "익지 않은 만생晩生 과일"의 의미로서만 사용되었던 것 같다. 그런데 이 말이 사실상 숙성의 단계까지는 이르지 않는 '야생 무화과caprifiguier'의 열매를 의미한다는 사실은 상당히 일리가 있는 것으로 보인다. 그리고 olynthos라는 말에서 "수종려나무의 꽃가루를 가지고 암종려나무를 수정시키다"라는 뜻의 동사 olynthadzein이 파생하는데, 이는 전해지는 사실들에 의해서만 식물의 번식 방법을 알 수 있었던 그리스인들이 이 방법을 당시 시행되고 있었던 '무화과 결실 촉진법caprification'과 비교했기 때문이다.

『오디세이아』의 제7권에 파이아케스인들*의 왕 알키누스의 과수원에 대한 생생한 묘사가 있는 것으로 보아, 호메로스의 시대 때부터 그리스에서 무화과나무를 재배한 것이 분명하다. "그곳에는 배나무, 석류나무, 반짝이는 과

---

* 스케리아 섬에 사는 가상의 민족.

일들이 달린 사과나무, 달콤한 과일들이 열린 무화과나무, 과육이 꽉 찬 올리브나무 등 거대한 나무들이 솟아 있었다." 고대 초기부터 일반에게 알려진 '무화과 결실 촉진'의 기술은 무화과나무와 함께 크레타에서 들어왔다. 테오프라스토스를 요약하면서 플리니우스[35]는 이렇게 적고 있다. "(무화과가) 익어 가는 과정은 감탄을 자아내게 한다. 왜냐하면 모든 열매들 가운데서 유일하게 자연의 기교로 숙성에 이르기 때문이다." 흔히 무화과의 생식은 야생 무화과나무에서 태어난 곤충들 없이는 불가능한 것으로 여겨져 왔다. 재배종에는 암꽃과 몇 안되는 수꽃만이 달려 있기 때문에, 사람들은 나무 안에 야생 무화과나무의 열매들을 매달아 놓는다. 라틴어로 '카프리피쿠스caprificus'는 "숫염소"를 뜻하는 '카페르caper'에서 나왔는데, 'caper'는 "발정하다"라는 의미의 그리스어 '카프레인caprein'(capridzein은 "방탕에 빠지다"를 뜻한다)에서 유래하고 있기 때문에 매우 특별한 의미를 갖고 있다. 테오프라스토스에 따르면, "다음과 같은 방법으로 무화과 결실 촉진법(그리스어로는: '에리나스모스erinasmôs'로, 야생 무화과나무 '에리노스érinos' 혹은 '에리에오스ériéos'에서 파생하였다)을 행하였다. 즉, 야생 무화과에서 태어난 모기들 때문에 열매들이 반쯤 벌어진다. 모기는 정말로 무화과에서 태어났다.[36] 이들은 이를 찾아 날아다니다가 (재배된) 무화과나무의 열매로 간다. ……무화과 속이 벌어지면 모기들은 과육의 즙을 모조리 빨아먹고는 공기 중으로 날아간다……. 양식(인공 무화과나무의 열매는 숙성이 되기 전에 썩는다)을 다 먹고 또 다른 적합한 먹이를 찾기 위해 이들은 무화과와 닮은 것에게로 향한다." 테오프라스토스는 다음과 같이 덧붙인다. "무화과 결실 촉진법을 이용하지 않을 경우에는 야생 무화과나무를 재배 무화과나무 옆에 두기도 한다. 그리하여 사람들은 제일 먼저 재배 무화과나무 옆에 야생 무화과나무를 심고, 무화과 결실 촉진법이 각각의 품종에 알맞게 적용될 수 있도록 성장이 빠른 품종은 성장이 빠른 품종 옆에, 성장이 늦은 품종은 성장이 늦은 품종 옆에 그리고 그 중간인 품종은 중간 품종 옆에 심었다."[37] 팔라디우스는 "야생 무화과나무의 열매가 목걸이처럼 나무 안에 매달릴 수 있도록 무화과 안에 아마亞麻 실을 넣었다"고 덧붙이고 있다.38) 북부 아프리카의 베르베르족은 아직도 이런 방식을 따르고 있다.39)

사시사철 언제나 먹을 수 있는 마른 무화과는 그리스에서 중요한 양식이었다. 우리는 고대 작가들의 묘사를 통해서 보리빵과 염소 치즈 그리고 무화과가 식탁의 주된 메뉴로 오르는 풍경을 자주 볼 수 있는데, 대식가인 오늘날의 우리에게는 조금 놀랄 만한 모습이다. 잘 익은 무화과는 건강에 좋은 열매로 인식되고 있어서, 의사들은 건강이 나쁜 사람들에게 무화과를 처방하기도 했다. 그러므로 무화과의 풍작은 매우 중요했다. 17세기에 투르네포르는 무화과의 수확량이 프랑스와 이탈리아에서는 25리브르*를 넘지 못하는 것에 반해 그리스의 섬들에서는 그 수확량이 280리브르를 육박한다고 기술하고 있다.40)

그리스어로 "무화과를 따다"라는 뜻을 갖는 동사 sykadzein은 "무화과가 익었는지 알아보기 위해 만지는 것처럼 만지다, 탐색하다"의 의미를 표현하고자 할 때도 사용된다. 그러나 그리스인들은 무화과에서 음낭을 연상했기 때문에 이 말에는 다소 음탕한 의미가 포함되어 있기도 하다. 오늘날 베르베르인들의 경우도 그러하다. 이렇게 이 열매의 이름은 "일상적인 대화에서 사용되지 않아서 계절의 이름, 즉 가을을 뜻하는 '크리프khrif'로 대체된 고환이라는 단어의 동의어가 되었다. 'sykon'이라는 말은 무화과뿐만 아니라 눈꺼풀이 두툼한 작은 사마귀를 지칭하며, '몬스 베네리스mons Veneris'와 '쉬케아sykea'는 궤양과 종양을 지칭한다. 그것은 라틴어 'ficus'가 여성형일 때는 "무화과"를, 남성형일 때는 "무사마귀"41)를 뜻하는 것과 거의 비슷하다. 더욱 흥미를 끄는 것은, "지방간"을 뜻하는 라틴어 '피카툼ficatum'이라는 말 때문에 ficus가 프랑스어나 다른 라틴계 언어들에서는 "간"이라는 의미를 파

---

* 옛날의 무게 단위로 1리브르는 500g.

생시켰다는 것이다. 그리스인들은 거위를 살찌우기 위해 강제로 무화과를 먹였다. 이렇게 함으로써 거위는 간이 비대해졌다고 하는데, 이것을 사람들은 '헤파르 쉬코톤hépar sykoton'("무화과"를 뜻하는 'sykon'에서 탄생)이라 불렀다. 그리스어 이름에 영향을 받아서 로마인들은 지방간을 ficatum이라 부른다. 이 말은 일상 용어에서 인간의 간을 지칭하는 것으로 통용되면서 고대어의 jecur, jecoris를 대체한다. 고대인들에게 간이 한편으로는 정열, 특히 분노와 폭력의 중추로,42) 또 다른 한편으로는 완전히 익기 전에 무화과 안에 든 쓴 유액을 연상시키는 쓰디쓴 담즙으로 가득 찬 기관으로 인식되는 것은 분명 하나의 언어학적 삽화에 불과할지 모른다. 사실 또 다른 의미로 해석이 가능한 이 문장에는 즙이 많은 무화과와, 정액인 과즙의 샘으로 간주되고 대표적인 남성적 속성인 씨앗으로 가득 찬 음낭scrotum에 대한 암시가 함축되어 있다. 음낭은 열정과 남성적 폭력을 책임지는 간에 비길 만하다. 이 라틴어는 "주머니들"을 뜻하는 scortes에서 파생했는데, scortes는 "두꺼운 피부, 가죽"을 의미하는 scortum에서 나왔다. 프랑스어 corce(껍질)는 바로 이 말에서 유래한다. 더불어 라틴어 scrotum은 매춘부 혹은 남창을 뜻하기도 한다.

'ficus'에 관해 살펴보면, 이 말은 'sykon'과 마찬가지로 fik 혹은 suk에 그 어원을 두고 있다. 지중해에 그 기원을 두고 있는 'ficus'는 언어학자들에게 잘 알려져 있지 않지만, 우리는 그 뿌리가 크레타에 있음을 이미 본 적이 있다. 프랑스어의 suc(과즙)와 라틴어의 sucum(수액)은 동일한 어원에서 파생한다. 그러므로 과즙과 수액이 무화과를 지칭하는 말로부터 유래한 것이지 무화과를 지칭하는 말이 과즙과 수액으로부터 유래한 것이 아니다. 무화과는 대표적인 "과즙" 열매이다.

어쨌거나 무화과에 외설적인 의미가 있고 한번도 그 의미를 완전히 상실한 적이 없다는 것은 사실이다. 무화과라는 단어가 가지고 있는 의미의 이중성은, 이 열매가 음낭을 가리킴과 동시에 반쯤 열려진 여성의 외음부(이탈리아어로 fica는 이 의미를 갖는다)를 상기시키고 있는 데서 기인한다. 엄지손가락을 검지와 장지 사이에 끼워 보이면서 "누군가에게 '무화과를 만들다Faire la figue'*"라고 하는 것도 같은 의미를 지닌다.

그리스어로 '밀고자'(무화과 도둑 밀고자)라는 단어는 욕설이었다. 그것은 밀고자들이 했던 역할 때문이었다. 그들의 고발 행위는 아테네의 사법 제도의 기능에 필수적인 것이었다. 공공의 대의 명분, 즉 "보편적인 이익에 상반되는 것으로 간주된 행위가 생길 경우, 모든 시민들은 대법관에게 고소장을 제출하고 법에 호소할 권리와 의무를 가지고 있었다. 이러한 상황에서 국가는 고발 행위를 부추기게 되는데, 이것이 밀고자의 수적 증가를 조장했다."[43] BC 5세기에 밀고자들은 범죄자들에게 부과된 벌금의 4분의 3을 상금으로 받을 수 있었지만, 밀고에 따른 위험 부담도 적지 않았다. 왜냐하면 피고인이 무죄 판결을 받게 되어 고소인이 판관(배심원)의 다섯 번째 발언권을 획득하지 못하면, 밀고자는 벌금형 또는 심각한 경우 시민권을 박탈당하는 엄중한 처벌도 감수해야 했기 때문이다. 종종 이들이 이기적인 중상가들이기도 했기 때문에 경멸의 대상이 되는 것은 놀랄 일이 아니다. 그렇다면 그들을 "무화과 도둑 밀고자"라고 불렀던 이유는 무엇일까? 그리스 연구자들에 따르면[44] 밀고자라는 단어는 본래 "무화과를 밀수하는 사람들, 혹은 신성시하는 무화과나무의 열매를 훔친 사람들을 고발하는 자"를 지칭할 때 사용되던 말이었다. 그 옛날 무화과는 제일 중요한 필수품이었기 때문에 아티카에서 이 열매를 반출하여 내다 파는 것은 법으로 금지되어 있었고, 성스러운 나무의 과실을 훔치는 것은 일종의 신성 모독 행위였다. 그러나 이런 설명만으로는 불충분하다. 우리는 또한 그리스에서 몇몇 원시적인 토지 숭배 제의에 "무화과의 계시"가 나타났다는 사실을 알고 있다. 이것은 엘레시우스의 불가사의한 "이삭의 계시"의 경우처럼, 풍작과 관련된 비의였던 것이 확실하

---

* 프랑스어로 "faire la figue à"는 "~를 조롱하다"라는 의미를 지닌 숙어이다.

다. 우리는 특히 디오니소스의 봉헌 행렬에 관한 플루타르코스의 묘사, 즉 "술병 하나, 포도나무 한 그루, 염소 한 마리, 무화과 한 바구니, 마지막으로 남근상 하나"45)에서 그 흔적을 찾아볼 수 있다. 방금 말한 무화과의 상징적 의미에 비추어 보아, 무화과와 남근이 갖는 연관 관계는 그 자체로 이해가 가능하다. 밀고자들은 감춰져 있어야 할 비밀들, 피고인들의 사생활을 공공연하게 누설했고, 그래서 이들의 행위가 불경한 것으로 간주되었던 것이다.

한편, 상징적인 과일들이 달린 무화과나무가 불순한 나무로 인식되는 경우도 있었다. 우리는 아르발 형제46)의 고대 학교 문서들을 통해, 케레스(데메테르)와 유사한 고대 로마의 밭의 신인 디아 여신의 신전에 무화과나무가 돋아나자 이들 형제들은 깊은 참회를 해야 했던 사실을 알고 있다. 그리하여 나무를 뽑아내고 불경스런 장소가 되어 버린 신전을 파괴해야만 했다. 플리니우스와 몇몇 후대의 로마 작가들은 이 파괴의 원인을 신전의 지붕이 내려앉을지도 모른다는 두려움 때문으로 보고 있지만, 드 구베르나티스가 지적하고 있듯이 거기에는 "사원 전체를 매몰시켜야 했던 더욱 심각하고 중대한 또 다른 이유가 있었을지도 모른다……. 그러므로 우리는 베스타 여신의 여사제들이 신전에 돋아난 무화과나무를 순결의 중심에 나타난 불순한 존재로 생각했을 것"47)이라고 보아야 할 것이다.

어쨌든 무화과나무는 고대인들에게 불안감을 주는 존재였다. 마크로브48)에 따르면 로마에서는 항상 무화과나무의 장작더미 위에서 괴물들을 불태웠고, 루키아노스에 따르면 그리스에서도 불경한 책들49)을 그와 같은 방식으로 태웠다고 한다. 이것은 무화과나무가 정화의 속성을 지니고 있었기 때문이 아니라, 그와는 반대로 불순한 대상들과의 친화성 때문이었다. 플루타르코스는 무화과나무가 열대 나무로 간주되고 있었다고 말한다. 이 나무는 "강하고 자극적인 냄새를 발산"하며 "신맛"이 특징이다. "무화과나무를 태우면 대단히 시고 매운 연기가 발생한다."50) 우리는 플루타르코스가 "모든 인간의 적"이라고 기술하고 있는 그 유명한 인간 혐오자 아테네인 티몬의 생애에 관한 일화 속에서도 무화과나무를 불경한 나무로 간주하고 있는 것을 알 수 있다. 어느 날 티몬은 한번도 가본 적이 없는 의회에 참석하여 연단에 올랐다. "청중들은 티몬의 말을 들으려고 귀를 기울이며 연단에 선 그를 신기한 눈으로 바라보았다. 마침내 그가 연설을 시작했다. '친애하는 아테네 시민 여러분, 저희 집의 작은 정원에는 이미 몇 사람이 목을 매어 목숨을 끊은 한 그루의 무화과가 있답니다. 저는 그 무화과나무를 베고 거기다가 건물을 짓고자 하는데, 혹시 그 전에 여러분 가운데 목을 매기를 원하거나 서둘러 저승으로 가고자 하는 사람이 있으면 참고하시기 바랍니다.'"51)

불순하고 불길한 몇 가지 면모에도 불구하고 무화과나무는 신탁을 내리는 나무로 인정되기도 하였다. 스트라본52)이 인용하고 있는 헤시오도스의 한 단시短時에는 예언자 칼카스의 생애와 무화과나무가 직접적인 관계가 있는 것으로 묘사되고 있다. 전쟁이 끝나고 귀환하던 칼카스는 콜로폰에서 잠시 걸음을 멈추는데, 그곳에서 그는 테이레시아스의 손자인 몹소스를 만나게 된다. 칼카스는 그의 재능을 시험해 보고자 그림자를 드리우고 있는 이 무화과나무에서 얼마만큼의 무화과를 딸 수 있을 것인지 몹소스에게 묻는다. 몹소스는 엄청난 숫자를 대면서, 그러나 칼카스는 수확된 열매를 단 한 개도 볼 수 없을 것이라고 덧붙였다. 그 순간 칼카스는 자신에게 임종의 순간이 다가왔음을 느끼는데, 그것은 그가 자신보다 더 강력한 사람을 만났기 때문이었다. 예언을 하는 나무로서의 무화과나무는 항상 모호한 역할을 맡는다. 로마에서는 몇 그루의 성스런 무화과나무가 숭배되고 있었는데, 플리니우스는 그것들 가운데 사투르누스 신의 신전 앞에 있던53) 한 그루의 무화과나무를 언급하고 있다. 이 나무는 실바누스 신의 석상 밑을 파고들어 갔기 때문에 베스타 제전이 성대하게 치러진 후인 BC 153년에 제거되었다고 한다.54)

대광장 한복판에 서 있던 또 다른 무화과나무는 쿠르티우스가 장렬하게 죽은 장소에서 "우연히 생겨"났다. BC 362년, 갑자기 땅이 갈라지면서 거대한 틈이 생겼다. 로마의 점술가들은 이 땅을 메우려면 도시에서 가장 귀한 보물을 그곳에 던져야만 한다고 예언한다. 결국 젊은 애국자인 쿠르티우스가 "나의 무구武具보다 더 소중한 재화는 없다"라고 외치며 무장을 한 채 말을 타고 그 어두운 공간 속으로 달려 들어가자 즉시 틈이 닫혔다.[55] 우리는 이 무화과나무가 쿠르티우스의 숭고한 희생을 기념하거나 혹은 "로마 제국의 붕괴"라는 "불길한 징조"를 그 기저에 깔고 있는 것이 아닌가 생각해 볼 수 있을 것이다.

의회가 열리던 대광장에 솟아오른 세 번째 무화과나무는 사람들로부터 많은 숭배를 받았다. 사람들은 그곳에 "벼락을 파묻었는데", 이것은 에트루리아인들에 의해 이미 실행되던 행위로서 벼락이 떨어진 장소에 구멍을 파고 그 주변을 돌로 둘러싸는 것이다. 이 제의는 벼락으로 인해 예고되는 여러 위협들을 물리치기 위한 일종의 속죄 의식의 성격을 수반하고 있었다. 무화과나무는 벼락을 사전에 예방하는 '아르보르 펠릭스arbor felix'[56]로 알려져 있었다. 이런 연유로 사람들은 종종 로마에 이 나무를 심었다고 하는데, 대광장에 있는 무화과나무는 이곳에 다시는 벼락이 떨어지지 않기를 바라는 마음에서 심은 것이었다. 이 나무가 갖고 있는 명성은 "로마 제국의 건립자들에게 양식을 제공한"[57]나무라는 측면에서 더욱 고무적인 것으로 간주되었다. 무화과나무는 가장 로마적인 신인 마르스에게 봉헌되었는데, 여기서 이 마르스 신을 가장 로마적이라고 보는 이유는 그가 순결한 레아 실비아에게서 태어난 로물루스와 레무스의 선조로 인식되고 있었기 때문이다.

아물리우스—그는 형인 누미도르의 아들들을 죽이고 그 딸을 베스타 여신에게 갖다 바쳤는데, 이는 조카가 순결의 서원을 지키게 해 후손을 갖지 못하게 하려는 술책이었다—에게 왕관을 빼앗긴 알바의 왕 누미도르에게는 레아 실비아라는 딸이 있었는데, 그녀는 베스타 여신의 무녀로서 쌍둥이를 낳았다. 그녀가 낳은 쌍둥이는 왕의 명령에 따라 바구니에 담겨 티베르 강에 버려지지만, 바구니는 바닷물에 밀려 루페르칼 동굴 앞의 야생 무화과나무 밑에 도착한다. 젖을 먹여 준 암늑대와 양식을 조금씩 입에 넣어 준 딱따구리[58]

덕분에 살아남게 된 아기들은 곧 그들을 발견한 목동 파우스툴루스와 그의 아내 아카 라렌시아(또는 라우렌시아)의 보살핌 아래 성장하게 된다. 티투스 리비우스와 플루타르코스[59]가 전하는 이 전설의 여러 판본들에는 암늑대 louve가 공통적으로 등장하는데, '루파lupa'라는 단어는 창녀를 가리키는 단어이기도 하다. 플리니우스에 따르면, "이 나무의 그늘 아래에서 암늑대가 어린 아기에게 젖('루미스rumis')—이것은 엄마mamma의 옛 명칭이다[60]—을 먹였기 때문에" 이 나무는 루미날Ruminal이라고 불리웠다고 한다. 그러나 바로는 목동들이 무화과나무를 수유의 여신 루미나Rumina의 신전 앞에 심었다는 것을 의심했다. 어쨌든 이 나무가 젖과 관련이 있음은 부정할 수 없는 사실이다. 모든 무화과에는 우유 같아 보이는 수액이 들어 있으며, 플리니우스는 이 점에 관해 다음과 같이 적고 있다. "(무화과의) 수액은 완전히 익기 전에는 우유처럼 보이다가 나중에는 꿀이 된다……. 무화과가 오래되면 그 열매에서 고무 같은 방울들이 떨어진다."[61] 무화과나무가 남성적 나무로 간주되었기 때문에 이 우유 같은 액체는 사실 정액, 경우에 따라서는 이 나무의 주인인 마르스 신의 정액을 상징한다. 플루타르코스가 또한 인용하고 있는 로물루스와 레무스의 잉태에 관한 또 다른 전설이 이것을 말하고 있지 않던가? "화로에서(누미도르라고도 불리던 알바의 왕 타르케티우스의 화로) 남성 생식기 모양의 뭔가가 생겨났다. 그리고는 며칠 동안 거기에 머물러 있었다." 이 사건에 대해 타르케티우스가 신탁에 조언을 구하자, "그대의 딸(그녀는 베스타의 무녀였기 때문에 처녀였다)은 소위 괴물로 불리는 자와 결혼하게 될 것이며, 그들에게서 태어난 아들은 용맹함으로 크게 이름을 떨치고 강인함과 부의 번성으로 동시대의 모든 이들을 능가하게 될 것이니라" 하는 소리가 들렸다. 타르케티우스는 딸에게 이 신탁을 전하고는 괴물에게 접근하라고 명령하지만, 그녀는 이것을 거절하고 자기 시녀들 중 하나를 보낸다. 타르케티우스는 이에 몹시 노하여 딸과 시녀들을 모두 내쫓고 죽이려 하였다. 그러나 주방의 여신인 베스타가 왕의 꿈속에 나타나 "그를 말렸다. 타르케티우스는 딸과 시녀를 가두지만, 결국 시녀가 임신을 하게 되고 괴물과의 사이에서 쌍둥이 아들을 낳는다. 타르케티우스는 테라투스라는 사람을 시켜 그들을 죽이라고 엄명을 내린다. 그러나 테라투스는 쌍둥이 아기를 강가에 놓고 온다……"62) 바로 여기서부터 특별한 이 전설이 일상적이며 공식적인 본래의 이야기와 결합한다.

　화로의 불과 연관되어 육체 없이 생겨난 이 신비의 "남성 생식기"가 나무, 그중에서도 무화과나무라고 하는 것은 그렇게 무모한 가정이 아닐 것이다. 무화과나무는 이때부터 로물루스와 레무스의 선조가 되었을 것이다. 여기에는 아티스의 잉태를 떠올리게 하는 측면 또한 없지 않다. 무화과는 여기서 그의 미래의 어머니인 나나의 가슴 위에 놓여진 석류의 역할을 한다. 그것이 무엇이었든 간에 알바 롱가 가계의 이름이 증명하듯이 이 쌍둥이는 무화과나무의 후손들이다. 이 가계는 아스카니우스*의 아들이자 아이네이아스의 손자로, "티투스-리비우스63)에 따르면 어떤 우연인지 모르지만 숲에서 태어난" 실비우스(숲을 의미하는 '실바'에서 유래)에서 시작된 것으로, 로물루스와 레무스의 어머니인 레아 실비아에 이르기까지 그 후손들 모두에게는 실비우스라는 별칭이 따라 붙게 된다. 결국 전승은 로물루스가 마르스 소유의 산수유로 만들어진 투창을 땅에 꽂음으로써 팔라티누스 산을 손아귀에 넣게 되었다고 말하고 있다.64)

　로마의 신 마르스는 그리스의 신 아레스와는 다르다. 마르스는 자신의 보호 아래에 있는 농부들이 땅을 지키기 위해 군대에 동원될 때에만 전쟁의 신이 된다. 마르스는 본래 꽃의 신이었다. 그는 헤라의 아레스처럼 유노에게서 태어났지만 유피테르의 아들이 아니라 환상적인 꽃의 아들이었다. 유노 여신이 꽃과 결합해서 마르스를 낳았기 때문이다. 그 결과 그는 식물의, 특히 나

---

* 베르길리우스에 따르면 아이네이아스와 크레우사의 아들로, 트로이 함락 이후 아버지를 따라 이탈리아로 와서 알바를 세운다.

무들의 봄의 재생을 주재한다. 그에게 바쳐진 나무로는 무화과나무, 산수유(코르누스 마스Cornus Mas), 월계수 그리고 때로는 참나무가 있는데, 로마인들은 실제 제의를 올릴 때 마르스를 유피테르보다 더 숭배했다. 마르스에게 바쳐진 가축들은 신성한 쌍둥이의 유모들인 늑대와 딱따구리였다. 마르스의 축제는 봄의 초엽인 3월에 열린다. 이 축제는 나무에 수액이 차 오른 것을 축하하는 행사이다. 그러므로 이 신은 '실바누스'의 축제의 형식을 모방한 '마르스 그라디부스Mars Gradivs'("돋아나게 하다"라는 뜻의 동사 grandire에서 파생)라고도 불렸다.

티투스 리비우스에 따르면 의회의 무화과나무는 '로뮬레르Romulaire'라는 이름을 갖고 있으며 '우르브스Urbs'의 생애와도 밀접한 연관이 있다.

플리니우스는 "나무가 마르는 것은 항상 하나의 전조였고, 사제들은 정성을 들여 새로운 나무를 심었다"고 적고 있다. 타키투스는 자신의 『연대기』에서 이렇게 말한다. "같은 해(BC 58년), 어린 로물루스와 레무스에게 그늘을 드리워 주었던 840년도 훨씬 넘은 루미나의 무화과나무가 로마 원로원에서 발견되었는데, 가지가 잘린 채 줄기가 말라 가는 불길한 징조를 보이고 있었다. 그런데 이 나무에서 새싹이 돋아났던 것이다."[65] 다음해가 되어서야 로마인들은 이 나무가 무엇을 말하려고 했는지 알게 된다. 포페이아를 향한 아들의 열정을 시기하여 아들에게 불륜을 부추긴 어머니를 네로 황제가 죽인 것이다. 아그리핀의 살해 사건은 초기 네로 섭정기의 끔찍함을 말해 주고 있다. 9년 후 네로 황제는 살해되고, 로마 제국은 막을 내린다. 그러나 사실상 이 사건은 "새로운 싹을 돋게 했다."

무화과나무의 이러한 복잡하고 모호한 특성 때문에 이 나무의 속성을 마르스에 비유했던 그리스와 로마의 신화학자들조차 어떤 신을 무화과나무와 연관 지을 것인지 주저했던 것 같다. 아프리카의 고대 도시 키레네의 신화는 크로노스를 자기들의 시조로 보고 있고, 우리는 로마의 성스러운 무화과나무들 중 하나가 사투르누스의 사원 앞에 심어져 있다는 사실을 통해 그 사실을 알 수 있다. 그러나 그것은 "붉은빛의 과육이 꽉 차"⁶⁶⁾ 있는 열매에 어울리는, 수액과 과육의 신 디오니소스의 나무였다. 라코니아에서는 무화과나무를 '쉬키레스Sykirès' ("무화과"를 가리키는 'sykon'에서 유래)로 불렀다. 무화과 나무는 가끔 디오니소스(혹은 헤르메스)의 아들로 간주되었고, 디오니소스의 제의 행렬의 일부분을 차지하는 대표적인 남신 프리아포스의 것이라는 주장도 있다. 사실 프리아포스는 "정원, 특히 무화과나무를 지키는 자로서의 일반적인 역할 때문에 흔히 디오니소스와 혼동되었다."⁶⁷⁾ 사람들은 바로 이 무화과나무로 발기된 성기의 모양을 조각했는데, 이것은 디오니소스의 별칭들 중 하나인 '튀오니다이Thyônidai'⁶⁸⁾로 지칭되었다. 고대인들은 무화과나무의 잎에서 남근의 상징을 발견하기도 했다. 플루타르코스는 디오니소스와 오시리스를 비교하면서 이렇게 적고 있다. "무화과나무의 잎은 오시리스 왕과 남쪽 지방의 기후를 동시에 가리킨다. 우리는 무화과나무의 잎이 습기와 생식의 원리를 포함하며 그 모양이 마치 남성 생식기와 유사하다고 말함으로써 그러한 상징을 설명할 수 있다."⁶⁹⁾ 그러므로 무화과는 경우에 따라 외설적인 디오니소스의 발기된 남근상男根像과 관련된다.

게다가 무화과나무는 신에게 봉헌된 숫염소와도 관련이 있다. 로마에서 야생 무화과나무를 '카프리피쿠스caprificus' ("숫염소"를 의미하는 'caper'에서 파생)라고 부르는 것이나, 메세니아 같은 그리스의 몇몇 지방에서 그것을 사춘기와 음탕함을 동시에 지칭하는 단어인 '트라고스tragos', 즉 "숫염소"로 명명하는 것이 바로 그 예이다.⁷⁰⁾ 나라에 재앙이 닥치면 사람들은 각각 한 사람씩의 남녀를 희생 제물로 바쳤는데, 이때 남자는 검은 무화과로 만들어진 목걸이를, 여자는 흰색 무화과로 만들어진 목걸이를 걸었다.⁷¹⁾ 5월과 6월에 걸쳐 아테네에서 벌어졌던 그 유명한 아폴론과 아르테미스의 축제 때 사람들은 무화과나무의 가지를 가지고 불경한 것들을 쫓아내기도 했다.

이러한 관습과 생각이 베르베르 지방에 일부 잔존해 있다는 사실을 언급하는 것은 흥미로운 일이다. 우리는 무화과라는 단어가 일상 어휘로는 사용되지 않는다는 사실을 지적한 바 있다. 북아프리카에서의 무화과는 풍요뿐만 아니라 조상들의 세계와도 관련이 있다는 것을 덧붙이는 것이 좋겠다. 땅 속의 뿌리에서 시작해 나무, 특히 외설적인 무화과나무의 수액을 따라 무화과는 조상들의 세계로 점차 시간을 거슬러 올라간다. 그러므로 사람들은 밭을 경작할 때 첫 번째 고랑에 무화과를 심고, "보이지 않는 자들의 몫"인 무덤과 성소에는 그것들을 심지 않는다. 무화과는 "죽은 자들을 위한 선택된 제물"이다.72)

헤스페리데스의 사과나무

올리브나무나 무화과나무와는 반대로 사과나무는 유럽뿐 아니라 고대 초기에도 전혀 이국적인 식물이 아니었다. 로마인들의 "공인된" 조상인 그리스인과 트로이인들은 그리스에 정착하기 이전, 이동 중에 소아시아나 이탈리아의 도처에서 사과나무를 만날 수 있었다. 플리니우스73)에 따르면 1세기에 로마인들은 이미 30여 종류의 사과나무를 알고 있었다고 한다. 사과나무는 먹을거리에서부터 의학적인 치료제까지 그 용도가 다양했다. 앞에서 지적했듯이 사과는 라틴어로는 '말룸malum', 그리스어로는 '멜론mèlon'으로 불렸는데, 그 기원은 그리스가 아닌 지중해이다. mèlon은 malum보다 그 의미가 더 포괄적이어서 양이나 암염소 같은 작은 가축들을 지칭하기도 했다. 또한 사과를 가리키는 그리스어와 라틴어 둘 다 그 발원지를 지시하는 형용사와 함께 쓰이면, 사과와 어느 정도 유사한 열대 과일을 지칭하는 데 사용되기도 한다. 예를 들어 '멜론 퀴도니온Mêlon cydônion'은 퀴도니아(크레타에 있는 오늘날의 카니아 혹은 카네아)의 마르멜로 열매이고, '멜론 페르시콘mêlon persicon'은 복숭아다. 원래 중국이 그 원산지인 복숭아나무는 알렉산드로스 대왕의 원정시에 페르시아에서 발견되어 오래전부터 이곳에서 재배되었다.

살구 역시 '멜론 아르메니아콘mêlon armeniacon'으로 불리는 이유는, 원래는 그 원산지가 중국임에도 불구하고 그리스인들이 이것을 AD 1세기경 아르메니아에서 들여왔기 때문이다. 또한 우리가 흔히 말하는 레몬은 '멜론 키트리온Mèlon citrion'이며, '멜론 메디콘mèlon mêdicon'은 시트론을 지칭한다. 우리는 BC 5세기에 소포클레스가 헤스페리데스의 사과들을 "황금 사과"라고 불렀다는 구실로 이 과일을 오렌지나 레몬으로 생각하려고 했다. 실제로 그리스인들은 이미 4세기 이전에 시트론 모양의 과일들을 맛본 적이 있고 몇 세기가 지난 후에는 레몬을 먹어 볼 수 있게 되지만, 1천 년경이 되어서야 비로소 오렌지가 유럽에 등장한다는 점에 있어서는 그리스인이나 심지어는 로마인도 조금도 의심의 여지를 갖지 않았다. 그러므로 "황금 사과"는 열매의 종과는 무관하게 단지 신화 속의 과일인 "불멸의 열매"를 지칭하는 것이다.

전설 속에서 사과는 분명 의미를 갖는다. 헤라클레스는 에우리스테우스가 부과한 '열 가지 노역'을 이미 완수했다. 헤라클레스는 자기가 제정신이 아닌 상태에서 저지른 잘못을 어떻게 하면 속죄할 수 있는지 조언을 구하고자 델포이의 신탁소를 찾는데, 신탁이 그에게 이 아르골리스의 왕에게 봉사를 하고 왕이 그에게 부과하는 모든 힘겨운 시련들을 치르고 나면 마침내 불멸의 상태에 도달할 수 있을 것이라고 충고하자, 헤라클레스가 에우리스테우스가 있는 티륀트로 간 점을 상기하도록 하자. 이 점에 있어 그의 열한 번째 임무는 매우 결정적이었다. 왜냐하면 열두 번째의 마지막 임무를 행하는 동안 영웅은 무사히 지옥으로 내려와 그의 봉사를 끝마쳤기 때문이다.

에우리스테우스가 헤라클레스에게 가져오라고 명령한 헤라의 황금 열매는 헤라가 대지의 여신에게 선물 받은 것으로서, 그녀는 "바다가…… 태양의 출렁이는 움직임에 물결을 내고 자신의 지친 육신을 맡기는" "땅 끝에"74) 위치한 아틀라스 산의 언덕 위에 있는 신의 정원에 이 사과나무를 심어 두었다. 아틀라스는 사과나무의 황금 열매들에 대단한 자부심을 갖고 이 정원을 감시했지만, 그는 자신의 어깨로 "하늘의 기둥들"(아틀라스라는 이름은 "떠받치는 사람"이란 뜻을 갖는다)을 떠받쳐야 했으므로 헤라는 헤스페리스의 딸들에게 이 신비의 나무를 지키게 하였다. 이들의 어머니인 헤스페리스는 일몰의 신 헤스페로스의 딸이었는데, 헤스페로스는 죽은 자들을 다스리는 하데스와 동일 인물이다. 왜냐하면 죽은 자들의 영혼은 태양의 움직임을 따라 태양과 함께 서쪽으로 사라지기 때문이다. 헤스페리데스는 헤스페리아, "매우 지력이 뛰어난 자"인 아이글레, "붉은 땅"을 뜻하는 에뤼티아, 이렇게 세 명이다. 이들은 아름답고 걱정이 없는 여인들로서 "낭랑한 목소리로"[75] 노래를 부르곤 했는데, 헤라는 이들이 자신의 황금 사과들을 훔쳤다고 생각한다. 그녀는 용이었던 라돈 신에게 그의 몸으로 이 나무의 둥치를 감아 그 어떤 낯선 자의 접근도 금하라고 명한다. 이 나무에 등장하는 뱀의 이미지는 당연히 아담과 이브의 유혹을, 그리고 아틀라스의 정원은 성경의 에덴 동산을 상기시킨다. 라돈[76]은 시간의 시작과 함께 태어났으며, 우리는 그를 때로는 다른 괴물들의 조상인 튀폰과 에키드나의 아들로, 때로는 파도가 치는 무시무시한 바다의 화신으로 뱃사람들의 공포의 대상이었던 포르퀴스와 케토의 아들로, 때로는 헤라에게 상징의 나무를 선물한 대지의 여신 가이아에게서 단성 생식으로 태어난 자식들 중 하나로 생각한다. 헤스페리데스의 이야기에서는 이 세 번째가 가장 설득력이 있다.

헤라는 제우스와 인간 알크메네의 아들인 헤라클레스가 태어날 때부터 그에게 박해를 가했고, 헤라클레스가 헤스페리데스의 정원이 어디에 있는지 알지 못한다는 사실은 우리의 연구를 어렵게 만든다. 그러나 이 정원이 해가 지는 서쪽에만 있을 수 있다는 가정은 확실하다. 헤라클레스는 방향을 잡지 못해 망설였다. 그는 우선 에드리안(포Pô) 강가에 살고 있는 신탁을 내리는 바다의 신 네레우스에게 조언을 청하러 북쪽으로 간다. 강의 요정들은 그를 잠자고 있는 신에게로 인도한다. 헤라클레스는 신의 포로가 되고, 그에게서 도망치기 위해 많은 변신을 시도하는 과정에서 비밀, 즉 황금 사과를 훔치는 방법을 알아내는 데 성공한다. 또 다른 작가들에 따르면,[77] 신에게서 도망쳐 나온 헤라클레스는 그 다음으로 프로메테우스를 찾아가 조언을 구하려 했다고 한다. 프로메테우스는, 라돈의 철저한 감시하에 있는 사과를 헤라클레스가 직접 딸 수는 없으므로 아틀라스에게 그 엄청난 무게의 짐을 들어 준다고 제안하여 그가 대신 사과를 따러 가게 하라는 꾀를 헤라클레스에게 일러준다. "예언자" 테미스는 언젠가 아틀라스에게 다음과 같은 신탁을 내려 주의를 준 적이 있었다. "그대의 나무가 황금 열매를 맺지 못하는 날이 오리라. 그리고 제우스의 아들이 그 기회를 포착해 영예를 얻으리라." 아틀라스는 잠시 망설이면서 헤라클레스의 제안을 경계한다. 그는 라돈이 두려웠던 것이다. 헤라클레스는 자신의 화살로 괴물을 물리치고 나서 양어깨로 둥근 대지를 떠받쳤는데, 이 행위는 매우 상징적인 의미를 갖고 있기 때문에 그에 관한 연구에 있어서 필수적인 요소 중 하나이다. 그때까지 유한한 생명의 존재였던 이 영웅은 급기야 신의 자리를 부여 받고, 세계의 무게를 짊어졌던 것이다. 미지의 "또 다른 세계"가 전개되는 지브롤터 해협을 가리키는 '헤라클레스의 기둥들'이라는 명칭은 이 사건을 기념하는 것이었다. 아틀라스는 세 개의 황금 사과를 따 가지고 돌아와 잠시 동안 자유를 만끽한다. 그는 헤라클레스에게 자기가 이 사과를 에우리스테우스에게 갖다 주고 올 테니 그 동안 지구를 떠받치고 있으라고 제안한다. 예기치 않았던 난관에 봉착한 헤라클레스는 새로운 꾀를 내어 결국 그로부터 빠져나온다. 아틀라스는 자신의 여행이 여러 달을 요하는 것이라 생각하여 헤라클레스에게 한 개의 쿠션 정도는 머리에 대도 좋다고 허락했다. 그러기 위해서는 아틀라스가 잠시 다시 그 짐을 떠받치고 있어야만 했고, 그 사이 헤라클레스는 우둔한 아틀라스의 짐으로부터 벗어난다. 헤라클레스는 사과를 들고 냉소적인 작별을 고하며 아틀라스에게서 멀어진다.

여기서 우리가 만약 게르만족과 켈트족의 경우처럼 이 이야기를 하늘을 떠받치고 인간들을 보호하는 우주목과 비교해 본다면, 헤스페리데스의 사과나무 또한 그중의 하나라는 것은 분명하다. 왜냐하면 이 나무는 하늘을 떠받치고, 그 열매는 불멸의 생명을 허락하고 있기 때문이다. '멜론mèlon'이란 단어는 사과와 작은 가축을 동시에 지칭하고 있는데, 헤시오도스[78] 같은 몇몇 그리스 작가들은 "헤스페리데스의 사과"에서 드래곤(용) 혹은 라돈이라 불리는 목동의 보호를 받는 "황금 양"을 발견하기도 한다. 달리 말하자면, 나무에 매달린 이 황금 사과와 "황금 양"은 서로 동일한 가치를 가진다는 것이다. 이아손—헤라클레스가 그랬던 것처럼, 이아손 역시 아이에테스 왕이 그에게 부과한 시련을 극복해야만 한다—이 지휘하는 원정대의 황금 양털 찾기는 또 다른 시대에 헤라클레스의 황금 사과 찾기라는 주제를 낳았다. 이 두 가지 이야기 사이에 차이점이 있다면, 그것은 이아손이 마법사인 메데이아에 의해 구출되지만 헤라클레스는 그녀에게 저주를 받아 결국 죽음에서 벗어나지 못한다는 것이다.

네소스에게 속아 질투심을 느낀 데이아네이라가 남편 헤라클레스에게 튜닉을 보내고 후회로 목을 매단 후, 헤라클레스는 이 튜닉의 끔찍한 형벌로부터 벗어나고자 자신의 과업들을 완수한 후 스스로 사라지기 때문에 그는 이아손의 경우와 다르다. 때때로 헤라클레스로 하여금 살인적인 공포감을 느끼게 했던 이 같은 비극이 지나간 후, 헤라클레스는 데이아네이라에게 용서를 구하고는 "한 식객의 행복하고 평온한 얼굴"로 "참나무(제우스의 나무)와 야생 수올리브나무(자신에게 바쳐진 나무)"가 쌓인 장작더미 위로 올라간다. 불꽃이 영웅의 몸에 닿기 시작하자 하늘에서 벼락이 떨어지고, 제우스의 아들은 인간의 시선에서 사라진다. 제우스는 헤라에게 가상적인 분만 행위로 그를 받아들이라고 설득하여 결국 그는 올림포스 산에 받아들여진다. 그제야 헤라는 헤라클레스를 아들로 인정하여 자기 딸 헤베와의 결혼을 승낙한다.

극서極西를 향한 영웅의 여행은 지옥으로의 하강을 위한 필수적인 서곡이었다. 그는 영혼들이 가는 길을 따라 심연의 끝까지 가서, 다른 영혼들이 태양과 함께 삼켜지는 것과는 달리 무사히 그곳을 빠져나온다. 그는 불멸의 부적을 몸에 지니고 있어서 하데스의 왕국까지 통과할 수 있었던 것이다. 그는 죽음을 건너 영원한 생명의 대열에 합류하였다. 그 사이에 황금 사과들은 어떻게 되었을까? 헤라클레스가 사과들을 에우리스테우스에게 주자, 그는 이것들을 다시 헤라클레스에게 되돌려 주었다. 그러자 헤라클레스는 이 사과들을 아테나 여신에게 바쳤고, "헤라의 소유물을 그녀에게서 뺏는 것은 금기였기 때문에" 아테나는 이것들을 다시 헤라클레스의 후손들에게 되돌려 주었다. 헤라 여신은 자신의 나무를 지키던 라돈의 죽음을 슬퍼하여 그를 성좌에 앉게 하였는데, 이것이 바로 드래곤 성운이다.

그러므로 종種으로서의 사과나무는 헤라의 소유였던 것 같다. 그러나 그 나무는 아테나 여신의 중재로 그녀에게 되돌아온 것이었다. 우리는 이 두 여신을 파리스의 심판 때에 다시 보게 될 것이지만, 아틀라스 정원의 이야기 속에는 그들 가운데에—이들도 헤스페리데스처럼 세 명이다—세 번째 여신, 젊은 트로이 청년이 사과를 바치게 될 아프로디테가 빠져 있다. 이 사과는 "불화의 사과"로서 거기에는 "가장 아름다운 여인에게"라는 말이 쓰여 있었다. 밤의 딸인 불화의 여신 에리스는 펠레우스와 테티스의 결혼식에 자신이 초대 받지 못한 것에 화가 나서 이 사과를 땅에 내던졌는데, 이 사과는 곧 헤라, 아테네, 아프로디테 사이의 쓰디쓴 불화를 초래하게 된다. 이 미묘한 분쟁에 끼어들고 싶지 않았던 제우스는 겸손한 목동 파리스를 지명하여 심판을 내리게 한다. 파리스-알렉산드로스는 트로이의 왕 프리아모스의 아들이었는데 신들만이 이 사실을 알고 있었다. 그를 낳기 얼마 전 파리스의 어머니 헤쿠바(그리스어로 '헤카베Hékabé')는 자신이 불을 뿜는 뱀들을 낳는 꿈을 꾼다. 그녀가 소리를 지르며 잠에서 깨어났을 때 트로이의 시가는 화염에 휩싸여 있었다. 며칠 후 아이사코스는 그녀에게 "곧 태어날 아이는 이 나라의 멸망을 초래할 것이다……. 그러니 그 아이를 없애도록 하여라" 하고 충고한다. 또 며칠이 지난 뒤, "오늘 해산하는 트로이의 왕비는 죽게 될 것이며, 더불어 그 아기도 죽음을 면치 못하리라" 하고 그는 말했다. 불행히도 프리아모스 왕은 이 같은 경고의 의미를 착각하고, 불륜 관계를 맺고 이제 막 아기를 낳은 자기 여동생을 죽이라고 명한다. 어둠이 몰려오기 바로 직전에 헤카베는 파리스를 낳는다. 신들은 아기를 죽여야 한다고 주장했지만 그녀는 그들의 말을 듣지 않고, 남편 몰래 갓난아기를 이다 산으로 보낸다. 그곳에서 아이는 곰의 젖을 먹고 성장한다. 그러나 운명의 날은 다가오고 있었고, 그 어떤 것도 이를 막을 수는 없었다.

자신이 그 유명한 심판을 내리는 순간에도 파리스는 출생에 얽힌 비밀을 알지 못했다. 그는 자신의 부모가 오래전에 죽었다고만 믿고 있었던 것이다. 우리는 이어지는 이야기에 대해서는 이미 잘 알고 있다.79) 아프로디테는 파리스에게 그리스에서 가장 아름다운 여인인 메넬라오스의 아내 헬레나를 주겠노라고 약속하면서 재빨리 이 순진하고 잘생긴 젊은이를 구슬린다. 그리하여 파리스는 "가장 아름다운 여인에게" 사과를 건네주었으며, 이로써 트로이 전쟁이 발발하게 된다. 아프로디테는 트로이인들에게 양식을 제공하고, 트로이인 안키세스의 아들 아이네이아스를 끌어들임으로써 트로이인들의 편에 섰으며, 반면 그의 경쟁자들은 아카이아인들을 지지했다.

여기서 우리가 짚고 넘어가야 할 것은 사과나무의 소유주가 헤라에서 아프로디테로 바뀐 것처럼 보인다는 것이다. 오직 배나무만이 제우스의 아내의 소유로 남아 있었다. "배나무"를 뜻하는 '아피오스apios'에서 유래한 '헤라 아피아Héra Apia'의 종이 존재하고 있었고, 헤라에게 바치는 제의에서 쓰일 조각상들은 이 배나무를 잘라 만들었다. 특히 가장 오래된 성소 중 하나인 미케네의 헤라이온에는 이러한 조각상이 있다. 보이오티아의 테베에는 배나무의 페니키아식 명칭에 따라 아테나 온가80)에게 바쳐진 신전이 하나 있기 때문에, 배나무는 아마도 아테나와 헤라의 공동 소유였던 것 같다. 아카이아인들과 트로이인들 사이의 갈등은 켈트 전설 속에 등장하는 "나무의 전쟁"과 유사한데, 여기서는 배나무(헤라와 아테나 여신, 그러므로 그들 편인 아카이아인)와 사과나무(아프로디테와 트로이인)의 전쟁이다. 결과는 매우 비참했지만, 헤라나 아테나가 아닌 아프로디테를 선택한 파리스에게서 호메로스의 동시대인들은 또 다른 교훈을 이끌어 낸다. 트로이 전쟁이 일어나게 된 그 첫 번째 이유는 탐욕, 다시 말해 아프로디테가 순진한 양치기에게 불러일으킨 정욕, 그리고 그녀가 부추긴 불륜 때문이었다는 것이다. 인간을 노예로 만들어 그들로 하여금 불경한 행위와 심지어는 범죄마저도 저지르게 하는, 열정적이고 맹목적인 욕망과 불륜의 여신인 아프로디테는 이야기 속에서 정숙한 아테나 여신과 합법적인 결혼의 여신인 헤라에 대립한다. 동양에서 온 여신인 아프로디테는 모든 유혹과 위험을 동시에 반영하고 있다. 헤시오도스에 따르면 그녀는 아들 크로노스에게 거세당한 우라노스의 거품에서, 그리고 불륜에 이어지는 거세로부터 태어났다.81) 그럼에도 불구하고 우라노스는 신들의 조상이다. 신들은 모두 원초적인 동시에 불가피한 근친상간에 의해 태어났으며, 자신들을 낳은 씨앗의 본래적인 힘에 저항할 수 없다. 올림포스 산의 주인이 된 크로노스의 아들 또한 아프로디테의 규율에 복종했으며, 아프로디테는 제우스의 누이이자 아내인 헤라 몰래 "제우스의 머리를 혼란시켜 그를 속인 다음 인간들과 결합시켰다."

복수를 결심한 "제우스는 미소를 짓고 있는 아프로디테에게 더 이상 그런 부류의 사랑놀음을 못하게 하려고, 신들과 접촉하는 것과 신들이 지상의 소녀들과 어울리는 것에 대해 그녀가 가지고 있는 힘을 행사하는 것과, 또한 넘쳐 나는 힘으로 신들과의 사이에서 아들을 만드는 것을 금지시키고자 그녀의 마음속에 인간을 향한 달콤한 욕정을 생겨나게 했다. 그리하여 아프로디테는 안키세스에게 반한다. 신들에 버금가는 준수한 외모의 안키세스가 소떼를 이끌고 이다 산 정상을 지나가는 모습을 본 아프로디테는 그만 사랑에 빠져 버린다."82) "안키세스가 자신을 보고 두려움을 느끼지 않을까 걱정이 된 아프로디테는 인간의 키와 얼굴을" 하고, "프리기아의 왕 오트레의 딸 행세를 하였다." 결국 작전이 성공하여 그녀는 이 트로이의 청년으로부터 청혼을 받기에 이른다. "그리하여 인간은 정체를 속인 신과 동침한다." 다음날 잠에서 깨어난 후 본래의 모습으로 돌아간 아프로디테를 본 이 불행한 남자는 광분한다. "무릎을 꿇고 간청하나니, 나를 인간들 속에 내버려두지 마시오. 자비를 베푸소서. 신과 동침한 자에게는 더 이상 아름다운 시간은 존재하지 않기 때문이오." 그를 안심시킨 여신은, 그에게 장차 자신들의 결합의 결실이 태어나 그가 "영원한 종족의" 왕이 될 것이라고 말해 준다.

아프로디테에게는 유일하게 자발적인 사랑이었던 이 사건을 통해 우리는 태어나자마자 아프로디테가 연정을 품었던 미소년 아도니스를 떠올리지 않을 수 없다. 로버트 그레이브스[83)]의 주장대로, "이시스와 함께 살다"라는 뜻을 가진 안키세스라는 이름은, 사실 멧돼지의 탈을 쓴 동생 세트에게 거세를 당한 이시스의 남편 오시리스와 마찬가지로 멧돼지에게 거세를 당한 신 아도니스를 지칭하는 것일 수 있다.

안키세스와 아프로디테의 아들이 아이네이아스였다는 것은 어쨌든 사실이다. 아이네이아스라는 이름은 "끔찍한, 무서운"이라는 뜻의 형용사 '아이노스ainos'를 빌어 그리스인들이 만든 이름이다. 따라서 『호메로스 찬가』에서 아프로디테는 안키세스에게 자신이 낳게 될 아들에 대해 "그의 이름은 아이네이아스, 그것은 인간을 나의 침실로 끌어들인 형벌로 내가 아들을 위해 겪어야 할 고통들을 의미합니다"라고 말한다. 왜냐하면 그녀가 인간들이나 신들에게 불러일으켰던 사랑만큼이나 그와의 사랑 역시 불륜이었으며, 합법적인 부부 관계를 파괴하고 사회 질서를 어지럽혔기 때문이다. 그녀가 가장 애착을 가지고 있었던 연인은, 자기가 불러일으켰던 욕망으로 결국 트로이 전쟁 같은 싸움까지 일으킬 수 있었던, 자신의 더할 나위 없는 동맹자인 아레스였다.

결국 이 도시가 함락되고 난 후에야 트로아스에서 아주 멀리 떨어진 곳에서 아이네이아스는 왕이 된다. 길고 오랜 여정 끝에 아이네이아스는 부하들과 함께 티베르 강가에 정박한다. 그는 라티누스왕을 도와 루툴리족과 맞서 싸웠으며, 그 땅에 정착하여 라비니움 왕국을 건설하고 라티누스왕의 딸 라비니아와 결혼하여 왕이 된다. 로물루스를 낳게 될 이 가계의 창시자 실비우스가 아이네이아스의 손자라는 것을 기억하도록 하자. 따라서 로마는 마르스 뿐 아니라 아프로디테의 후광을 받아 태어났으므로, 로마의 여러 가계들은 바로 그녀의 후손일 것으로 추정된다. 그중 가장 유명한 것은 율리우스 가문이다. 이 이름은 아스카니우스 또는 율루스라고 불리던 아이네이아스의 친아들로부터 파생한 것이 분명하다. 율리우스 카이사르는 바로 이 가문에 속했는데, 왕권의 정당성을 뒷받침하기 위해 이와 같은 주장을 끌어 왔을 것으로 보인다. 왜냐하면 그는 이 가계를 자신의 선조로 여기고 자신을 로마 초기의 전설적인 왕들의 후손이라고 생각했기 때문이다. 그래서 그는 율리우스 가문이 "인간들의 주인인 왕의 성스러운 성격과, 왕들조차도 갖고 있지 않은 신들의 신성神性으로 서로 결합되었다"고 즐겨 말했다. 헬레나의 납치는 트로이 전쟁을 야기시켰고, 무장 충돌을 초래한 사비니 여인들의 납치는 여자가 부족한 도시에 미래를 보장해 주었다. 베누스가 되는 아프로디테는 결국 자신의 목적을 달성하게 된 것이다. 왜냐하면 트로이의 후손인 로마인들이 언젠가는 적국 그리스를 정복하여 어떤 방식으로든 트로이의 패배에 대한 복수를 할 것이기 때문이다. 이것이 바로 "불화의 사과"가 행한 역할과 파리스의 심판이 야기한 결과들, 그리고 그 결과의 반향들을 보여 주기 위해 종말을 향해 치닫지 않을 수 없는 결과들이다.

그러므로 이 열매의 상징은 전체적인 관점에서 매우 모호하다. 선과 악을 알게 하는 나무인 사과나무가 장님의 나무가 될 수도 있으며, 생명의 나무가 또한 죽음의 나무가 되기도 한다. 로버트 그레이브스가 『그리스 신화』에서 밝히고 있는 것처럼, "죽음을 내재한 생명"의 여신인 아프로디테에게 바쳐진 이 사과는 생긴 모양 때문에 젖가슴 또는 배의 곡선을 암시한다. 또한 배꼽의 파인 형태와 비교될 수 있는 사과의 움푹 들어간 꼭지는 여성성을 상징한다. 이와 같은 사실로 미루어 볼 때, 사과는 남성적인 무화과만큼이나 위험한 존재이다. 그러나 여기서 우리는 이 두 열매가 가지고 있는 속성들이 비교적 상호 유동적이라는 사실을 지적하도록 하자. 즉, 무화과는 앞에서 살펴본 것처럼 종종 여성의 음부를 상징하는 것으로 통하지만, 반대로 복수형인 '말룸'은 남성의 고환을 지칭하기도 한다는 것이다.[84] 성적으로 상징화된 이 두 가지 열매와 서로 상반되는 입장에 있는 것이 바로 올리브 열매인데, 이것은 여성도 남성도 아닌 중성이며 무성無性이다. 사람들은 이 열매에서 성처녀 팔라스이기도 한 수호신 아테나를 닮은 정숙하고 "순결한" 기름을 짠다.[85]

제9장 에덴 동산에서 나무 십자가까지

　그리스도교 예술은 유혹의 나무를 사과나무의 형상으로 표현한다. 사과가 인간의 잠재 의식 속에서 표출시킨 여러 반응들은 우리로 하여금 그 이유를 이해할 수 있게 한다. 얼핏 보기에 단순하고 투박하고 안정적인 그 외관에도 불구하고 상징으로서의 이 열매는 복잡하며, 심지어는 약간의 불안감마저 준다. 사과가 갖는 의미는 지식, 불사, 욕망이라는 세 가지 양상으로 나타난다. 그러나 처음의 두 가지는 결국 세 번째의 욕망에 귀착된다. 지식과 불사는 둘 다 불경한 욕망의 대상이다. 여기서 우리가 말하고자 하는 지식은 그것의 목표가 수수께끼와 비밀들, 즉 인간의 두뇌로는 해결할 수 없는 본래 은폐된 비밀들을 꿰뚫는 것에 있기 때문에 필연적으로 위험이 동반되는 입문적인 지식을 의미한다. 한편 불멸성은 초자연적인 것이기 때문에 영웅들만 얻을 수 있다. 헤라클레스는 계략을 써서 헤스페리데스에게서 사과를 훔치지만 죽음을 면할 수는 없었다. 그리스인들과 마찬가지로 게르만족과 켈트족에게 있어서도 영원한 생명을 얻게 하는 사과는, 신과 저 세상의 주인에게 속하는 것이지만 본질적으로 죽은 자들의 것은 아니었다. 마지막으로 아프로디테로 상징되는 욕망은 사회의 질서뿐 아니라 신과 우주의 질서까지도 교란시킨다. 이것은 질서를 위반하고 삶과 죽음을 서로 뒤섞는다. 이 같은 위반 행위로부터 우리는 "신의 아들과 인간의 딸"에 관한 에피소드, 즉 '금단의 열매' 1)를 먹음으로써 발생하는 간접적인 결과와 함께 성경에도 등장하는 하나의 예를 발견한다. 주석가들에 따르면, 그것은 인간과 신의 결합에서 태어난 일종의 동양 티탄들인 네필림에 관한 민간 전승일 것이다. "신의 아들들은 인간의 딸들이 자신들에게 어울린다고 생각하여 이들에게 자기들의 아내가 되어 달라고 간청한다." 양자의 결합으로 생겨난 아이들이 바로 "옛날의 영웅들, 유명한 인간들"이었다. 그런데 이 이야기가 설령 우주의 대홍수의 원인들 중 하나로 그려지지 않는다 하더라도, 말씀이 생겨나기 바로 전인「창세기」에 등장한다는 사실은 매우 의미심장하다. 사실 신은 자연의 순리를 역행하는 이들의 결합, 즉 물질과 육체 안에서의 정신의 두 번째 타락을 처벌할 수 있을 뿐이다. "야훼께서 말씀하시기를, '나의 정신은 육체의 존재인 인간에게 무한히 훼손되지는 않으리라. 인간의 생명은 130세가 고작일 것이니.'"「창세기」에서 아담이 930년을 산 이후로 인간의 수명은 악이 증가함에 따라 끊임없이 줄어들었다. 그리하여 인간의 최고 수명은 120세가 되었다.「창세기」의 편찬자들에 따르면 아담은 130세에 아들 셋Seth을 낳는데, 이 아들은 이브가 말한 대로 "카인에게 살해당한 아벨의 자리"2)를 차지하게 된다. 아담과 이브가 신에게서 멀어지면서, 이들의 추락에 이어 인간들의 생명력을 조금씩 쇠퇴시키는 일련의 타락이 뒤따른다.

선악과를 먹음으로써 아담과 이브는 형식적인 금기를 어겼다. 즉, 그들은 하느님이 내정해 준 조건을 초월하려 했던 것이다. 나무 아래에서 이브와 뱀이 나누는 다음의 대화를 보면 그것을 확실하게 알 수 있다. "그 뱀이 여자에게 물었다. '하느님이 너희더러 이 동산에 있는 나무 열매는 하나도 따먹지 말라고 하셨다는데 그것이 정말이냐?' 여자가 뱀에게 대답하였다. '아니다. 하느님께서는 이 동산에 있는 나무 열매는 무엇이든지 마음대로 따먹되, 죽지 않으려거든 이 동산 한가운데에 있는 나무 열매만은 따먹지도 만지지도 말라고 하셨다.' 그러자 뱀이 여자를 꾀었다. '절대로 죽지 않는다. 그 나무 열매를 따먹기만 하면 너희의 눈이 밝아져 하느님처럼 선과 악을 알게 될 줄을 하느님이 아시고 그렇게 말씀하신 것이다.'" 언급된 열매는 확실히 사과의 상징적 의미와 일치한다. 그리고 쉽게 눈에 띄는 치즈 모양의 튀어나온 연골 조직인 "아담의 사과"는 금단의 열매가 "그의 목구멍 속에" 남아 있다는 것을 증명해 준다. 단지 그 어느 부분에도 선악을 알게 하는 나무가 사과나무였다고는 쓰여 있지 않다. 이름을 들어 인용한 유일한 종은 무화과나무이며, 뱀의 유혹에 넘어간 아담과 이브는 바로 이 나무의 잎으로 옷을 만들어 입었던 것이다. 그러나 「창세기」에는 무화과나무에 대한 자세한 기록이 없기 때문에 유혹의 과일이 열린 나무가 무화과나무라고 말하는 것은 아직 이르다. 그렇기 때문에 본질적인 상징의 의미, 특히 "음경陰莖처럼 보이는" 나뭇잎의 의미를 고려한다 할지라도 양자를 서로 비교하는 데에는 다소 무리가 따른다. 우리는 무화과나무 잎사귀를 두른 최초의 조상이 그때 이미 남근을 생식기관으로서 이해했다는 것과, 이브에게 그녀의 여성성(사과)을 드러내 보여 준 뱀을 자연적으로 남근과 동일시했다는 것을 생각하지 않을 수 없다.3) 이러한 성性의 이중적 상징은 너무도 뚜렷해서 자칫 이 이야기 전체를 섣불리 유아기적 금기, 즉 성의 발견과 '신-거세자인 아버지'에 대한 질투의 주제로 환원시킬 위험이 있다. 이것은 이야기의 일부분에 지나지 않지만 그것이 함축하는 바들은 이 작은 틀을 넘어가기 때문이다. 원죄에 대한 신학적이며 형이상학적인 의미와 그것의 정신 분석학적 의미 등은 우리의 논의 밖의 것이므로 이 정도로 접어 두고, 우리는 다시 「창세기」에 묘사되어 있는 나무 그 자체의 주제로 되돌아가도록 하자. "야훼 하느님께서는 동쪽에 있는 에덴이라는 곳에 동산을 마련하시고, 당신께서 빚어 만드신 사람을 그리로 데려다가 살게 하셨다. 야훼 하느님께서는 보기 좋고 맛있는 열매를 맺는 온갖 나무를 그 땅에서 돋아나게 하셨다. 또한 동산 한가운데에는 생명의 나무와 선악을 알게 하는 나무도 돋아나게 하셨다."4) 바로 이 동산을 그리스어 판 『성경』
은 사냥과 연회에 사용되는 왕실의 정원을 지칭하는 페르시아어에 따라 "낙
원paradis"이라 부르고 있다. 에덴이라는 말 속에는 "대초원"을 뜻하는 앗시
리아어의 '에디누edinu'가 함축되어 있기 때문에, 낙원은 사막의 오아시스가
될 것이다. 이러한 상황에 비추어 보았을 때 오아시스는 동양적인 속성을 지
닌다. 모든 전승에서 생명은 태양과 더불어 동쪽에서 태어나고, 죽은 자들의
왕국은 해가 지는 곳에 위치한다.

두 나무의 존재는 오래전부터 주석가들을 난처하게 해왔는데, 현대의 성경
주석가들은 둘 중 한 그루의 나무는 후대에 덧붙여진 것이라고 가정하고 있
다. 그것은 아마도 생명의 나무일 것이다. 그러므로 이제는 두 가지 면모를
지닌 것으로 인정된 단 하나의 나무만이 문제의 대상이 되지 않겠는가? 무엇
때문에 에덴의 나무를 사과나무와 동일시했는지, 그리고 사과나무는 무엇을
상징하는지, 이 두 가지를 동시에 이해하기 위해서는 사과와 사과나무가 갖
는 이중적 의미를 말하는 것만으로도 충분하다. 이 열매들은 생명도 죽음도
줄 수 있다. 그것들은 욕망, 즉 출산과 생식의 본능을 상징하며, 교묘하게도
후손이라는 형태로 결국은 허망한 내세인 사후 세계에 대한 믿음을 갖게 한
다. 이 열매들은 피할 수 없는 시련을 극복하고 죽음의 고행을 치른 영웅들,
예를 들어 이그드라실 물푸레나무에 매달린 오딘과 깨달음의 나무 밑에 앉기
전 10년 동안 수행을 한 부처 같은 인물들만이 획득할 수 있는 최상의 지식
을 표상하기도 한다. 나무는 최초의 인간—완전한 인간—이 선택해야 할 두
개의 길, 즉 종의 보존에 기여하고 인류 역사의 과정에 동력을 제공하는 생물
학적인 길과, 신의 말대로 "당신의 모습과 형상을 본떠" 만들었기 때문에 창
조주와 분리되어 있지 않은, 그러므로 역사가 존재의 시작점을 갖지 않는 초
시간적인 신비의 길이라는 두 개의 길을 상징하는 두 개의 가지로 나누어져
있다.

생명의 나무-지식의 나무라는 이원성에 관해서는 또 다른 해석의 가능성

이 존재한다. 이 해석은 「창세기」의 원전에 더욱 근접해 있을 뿐 아니라 또 다른 전승들, 특히 아브라함이 태어난 메소포타미아의 전승들에서 볼 수 있는 생명의 나무에 관한 다양한 신화들과 일치하기 때문에 우리의 관점에서 볼 때 더욱 유익할 것 같다. 바빌로니아인들은 하늘의 동쪽 문턱에 두 그루의 나무, 성경에 등장하는 나무들의 직접적인 조상일 수 있는 진리의 나무와 생명의 나무가 솟아 있다고 믿었다. 「창세기」의 3장은 이렇게 해석될 수 있다.5) 선악과를 먹고 난 후 아담은 비로소 눈을 뜬다. 그는 정원의 나무들 사이에서 자신이 여지껏 모르고 있었던 생명의 나무를 발견한다. 이 같은 해석은 「창세기」의 원전을 보면 확실해진다. "야훼 하느님께서는 '이제 이 사람이 우리들처럼 선과 악을 알게 되었으니, 손을 내밀어 생명의 나무의 열매까지 따먹고 끝없이 살게 되어서는 안되겠다'고 생각하시고 에덴 동산에서 내쫓으셨다."6)

그러므로 아담은 두 번째 나무인 생명의 나무의 열매를 먹어야만 지식을 통해 자신에게 계시된 영원한 생명을 획득할 수 있었다. 사악한 자의 상징인 뱀의 역할은 전혀 다른 것이었다. 뱀의 역할은 자신이 지키고 있는 영원한 생명의 나무인 선량한 나무로부터 이브와 아담의 관심의 방향을 돌리는 데 있었다. 그러나 뱀의 유혹은 또 다른 의미를 지닐 수 있다. 즉, 뱀 자신이 영원한 생명(다른 민족들의 믿음에서 뱀이 실제로 그것을 획득한 것처럼)을 얻고 싶었고, 그래서 정원 한가운데에 감춰져 있는 생명의 나무를 발견해야 했다는 것이다. 혼자서는 그것에 접근하는 것이 불가능했던 뱀은, 선악과를 먹음으로 해서 그것을 분별해 낼 수 있는 자들을 교묘하게 부추겼으며, 이들은 결국 신의 명령을 거역한 대가를 치러야만 했다. 아담은 이제 막 얻은 지식으로 생명의 나무를 발견하고는 뱀에게 그것이 있는 장소를 가르쳐 준다.

대부분의 전승들에서 생명(혹은 샘)의 나무는 땅의 끝이나 죽은 자들의 세계에 근접한 곳과 같이, 접근할 수 없는 장소에 위치해 있다. 예를 들어 헤라클레스 같은 영웅도 찾는 데 엄청난 어려움을 겪었던 헤스페리데스의 정원이 바로 그러한 경우이다. 생명의 나무는 뱀이나 용이 지키고 있어서 접근이 금지된다. 아틀라스 정원의 라돈과, 나무에 매달린 황금 양털을 구하러 길을 떠난 이아손이 대적하게 된 용의 경우처럼, 원하는 대상을 손에 넣기 위해서 주인공들은 먼저 괴물과의 싸움에서 이겨야만 한다. 바빌로니아의 길가메시 신화에 등장하는 영웅으로서, 대홍수 때에 살아남아 현자가 된 우트-나피슈팀은 바다 저 깊은 곳에서 "가시로 뒤덮인" 식물의 가지 하나를 꺾어 돌아오는 길에 뱀에게 자기가 나뭇가지를 가지고 있다고 말한다. 뱀은 그것을 빼앗아 삼키고 영웅 대신 영원한 생명을 얻는다. 영원한 생명을 추구하는 최초의 인간 혹은 영웅, 이들에게 그것을 부여하는 생명의 나무 그리고 접근을 금지하는 뱀, 이 삼각형의 구도는 대부분의 신화들에게서, 예를 들어 조금씩 다른 모습을 띠고 있기는 하지만 게르만족에서는 이그드라실 물푸레나무, 오딘 그리고 거대한 뱀 니드호그로 나타난다. 이제 우리가 끌어낼 수 있는 교훈은 분명하다. 즉, 불멸성은 초자연적인 시련들을 치르고 나서야 비로소 얻어질 수 있다는 것이다. 아담은 뱀과 맞서 싸우지조차 않았다. 그는 뱀의 말을 듣고 뱀을 믿었다. 길가메시 신화의 영웅은 부주의로 뱀에게 손쉬운 승리를 안겨주었다. 반면 헤라클레스같이 처절한 대항을 한 자들은 죽음의 고비를 거쳐야만 했던 것이다.7)

유대교의 전승에 따르면, 「창세기」에서 야훼는 "세계의 중심"으로 인정된 시온 산에서 가져온 진흙으로 인간의 형상을 만든 다음,8) 자신의 입김을 불어넣어 인간에게 "생명을 주었다." 야훼는 인간을 위해 정원을 하나 만들고 그곳에 나무를 심었다. 알렉산드리아의 필론은 자신의 책 『창세기의 우의적인 해설』9)에서, "나무는 영혼과 이성을 가지고 있고, 그 열매는 미덕과 불멸의 이성 그리고 민첩한 정신을 나타낸다. 이 정신에 의해 정직과 불성실, 신성한 생명, 불멸성과 다른 모든 원리가 구별되며 드러난다"고 말하고 있다. 이 나무는 만약 그것이 유일하다면, 아담을 앞에 두고 제시되는 두 가지 가능성을 나타낸다. 욕망 혹은 포기, 실존 혹은 존재, 그것들을 사이에 두고 야훼께서는 아담에게 나쁜 선택을 하지 말라고, 다시 말해 물질인 아담이 태어난 땅보다는 야훼께서 생명을 불어넣은 정신에 더 애착을 가지라고 충고한 것이다. 그러나 뱀의 유혹이 있기 이전 야훼께서 아담에게 금기를 발설하면서 아담의 선택은 이미 정해져 있었다. 하느님의 다음과 같은 말이 이어지기 때문이다. "야훼 하느님께서는 '아담이 혼자 있는 것이 좋지 않으니, 그의 일을 거들 짝을 만들어 주리라'"10)라고 하셨다. 여기서 하느님은 최초의 인간이 내린 암암리의 선택을 단지 확인하게 할 뿐이다. 아직은 양 갈래로 불분명한 그의 욕망은 이미 원초적인 통일성을 단절하고 있으며, 이로부터 모든 것이 자연스럽게 그리고 불가피하게 진행될 것이다.

현대의 주석가들은 「창세기」의 초반부에 등장하는 연속된 그러나 사실은 서로 다른 두 개의 이야기를 구별하고 있는데, 그것은 하느님이 앞에서는 복수의 엘로힘Elohim11)으로 지칭되고 두 번째에서는 단수인 야훼Yahvé로 지칭되고 있기 때문일 것이다. 다른 장들이 인간의 조건을 설명하는 여러 신화들을 다루고 있는 것에 반하여, "성권聖權의 원천"을 추정하는 것에 할애된 「창세기」는 우주 발생과 천지 창조의 7일로 시작된다. 그러나 매끄럽게 연결되어 있지는 않지만 다소 의도적인 방법을 적용해 본다면 서로 상보적일 수도 있는 두 텍스트를 우리가 너무 뚜렷하게 구분해 놓은 느낌이 든다. 아담은 사실 양성적인 존재("남자와 여자로 지어내시고")12)로 등장하고, 『미드라쉬 베레쉬트 라바Midrash Bereshit Raba』는 하느님이 남성적인 동시에 여성적인 아담을 창조하였다고 적고 있다. 「창세기」의 같은 절 앞부분에 등장하는 "우리 모습을 닮은 사람을 만들자!"라는 구절에서 "사람"이라는 단어는 집합적이다. 그러므로 하나의 연계성이 수립된다. 즉, "자신의 형상대로" 그리고 "자신의 모습을 본떠" 인간을 만들었던, 복수의 이름을 가진 하나인 하느님은 당신 자신이 복수인 인간을 창조하였다는 것이다. 그런데 이러한 이중의 복수는 양성자만을 지칭할 수 있다. 모든 전승들에 등장하는 유일신들은 논리적인 필요성에 의해 양성자이며, 모든 창조는 성性의 구별, 여성 혹은 남성 애인의 출현으로 하나가 둘이 되는 신의 '자가 분리'에 의해서만 시작이 가능하다. 어쨌든 바로 이러한 이유 때문에 인간의 지성은 불가사의를 이해할 수 있다. 하느님이 우주를 창조하기 위해 자기 자신을 분리시켰던 것과 동일한 방법으로 이브는 아담의 갈비뼈에서 태어난다. 이것은 또한 이타성異他性의 욕망, 타자他者의 욕망과 일치한다. 여성 혹은 천지 창조는 둘 다 모든 것의 원천이자 기원이고, "모든 존재자들의 어머니"[13]이기 때문에 영원히 하나이며 동일자이다.

남성적 원리만이 유일한 권위를 갖는 가부장적 환경에서 유래한 성스러운 텍스트 「창세기」에는 지워져 있는, 게다가 그 텍스트 자체가 빤해서 오히려 반쯤은 그 모습이 가려진 이 최초의 양성자는 후대의 히브리 전승 속에서, 즉 "세피로스의 나무"라 불리는 카발라Kabale의 비의秘儀적 도식 안에서 완전하게 나타난다. 세피로스의 나무는 그 어떤 것도 예정될 수 없는 절대적 공空의 상태로부터 조금씩 물질까지 내려가기 위해서 무명의 영혼[14]으로부터 출발하는 창조의 힘이 어떠한 과정을 통해 만들어지는지를 상징하고 있다. 그 첫 번째 세피라이자 광점光點인, 따라서 이미 발현된 모든 발현체들의 원천으로서, 그 나무의 줄기가 나온 씨앗을 상징하는 케테르에서 두 개의 가지들이 나온다. 오른쪽 가지는 우주의 아버지이자 남성적 원리인 "아버지"를 뜻하는 말인 '아바'로, 그리고 왼쪽 가지는 "위대한 어머니"를 의미하는 말인 '아이마'로 명칭된다. 이 두 개의 가지 사이로 솟아나온 줄기는 축의 균형이자 천상으로 올라가는 유일한 통로가 된다. "또한 세계의 각본 안에서 뛰어난 역할을 수행하는 마지막의 세피라는 '어머니', '여왕', '산파', '기혼자' 등을 뜻하는 '쉐키나Schekinah'로 명명된다."[15]

세피로스의 나무는 전통적으로 그 자체로 본질적인 원초적 인간이자 인간의 모습을 한 살아 있는 신의 상징인 아담 카드몬의 형상으로 제시된다. 그의 머리 위에는 근원적 광점인 왕관(케테르)이 씌워져 있고, 그의 발 아래에는 완전히 물질화된 에너지로서의 왕국(말쿠트)이 있다. 세피로스의 나무는 히브리의 전승 속에서 우주목, 즉 뿌리를 위로 둔 거꾸로 선 나무의 고유한 형상이기도 하다. 이 나무는 선과 악을 알게 하는 나무를 상징한다.

종교적이고 형이상학적인 개념의 총체를 단일한 하나의 이미지로 압축시키는 데 있어서 나무만큼 훌륭한 상징은 없다. 수없이 많은 나무의 종들이 실제로 자웅 동체이기 때문이 아니라 나무의 밑둥에 돋아나는 새싹들 덕분에 나무는 무성적 방식으로 번식할 수 있기 때문에, 줄기, 뿌리 그리고 가지들과 더불어 나무는 본질적으로 자웅 동체라고 말할 수 있다. 식물의 고유한 생산 능력으로 인해 인간이 휘묻이와 꺾꽂이용으로 베어 낸 나무는 스스로 재생한다.

유성 생식 기관들을 가진 꽃의 경우에는 암컷이면서 수컷이기도 하다. 그것들은 때로는 자웅 동체인 같은 꽃받침 위에, 때로는 다른 꽃받침 위에 피어 있지만, 대부분의 경우에 꽃은 암술과 수술을 함께 가지고 있기 때문에 암컷이면서 동시에 수컷이다. 어쨌든 그 성징性徵의 목적이, 부모와 유사하지만 그 자체로 고유한 한 개체라는 면에서 부모와는 다른 한 존재를 탄생시키기 위한 염색체의 혼합에 있기 때문에 여기서는 꽃들의 자가 번식을 저해하는 몇 가지 과정들이 개입한다. 예를 들어, 증식 능력을 갖고 있지 않기 때문에 유성 생식의 중요성이 다른 어떤 종들보다 훨씬 큰 구과 식물의 경우가 바로 그러하다.

나무가 암수의 특징을 동시에 갖고 있고 또한 대부분의 많은 종들이 스스로 생식을 하는 데서 기인한 이러한 모호한 속성 때문에 우리는 그 각각의 종들을 언어로 표현함에 있어 당혹감을 느낀다. 나무들은 그 이름의 대부분이 남성 어미로 끝나지만 그리스어나 라틴어로는 항상 여성형이다. 프랑스어에서는 몇 가지 예외적인 경우를 제외하고는 나무의 이름들이 독일어나 영어 그리고 대부분의 현대 유럽의 언어들과 마찬가지로 남성형이다. 이처럼 놀라운 사실은, 오늘날의 우리들이 나무를 통해 남근상을 보고 있는 것과는 반대로 고대인들은 나무의 다산성, 그러므로 그것의 모성적 성격에 오히려 관심을 가졌다는 사실로 설명될 수 있을 것이다.

타락에서 속죄로

지하 세계의 힘을 상징하는 뱀은 모든 우주목과 관계가 있다. 뱀은 암흑과 생명을 갖게 될 땅 밑의 뿌리들 사이에서 솟아오르며 이그드라실 밑둥의 니드호그 뱀처럼 뿌리를 갉아먹고 종종 나무의 생명을 위협한다. 뱀은 신비하고 위험스런 남근의 상징이며, 나무가 갖고 있는 거대한 여성성의 보충적 상징이다. 지식의 나무에는 "모든 동물들 가운데 가장 간사한" 뱀이 있었는데, 이 뱀은 정신 현상의 무의식적 충동들을 의인화한다. 뱀은 땅에 또아리를 튼다. 이브는 최초 인간의 육화된 욕망이므로, 자신에게 거짓말을 한 야훼를 원망하면서 금단의 열매를 맨 먼저 맛보아야 했다. "그 나무 열매를 따먹기만 하면 너희의 눈이 밝아져서 하느님처럼 선과 악을 알게 될 줄을 하느님이 아시고 그렇게 말하신 것이다……. 그러자 두 사람의 눈이 밝아져……" 그러나 아담과 이브가 원초적인 순수성을 상실하면서, 즉 어린아이의 상태에서 어른의 지위로 옮겨 가면서 그들이 발견한 것은 오로지 악뿐이었다. 황금 시대는 곧 막을 내리고, 그들은 과실들을 먹으며 살았던 에덴 동산에서 추방된다. 이제 그들은 과실을 먹으려면 스스로 경작을 해야만 했다. 그때부터 인간은 매일 힘들게 일하지 않고는 "가시덤불과 엉겅퀴가 자라날 땅"에서 양식을 얻을 수 없게 된 것이다. "생명의 나무로 통하는 길"[16]을 지키기 위해 "번쩍거리는 칼"을 손에 든 케루빔 때문에 이제 인간은 더 이상 에덴 동산으로 돌아갈 수 없었다.

아담은 살아 있는 동안 "눈물의 계곡에서", 자신이 과거 에덴 동산에서 누렸던 천상의 기쁨을 향수에 젖어 끊임없이 회상한다. 후대인들의 눈에 "열두 달 내내 과실이 열리고 잎이 시들지 않는…… 과실은 양식이 되고 잎은 약제가 되는"[17] 이 생명의 나무는 잃어버린 지혜[18]를 상징하게 될 것이다. 하느님의 나라가 묘사되어 있는 「요한 계시록」[19]의 마지막 장에는 그리스도교의 새로운 예루살렘이 이렇게 묘사되어 있다. "그 강은 하느님과 어린양의 옥좌로부터 나와 그 도성의 넓은 거리 한가운데를 흐르고 있다. 강 양쪽에는 열두 가지 열매를 맺는 생명의 나무가 있어서 달마다 열매를 맺고, 그 나뭇잎은 만국 백성을 치료하는 약이 된다." 그러므로 이 나무는 「창세기」에 등장해서 「요한 계시록」의 예언자들에 의해 상기되는 생명의 나무이다. 우리는 구약에서 신약으로 넘어왔고, 인간은 메시아의 강림과 그의 희생으로 구원을 받았다. 나무의 뿌리에 물을 대는 강물은 "하느님과 어린양의 옥좌로부터 흘러나온 생명의 물"이요, 십자가에 못 박힌 예수의 옆구리에서 흐르는 바로 그 물이므로, 어린양의 피 속에서 죄의 사함을 받은 자들만이 나무 열매들을 먹을 수 있다. 천상의 예루살렘이 에덴 동산인 것처럼, 예루살렘 한가운데에 있는 생명의 나무는 낙원의 나무이다. 그러나 생명의 나무가 다시 나타나 아낌없는 선행을 베풀 때 그 사이 나무는 십자가의 나무로 변하게 될 것이다.

생명의 나무와 이 십자가를 동일시함으로써 우리는 아담과 "새로운 아담"인 예수를 동일한 맥락에서 파악하게 된다. 십자가는 죽음의 나무이지만 신처럼 부활하는 죽음의 나무이며, 타락을 한 이후 유한한 삶을 사는 인간들에게 생명을 준 봉헌의 나무이다. 아담과 예수는 둘 다 신이 된 인간들이다. 그러나 전자가 아버지 하느님의 말씀을 거역했다면, 후자는 하느님의 말씀을 실천하여 인간들을 구원하기 위해 신이기를 거부하고 인간들의 형제가 되기를 선택한다. 그러나 이들이 근원적인 천상의 행복으로 귀환하기 위해 부활하여 승천한다는 점에서, 타락과 구원은 동일한 가치를 지닌다. 이 둘은 매우 밀접한 연관을 맺고 있어서 아담은 십자가에 못 박힌 예수와 같은 날 같은 시간에, 즉 니산 월(月)의 14일 금요일 아홉 시에 죽었다고 한다.

중세의 전 시기에 걸쳐 그리스도교 국가들에는 하나의 민간 전설이 널리 유포되어 있었다. 이 전설은 매우 생생한 묘사들을 통하여 그리스도의 십자가와 생명의 나무 사이에 존재하는 신비스런 관계를 제시하고 있는데,[20] 「모세의 묵시록」, 「아담과 이브의 생애」 그리고 특히 「니코데므의 복음서」 등의 여러 외경外經에서 그 출처를 구하고 있다. 932세 때, 아담은 거대한 덤불을 뿌리 뽑은 후 자신의 생명이 끝나 가고 있음을 느낀다. 임종 직전 그는 아들 셋Seth을 자신의 머리맡에 불러, "행복의 동산"에 가서 기적의 치유제인 기름을 가지고 오라고 한다. 셋은 아버지의 분부를 따른다. "동쪽으로 가거라. 풀 한 포기 돋지 않은 외딴 곳까지 걸어가면 곧 녹음이 우거진 길 하나가 나타날 것이다. 거기에는 이브와 내가 낙원을 떠나올 때 남겨 놓은 발자국들이 있을 것이다." 셋은 부모의 검은 발자국이 남겨진 길을 거슬러 걸어갔다. 차갑고 황량하던 풍경이 에덴 동산이 가까워질수록 점점 변하면서, 청명한 대기에 꽃향기가 진동했으며 신의 음악이 울려 퍼지는 가운데 땅은 푸른빛을 띠기 시작한다. 이 광경에 넋을 잃은 셋이 자신의 임무를 망각한 채 길을 따라가는데, 그 순간 그의 앞으로 한 줄기의 강한 광선이 쏟아진다. 그것은 문을 지키는 대천사 미카엘의 검에서 나오는 빛이었다. 한 마디의 말도 하지 못하고 셋은 그 자리에 무릎을 꿇는다. 천사는 아담의 아들이 무엇 때문에 이곳에 왔는지 알고 있었지만, 그에게 용서의 시간을 알리는 종이 아직 울리지 않았노라고 말한다. "아담이 하느님의 명령을 어긴 이후, 닫혀 버린 동산의 문이 속죄를 통해 다시 열리려면 4천 년의 시간이 흘러야 할 것이다." 어쨌든 원죄를 지은 인간과 신의 화해의 징표로서 아담의 무덤에는 한 그루의 나무가 자라고, 그것은 후일 속죄의 나무가 될 것이다. 셋은 순수한 영혼을 가지고 있었기 때문에 미카엘 천사는 그에게 낙원에서 세 가지의 것을 살펴보라고 한다. 그는 맨 먼저 네 개의 강물이 흘러나오는 신기한 샘 하나를 보았는데, 그 샘 옆에는 우리가 7장에서 언급한 적이 있는 껍질이 벗겨져 말라 버린 "메마른 나무"가 있었다. 두 번째로 그가 본 것은 심연에서 불쑥 튀어나온 한 그루의 나무 기둥 주위를 휘감고 있는 뱀이었다. 공포에 사로잡힌 셋은 형 카인이 나무 뿌리에 몸이 관통된 채 그 한가운데에 쓰러져 있는 것을 발견한다. 마지막으로 그가 고개를 들어 동산의 주위를 살피자 어마어마하게 거대한 한 그루의 나무가 눈에 들어왔다. 이 나무의 꼭대기는 하늘을 찌르고, 그 뿌리는 지하 세계에까지 맞닿아 있었다. 나뭇가지들 사이에서 눈부신 광채를 발하는 잘생긴 어린아이 하나가 주위를 날고 있는 일곱 마리의 비둘기를 쳐다보고 있었다.21) 아이는 여태껏 셋이 한번도 본 적이 없는 가장 아름다운 여인의 무릎 위에 앉아 있었다. 천사는 그에게 이 아이가 바로 인간을 원죄에서 해방시킬 미래의 구세주라고 말한다. 그런 다음 셋에게 과일나무에서 나온 세 개의 작은 씨앗을 건네주고는, 그것들을 3일 후면 죽게 될 아버지의 말씀에 따라 심으라고 말한 뒤 그를 동산에서 내쫓는다. 아담은 집으로 돌아온 아들을 보고, 에덴 동산에서 추방된 후 처음으로 입에 미소를 머금는다.

 헤브론의 계곡에 아담을 묻고 나자 그의 시신에서는 성삼위聖三位를 상징하는 세 그루의 나무, 즉 서양삼나무(성부), 실편백(성자, 그는 죽게 될 것이기 때문이다), 소나무 혹은 종려나무(성령)가 생겨난다. 이 세 그루의 나무는 한데 뒤섞여 하나의 나무가 되었는데, 이것은 삼위일체를 의미할 뿐 아니라 성자의 속죄를 통하여 레바논 산 삼나무의 형태로 다시 태어난 '낙원의 나무' 그 자체를 의미하기도 한다. 모세가 약속 받은 땅에 도착하여 헤브론의 계곡에서 천상의 향기를 내뿜는 이 나무들을 발견했을 때, 그것들의 줄기는 고작해야 50cm를 넘지 않았다. 그는 신의 영감을 받아 성삼위의 신비를 공표하고는 나무의 가지를 자른다. 야훼가 그에게 분부했던 대로 모세는 그 나무 막대기로 바위에서 물을 솟아나게 하였다. 땅에 심어진 이 나뭇가지는 사람들을 뱀의 위협으로부터 해방시킬 것이며, 또한 홍해의 바닷물을 갈라 이스라엘 민족을 파라오의 군대에서 구해 주고22) 마침내 아론의 채찍이 될 것이다. 모세는 죽기 전에 이 기적의 나무들을 그리스도의 '거룩한 변모'가 일어났던 타보 산에 다시 심었다. 천 년의 시간이 흐르고, 다윗 왕 앞에 모습을 나타낸 천사는 왕에게 그 나무들을 찾아 예루살렘으로 가지고 오라고 엄명을 내린다. 그런데 무지몽매하여 그 나무들을 웅덩이 속에 숨겨 놓았었던 다윗 왕은 나무가 한 그루밖에 남지 않은 것을 알게 된다. 그가 나무를 그 자리에 그대로 두었더니, 나무는 빠른 속도로 성장했다. 이 나무를 만지고 나서 나병환자와 중풍 환자는 병이 나았고, 장님은 눈을 뜨고, 벙어리는 말문을 열었다. 다윗 왕은 이 나무를 정성껏 보살피고, 일 년에 한 번씩 은줄을 둘러 장식을 한 다음 그 아래에서 기도하였다. 그런데 그의 아들 솔로몬이 이 나무를 베어 신전을 지을 때 기둥으로 사용하자 기둥의 길이가 늘 변하는 것이었다. 어떤 때는 너무 짧아 벽을 낮춰야 했는가 하면, 또 어떤 때는 너무 길어 지붕을 부숴야만 했다. 예언자의 영감에 사로잡힌 한 여인이 대들보 위에 앉아, "하느님께서 성스러운 십자가의 미덕을 이렇게 알리시도다" 하고 말했다. 이 말을 들은 유대인들이 여인에게 달려들어 돌을 던졌고, 그리하여 그녀는 미래의 새로운 믿음의 최초의 순교자가 된다. 사람들이 이 쓸모 없는 나무를 '제물의 연못'*에 던지자, 곧 물에 기적의 힘이 생겼다. 유대인들은 그 나뭇가지를 불경한 것으로 만들 생각에서 실로암에 다리를 하나 만든다. 모든 이들이 이 다리를 밟았으나, 솔로몬을 방문한 시바의 여왕만은 그곳에 발을 딛지 않는다. 그녀는 왕에게 이 나무가 장차 인간을 구원하러 오는 자의 십자가가 될 것이기 때문이라고 그 이유를 밝힌다.

십자가에 못 박힐 시간이 다가왔을 때, 이 예정된 나무 조각은 수난의 도구가 된다. 그런데 전설의 다양한 기록들을 보면 그 내용이 서로 다르다. 어떤 기록에 따르면 다루기 힘든 나무 기둥이 신전 안에 있어서 카이프**가 3백 명의 유대인을 보내 그것을 운반해 오라고 명했지만, 그들은 이 나무를 움직일 수 없었다. 그러자 카이프는 십자가를 만드는 데 필요한 두 개의 목재만을 베어 오라고 명령했다. 또 다른 기록은, '제물의 연못' 깊은 곳에 매장되어 있던 나무가 땅으로 나와 수면 위로 떠오르는 것을 본 유대인들이 예수의 십자가를 만들려고 했다"고 증언하고 있다.23) 그러나 더 대중적인 또 다른 전설에 따르면, 십자가는 삼나무와 은백양과 종려나무와 올리브나무라는 네 개의 다른 목재로 만들어졌다고 한다.24) 성삼위를 상징하는 처음 세 종류의 나

---

* 고대 히브리에서 신에게 바치는 제물을 씻던 예루살렘 근처의 연못.
** 유대교의 사제

무는 아담의 몸에서 태어난 나무들로서 거기에는 각각 고유한 상징이 있다. 즉, 삼나무는 썩지 않으며, 은백양은 죽음을 형상화하며, 종려나무는 부활의 상징인 피닉스와 동일시된다. 그리고 우리가 앞장에서 보았듯이 올리브나무는 그 기름이 메시아의 "성유"로 사용된다.

십자가는 아담이 묻혔던 바로 그 자리, 히브리어로 "두개골 산"이라는 뜻을 가지며 흔히 '칼베르'("골"을 의미하는 라틴어 '칼바리아calvaria'에서 파생)로 번역되는 골고다 언덕 위에 세워진다. 구세주의 피는 최초의 인간에게, 원죄를 정화시키는 사람에게, 그리고 인간으로서 완전히 구원 받은 인류에게 세례를 주었다. 이제 골고다의 언덕은 "세계의 중심"이 되었다. 더 정확히 말하자면, 그곳에 에덴 동산의 생명의 나무인 우주목을 심었기 때문에 다시 세계의 중심이 된 것이다. 하느님 자신의 아들을 속죄의 제물로 희생시킴으로써, 우주목은 마침내 "선의善意"의 인간들에게 영원한 생명을 주었고, 죽은 후에는 지상이 아닌 천상의 낙원으로 돌아갈 수 있도록 하였던 것이다.

십자가 이야기는 여기서 끝나지 않는다. 금박 글씨로 "이 신호로 그대는 승리할 것이다"라고 적힌 반짝이는 십자가를 하늘에서 발견한 후, 콘스탄티누스 황제는 승리를 거두고 그리스도교로 개종을 했는데, 그는 이 신성한 십자가를 다시 찾기 위해 예루살렘에 자기 어머니 헬레나를 보낸다. 신성한 도시에 도착한 황제의 어머니는 모든 유대의 학자들을 자기 앞에 불러들인다. 그들은 무엇 때문에 자신들이 불려왔는지 걱정하고 있었는데, 그들 중 유다라고 불리는 자가 이렇게 말하였다. "내가 알기로, 그녀는 예수가 못 박힌 십자가 나무가 어디에 있는지 우리를 통해 알아내려고 합니다. 그런데 나의 조부 자쉐께서 나의 부친에게 이르시고, 나의 부친께서 돌아가시기 전에 나에게 당부하신 말씀에 따르면, 그는 '내 아들아, 사람들이 너에게 예수의 십자가에 대해 묻거든 꼭 그것이 어디에 있는지 말해 주어라. 그렇지 않으면 너는 엄청난 고통을 당할 것이다. 그러나 바로 그날 유대인들의 압제가 끝나며, 그 때부터 십자가를 경배하는 자들이 자를 다스리게 될 것이다. 그들이 십자가에 못 박은 자는 바로 하느님의 아들이었기 때문이다'라고 하셨습니다." 그러나 다른 학자들은 "우리는 그런 식의 말을 한번도 들은 적이 없소이다"라고 말하고는, "화형을 당할 것이라는 위협에도 불구하고" 헬레나에게 아무것도 가르쳐 주지 않았다. 초조해진 학자들은 그녀에게 유다를 지명하지만 유다는 그 십자가가 어디에 있는지 모르는 척한다. 헬레나 왕비는 말라 버린 샘 안에 유다를 가두고 먹을 것을 하나도 주지 말라고 명령한다. 7일째가 되자 배가 고파 죽을 지경에 이른 유다는 십자가의 위치를 밝히겠으니 자기를 샘에서 꺼내 달라고 간청한다. 밖으로 나온 유다는 "대기에서 느껴지는 너무도 향기로운 냄새를 맡고는, 넋을 잃은 채 '진실로, 예수여, 당신은 세상의 구원자이십니다!'라고 소리친다. 그 동안 골고다의 언덕에는 하드리아누스 황제가 지은 신전 하나가 세워져 있었다. 그때까지 그리스도교인들은 그 장소에 관심을 갖지 않았다." 헬레나가 신전을 정비하고 땅을 파자 스무 걸음쯤 떨어진 땅 밑에서 세 개의 십자가가 나왔다. 그런데 어떤 것이 좋은 것인가? 매장될 한 젊은이의 시신이 지나가는 것을 본 유다는 행렬을 멈추게 하고 그 시신 위에 그중 한 개의 십자가를, 그런 다음 또 다른 한 개의 십자가를 놓았다. 세 번째의 십자가가 몸에 닿자 젊은이는 부활하였다. 곧이어 콘스탄티누스 황제의 명령에 따라 그곳에 생-세퓔크르 대성당을 짓기 시작한다. 이 성당은 아직까지도 남아 있으며, 그 성당의 주위는 골고다 언덕에서 가져온 바위들로 온통 둘러싸여 있다. 유다는 세례를 받고, 퀴리악이라는 세례명을 얻은 다음 예루살렘의 주교가 되었다. 헬레나는 나머지 두 개의 십자가를 그것이 발견된 장소에 남겨 둔 채, 한 개의 십자가만을 가지고 아들에게 돌아온다.

이 진짜 십자가의 일부는 작은 조각들로 나뉘어져서 그리스도교 세계 전체로 분산된다. 그 조각들의 수가 매우 많아서 16세기에 칼뱅은 자신의 『성유물 개요』[25])에서 진짜 십자가에 관하여 다음과 같이 강조하고 있다. "과거에 존재했던 모든 것을 수집하려 든다면, 거대한 배 한 척의 분량이 될 것이다."

물론 여기에는 논쟁적 과장이 있기는 하다. 저명한 종교 개혁가가 추천한 목록이 만들어졌다. "경배를 올리는 도처에서 작은 조각 하나, 부스러기 하나까지 참을성 있게 측정되었다. 그러나 성유물의 전체 분량은, 아직 십자가 하나의 분량에 미치지 못한다."[26]

교부들 이래 현대의 신비주의자들에 이르기까지 십자가와 생명의 나무는 하나인 것처럼 여겨져 왔다. 2세기에 이미 이레네는, 그리스도는 "육화되었다. 그리고 그는 자신 안에 우주를 축소하여 십자가에 못 박혔다"[27]고 적고 있다. "하느님은 세상의 경계들을 없애기 위하여 십자가 위에서 자신의 양손을 벌리셨다. 그러므로 골고다의 언덕은 세계의 중심이다"[28]라고 4세기에 예루살렘의 시릴이 주장했던 것처럼, 예수는 사실 자신의 양팔로 온 세상을 감싼다.[29] 또한 락탄스는 "하느님은 대지 전체를 감싸 안으려고 자신의 고통 안에서 양팔을 벌리신다"고 말하고 있으며, 13세기에 성 보나벤투라는 "십자가는 미美의 나무이다. 그리스도의 피로 축성된 이 나무는 각종 과일들로 가득 차 있다"고 표현하면서 그리스도의 십자가를 더욱 직접적으로 생명의 나무와 동일시한다.[30]

십자가와 생명의 나무를 동일시하는 이와 같은 믿음들이 비단 그리스도교 사회에 국한된 것만은 아니다.[31] 우리는 스페인의 침입을 받기 이전에 나온 멕시코의 여러 예술 작품들 속에서 그러한 생각을 읽을 수 있다. 원초적인 나무는 코덱스 보르기아에, 혹은 가지가 많고 잎이 무성한 십자가 형상의 여러 부조들에 그 모습이 나타나 있는데,[32] 십자가는 공간의 총체성, 우주 그 자체를 상징한다.

옛날에는 중세의 그리스도교인들에게 숭배를 받던, 더욱더 신비한 한 그루의 나무가 있었다. 그것은 사람들이 세상의 경계에, 다시 말해서 이 세상과 저 세상의 경계에 위치시킨 "메마른 나무" 혹은 "고독의 나무"이다. 셋은 에덴 동산에서 그 나무를 본 적이 있다. 마르코 폴로는 이란의 북동쪽에서 그것을 보았다고 기술하고 있지만,[33] 그보다 조금 뒤에 오드릭 드 포르데논은 이

나무가 노아의 방주가 떠 있던 아라라트 산에서 그리 멀지 않은 이란 북서쪽의 타우리스 부근에 있다고 주장하였다. 이교도들이 점령하고 있던 생-세퓔크르를 되찾기 위해 행진하는 중세의 그리스도교도들은, 시리아의 이교도 왕들(알렉산드로스 대왕의 후손들인 셀레우코스 왕조)과 마키베오파 사이에 일어난 전쟁의 와중에 쓰여진 『구약 성서』의 마지막 권인 「다니엘서」에서 이 메마른 나무의 기원을 발견한다. 역사적인 정황을 참조해 볼 때, 「다니엘서」는 확실하게 「요한 계시록」의 성격을 갖고 있다. 즉, 「다니엘서」에는 현재의 상황과 정확히 일치하는 점들이 있고 성지 탈환의 필요성이 기술되어 있기 때문에 그것은 십자군 전쟁 당시 굉장한 대중성을 얻었다. 「다니엘서」는 네부카드네자르 왕의 꿈을 이야기하고 있는데, 이 꿈은 이교도의 군주가 이스라엘을 장악하는 것을 예언한다. "하루는 그가 꿈을 꾸었다. 꿈에 본 것이 몹시 마음에 걸려, 왕은 예언자 다니엘에게 그의 꿈 이야기를 들려주었다……. 굉장히 큰 나무 한 그루가 세상 한가운데에 서 있는데, 너무나 우람해서 키가 하늘까지 닿았고 땅 끝 어디에서나 그 모습이 보였다. 잎사귀들은 싱싱했고, 열매는 세상 사람들이 모두 먹고 살 만큼 많이 열려 있었다……. 하늘에서 거룩한 감시인 하나가 내려오더니 이렇게 외쳤다. '이 나무를 찍어라. 가지는 잘라 내고 잎은 흩뜨리고 과일은 따버려라……. 그러나 등걸과 뿌리만은 뽑지 말아라. 쇠사슬, 놋사슬로 묶어 풀밭에 내버려 두어라……. 사람은 정신을 잃고 짐승처럼 지내면서 일곱 해를 지내야 하리라.' 다니엘이 크게 놀라며 잠시 난처한 기색을 보이자 왕은 그에게 말하라 명하였다. 그러자 그가 말하기를, '임금님께서 보신 그 나무는…… 바로 임금님이십니다. 임금님께서는 그처럼 위대하시고 세력이 크십니다……. 그러나 임금님께서는 세상에서 쫓겨나 들짐승과 같이 일곱 해를 지내게 되실 겁니다……. 그리고 나서야 인간 왕국을 다스리는 분이 바로 지극히 높으신 하느님이심을 깨닫게 되실 것입니다."34) 예언서의 조금 뒷부분으로 가면, "인간의 아들"이 대지의 경계에서 적들을 몰아낸다는 내용이 적혀 있다.

신의 질서에 따라 말라 버린, 천사들에 의해 묶인 이 나무는 세상 저 끝에 서서 서양과 동양의 경계를 표시하고 선택 받은 민족에게 약속의 땅을 예언하였다. 예수는 승리가 자기편에 있을 수 있도록 십자군 군대를 비호하고 그 선두에서 싸웠다. 그 이후 "메마른 나무"에는 다시 생기가 돌았다.

이새의 나무

속죄와 연관된 세 번째 나무는 중세의 초상화집을 보면 잘 나타나 있다. 특히 13세기 초부터 성모에 대한 각별한 숭배가 특징인 시토 수도회의 영향으로 이 나무는 필사본들과 스테인드글라스에 주로 그려져 있다. 이 "이새의 나무" 역시 구약 성서의 「이사야서」에 그 기원을 두고 있다. 여기서도 역시, 하느님의 벌을 받지만 다시 생기를 찾는 나무가 등장한다. 문제가 되는 것은 이교도의 왕이 아닌 다윗의 자손들이다. 이사야라고도 불리는 이새라는 인물이 그의 아버지이다. "여기 만군의 야훼께서 무서운 힘으로 그 무성한 가지들을 베어 내시리라. 높이 솟은 나무들은 찍혀 넘어가고 우쭐대던 것들은 거꾸러지리라. 무성한 숲이 도끼에 찍혀 쓰러지고 레바논은 강하신 하느님의 손에 맞아 내려앉으리라. 이새의 그루터기에서 햇순이 나오고 그 뿌리에서 새싹이 돋아난다. 야훼의 영靈이 그 위에 내린다. 지혜와 슬기를 주는 영, 경륜과 용기를 주는 영, 야훼를 알게 하고 그를 두려워하게 하는 영이 내린다."[35]

그리스도교인들은, 이새의 나무 줄기는 다윗의 후손인 마리아이고 나무의 새싹은 그리스도라고 철석같이 믿고 있었다. 이새의 나무는 그 자체로 "그리스도교의 신비주의 안에서 일련의 상징"이 되었다. 우리는 분명 이 나무를 셋이 꿈속에서 본, 그 꼭대기에 예수와 어머니가 있던 생명의 나무와 비교할 수 있다. 성모 마리아는 "새로운 이브"이고, 형제의 제물인 아벨은 적들에게 붙잡혀 팔린 야곱의 아들 요셉과 같고, 제자 유다에 의해 적들에게 붙잡힌

"인간의 아들" 예수와 같다. 나무는 예수의 희생으로 탄생한 보편적 교회, 그러므로 당연히 낙원을 상징한다. 그것은 또한 땅과 하늘을 하나로 묶는 야곱의 사다리, 성 요한의 불꽃의 사다리를 연상시킨다. 초상화집에는 불이 켜진 램프를 옆에 두고 땅 위로 길게 누워 잠을 자면서 꿈을 꾸는 이새의 모습이 그려져 있다. 그의 배꼽과 입에서는 나무 줄기가 솟아나오고, 나뭇가지에는 유다의 왕들, 혹은 미래의 메시아인 "다윗의 후손"이 대대로 강림한 것을 알리는 예언자들의 모습이 나타나 있다. 나무 맨 꼭대기에 피어 있는 커다란 한 송이의 꽃에서, 오른팔에 아기 예수를 안고 왼팔에는 꽃 하나를 든 성모 마리아가 모습을 드러낸다.

예로 든 이 나무는 많은 가지들과의 혈통 관계 도표이며, 19세기에 "진화의 나무"를 탄생시킨 "계통수"에 그 기원이 있다. 여기에는 "갈래들"을 서로 나누면서 하나의 거대한 가계를 형성하는 여러 가지 종들이, 마치 서로가 서로의 혈통을 잇고 있는 것처럼 표시되어 있다.

아리마태아 사람 요셉의 산사나무

유대 최고 의회의 의원이자 예수의 제자였던 아리마태아 출신 요셉이 예수를 매장하는 영광을 갖게 되었다. "날이 저물었을 때 아리마태아 사람인 요셉이라는 사람이 왔다……. 이 사람이 빌라도에게 가서 예수의 시체를 내어 달라고 청하자 빌라도는 쾌히 승낙하였다. 그래서 요셉은 예수의 시체를 가져가 깨끗하고 고운 베로 싼 다음, 바위를 파서 만든 자기의 새 무덤에 시체를 모시고 큰 돌로 무덤 입구를 막아 놓고 갔다."36) 요셉의 이러한 용감한 행동은 유대인들의 반감을 샀다. 「니코데므의 복음서」에 따르면, 유대인들은 요셉을 안식일이 지난 후 죽이려고 창문도 없는 지하 독방에 가두었다. 그러나 부활하던 그날 밤 요셉 앞에 나타난 예수는, 천사들을 시켜 그가 갇혀 있던 독방의 벽을 허물게 하고, 그에게 입을 맞춘 후 요셉을 아리마태아로 데리고 갔다. 이 주제에 대하여 사람들은 또 다른 이야기를 하곤 하였다. 예수가 죽고 37년이 지난 후 티투스가 예루살렘을 점령했을 때, 그는 도시의 성벽들 중 하나가 다른 것들에 비해 유난히 두껍다는 사실을 발견한다. 티투스가 그곳에 입구 하나를 만들자, "기품 있는 한 노인이 나타났다. 사람들이 그에게 누구인지를 묻자 그는 자신이 아리마태아라는 마을에서 온 요셉이라고 대답하였다. 유대인들은 그가 그리스도의 시신을 묻은 자라는 이유로 그를 가두고 벽을 쌓았다. 그때부터 요셉은 하늘에서 내려온 천사들의 보살핌을 받았다."『황금 전설』의 작가는 두 개의 전설을 서로 융합시키려고 다음과 같이 덧붙인다. "(부활한 예수의 도움으로 자유의 몸이 되어) 아리마태아로 돌아온 요셉은 계속해서 그리스도의 복음을 전하다가 또 한 번 유대인들에게 감금당했을 것이라는 추측이 얼마든지 가능하다."37)

티투스가 예루살렘을 점령한 것은 69년의 일이었다. 그런데 켈트족에게 전해지는 세 번째의 이야기에 따르면, "예수가 수난을 당한 후 31년이 지나고 성모가 승천한 후 15년째가 되는" 63년에, 아리마태아 사람 요셉은 사도 필립의 위임을 받아 대 브리튼을 향해 승선한다. 서머셋의 글래스턴베리에 도착한 그는 가브리엘 대천사가 전해 준 신의 명령을 수행하고자 울타리가 둘러쳐진 교회를 세웠는데, 이것이 바로 영국 최초의 교회이다.

1184년, 신자들의 봉헌 제물들이 그대로 보존되어 있어서 순례지로 명성이 자자하던 글래스턴베리 언덕의 거대한 수도원이 화재로 파괴된다. 그런데 화재가 난 바로 직후 우연히 수도사들이 지하 6피에 깊이에 파묻혀 있던 참나무 관 하나를 발견했는데, 그 안에는 "여기에 유명한 아더가 그의 두 번째 아내 주느비에브와 아발론 섬에서 잠들다"라는 글귀가 적힌, 납 십자가 하나가 들어 있었다. 이것이 발견되면서 수도원은 새로운 명성을 얻기 시작한다. 곧이어 참나무 관에서는 아리마태아 사람 요셉이 예루살렘에서 가져 왔을 것으로 추정되는, 그리스도의 땀과 피가 들어 있는 두 개의 물병이 나왔다. 이 진귀한 물건들은 어떤 의미에서, 최후의 만찬 때 그리스도의 피가 된 포도주가 담겨 있던 성배Saint Graal를 대신한다. 예수가 군인의 창에 옆구리를 찔렸을 때, 아리마태아 사람 요셉은 이 잔에 예수의 옆구리에서 흐르는 피를 받았을 것이다. 그는 브리튼으로 성배를 가지고 와서 그것을 오랫동안 보관하라는 말을 남겼다. 그후 소실된 이 성배는 '아더 왕'과 '원탁의 기사'의 성배 찾기의 대상이 되었다. 요셉과 아더 왕 사이에 좀더 그럴 듯하고 긴밀한 관계를 만들기 위해서, 글래스턴베리의 수도사들은 요셉이 예수를 창으로 찌른 군인의 딸과 결혼했다고 말했다. 이 군인은, 우리가 알다시피 브리튼을 향해 배를 탔던 율리우스 카이사르의 사생아이다. 이 둘의 결혼으로 아더 왕의 어머니인 콘웰의 잉게른이 태어났다.

우리는 아리마태아 사람 요셉이 이 섬에 거주했다는 사실을 뒷받침할 만한 또 다른 한 가지의 증거를 제시할 수 있다. 그것은 글래스턴베리 언덕 바로 아래의 웨어리-올 힐에서 자라는 기적의 산사나무이다. 이 나무는 요셉이 땅에 꽂은 지팡이가 자란 것인데, 이 지팡이에서는 해마다 크리스마스 이브가 되면 어김없이 꽃이 피었다. 사람들은 찰스 1세 시대까지는 크리스마스 당일이면 으레 꽃이 핀 나뭇가지 하나를 왕에게 바치곤 했다. 그런데 1649년 찰스 1세가 포로가 되자 크롬웰의 청교도들은 이 산사나무를 베어 버렸다. 오늘날에는 산사나무가 있던 자리가 돌로 표시만 되어 있다. 그러나 관목에는 새싹이 다시 돋아났으며, 크리스마스가 되면 왕에게 그 관목의 가지를 선물하는 것이 하나의 전통이 되었다고 한다.

지방의 연대기는, 버킹엄셔에 있는 퀜턴에서는 크리스마스의 산사나무가 1753년 크리스마스에는 꽃을 피우지 않았다고 말하고 있다. 그래서 기적이 이루어질 때까지 축제가 연기되다가, 고대력의 크리스마스 축제날인 1월 5일이 되어서야 진행되었다.[38] 크리스마스의 산사나무는 글래스턴베리에서만 꽃이 핀 것은 아니었다. 1562년부터 영국에서는 산사나무의 변종인 백百산사나무가 알려지기 시작했는데, 이 나무는 일 년에 두 번, 즉 한 번은 크리스마스가 임박해서, 그리고 또 한 번은 6월에 꽃을 피우기 때문에 "이화二花 Biflora"라고도 불렸다. 산사나무는 아리마태아 사람 요셉이 도착하기 바로 직전에 제의의 대상이 되었던 나무로서, 그리스인들과 로마인들에게 있어 그랬던 것처럼 켈트족에게 있어서도 이것은 성스러운 관목이었다.[39]

맺음말

 그러므로 교회가 승리를 거둔 이후에는 사람들에게 숭배를 받는 나무가 오로지 하나만 존재하게 되었다. 그것은 구세주 그리스도가 죽음을 당한 십자가이다. 다른 모든 제의들은 금지되었다. 우리는 앞서 그리스도교 선교자들이 제의들을 추방시키기 위해 얼마나 열성적이었는지 살펴보았다.
 "이교도주의"의 체계였던, 상보성과 다양성에 기반을 둔 복잡하고 세분화된 우주의 체계의 뒤를 이어, 독단적이고 비관용적이며 이원론적인 일신론이 등장한 것이다. 선과 악의 구별이라는 미명하에, 그리고 낡아빠진 사고 방식에 대한 반발로 영혼이 육체로부터 분리되고 인간은 자연으로부터 멀어지게 되었다. 인간의 영혼이 신에게 귀속되자 자연은 육체와 더불어 불가피하게 신으로부터 버림을 받는다. 육체와 자연은 유혹을 부추기기 때문에, 그것들은 에덴 동산에서 인간을 추방시킨 데 책임이 있는 옛날 지식의 나무의 뱀, 즉 악마의 도구들일 뿐이다.
 놀랄 만큼 깊이 있는 연구를 통하여 클로드 레비-스트로스는 다음과 같은 태도를 취하고 있는데, 그것은 어느새 우리의 태도와도 동일한 것이 되었다.

"그것을 은폐하기 위하여 유대-그리스도교 전승이 빗장을 걸었음에도 불구하고, 어떤 상황도 더 이상 비극적으로 보이지 않는다. 마음과 정신에 상처를 주지도 않는다. 지구상의 다른 종들과 함께 즐거움을 나누며 대화를 하면서 서로 공존하는 인간미가 사라지지 않는 한 말이다. 우리는 신화가 이러한 창조의 틀을 원초적인 것으로 보지 않는다는 것을, 즉 인간 조건과 그 조건의 불안정성에서 등장한 초기의 사건 정도로 그것을 인식한다는 것을 알았다."[1)

사실 살아 있는 모든 존재자들의 화합에 근거한 생명의 균형은 파괴되었다. 이러한 파괴의 결과가 어떤 것인지 우리는 이제야 깨닫는다. 먼 옛날 인간성이 모습을 나타내기 시작한 이후로 그것은 조금씩 조금씩 그 의미를 잃어 가고 말았다. 이러한 절대적인 인간 중심주의는 인간을 더 이상 인간 그 자체로 인식하지 않는다. 모든 자연은 그 본래의 가치를 상실했다. 한때는 자연 속에 모든 기호가 함축되어 있었다. 즉, 자연 그 자체가 내적인 힘에 의해 솟아나는 하나의 의미를 상징했던 것이다. 그러나 자연이 그 힘을 상실했기 때문에 오늘날 인간은 자연을 파괴했고, 그 결과 응징을 받는 것이다.

---

1) 클로드 레비-스트로스와 디디에 에리봉, 『가깝고도 먼De près et loin』, Édition Odile Jacob, 1988, p.193

옮기고 나서

이 책의 저자 자크 브로스Jacques Brosse는 프랑스의 수목학자로, 자연 사랑 특히 나무와 식물의 보전이라는 한결같은 주제를 사회 문화적, 종교 신화적인 시각에서 다양하고 광범위하게 펼쳐 보이는 저명한 문필가이다. 서문에서 밝히고 있듯이, 그는 역사가 시작된 이래로 끊임없이 자행되어 온 인간들의 몰지각한 자연 훼손의 결과들에 경종을 울리고자 이 책을 썼다. 『프랑스의 나무들』 그리고 『나무의 신화』에 이르는 일련의 책들을 통하여, 브로스는 고대 사회와 그 이후의 인간의 삶에서 나무가 차지하는 역할이 얼마나 중요한 것이었는지에 관해 역설해 왔다. 더불어 종교-문화적으로 나무가 신과 어떻게 유기적인 관계를 유지해 왔는지와 나무에 대한 인간들의 이해 방식은 어떤 것이었는지를 신화와 관련 지어 아름답고 신비롭게 서술하고 있다.

『나무의 신화』는 전체가 9장으로 구성되어 있다. 먼저 북유럽의 우주목인 물푸레나무 이그드라실에 대한 설명을 시작으로 세계 각 지역의 우주목들이 구체적으로 어떠한 모습을 띠고 고대 전승과 신화 속에 등장하는지, 성목과 성림을 중심으로 인간들의 삶이 신과 어떤 관계를 유지해 왔는지 그리고 그리스도교의 유입으로 인하여 성림이 파괴되면서 성목에 대한 인간의 이해 양식이 어떻게 변모되었는지가 순차적으로 주된 논의의 흐름이 되고 있다.

옛날 사람들은 우주가 하나의 중심 축에 꿰인 세 영역—천상, 지상, 지하—으로 이루어져 있다고 믿었으며, 이 세 우주 영역이 중심 축에 서로 연결되어 있기 때문에 영역끼리의 왕래가 가능할 것이라고 생각했다. 즉, 중심 축이 일종의 "통로" 역할을 하여 신들이 지상으로 내려오고, 죽은 자들이 지하 세계로 내려가는 관문이 된다고 그들은 믿었던 것이다. "중심" 혹은 "통로"의 상징 체계는 옛날 사람들의 사유 체계 속에서 거룩한 공간, 즉 성스러움이 현현한 곳이라는 장소의 개념이 되었다. 이 "중심" 사상은 일종의 초인간적인 존재에 의한 신성한 공간 체험에서 유래한다. 브로스가 말하고 있는 이 초인간적인 존재는 바로 샤먼적인 존재이다. 시베리아의 샤먼을 비롯하여 게르만족과 북유럽의 오딘 및 인도의 브라만 행자 혹은 붓다의 여러 기상천외한 행적들(육신 해체와 되맞추기, 나무를 이용한 천계 상승 등)을 통해, 저자는 여기서 공통적으로 드러나는 샤머니즘적 요소들을 비교 설명하고 있다.

이러한 상징 체계를 보면, 우주의 중심 축은 구체적으로 하늘을 떠받치는 "기둥" 혹은 세계의 기둥이라고 불리는 일종의 말뚝으로 나타난다. 하늘을 떠받치는 기둥은 인간들의 주거지 한가운데에 세웠던 기둥과 동일시되어 사람들은 이것을 거의 신과 같은 존재로 숭배하였다. 그 이유는 이 기둥이 천상의 절대적인 존재가 있는 곳으로 통하는 길을 열어 주기 때문이다.

실제로 많은 민족들이 그들의 기둥 아래에 희생 제물을 바치고 기도를 드렸으며, 산 제물을 죽여 피로써 제사를 지내는 종족도 있었다. 샤를마뉴 대제가 772년 파괴한 거대한 나무 기둥 '이르민술'(본서 6장 참조)이 바로 그 좋은 예이다. 세계의 중심 개념은 초기 그리스도교 시절에도 그대로 보존된다. 골고다는 "세계의 중심"에 있는 언덕이었다.

샤먼이 행하는 우주 중심으로의 여행은 대부분 "우주목 오르기"로 구현된다.

브로스가 예로 제시하고 있는 우주목들은 북유럽의 경우에는 이그드라실 물푸레나무로, 북아시아의 경우는 전나무로, 시베리아 지방의 경우는 자작나무로 그리고 인도의 경우는 거꾸로 선 아슈밧타 나무로 각각 나타나고 있다. 저자의 말대로 "우주목은 삼세계—하늘과 땅과 땅 속 저 깊은 곳—를 서로 연결하는 소통의 특권을 부여 받았고 또한 신의 현존을 탁월하게 현시하는 존재"로 여겨져 왔다. 그런데 많은 고대 전승에서 우주의 신성성, 풍요성을 나타내는 이 우주목이 한편으로는 다산과 입문, 최종적으로는 절대성과 불멸성의 관념과 관계된다는 사실에 유의할 필요가 있다. 그러니까 우주목은 역사 시대의 성경이 말하는 생명의 나무인 동시에 영원불멸의 나무인 것이다.

  자크 브로스는 세계의 기둥과 우주목 사상을 기반으로 하여 나무와 연관된 여러 신화와 다양한 나무 제의들을 이야기 형식으로 재미있게 풀어 쓰고 있는데, 그는 신성한 나무들과 성림의 역할이 역사가 진행되면서 어떻게 속화俗化되어 그 중요성을 잃어 왔는지에 초점을 맞추고자 한다.

  브로스에 따르면 주범은 바로 그리스도교이다. 저자는 6장을 시작하면서부터, 그리스도교의 전파 이후 포교자들이 어떻게 나무 제의를 이교 숭배로 단정하고 배척하기 시작했는지에 관해 마치 증언을 하듯이 기술하기 시작한다. 그는 교회가 승리를 거둔 이후에 사람들로부터 숭배를 받는 유일한 나무는 그리스도의 십자가뿐이라고까지 말한다. 육중한 무게로 시작하여 얼핏 단순한 결론으로 끝이 나는 듯한 그의 견해는, 그럼에도 불구하고 완전히 부정적이지만은 않다. 저자가 서문에서 인용하고 맺음말에서 다시 언급하고 있는 레비-스트로스의 다음과 같은 문구가 그의 관점을 잘 나타내 주고 있기 때문이다. "그것을 은폐하기 위하여 유대-그리스도교 전통이 빗장을 걸었음에도 불구하고, 어떤 상황도 더 이상 비극적으로 보이지 않는다. 마음과 정신에 상처를 주지도 않는다. 지구상의 다른 종들과 함께 즐거움을 나누며 대화를 하면서 서로 공존하는 인간미가 사라지지 않는 한 말이다."

  이 책 『나무의 신화』는 제목이 말하고 있는 바대로 나무들의 신화를 다루고 있다. 특히 7장의 「사로잡힌 숲」에 등장하는 요정들의 이야기는 그 어떤 책보다도 요정에 대한 구전口傳과 그 이름이 갖는 기원 등에 관해 자세하고 흥미롭게 엮어져 있어서 '요정'을 알고자 하는 이들에게 많은 도움이 되리라 생각한다. 그러나 『그리스 로마 신화』나 오비디우스의 『변신 이야기』처럼 신화 이야기가 그 전부는 아니기 때문에 오히려 이 책은 나무의 신화에 대한 주석서에 더 가깝다. 따라서 저자 자신이 신화에 대한 선지식을 가정하고 이야기를 뛰어 넘는 부분도 있고, 신화에 대한 저자 자신의 독특한 관점을 제시하고자 하는 부분도 종종 눈에 띄어 이해에 어려움이 있었던 것이 사실이다. 또한 무수히 쏟아지는 라틴어, 희랍어 원어들과 중국어까지 포함된 기타의 외국어들 역시 역자에게는 번역을 어렵게 하는 요인이었다. 희랍어와 라틴어는 서울대학교 서양고전학과의 손윤락氏에게 많은 도움을 받았으며, 이 둘을 제외한 여러 외국어들은 한국외국어대학의 동학들에게 자문을 구했다. 이 분들에게 진심으로 감사의 마음을 전한다.

  번역을 끝내는 마음에 아쉬움이 많이 남는다. 앞으로 이해의 부족과 번역의 잘못이 발견되는 대로 고칠 것을 약속드린다.

1998년 8월
파리에서 주향은

원주보기

제1장 대지의 한가운데서

1) Régis Boyer, *Les Religions de l'Europe du Nord*, Paris, 1974, p. 373.
2) J. Markale, *Le Druidisme*, Paris, 1985, p. 26.
3) Régis Boyer, *op. cit.*, p. 471 sq.
4) J. Boulnois, *Le caducée et la symbolique dravidienne indo-méditerranéenne de l'arbre, de la pierre, du serpent et de la déesse-mère*, Paris, 1939.
5) Jean-Paul Roux, *Faune et Flore sacrées dans les sociétés altaïques*, Paris, 1996.
6) Jean Servier, *Tradition et civilisation berbères*, Paris, 1985, p. 15.
7) Sir Arthur Evans, "Mycenean tree and pilar cult", in *Journal of Hellenic Studies*, t. XXI, pp. 99~204, London, 1901.
8) Tacite, *De origine et situ Germaniae*, XXXIX.
9) *Ynglinga Saga*(Saga des Ynglingar, qui évoque les origines mythiques du pouvoir royal), 29 - *Heimskringla*(Orbe du monde), trad. S. Laing, I, p. 239 sq. - Cf. H. M. Chadwick, *The Cult of Othin*, London, 1899 - H. R. Ellis Davidson, *Gods and Myths of Northern Europe*, London, 1964.
10) Saxo Grammaticus(1206년 사망), *Historia Danica*(*Gesta Danorum*), Ⅲ, édit. O.

Elton, London, 1894, pp. 129~131.
11) 셈하는 방식에 따르면 만 8년.
12) 3장을 볼 것.
13) Paul Faure, *La Vie quotidienne en Crète au temps de Minos(1500 av. J.-C.)*, Paris, 1973, p. 265.
14) 개인이 아니라 왕조와 관련된 것임을 기억하자.
15) *Odyssée*, XXI, 179.
16) G. Glotz, *La Civilisation égéenne*, Paris, 1937, p. 173.
17) R. Graves, *Les Mythes grecs*, Paris, 1967, p. 41.
18) Eschyle, *Prométhée*, v. 936.
19) Pindare, frag. 98 - Platon, *Menon*.
20) Plutarque, *Œuvres morales*, quaest, graec., 12 - Strabon, IX, 3, 12
21) Pausanias, *Périégèse*, IX, 10, 4.
22) Frazer,『황금 가지*Le Rameau d'or*』, Ⅱ, 62 - P. Faure, *op. cit.*, pp. 266~267.
23) 수많은 접근들이 시간과 공간의 차원에서 이루어졌을 것이다. 그중 가장 충격적인 것은, 수천 년 동안 고대 지배자의 특성들을 간직해 온 중국의 황제들과 관련된 것이다.
24) 필자가 쓴『프랑스의 나무들*Les arbres de France*』의「물푸레나무Le Frêne」(pp. 87~92) 편을 볼 것. 물푸레나무는 40m 이상을 자라지 못하는 참나무보다 키가 크다. 물푸레나무는 너도밤나무와 더불어 우리의 기후에서 가장 높이 자라는 나무들 가운데 하나로서, 그보다 더 큰 나무는 60m 높이까지 자랄 수 있는 전나무뿐이다.
25) R. Graves, *La Déesse blanche*, trad. fr., Paris, 1979, p. 234.
26) *Théogonie*, p. 455 sq.
27) *Théogonie*, 456. 아마 물푸레나무일 중국의 '키엔-모우建木Kien-mou'는 "진동"을 뜻하는『주역周易』의 세 머리글자의 약자와 일치한다.
28) Louis Séchan, "Mythologie et religion", in *Dictionnaire grec-français* d'A. Bailly, 16e édit., Paris, 1950, p. 2228.
29) Pausanias, 8, 8, 2.
30) 포세이돈 신에게 바쳐진 아티카 달[月]은 폭풍우가 치는 겨울이었다.
31) Plutarque, *Œuvres morales*, 406 f.
32) *Iliade*, XXI, 441 sq. 포세이돈은 자신이 어떻게 트로이의 성벽을 세웠는지를 포이보스에게 환기시킨다.
33) Platon, *Critias*, 119d~120c.

34) *Les Travaux et les jours*, 145~155.
35) 따라서 그들은 아직까지 곡식을 재배하지 않았으며, 그 대신에 큰 나무의 열매 같은 것들을 따먹고 살았다.
36) 달리 말하자면, 밀려드는 두 번째 그리스인 침략자들은 철기를 알지 못했다.
37) "무엇보다도 나무들이 부족했다. 무화과나무는 아카시아처럼 독자적인 상태로만 뻗어 나오면서도 대부분 서로 맞부딪치는 잎을 가진 유일한 나무이다." A. Ermann et H. Ranke, *La Civilisation égyptienne*, trad. fr., Paris, 1952, p. 26.
38) 이집트의 멀구슬나무는 일종의 무화과나무ficus sycomora로서, 그리스인들에게는 그 열매가 무화과sykè나 뽕나무의 열매moros와 흡사한 나무로 여겨졌다. 이 열매들은 분명 선사 시대에 인간의 중요한 식량원의 역할을 했을 것이다. 사실상 숲이 드문 지역에서 이 야생 유실수는 식용 가능한 유일한 나무였다.
39) K. Sethe, *Die altägyptischen Pyramidentexte*, Leipzig, 1910, II, 1216.
40) E. Dhorme, *Choix de textes religieux assyro-babyloniens*, Paris, 1910, p. 98.
41) 우리는 뒤따르는 일련의 장들을 통하여 어머니 여신과 그녀의 아들로 이루어진 원초적인 쌍을 다시 보게 될 것이다. 이들은 땅의 나무처럼 대지 그 자체로부터 생겨난다.
42) Nell Parrot, *Les Représentations de l'arbre sacré sur les monuments de Mésopotamie et d'Elam*, Paris, 1937.
43) Mircea Eliade, *Traité d'histoire des religions*, Paris, 1953, pp. 238~239.
44) M. Granet, *La Pensée chinoise*, Paris, 1934, pp. 324~325, 346.
45) Jacques Soustelle, *La pensée cosmologique des anciens Mexicains*, Paris, 1940, pp. 67, 86, 88.
46) W. Krickeberg, in W. Krickeberg, H. Trimborn, W. Müller et O. Zerries, *Les Religions amérindiennes*, trad. fr., Paris, 1953.
47) M. Eliade, *Le Sacré et le profane*, Paris, 1965, p. 127.
48) Nell Parrot, *op. cit.*, p. 19.
49) Hélène Danthine, *Le Palmier-dattier et les arbres sacrés dans l'iconographie de l'Asie occidentale*, Paris, 1937, pp. 163~164.
50) M. Eliade, *Traité d'histoire des religions, op. cit.*, p. 235.
51) 특히 플리니우스의 *Histoire naturelle*, XVI, 15를 볼 것.
52) R. M. Rilke, *Fragments en prose*, trad. fr., Paris, 1942, pp. 109~110
53) G. Bachelard, *L'Air et les songes*, Paris, 1943, p. 237에서 릴케의 텍스트에 단 주석.
54) 필자의 *La Magie des plantes*, Paris, 1979를 참조할 것.

제2장 신비의 사다리

1) Mircea Elliade, *Le Chamanisme et les techniques archaïque de l'extase*, Paris, 1951.
2) 우리는 크레타의 제우스와 디오니소스에 관한 장(4장 p.131 sq 참조)에서 몸이 절단되어 불에 태워지는 모습을 다시 보게 될 것이다.
3) 미이라가 된 미미르의 두개골로 미래를 예언하는 것은 *Völuspa*(v. 46)와 *Ynglinga Saga* IV에서도 역시 다루어지는 주제이다. Hilda R. Ellis, *The road to Hel. A Study of the conception of the dead in old Norse Literture*, Cambridge, 1942 참조.
4) *De origine et situ Germaniae*, XLIII.
5) 삭소 그라마티쿠스(*Gesta Danorum*, 3, Ⅳ, 9~13)에 따르면, 오딘이 추방된 것은 수치의 대상인 수동적인 동성애를 범했기 때문이다. 그의 아내인 프리가에게는 분명 오딘의 왕위를 대신할 애인이 있었을 것이다.
6) M. Eliade, *Méphistophélès et l'Androgyne*, Paris, 1962, p. 144.
7) H. Jeanmaire, *Couroi et courtères*, Lille, 1939.
8) Jean Przyluski, *La Grande Déesse*, Paris, 1950, p. 183.
9) Jean Libis, *Le Mythe de l'Androgyne*, Paris, 1980 - Marie Delcourt, *Hermaphrodite*, Paris, 1958.
10) 유라시아 북부 민족들은 서로 고립된 생활을 해본 적이 없다는 사실을 지적할 필요가 있다. "스칸디나비아 반도에서부터 시베리아 북동부에 이르는 이 지역에는 수세기, 아니 수천 년 동안 이들의 교류를 방해하는 어떠한 자연적인 장애물도 존재하지 않았다."
(*Les peuple de la Sibérie* par Evelyne Lot-Falck, in *Les Religions de l'Europe du Nord*, Paris, 1974.)
11) 전나무는 유럽의 모든 나무들 가운데서 가장 키가 크다. 완전히 성장했을 때의 높이는 60m까지 이르기도 한다.
12) Uno Holmberg-Halva, *Der Baum des Lebens*, Helsinki, 1922~23, p. 52.
13) 이집트의 성스러운 무화과나무, p. 32 참조.
14) 우리가 1장에서 오딘과 포세이돈에 관해 언급하면서 들었던 신마神馬와 우주목의 상관관계는 고대 중국에서도 찾아볼 수 있다(M. Eliade가 *Le Chamanisme, op. cit.*, p.245의 주석 2번에 인용한 Hentze , *Frühchinesische Bronzen*, pp.123~130).
15) Jean-Paul Roux, *Faune et Flore sacrées dans les sociétés altaïques*, Paris, 1966, pp. 374~376.
16) 3장을 볼 것.

17) M. Eliade, *Le Chammanisme, op. cit.*, pp 50～53에 인용되어 있음.
18) *Ibid.*, pp. 116～122.
19) *Ibid.*, p. 298.
20) *Dictionnaire des symboles*, publié sous la direction de J. Chevalier et A. Gheerbrandt, Paris, 1969, article 'Neuf'.
21) 말과 우주목 사이의 관계에 대해서는 15쪽의 오딘과 25쪽의 포세이돈 편을 참조할 것.
22) 이 말은 문자 그대로 '탈脫-정지ex-stase', 즉 자신으로부터의 이탈을 의미한다.
23) R. Cook, *L'Arbre de vie, image du cosmos*, trad. fr., Paris, 1975, p. 16～17.
24) Robert Graves, *La Déesse blanche, op. cit.*, p. 190.
25) Frazer, 『황금 가지』, *op. cit.*, I, p. 310.
26) *Ibid.*, I, pp. 398～399. - J. Markale, *Le Christianisme celtique et ses survivances populaires*, Paris, 1983, pp. 35～39.
27) 『프랑스의 나무들』의 「자작나무Le Bouleau」(pp. 33～36) 편을 참조.
28) 1862년 A. De Gubernatis, *La Mythologie des plantes*, 2 vol., Paris, 1878. 재판, Milan, 1976에 인용되어 있음.
29) 샤머니즘의 연구자들이 샤먼들의 엑스터시에 있어 독버섯이 차지하는 역할에 관해 거의 언급하지 않았다는 사실은 매우 이상하다. 매우 중요한 부분임에도 불구하고 이 점은 오랫동안 고대 연구자들의 관심 밖에 있었다. 이들은 사람들의 무지를 당연한 것으로 여기고 있었거나 혹은 비밀로 부치는 것이 더 옳다고 생각해서, 사람들에게 이러한 현상을 설명하는 것을 불필요하다고 여기고 자신들의 연구를 진행시켰던 것이다. "샤먼의 무아지경은…… 우선 편집증에 가까운 병적인 상태를 유발시킨다. 그러나 모든 전문가들은 의례를 벗어나서도 샤먼들에게는 완전한 정신적인 합일의 순간이 존재한다는 사실에 동의한다. 그러므로 엑스터시 상태가 지속되는 동안 일시적인 환각 현상이 있다는 것이다. 이러한 연유로 우리는 갑작스런 정신적인 위기의 순간에 마약이 할 수 있는 역할을 생각하게 되는 것이다." (Jean-Marie Pelt, *Drogues et plantes magiques*, Paris, 1971, p. 51.)
30) Jean-Marie Pelt, *Drogues et plantes magiques, op. cit.*, pp. 50～51.
31) *Ibid.*, p. 50.
32) *Siberian Mythology*, in *The Mythologie of all races*, vol. Ⅳ, Boston, 1927.
33) R. Gordon Wasson, "Qu'était le Soma des Aryens?", in *La chair des dieux*, textes réunis par Peter T. Furst, trad. fr., Paris, 1974.
34) J. Gonda, *Les religions de l'Inde*, I - *Védisme et Hindouisme ancien*, trad. fr., Paris,

1962, p. 84.
35) 이 시구는 샤머니즘적인 천계 상승과 직접적인 연관이 있을 것이다.
36) J. Varenne에 의해 소개(J. Varenne, Louis Renou 外 번역)된 *Le Véda*, Paris, 1967.
37) 게르만족의 '도나르-토르' 같은 자작나무의 신.
38) J. Gonda, *op. cit.*, p. 81.
39) R. Gordon Wasson, *op. cit.*, p. 205
40) J. Gonda, *op. cit.*, p. 84.
41) *Ibid.*, p. 184.
42) R. Gordon Wasson, *op. cit.* p. 207.
43) Evelyne Lot-Falck, *Textes eurasiens*, Introduction, in *Religions de l'Europe du Nord*, *op. cit.*, p. 616.
44) *Ibid.*, p. 618.
45) 불교의 승려들은 매일같이 네 가지 기도문의 초두에 다음과 같은 말을 암송한다. "수많은 중생들이 모두 구원되기를 바라나이다."
46) M. Eliade, *Le Chamanisme, op. cit.*, p. 388.
47) G. Tucci, *Tibet, pays des neiges*, Paris, 1969, p. 20sq.
48) M. Eliade, *Le Chamanisme, op. cit.*, p. 386.
49) R. Bleichsteiner, *L'Église jaune*, trad. fr., Paris. 그러므로 샤먼들은 자기 선대의 유골을 사용한다.
50) Alexandra David-Néel, *Mystiques et magiciens du Tibet*, Paris, 1929, pp. 126 sq.
51) *Le Livre tibétain des morts - Bardo-Tödol*, trad. fr., 1980.
52) M. Eliade, *Le Chamanisme*, p. 386.
53) *Buddha-carita-kayya*, v. 1551 sq.
54) A. Foucher, *La Vie du Bouddha d'après les textes et les monuments de l'Inde*, Paris, 1949, pp. 154~155.
55) *The Jâtaka or Stories of the Buddha's former births*, translated from the pali, under the direction of E. B. Cowell, 6 vol., Cambridge, 1895~1907.
56) 티벳의 예술이 이를 매우 잘 표현해 주고 있다는 것을 우리는 알고 있다. 이 그림은 서양인들에게 제롬 보슈Jérôme Bosch가 그린 〈성 안토니우스의 유혹〉을 떠올리게 한다.
57) A. Foucher, *op. cit.*, p. 146.
58) A. De Gubernatis, *La Mythologie des pantes, op. cit.*, tome I, p. 84, 주석 1번.
59) Roger Cook, *L'Arbre de vie, op. cit.*, p. 22.

60) Martin Hürlimann, *India*, London, 1967
61) Hiuan-tsang, *Si-yu-ki*, traduit par Stanislas Julien, *Mémoires sur les contrées occidentales* 2 vol., Paris, 1857~1858. - S. Peal, *Buddhist Records of the Western World*, London, 1885. - René Grousset, *Sur les traces du Bouddha*, Paris, 1957.
62) *Le Lalitavistra*, trad. par Foucaux, Paris, 1884~1892. 재판, 1988.
63) *Majjhimanikâya*, Ⅲ, 123, J. B. Horner 영역, *The Middles Length Sayings*, 3 vol., London, 재발행, 1967. 부분 불역, 1988.
64) *Le Chamanisme, op. cit.*, p. 364.
65) E. Sénart, *Essai sur la légende du Bouddha*, 2ᵉ édition, Paris, 1882.
66) 이 도시의 이름은 "쿠사kusa라는 풀에서 따 온"이라는 의미를 갖는다. 이 풀은 보드히 사트바가 보리수 아래에서 정좌를 하기 전에 자신의 자리를 장식했던 풀이다.
67) André Bareau, *Recherches sur la biographie du Bouddha*, tome Ⅱ, Paris, 1971.
68) *Çatapatha Brâhmana*, Ⅷ, 7, 4, 6 - Sylvain Lévi, *La Doctrine du sacrifice dans les Brâhmanas*, Paris, 1898, pp. 87 sq를 볼 것.
69) *Çatapatha Brâhmana*, Ⅲ, 7, 1, 14.
70) *Taittirîya Samhitâ*, I, 7, 9, 2.
71) M. Eliade, *Le Chamanisme, op. cit.*, p. 363.
72) *Rig-Véda*, I, 24, 7.
73) *Katha Upanishad*, liane Ⅵ, 1. *L'Hindouisme. Textes et traditions sacrés*, Paris, 1972, p. 73.
74) *Maitri Upanishad*, Ⅵ, 7.
75) *L'Hindouisme, op. cit.*, p. 665.
76) *Baghavad-Gitâ*, XV, 1~3; trad. E. Sénart.
77) *Açvamedha Parva*, A. Coomaraswamy의 연구서 *The inverted Tree*, Bagalore, 1938에서 인용.
78) M. Eliade, *Traité d'Histoire des religions*, Paris, 1953, pp. 239~241.
79) Gilbert Durand, *Les Structures anthropologiques de l'imagimaire*, Paris, 1960, p. 371.
80) M. Eliade, *Traité, op. cit.*, pp. 230~241. - *Religions australiennes*, Paris, 1972, p. 61.
81) In questa quinta soglia
   Dell'albero che vive della cima
     E fruta sempre, a mai non perde foglia.
   Paradiso, XVIII, 28. sq.

82) Masûdi가 전하는 시바교의 전승에 따르면, 플라톤은 인간을 거꾸로 선 식물이라고 썼을 것이다. 즉, 뿌리는 하늘을 향하고 그 나뭇가지는 땅을 향해 뻗어 있다는 것이다 (Uno Holmberg-Halva, *Der Baum des Lebens, op. cit.*, p. 54.)
83) Robert Weil, "Les origines de la Kabbale", in *Encyclopédie des mystique*, Paris, 1972, t. I, pp. 99~109.
84) V. Bardet et Z. Bianu이 서문을 쓰고 번역한 Z'ev ben Shimon Halevi의 *L'Arbre de vie*, *Introduction à la Cabale*, Paris, 1985, pp. 15~17.
85) *Exode*, 25, 31~40.
86) *Zacharie*, 4권의 8장을 볼 것.

제3장 신탁을 내리는 참나무

1) *Iliade*, XVI.
2) Sophocle, *Les Trachiniennes*, 169, 821, 1164.
3) Platon, *Phèdre*, 244a.
4) Hérodote, Ⅱ, 54~57.
5) Pausanias, *Périégèse*, Ⅹ, 12, 10.
6) L'*Enquête*, Ⅱ, 55
7) L'*Enquête*, Ⅱ, 57.
8) 묘성昴星이 하늘에 뜨는 것은 항해하기 좋은 날씨임을 암시하는 것이다. 바로 그로부터 '항해하다' 라는 단어가 파생한다.
9) 이들은 후에 디오니소스와 함께 뉘사 산에 오르는데, 디오니소스는 종종 디오네의 아들로 여겨졌으며 도도네에 신탁을 구하러 왔다.
10) Sophocle, *Les Trachiniennes*, 169 sq, 1166.
11) 그 어디에도 그릇이 나뭇가지에 매달려 있었다는 언급은 없으며, 나무에서 들려오는 소리들은 잎에서 생겨난 것으로서 점술가를 당황하게 한다.
12) Robert Graves, *Les mythes grecs*, pp. 29와 573.
13) Platon, *Cratyle*, 402 b.
14) 호메로스 역시 신과 인간을 만든 자가 오케아노스와 테티스라고 말하고 있다.
15) *Iliade*, Ⅴ, 370~381 - *Hymnes homériques*, Hymne à Apollon, 93.
16) *Théocrite*, 7, 116.

17) 인도 남부에 있는 마우두라이Madurai 사원에서, 시바 신은 미나크쉬Meenakshi 지역 여신의 연인 신인 슈라스네스와르Shurasneswar를 대신한다.
18) 마이아는 칠요성七曜星으로 불리는 플레이아데스 중 한 명이었다.
19) 『황금 가지』 I, p. 475.
20) *De la fortune des Romains*, 9. 흔히 '에게리아'라고 기재되는 '에게리'라는 이름은, 그리스어로 "식용 가능한 참나무 열매"를 의미하는 '아이길롭스aigilôps'와 동일한 어원을 갖는다.
21) 그러나 여기에는 "발산하다", "퍼져 나가다"의 뜻도 함축되어 있으며, 이것이 바로 '에게리'의 기원이기도 하다.
22) 『황금 가지』 I, p. 363.
23) *Histoire romaine*, I, XIX.
24) 염소 아말테이아의 가죽은 방패가 되었고, 그 뿔들 중 하나는 풍요의 뿔이 되었다.
25) R. Graves, *Les Mythes grecs, op. cit.*, p. 41.
26) 이집트에서 벌을 표현하는 상형 문자에는 번개 표시가 붙는다. 벌들은 당연히 천둥과 관련이 있다. 왜냐하면 벌들은 천둥이 치는 시기에 분봉을 하기 때문이다.
27) 고대의 칼데아에서 시작하여 메로빙거 왕조와 프랑스 제국에 이르기까지.
28) R. Graves, *Les Mythes grecs, op. cit.*, p. 41.
29) 이 주제는 『황금 가지』에서 대단히 풍부하게 다루어졌다. 현대 인류학의 시각에서는 매우 비판적으로 평가될지라도 이 주제는 프레이저의 책의 "생동감 있는 부분"을 차지하고 있다. 1981년 판 『황금 가지』에 수록된 니콜 벨몽Nicole Belmont의 서문을 볼 것.
30) 벨카노스Velkhanos는 닭으로 상징된다.
31) F. Guirand et A,-V, Pierre, "Mythologie romaine" in *Mythologie générale*, Paris, 1935.
32) Ch. Picard, *Les Religions préhellénique*, Paris, 1948, p. 137.
33) 그의 저서 *Les Religions préhellénique*(p. 117~121)에서 Ch. Picard는 크레타의 제우스를 올림포스의 제우스에 비유할 수 있는 온갖 자료들은 수집함으로써, 그리스 세계에 잔존해 있는 수많은 지방 신들의 형상과 표현을 통해 그 존재를 증명하고 있다.
34) Paule Faure, *La Vie quotidienne en Crète au temps de Minos*, Paris, 1973, p. 302. 닭은 종종 이그드라실과 연관이 있다.
35) 『프랑스의 나무들』의 「은백양과 흑양Peuplier blanc et Peuplier noir」(pp. 153~157) 편을 참조할 것.
36) 크레타 섬 고유의 하위 종인 플라타너스는 29가지의 표본들 말고는 더 이상 발견되지 않는다. 고대인들에게는 플라타너스의 잎사귀들이 신과의 결합에 의해 보존되었을 것

이지만, 현대인들에게는 자연적인 돌연변이로 생긴 것처럼 보일 것이다. Hellmut Baumann, *Le Bouquet d'Athéna. Les Plantes de la mythologie et de l'art grecs*, trad. fr., Paris, 1986.

37) 도도네의 제우스에게 붙는 별칭으로 그 기원이 분명치 않은 단어인 '나이오스'는, 이 문맥에서 "새로움", "젊은이"—특히 어린 소년을 지칭—를 뜻하는 '네오스neos'의 단순한 변형일 것이다.

38) H. Jeanmaire, *Couroi et Courètes*, Lille, 1939.

39) Martin P. Nilsson, *Geschichte der griechischen Religion*, 1941, p. 546 sq. - Ch. Picard, *op. cit.*, pp. 114 et 116.

40) Ch. Picard, *op. cit.*, p. 76.

41) 이러한 현상은 디오니소스나 인도의 부처 같은 영웅 또는 반신半神의 출생시에 흔히 나타난다.

42) *Théogonie*, 56.

43) Fragment orphique, 58, cité par R. Graves, *op. cit.*, p. 575.

44) 호머 예찬을 참조. "나는 가장 오래된 신이자 견고한 토대인 우주의 어머니 가이아를 노래하리라."『일리아드』의 헤라처럼, 올림피아의 신들도 그들의 서원誓願에서 이 신을 상기하고 있다.

45) 만약 이것이 레아Rhéa와 관련된 문제라면 근친상간적인 결합이 되는 것이다. 제우스 크레타게네스의 전설 속에서 그는 자신의 어머니와 결합한다.

46) Frazer, *op. cit.*, t. I, p. 458.

47) *Ibid.*, I, 345.

48) *Périégèse*, IX, 3.

49) Diodore de Sicile, *Bibliothèque historique*, IV, LXXII - Apolodore, Ⅲ, 12, 6.

50) Hygin, *Fables*, 52 - Ovide, *Métamorphoses*, Ⅶ, 520~660.

51) Diodore de Sicile, *op. cit.*, IV, LXI, 1.

52) 라틴어인 oesculus는 esculus로 쓰여지기도 하며 "식량"을 뜻하는 esca에서 파생했다.

53) H. de Witt, *Les Plantes du monde*, trad. fr., Paris, 1963, t. I, p. 189.

54) R. Graves, *Mythes grecs, op. cit.*, pp. 78 et 81.

55) 놀랄 것은 전혀 없다. 크레타의 크노소스 유적지에서 조금 떨어져 산책을 하는 동안 우리(S.J와 나)는 수천 마리의 매미들이 온통 나무 기둥에 붙어 울어 대는 소리 때문에 정신을 차릴 수가 없었다. 넋이 나간 우리들은, 한 민족 전체가 그곳에서 고대의 무훈담을 이야기하고 있는 듯한 느낌을 받았다.

56) *Histoire des plantes*, 3, 7, 5.

57) *Histoire naturelle*, XVI, XI.

58) *Dictionnaires des symboles, op. cit.*, pp. 1~2.

59) *Histoire naturelle*, X, XVIII.

60) Pline, *Histoire naturelle*, X, XVIII.

61) *Métamorphoses*, XIV, 320~435.

62) Paul Géroudet, *Les Passereaux*, t. 1, pp. 100~104, 72.

63) Aristopane, *Les Oiseaux*, p. 480을 볼 것.

64) *Lexique*, article 《Picos》.

65) *Histoire des plantes*, 3, 7, 4~5.

66) *Histoire naturelle*, XVI, XI

67) *Enéide*, Ⅷ, 314~318 et 347~354.

68) Tite-Live, *Histoire romaine*, 10, 4sq.

69) Frazer, 『황금 가지』 I, 365~366.

70) *Satyricon*, 44. 페트로니우스는 이를 카피톨리움과 관련된 것이라고 명시하지 않는다. 그러나 테르툴리아누스의 *Apologétique*(40)의 한 구절이 그 언덕의 정체를 밝혀 주고 있다.

71) Varron, *De lingua latina*, p. 49를 볼 것.

72) 로마에서 발굴된 한 기념비에는 Jovi Caelio라는 말이 조각되어 있는데, 이것은 한 그루의 참나무 옆에 유피테르가 있었음을 보여 주고 있다.

73) Ovide, *Fastes*, Ⅲ.

74) *Histoire naturelle*, XVI, Ⅱ.

75) 서게르마니아 발틱 해 연안의 민족인 쇼크족Chauques은 아미시아Amisia(l'Ems)와 알비스Albis(l'Elbe) 사이에 살고 있었다. 플리니우스는, 47년에 이 민족과 싸우기 위해 코르부론Corbulon이 이끄는 원정대의 일원으로 참여하였으므로 여기에서 실제의 목격담을 이야기하고 있다.

76) Hercynia sylva는 서게르마니아의 광활한 산림 지대를 가리킨다. Hercynia는 참나무의 인도-유럽어인 perk^{W}에서 파생했다.

77) *Descriptio insularum Aquilonis, op. cit.*, 26.

78) Mannhardt, *Lettische Sonnenmythen*.

79) Fr. Kreutzwald et H. Neus, *Mythische und magische Lieder der Ehsten*, Saint-Petersbourg, 1854 : Frazer, *Le Rameau d'or*, I, p. 883에 인용.

80) Procope de Césarée, *Histoire des guerres faictes par l'empéreur Justinien contre les*

    Vandales et les Goths... trad. franç., Sourinus, 1587.
81) *Extraits sur les ambassades*, in *Excerpta historica*.
82) *Dissertationes*, Ⅷ, 8 édit. Masson et Besson.
83) *De Bello Gallico*, Ⅵ, 17~18.
84) *Pharsale*, Ⅰ, 444~446.
85) 현재 파리의 클뤼니 박물관 소장.
86) P. M. Duval, *Les Dieux de la Gaule, op. cit.*, p. 30 - J. de Vries, *La Religion des Celtes, op. cit.*, trad. fr., Paris, 1963, pp. 105~108.
87) *Georgraphica*, XII, 5, 1.
88) *Panégyrique de Stilicon*, I, 288.
89) *Histoire naturelle*, XVI, XCV.
90) 그러므로 겨우살이뿐만 아니라 참나무 고유의 열매와 다른 수확물들도 그러하다.
91) 이날은 만월滿月의 전날이다.
92) 이것은 야생 황소와 유럽 산 들소에 관한 것이다. 길들이기 위해 사람들은 이들의 뿔을 대마 밧줄로 묶는다.
93) Livre XXIV, VI, 12.
94) J. Pokorny, *Der Gral in Irland und die mythischen Grundlagen der Gralsage*, 1912 : de Vries, *op. cit.*, p. 198에 인용.
95) Article "Druide", dans le *Dictionnaire des Symboles, op. cit.*, p. 302.
96) *Dictionnaire des Symboles, op. cit.*, p. 639에서 "*Rameau d'or*"라는 논문을 쓴 익명의 저자.
97) *De divinatione*, I, 41, 90.
98) *Géograhie*, Ⅳ, 4, 4.
99) *Ere celtique de la Saintonge*, p. 78.
100) *Magasin Pittoresque*, année 1858, p. 166에서 인용.
101) J. de Voragine, 『황금 전설*La Légende dorée*』, *op. cit.*, LXXXII.
102) Dr. G. Debaigne, *Larousse des plantes qui guérissent*, Paris, 1974.
103) P. Schauenberg et F. Paris, *Guide des plantes médicinales*, Neuchâtel, 1969.
104) *Enéide*, chant Ⅵ, traduction d'A. Bellessort. 여기서는 Loranthus를 가리키는 것으로 Loranthus의 밤색은 사실상 노란색이다.
105) 『프랑스의 나무들』에서 「호랑가시나무L'Yeuse」(pp. 215~218) 편을 볼 것.
106) J. Beaujeu, J. Defradas et H. Le Bonniec, *Les Grecs et les Romains*, Paris, 1967.

107) *Gylfaginning*, chap. 48. Régis Boyer가 번역한 *Les Religions de l'Europe du Nord, op. cit.*, pp. 443~445.

108) R. Boyer, *op. cit.*, p. 443.

109) *Gylfaginning*, chap. 52 : R. Boyer가 번역한 *op. cit.*, p. 449.

제4장 마법의 수액

1) G. Glotz, *Civilisation égéenne*, pp. 275와 293.

2) Reproduction dans Glotz, *op. cit.*, p. 293.

3) 이소파타Isopata의 황금 반지에 새겨진 제의의 춤을 볼 것, Glotz, *op. cit.*, p. 287.

4) 이그드라실의 밑둥에 물을 뿌리는 노른느 요정들, 제1장, p. 15 참조.

5) Glotz, *op. cit.*, p. 276.

6) Ch. Picard, *Religions préhelléniques, op. cit.*, p. 152.

7) Ch. Picard, op. cit., p. 152.

8) Ch. Picard가 인용하고 있는 Evans에 따르면.

9) Ch. Picard, *op. cit.*, p. 186.

10) 『황금 가지』 결정판(1911~1915), 전 12권. 중요한 서문이 실려 있는 불어판(Paris, 1981~1985)은 전체가 4권으로 Nicole Belmont과 Michel Izard에 의해 빛을 보게 되었다. 동일한 저자의 책으로는 *Pausanias's Description of Greece*(London, 1898, 전 6권)가 있다. 프레이저의 이론과 특히 그의 태도는, 연구된 수많은 고대의 사실들을 단순한 미신으로 간주하여 오늘날에는 시대에 뒤떨어진 것이 되고 말았지만, 그럼에도 불구하고 『황금 가지』는 그 어떤 것으로도 대체할 수 없는 하나의 자료체corpus를 제공하고 있다. 따라서 우리는 프레이저의 편향적인 해석이 아닌 단지 조사된 사실을 이용한다는 전제 하에서 그 자료체를 참조할 수 있을 것이다. 우리의 연구가 진행되는 동안, 프레이저의 생각은 필요한 경우 최근의 비판적 관점과 더불어 여기에 제시될 것이다.

11) Robert Graves, *Les Mythes grecs, op. cit.*, et *La Déesse blanche, op. cit.* 그레이브스는 나무들과 관련된 고대의 제의를 자주 언급하고 자료화하고 있지만 그 목적이 단순히 부수적인 것이어서, 참고 자료들은 텍스트에 첨가된 주석들에 파묻혀 때로는 혼란스럽게 되어 있으며 자주 비판의 대상이 되기도 한다.

12) 클로드 레비-스트로스는 특히 *Mythologiques*에서 매우 탁월한 방법으로 아메리카 인디언의 신화들을 분석하고 있는데, *Mythologiques* I 와 *Le Cru et le Cuit*(pp. 173~177)에

서 연구된 몇 가지 신화들에 따르면, 인간의 식량원은 나무에서 작물을 경작하는 것으로 이행되었다. 그의 연구는 인디언들의 주식원인 나무의 버섯과 썩은 목재 사이에 위치하며, "옥수수가 달린 나무"인 옥수수나무는 가상적인 본질로서 표면적으로는 이행의 과도기적 단계를 나타낼 뿐이지만 이 나무는 곡물의 아버지―또는 어머니―로 간주되고 있다.

13) Paule Faure, *La Vie quotidienne en Créte au temps de Minos, op. cit.*, 특히, pp. 57~61.
14) '이다' 라는 단어는 "수풀이 우거진 산"을 뜻한다.
15) *L'Hymne homérique*, 주석 44 참조.
16) Ch. Picard, *op. cit.* "Zeus appparentés, peut-être plus ou moins dérivés du dieu Préhellénique de Créte", p. 137.
17) Gernet et Boulanger, *Le Génie grec dans la religion*, Paris, réédit, 1969, p. 103.
18) H. Jeanmaire, *Dionysos, histoire du culte de Bacchus*, Paris, 1951.
19) Walter F. Otto, *Dionysos. Le Mythe et le Culte*, trad. fr., Paris, 1969. Mircea Eliade의 *Histoire des croyances et des idées religieuses*(t. I)의 주석 pp. 476~478에 제기된 문제들도 참조할 것.
20) 에페소스의 헤라클레스는 그를 심지어 하데스와 동일시하기까지 하였는데, 자그레우스는 하데스의 심부름꾼이다.
21) *Les Mythes grecs*, p. 101.
22) 점성학적으로 황소자리는 식물이 땅을 지배하는 봄의 절정기인 5월에 일치한다.
23) 제우스 크레타게네스는 땅의 풍요와 나무의 신이지만 동시에 황소의 신이기도 하다.
24) 소포클레스와 아리스토파네스에 의해 언급된 디오니소스의 별칭.
25) 이 점에 대해 프레이저는 아연실색하여 다음과 같이 언급하고 있다. "그러므로 우리는, 신이 스스로에게 희생되는 기이한 광경을 마주하게 된다……. 그리고 신이 자신에게 바쳐진 희생물의 일부를 먹었기 때문에, 이 희생물이 변신한 화신化身이 되면 결국 최상의 존재자는 자신의 살을 먹게 되는 것이다."
26) 미노아의 희생 제물 중에는 왕의 희생 대체물의 예가 있다. 주어진 기간이 끝나게 되면 왕에게는 죽음이 예정되어 있었는데, 이것이 "성스러운 나무의 왕"이라는 대표적인 테마이다.
27) 『일리아드』에서 드뤼아스Dryas는 리쿠르고스의 아버지이다.
28) 이 같은 관행은 오랫동안 지켜졌다. 아르카디아 반도의 외딴 몇몇 지역에서는 그리스도교가 유입되고 난 후에도 어린아이들이 희생 제물로 바쳐져 식인 행위의 대상이 되었다.
29) 결국 디오니소스는 트라키아 출신이 된다.

30) 아리스토파네스는 *Guêpes*(423 av. J.-C.)에서 그러했듯이 이를 언급하고 있다.
31) *Sur la couronne*에 등장하는 유명한 한 구절에서.
32) 시칠리아의 디오도로스는 이것을 zynthus라고 부르고 있는데, 이것은 고대의 신기한 음료를 가리키고 있다.
33) Liber는 livre(책)의 기원이 되는 단어이다. 왜냐하면 옛날에는 나무와 그것의 겉껍질 사이의 얇은 막에 글씨를 썼기 때문이다.
34) W. F. Otto, *op. cit.*, p. 12.
35) H. Jeanmaire, *op. cit.*, p. 17.
36) 『황금 가지』의 《밀과 나무의 정령들》편 중 「디오니소스」장.
37) Jeanmaire, *op. cit.*, p. 63.
38) 이 자매들은 마르키스, 에라토, 브로미, 박케라는 이름을 가지고 있었다. 마르키스가 "가장 키가 큰 여인"('마르코스macros'는 산과 나무에 해당한다)을 의미한다면, 에라토는 "매력적인 여인"을 뜻한다. 또한 브로미라는 이름은 "몸을 떠는 자"인 디오니소스 브로미오스라는 이름을 연상시키는데, 이것은 신탁을 내리는 나뭇잎을 암시한다. 박케는 주신 바쿠스의 여사제 박칸테스이다. "담쟁이덩굴 산"인 헬리콘 산과 더불어 뉘사가 "나무"를 의미한다면, 우리는 수수께끼 같은 단어를 갖게 되는 것이다.
39) 이것은 유럽의 식물학자들에 의해 발견되었으며, 아메리카 산 종자들과 관련된 것으로서 tupélos라는 이름으로 불리기도 한다. 그로노비우스Gronovius가 뉘사를 기입할 때 두 개의 's'를 사용(Nyssa)했다면 이는 아마도 '뉘자Nyza'라고 발음하지 않기 위해서였을 것이다.
40) 결론은 닐슨Nilsson의 저서 *The Minoan-Mycenean Religion*, Lund, 1927과 Willamowitz의 저서 *Der Glaube der Helenen*, 1926에서 인정되었다.
41) 이 이름은 슬라브어에서 "대지"를 뜻하는 zemljia로 다시 등장한다. Zemyna는 지하 세계의 여신을 지칭하는 리투아니아식 이름이다.
42) Pindare, *Pythiques*, Ⅳ, 25.
43) H. Jeanmaire, *op. cit.*, p. 346.
44) *Bibliothèque* dite Apollodore Ⅲ, 28.
45) Eschyle, fragment 61.
46) *Les Bacchantes*, 353.
47) 성인이 된 신들과 함께 뛰노는 여인들을 흔히 "유모"라고 부른다.
48) 에우리피데스의 *Les Bacchantes*와 꽃병의 그림들이 보여 주고 있는 바에 따르면 마이나데스는 횃불과 뱀을 손에 들고 사튀로스를 과격하게 몰아붙인다. 논노스Nonos의 말에 의

하면 마이나데스는 입고 있는 옷 밑에 뱀을 숨기고 다니면서 남성들의 육욕에 대항하였다고 한다 - W. F. Otto, *op. cit.*, p. 185~186 참조.

49) 이 신은 크레타의 오이네우스로부터 포도나무를 선물로 받은 적이 있었다. oiné는 그리스어로 포도나무를 지칭하지만 그 기원은 크레타에 있다. 따라서 포도나무의 재배법은 크레타 섬으로부터 그리스에 유입된 것으로 보인다.

50) le *Dictionnaire des Symboles, op. cit*의 article "balançoire" 참조.

51) Ch. Picard, *op. cit.*, p. 187.

52) W. F. Otto, *op. cit.*, p. 192.

53) 이들은 우리의 생각만큼 그렇게 많지는 않았지만, 콜럼버스 이전의 아메리카 대륙에 살고 있던 마야인들에게는 이미 존재하고 있었다.

54) Oswald Wirth, *Le Tarot des imagiers du Moyen Age*, Paris, 1966, XXI, Le Pendu, pp. 181~186.

55) Marguerite Chevalier, article "Pendu", in *Dictionnaire des Symboles, op. cit.*

56) W. F. Otto, op. cit. p. 162.

57) 이것은 상징적으로 변화와 변동을 통한 생명의 영구성을 표현한다.

58) 서사시 작가인 논노스(5세기). 그는 신의 전설에 관한 최종판인 *Dionysiaques*를 썼다.

59) Plutarque, *Les Symposiaques*, I, 3 ;

60) *Id., Questions romaines*, n° 112.

61) *Id., Les Symposiaques*, Ⅲ, 2.

62) Guberanatis(*op. cit.*, Ⅱ, 198)에 의해 언급되었다.

63) "에우스타키우스에 따르면 담쟁이덩굴은 욕망의 상징으로서 바쿠스 신에게 봉헌되었다." De Gubernatis, *op. cit.*, Ⅱ, p. 197.

64) J. M. Pelt, *Drogues et plantes magiques*, Paris, 1971, p. 156 sq.

65) Th. Narbutt, *Histoire ancienne du peuple lithuanien*, Vilna, 1835, t. I.

66) De Gubernatis, *op. cit.*, Ⅱ, p. 197.

67) R. Graves, *op. cit.*, p. 93.

68) W. F. Otto, *op. cit.*, p. 103.

69) 담쟁이덩굴은 그 명성을 상실한 것처럼 보인다. 그러나 현대의 연구는 이러한 현상이 조금도 잘못된 것이 아니라는 사실을 일부 시인하고 있다.

70) Euripide, *Les Bacchantes*, 298 sq.

71) Plutarque, *Les Symposiaques*, 7, 10, 2.

72) L'*Enquête*, 7, 111.

73) Tite-Live, 39, 13, 12.
74) Plutarque, *Questions romaines*, n° 112.
75) W. F. Otto, *op. cit.*, pp. 81, 152.
76) H. Jeanmaire, *op. cit.*, p. 24.
77) W. F. Otto, *op. cit.*, p. 156.
78) L. Séchan, *op. cit.*, p. 2221.
79) "포도나무"를 뜻하는 암펠로스Ampelos이자 "포도송이"를 뜻하는 스타퓔로스Staphylos 로서의 팔레스Phalès는 단순히 신의 동반자처럼 불린다.
80) 현재까지 보존되어 온 전통. 11월 2일은 지금도 사자死者의 날이다.
81) 3~4월에 거행된 유명한 디오니소스 대제전과는 반대로, 도시 국가의 공식적인 축제는 고대적인 측면이 약하고 세속적인 성격이 더 강하다.
82) L. Séchan, article "Dionysos", *op. cit.*, p. 2221.
83) 『프랑스의 나무들』에 나오는 「산사나무L'Aubépine」(pp. 23~27) 편을 볼 것.
84) H. Jeanmaire, *Dionysos*, p. 52.
85) *La Cité de Dieu*(7, 21)에서 성 아우구스티누스가 인용하고 있는 구절.
86) Firmicus Maternus, *De errore profanarum religionum*, 6, 5.
87) tragydzo("염소"를 뜻하는 tragos에서 파생)라는 동사는 어린 소년들과 관련이 있으며, "숫내를 풍기다sentir le bouc" 또는 "허물 벗다, 성인이 되다"를 의미한다.
88) Pausanias, *Périégèse*, 6, 26, 1, 2.
89) W. F. Otto, *op. cit.*, chapitre 8.
90) M. Eliade, *Histoire des croyances.*, *op. cit.* I, p. 385.
91) Gernet et Boulanger, *op. cit.*, pp. 99~104.
92) M. Eliade, *Histoires des croyances*, I, p. 381.

제5장 나무 신의 죽음과 부활

1) H. Hepding과 H. Graillot가 수집하여 주해를 달아 출판한 기록 자료인 *Attis, seine Mythen und sein Kult,* Gissen, 1903과 *Le Culte de Cybèle, Mère des Dieux à Rome et dans l'Empire romain*, Paris, 1912. 또한 J. Vermaseren의 *The Legend of Attis, in Greek and Roman Art*, Leyde, 1966과 특히 *Cybele and Attis. The Myth and the Cult*, Londres, 1977 역시 참조할 것.

2) Clément d'Alexandrie, *Protreptique*, Ⅱ, 15, et Firmicus Maternus, *De errore profanarum religionum*, 18.

3) 때때로 황소가 숫양으로 대체되기도 한다.

4) Taurobolio crioboliaque in aeternum renatus : Hepding, *op. cit.*, p. 89에 인용한 문구에 따르자면.

5) Hepding, *op. cit.*, pp. 190 sq. et Loisy, *Mystères païens,* pp. 109 sq.

6) 새로운 탄생의 제의는 당시 로마에서, 특히 바티칸 언덕 위에 세워진 여신의 성소에서 거행되었다. 오늘날 이곳에는 성 베드로 성당이 있다.

7) J. Toutain, *Les Cultes païens dans l'Empire romain*, Paris, 1911, pp. 73 sq, pp. 103 sq.

8) 우리는 그리스도교 작가들 덕분에 키벨레와 아티스의 축제들에 관해 더 잘 알 수 있었다. 이들 작가들은 아티스의 희생과 예수 그리스도의 그것을 동시대에 있었던 것으로 설정하여 그것들 사이에 존재하는 유사점들을 찾아내고, 또한 입문자들의 만찬 의식과 영성체 의식의 공통점을 밝혀내고자 노력했던 것이다.

9) *La Cité de Dieu*, Ⅶ, 26.

10) 로마인들보다 더 세련된 취향의 그리스인들이 키벨레와 아티스의 제의에 조금도 영향을 받지 않았던 것은 일부분 여기에 그 원인이 있다.

11) *Livres des Rois*, I, XV et II, XXIII.

12) 특히 파우사니아스의 *Périégèse*, Ⅶ, 17, 10~12에 잘 나타나 있다.

13) 생명을 잃은 육체에서 생명을 가진 유일한 것인 작은 손가락은, 가장 작기 때문에 그렇게 이름이 붙여진 새끼손가락을 상징한다. 분명 머리카락은 소나무 잎이기 때문이다. 어쩌면 아티스가 간직했을 수도 있는 어린아이의 성sexe이 없다면, 새끼손가락은 귓속으로 들어갈 수 있다(심지어 그에게 하나의 비밀을 알려 주기까지 한다. "내 작은 손가락이 나에게 그것을 말했어"). 아티스가 최소한 안전한 상태였기 때문인가?

14) 파우사니아스는 이 이야기를 BC 4세기의 비가 시인 헤르메시아낙스Hermésianax로부터 인용한다.

15) 아티스의 피할 수 없는 죽음은 분명 왕의 아들의 죽음을 떠올리게 한다. 아들의 죽음은 왕에게는 지속적인 통치에 필요한 에너지로서 그에게 '새로움을 만드는 피'를 제공해 주었다.

16) "태초에 카오스가 있었다. 그리고는 넓은 가슴의 가이아가 있었으니, 이는 불멸의 신들 가운데 가장 아름다운 사랑의 신과 또한 모든 존재자들의 평화로운 안식처였다……."
Hésiode, *Théogonie*, 116~120

17) Hésiode, *op. cit.*, 126 sq 인용.

18) 도도네의 신탁을 내리는 참나무의 신이 그러했다.
19) M. Eliade, *Histoire des croyances, op. cit.*, p. 274.
20) Marie-Madeleine Davy, article "Pierre", in *Dictionnaire des Symboles, op. cit.*
21) 게르만-스칸디나비아의 신화 속에서 거신족의 지배는 인간의 출현보다 앞선다.
22) 하데스는 석류씨를 페르세포네에게 주면서 그녀를 유혹하여 자신의 왕국에 머물게 한다.
23) Entre autres, Arnobe (Ⅲ^e~Ⅳ^e siècle) dans son *Adversus nationes*, Ⅴ, 5sq.
24) '이다'라는 단어가 "수풀이 우거진 산"을 의미한다는 사실을 상기하자. 아마 크레타의 이다라는 이름은 소아시아에서 유래됐을 것이다. 크레타의 침략자들이 소아시아에서 이 이름을 가져왔을 것이다.
25) 곤충학자들에 따르면, 이 같은 수정 방식이 고대인들에게는 일종의 수수께끼 같았을 것이다. 이 문제는 18세기 말엽이 되어서야 제네바의 맹인 학자인 Pierre Huber에 의해 해결을 본다. 과학의 환경 속에서 살아가는 우리는 흔히 "고대인들"의 무지를 탓한다. 그러나 키벨레를 벌들의 여왕과 동일시했다는 사실은 고대인들이 최소한 진실에 의구심을 갖고 있었음을 암시한다.
26) Graves, *Mythes grecs*, p. 99. 저자는 가뉘메데스라는 이름의 어원이 '가뉘에스타이 ganuesthai'와 '메디아media', 즉 "남성적 힘을 존중하는 자"라고 말한다. 사실 문자 그대로 좀더 투박하게 번역한다면, "건장한 사지에 즐거움을 두는 자"(media라는 말은 이러한 의미를 갖는 고대 이오니아 말이다)이다.
27) Marie Delcourt, *Hermaphrodite. Mythes et rites de la bisexualité dans l'Antiquité classique*, Paris, 1958, p.30.
28) 앞서(제4장, p.142) 우리는 나무에 매달린 아리아드네에 대해 말한 적이 있다.
29) 아리아드네는 부활하여 자신의 남편처럼 불사의 존재가 되어야만 디오니소스와 결합할 수 있었다.
30) *Histoire naturelle*, XVI, XLIV.
31) Pausanias, X, 30, 9.
32) 헤로도토스(Ⅷ, 26)의 작품에서 강물은 카타락테스Cataractés라는 이름을 갖고 있는데, 이 이름은 그의 성격을 아주 잘 드러내 준다.
33) Xénophon, *Anabase*, I, 2, 8 - Tite-Live, XXXVIII, 13, 6.
34) Hippolyte de Rome, *Refutatio omnium haeresium.*, Ⅴ, 9.
35) 『황금 가지』 Ⅱ, p. 396.
36) 강조된 단어들은 원저자에 의한 것이다. Walter Krickeberg, *Les Religion des peuples civilisés de Méso-Amérique*, in W. Krickeberg, H. Trimborn, W. Müller et O. Zerrier,

Les Religions amérindiennes, trad. fr. Paris, 1962, p. 74.

37) W. Krickeberg, *op. cit.*, pp. 67~68.
38) 논노스에 따르면 라돈은 변신한 요정 다프네의 아버지이지만, 대부분의 작가들은 다프네를 테살리아의 페네 강의 딸로 보고 있다.
39) 『프랑스의 나무들』의 「오리나무l'Aulne」(pp. 29~31) 편을 볼 것.
40) 따라서 오르페우스에 대한 아폴론의 행동은 마르시아스와 판에 대해 그가 취했던 행동과는 정반대의 것이다.
41) R. Graves, *Mythes grecs*, p. 97.
42) 오르페우스가 나무에 대해 막강한 힘을 행사했었다는 사실을 상기하자.
43) 프레이저가 「아도니스」(『황금 가지』, Ⅱ, p.213) 편에서 쓰고 있듯이, 그것은 그리스인들이 갖고 있던 오해에 관한 문제가 아니라 금기의 결과에 관한 문제이다. 페니키아인들은 이방인들 앞에서 자신들의 신의 이름을 부르는 것을 금기시하였다. 그것을 신을 욕되게 하는 일이었기 때문이다. 신은 주인을 뜻하는 '아돈Adon'이라는 이름으로 불렸다.
44) 그리스어로는 동일한 단어이지만 방언으로는 차이가 있다.
45) 약간의 변형을 거친 *Les Jardin d'Adonis*(Paris, 1972, p. 11)에서 M. Detienne가 번역.
46) Apollodore, *Bibliothèque*, Ⅲ, 14, 3~4 - Hygin, *Les Astronomiques*, Ⅱ, 7, *Fables*, 58, 164, 251 - Servius, *Commentaire sur Virgile, Elogues*, Ⅹ, 18 - Antonius Liberalis, *Métamorphoses*, 34 - Ovide, *Métamorphoses*, Ⅹ, 300~560, 710~740. W. Atallah, *Adonis dans la littérature et l'art grecs*(Paris, 1966) 참조.
47) Ovide, *Métamorphoses*, Ⅹ, 500~501.
48) Ovide, *Métamorphoses*, Ⅹ, 524~525.
49) Apollodore, Ⅲ, 14 - Hygin, *Fables*.
50) Dont Servius, *Elogues*, Ⅹ, 18
51) p. 186을 볼 것.
52) Eusèbe, *Vita Constantini*, Ⅲ, 55.
53) Lucien, *Sur la déesse syrienne*, 8 - Théocrite, *Idylle*, ⅩⅤ.
54) Lucien, *id.*, 6. 작가가 살던 시대에는 그것이 자연 현상과 관계된 것이었다. "레바논은 진홍색의 땅으로 이루어져 있었다. 특정한 날이 되면 바람이 세차게 불어와 적토赤土를 강으로 실어 오는데, 이 붉은 모래가 바로 강물을 핏빛으로 만들었던 것이다."
55) 그는 그 기원이 아도니스를 기념하는 것에 있다는 사실 역시 명시하고 있다.
56) 인용된 판본의 p. 224
57) 이것은 W. Atallah에 의해 최초로 채택된 관점이다.

58) M. Detienne의 *Jardins d'Adonis*에 수록된 J.-P. Vernant의 서문.
59) 삼복에 여성들의 흥분 상태가 절정에 이르는 모습은 그리스 문학에서 흔한 주제였다. 헤시오도스는 *Les Travaux et les jours*(586~587)에서 이미 다음과 같이 적고 있다. "그리하여 여성들은 가장 관능적이며 남성들은 더욱 무기력해진다. 시리우스Sirius는 머리와 무릎을 불에 태우고, 그 열기로 피부를 말린다." 남성과 여성 사이의 이 같은 체질적인 대조는 다음의 추론에서 설명된다. 즉, 남자는 선천적으로 몸이 건조하고 덥기 때문에 여름이 되면 과도한 더위에 무기력해지지만, 여성의 습하고 차가운 본성에 의해 균형을 유지한다. 이러한 관점은 중국 철학에 반영되어 있는 것으로서, 즉 양(남성적)의 여분이 음에게 유익함을 제공하지만 양 그 자체는 파괴된다는 것이다.
60) M. Detienne, *op. cit.*, p. 214.
61) Oribase, Ⅲ, p. 165, M. Detienne가 주석 3번(p. 221)에서 인용.
62) Aristote, *De la génération des animaux*, Ⅱ, 7, 746b. 29·
63) *Erotikos*, 756c.
64) M. Detienne, *op. cit.*, pp. 225~226.
65) *Ibid.*, chap. Ⅴ, 《la semence d'Adonis》.
66) *Ibid.*, p. 237.
67) Ovide, *Métamorphoses*, Ⅹ
68) Detienne, *op. cit.*, chap. I, 《Les parfums de l'Arabie》.
69) *Ibid.*, p. 59.
70) *Dictionnaire des symboles, op, cit.*, article 《Phénix》, p. 597.
71) 중국인들은 불사조를 주색朱色의 새taniao, 즉 붉은 새로 알고 있었는데, 주색은 수은의 붉은 황화물이다. 이들은 불사조를 양성의 새로 생각했던 것 같다. 중국인들에게 있어서 이 새는 남부와 여름, 불, 붉은 빛깔을 표상한다.
72) 그리스의 식용 대추야자 열매는 페니키아에서 온 것이다.
73) 대추야자 열매의 기원이 중동이라는 설은 확실치 않다. 중동에서는 이 열매가 야생 상태로는 더 이상 발견이 불가능하기 때문이다. 몇몇 식물 학자들에 따르면 대추야자나무는 인도에서 전해진 것으로도 보인다. 분명 대추야자나무는 자생하는 '포이닉스 실베스트리스phoenix silvestris'의 재배된 형태였을 것이다. 그러나 현재의 대추야자나무의 서식지에서 발견되는 것들은 제4기 초에 등장한 것으로 보인다.
74) A. Chevalier et J. F. Leroy, *Les Fruits exotiques*, Paris, 1946.
75) *Géographie*, XVI, I, 14.
76) *Les Symposiaques*, Ⅷ, 4, 5.

77) *Histoire naturelle*, XVI, LXXXIX.
78) *Ibid.*, XIII, VIII, pp. 34~35. 강조한 문장은 필자에 의한 것이다.
79) A. Chevalier et J. F. Leroy, *op. cit.*, p. 42.
80) *Histoire des plantes*, Ⅱ, 6, 11.
81) *Anabase*, Ⅱ, 3, 16.
82) *Histoire naturelle*, XⅢ, Ⅸ, 39.
83) *Hymne homérique à Apollon.*
84) BC 1세기의 그리스 작가인 Parthénios de Nicée의 *Sur les infortunes amoureuses*, 33.
85) *Le Rameau d'or*, édit. cité, Ⅱ, p. 411.
86) Sur Isis et Osiris, in *Œuvres morales*, édit.. Bétlaud, Paris, 1870, t. Ⅱ, pp. 222~300 참조.
87) L. Speleers, *Les Textes des Pyramides égyptiennes*, Bruxelles, 1923.
88) H. Frankfort, *La Royauté et les dieux*, trad. fr., Paris, 1951, p. 250, 253.
89) 마찬가지로 양성의 속성을 지닌 최초의 신은 원초적인 혼돈 chaos으로부터 나왔다. 여성적인 그리스에서는 가이아가 그러하고 남성적인 이집트에서는 아툼이 그러하다.
90) Plutarque, *Sur Isis et Osiris*, 12.
91) "호루스와 세트의 논쟁"에서 오시리스 자신이 선언하고 있는 바의 것이다. Alan H. Gardiner의 *Papyrus Chester Beatty*, n° 1, Londres, 1931를 볼 것.
92) J. Vandier, *La Religion égyptinne*, Paris, 1944, p. 56 sq.
93) H. Frankfort, *op. cit.*, p. 276.
94) 이집트의 종교사가들이—특히 *Dieux de l'Egypte*(3ᵉ édit., Paris, 1977)의 저자 F. Daumas—강조하기를, 전설에 등장하는 몇 가지 사항들 때문에 신학자들은 호루스를 오시리스 계열의 이야기 속에 편입하려 할 때 적잖은 어려움을 느낀다고 한다. 그들에게 있어 호루스라는 인물은 아주 오래된 천상의 신(선사 시대 이래로 왕조의 주인으로서 매의 신이었다)이자 "비옥한 나일의 계곡인 검은 나라의 신"이었다. "장밋빛 나라, 불모, 사막의 신 세트"와 벌였던 전쟁은 오시리스의 출현보다 시기적으로 앞서 있다. 오시리스는 모든 생명을 창조했던 여자 마법사인 이시스의 "불멸의 치료제" 덕택에 부활한 왕이다. 따라서 오시리스의 이야기는, 우선 지배자 "호루스들"을 비롯한 모든 이집트인들에게 무한한 희망을 안겨 주었다. 그리하여 전설이 오시리스를 "삭막한 계절에 죽은 식물의 신"으로 만드는 것을 훨씬 더 용이하게 한 것이다. 이제 세트는 승리자가 되었지만, "이시스는 남편을 소생시키고 대지는 다시금 식물을 싹트게 하였다." 이 같은 이론에 따르면 순서가 전도되어 있다. 오시리스는 범람하는 나일 강의 신이자 부활하는 식물의 신이었기 때문에 죽은 자들의 신이 되었던 것이다.

95) H. Frankfort, *op. cit.*, p. 276.
96) *Ibid.*, p. 256.
97) *Zeitschrift für ägyptische Sprache und Altertumskunde*, 45(1908)에서 J. Vandier가 *op. cit.*, p. 51, 주석 1번에서 인용.
98) Reproduction dans G. Lefebvre, *Romans et contes égyptiens de l'époque pharaonique*, Paris, 1949.
99) 레바논에도 '서양삼나무 계곡Val de Cèdre' 또는 '양산소나무 계곡Val du Pin parasol' 이라는 지명이 있다.
100) *De errore profanarum religionum*, 27.
101) Frazer, *op. cit.*, Ⅱ. p. 467.
102) 주석 94번을 볼 것.
103) Frazer, *op. cit.*, Ⅱ. p. 457.
104) 테오프라스토스와 플리니우스 같은 그리스 로마의 작가들에 의해 인용된 Perséa 또는 Persica는 정의를 내리기가 어렵다. 현재의 악리나무avocatier인 '페르세아 그라티시마 Persea gratissima'는 그 기원이 아메리카에 있었으며, 지치과나무Sébestier는 이집트인들이 먹었던 과일의 일종으로 보인다.
105) J. Vandier, *op. cit.*, p. 56.
106) Frankfort, *op. cit.*, p. 248.
107) 이집트에서는 발견되지 않는 나무들의 기원과 관련된 하나의 표지일 수 있다. 이 나무의 기둥 '제드djed'는 가상의 것이다.
108) 네팔의 몇몇 사리탑stupas을 꾸미고 붓다의 존재를 드러내는 여러 장식들을 상기하지 않을 수 없다. 사리탑에는 붓다의 유해가 들어 있다고 여겨진다.
109) 마찬가지로 *Livre des morts tibétain(Bardo Thödol)*에서 볼 수 있듯이, 죽은 자가 어머니의 가슴속에 존재하다가 다시 모습을 드러낼 위험이 있다. 만약 생과 사의 순환을 벗어나고자 한다면 우리는 바로 그것을 피해야 한다.
110) Frankfort, *op. cit.*, p. 248.
111) 이것은 아마도 아티스 신화의 결론일 것이다.
112) Frankfort, *op. cit.*, p. 249.
113) P. Barguet, *Le Livre des morts des anciens Égyptiens*, Paris, 1967, pp. 182 et 248.
114) A. Champdor, *Le Livre des morts*, Paris, 1963.
115) 예를 들면 리드Leyde 박물관의 신왕조의 석관에 관해서는 Frankfort, *op. cit.*, fig. 39, p. 247를 참조할 것.

116) 쿤달리니kundalini"의 나라인 인도가 성스러운 소의 나라라는 사실은 자못 의심스럽다.
117) 고대인의 믿음이었던 것 같다. 자가 번식을 금하기 위한 일련의 발견은 비교적 최근의 것이다.

제6장 성스러운 숲과 나무들의 영혼

1) Claude Lévi-Strauss, *La Pensée sauvage*, Paris, 1962.
2) Sir Jagadis Chandra Bose, *The Physiology of Photosynthesis*, New York, 1926. - T*he Physiology of the Ascent of Sap*, New York, 1923.
3) J. Chandra Bose, *The Nervous Mecanism of Plant*, New York, 1926.
4) P. Tomkins et C. Bird, *La Vie secrète des plantes*, trad. fr. Paris, 1975.
5) 이 자료들은 기후학에서도 이용된다. 이것들은 화석으로 남아 있는 나무들 덕택에 시간을 거슬러 올라갈 수 있게 한다. 필자의 책 *La Magie des plantes*, Paris, 1979를 참조할 것.
6) 초자연적인 것으로 간주된 기호들로 인한 이러한 동일화는 이교도주의보다 오래 살아남았다. 자연에 대한 제식들이 오랜 기간 금지되어 오는 동안에도, 성모 마리아와 몇몇 성인들에 바쳐진 나무 제의를 통하여 우리는 그리스도교 시대에 그 흔적을 찾아볼 수 있다.
7) 1장, p. 23과 그 이하를 볼 것.
8) 2장, p. 62 볼 것.
9) 3장, p. 96 볼 것.
10) Canton, *De Agricultura*, 139 - Pline, *Hitsoire naturelle*, XVII, 267.
11) P. Faure, *La vie quotidienne en Crète, op. cit.*, p. 58.
12) G. Glotz, *Histoire grecque*, I, p. 497 - *Odyssée*, Ⅵ, 291; Ⅸ, 200; ⅩⅩ, 278.
13) 『일리아드』, Ⅱ, 506. 『프랑스의 나무들』에서 「플라타너스Le Platane」(pp. 168~169) 편 참조.
14) J. Markale, *Merlin l'Enchanteur*, Paris, 1981.
15) "현재의 Clermont-Ferrand은 '아우구스토네메톤Augustonemetum'으로, Nanterre는 '네메토두룸Nemetodurum'으로 불렸었다. Atrébates의 한 도시는 '네메타쿰Nemetacum'이라는 이름을 가지고 있었다. 우리는 영국 노팅햄셔의 '베네메톤Vernemetum'과 스코틀랜드 남부 지방의 '디오네메톤Medionemetum'이라는 지명을 알고 있다. 여기에 가리시아 지방의 '네메토브리가Nemetobriga'라는 도시를 추가해야 한다."(De Vries, *La Religion des Celtes*, p. 197.)

16) Markale, *op. cit.*, p. 144.
17) Pomponius Mela(기원 후 1세기)의 *Chorographie*에 따르자면.
18) *De bello gallico*, Ⅵ, 14.
19) Lucain, *La Pharsale*, Ⅲ, 399~428.
20) Dion Cassius, *Histoire romaine*, LXII, 6, 7.
21) *Annales*, XIV, XXX.
22) *De origine et situ Germaniae*, XXXIX.
23) Jean Servier, *Tradition et civilisation berbères*, Paris, 1985, pp. 17~18.
24) Emile Mâle, *La Fin paganisme en Gaule*, Paris, 1950, pp. 54~60.
25) A. De Gubernatis, *Mythologie des plantes*, I, p. 274, citant Du Cange (XVIIIe siècle).
26) Sulpice Sévère, *Vie de saint Martin*, 13.
27) Saint Magnobold, *Vie de saint Maurilius*.
28) Étienne, *Vie de saint Amator*.
29) *De bello gallico*, Ⅵ, 13, 10.
30) De Vries, *op. cit.*, p. 123.
31) A. Maury, *Les Forêts de la France dans l'Antiquité et au Moyen Age*, Paris, 1856.
32) 우리가 그리스인 침략자들에 관한 동일한 과정을 연구한 적이 있다는 사실을 상기하자.
33) Anatole Le Braz, *Introduction au Guide bleu Bretagne*, Paris, 1962.
34) Jean Markale, *Le Christianisme celtique et ses survivances populaires*, Paris, 1983, p. 137 sq. - 같은 저자의 *Le Druidisme*(Paris, 1985)을 참조할 것.
35) De Vries, *op. cit.*, p. 112.
36) P.-M. Duval, *Les Dieux de la Gaule, op. cit.*, p. 34.
37) De Vries, *op. cit.*, p. 114.
38) Yannick Pelletier, *Les Enclos paroissiaux*, Rennes, 1981.
39) M. Dilasser, *Locronan*, Rennes, 1981.
40) *Souvenirs d'enfance et de jeunesse*, Paris, 1883.
41) John Sharkey, *Mystères celtes*, trad. fr., Paris, 1985, pp. 23~24 - *Dictionnaire des saints*, Paris, 1975, article "Columba ou Columcelle".
42) 특히 켈트 연구가인 Jean Markale의 작품 *Merlin l'Enchanteur*(Paris, 1981)에서 우리는 다음의 논지 전개 대부분을 차용했다.
43) J. Markale, *op. cit.*, pp. 123~124, 강조된 단어들은 원저자에 의한 것이다.
44) Ogam, *Tradition celtique*, Rennes, 1948, 16, 253~256.

45) 이 말놀이jeu des mots는 중세 작가들에 의해 만들어진 것이다.
46) J. Markale, *Merlin*, p. 165.
47) "Le vrai Gargantua", in Markale, *Merlin*, p. 37 참조.
48) John Michell, *L'Esprit de la Terre ou le génie du lieu*, trad. fr., Paris, 1975.
49) 카롤링거 시대의 연대기 작가인 Ermold le Noir에 따른 것. *Poème sur Louis le Pieux*, 1301, édit. par E. Faral, Paris, 1932 참조.
50) J. Markale, *Merlin*, p. 138.
51) 중세의 전설들에는, 직접 목격을 한다든지 혹은 꿈을 통해서 어떻게 나무가 성모와 성인에게 봉헌되는지에 관한 이야기가 으레 등장한다. 만약 나무가 이교도적 제의의 대상이 되는 경우라면, 종종 그것은 새로운 탈취의 문제가 된다.
52) G. Lafaye, *Les Métamorphoses d'Ovide et leurs modèles grecs*, Paris, 1904.
53) 테오프라스토스(*Histoire des plantes*, 4, 4, 12)는 아레이아를 이 지역의 고유한 종으로 간주한다. 코르크참나무의 관습적인 그리스식 이름은 '펠로드루스phellodrus'이다. 그러므로 아레이아라는 단어는 린네가 식물의 학명을 정립할 당시에는 아직 특정화되지 않은 상태로 남아 있었다. 린네는 아레이아를 코르크참나무와는 전혀 무관한 종인 백색 마가목(Aria nivea 혹은 Sorbus Aria)이라고 명명하였다. 이렇게 해서 아레이아 요정은 새로운 변신을 겪게 된다.
54) Apollodore, *Bibliothèque*, I, 7, 6 ; II, 3~4 et III, 10, 3 - Pausanias, *Périégèse*, X, 17, 3.
55) Antoninus Liberalis, *Recueil des métamorphoses*, 32.
56) Ovide, *Métamorphoses*, I, vers 555~560.
57) Pseudo-Apollodore, *Bibliothèque*, I, 7, 9 - Hygin, *Fables*, 203 - Pausanias, *Périégèse*, VII, 20, 2 et X, 5, 3 - Parthénios, *Sur les Infortunes amoureuses*, 15
58) 이 판본의 흔적이 오비디우스의 라틴어 역 성서(I, 546년경)에도 남아 있다.
59) Nonos de Panopolis, *Les Dionysiaques, op. cit.*, 14. 80.
60) R. Graves, *Mythes grecs*, p. 71, 주석 6.
61) *Agis*, 9.
62) Strabon, *Géographie*, VIII, 3, 14 - Servius, *Commentaire sur les Elogues de Virgile*, VII, 61.
63) 『프랑스의 나무들』에 소개된 「은백양과 흑양Peuplier blanc et Peuplier noir」(pp. 153~157) 편을 볼 것.
64) Hygin, *Fables*, 138. - Apollonios de Rhodes, *Argonautiques*, II, 1231~1241.
65) 『프랑스의 나무들』의 「보리수Le Tilleul」 편 참조.
66) 『프랑스의 나무들』 pp. 7~10 참조.

67) 이 전설은 역사가 티마이오스(기원 전 4~3세기)에 의해 언급된 적이 있는 것으로 보아 아마도 그 기원이 그리스에 있는 것 같다.

68) *Iliade*, 23, 79 sq.

69) Le Noyer, 『프랑스의 나무들*Les Arbres de France*』, pp. 135~138 참조.

70) *Œdipe-Roi*, 472.

71) Lucien, *De la Danse*, 40 - Hygin, *Fables*, 59 - Servius, *Commentaire sur Virgile, Élogues*, Ⅴ, 10 - 『프랑스의 나무들』의 「편도나무l'Amandier」(pp. 19~22) 편 참조.

72) *Métamorphoses*, Ⅹ, 106~143.

73) 그리스인들과 로마인들에게 실편백Cyprès은 죽음과 지옥의 신들에게 바쳐지던 것이었다. 『프랑스의 나무들』의 「실편백Le Cyprès」(pp. 71~74) 편 참조.

74) Ovide, *Métamorphoses*, Ⅳ, 55~166.

75) *Ibid.*, Ⅷ, 611~724, trad. fr., Georges Lafaye, Paris, 1928, 3e tirage, 1976.

76) *Transactions of the Gaelic Society*, 1805, p. 133, cité par A. Le Braz.

77) Anatole Le Braz, *La Légende de la Mortchez les Bretons armoricains*, Paris, 1922, t. 2, pp. 46~55

78) Ⅸ, 324~393.

79) 어쨌거나 오비디우스가 이 이야기를 지어낸 것 같지는 않다. 그는 훨씬 선대의 그리스 작가인 Nicadre de Colophon의 *Métamorphoses*에서 이야기를 빌어 왔을 것이다. 그리스에서는 아주 오래전부터 대추나무가 재배되어 왔다.

80) *Métamorphoses*, XIV, 512~526.

81) Id., XI, 67~84.

82) *Philoctète*, 725.

83) Ovide, *Métamorphoses*, Ⅱ, 333~366.

84) Paul Sébillot, *Légendes locales...*, t. I, p. 137.

85) *La Bohême galante*, pp. 102~105.

86) Comtesse d'Auneuil, *Cabinet des fées*, t. Ⅴ.

87) *Histoire ecclésiastique des Francs* (Ⅱ, 1)를 쓴 Grégoire de Tours가 언급한 부분.

88) Dr Fouquet, *Légendes du Morbihan*, Vannes, 1857, p. 83.

89) Alfred Maury, *Essai sur les légendes pieuses du Moyen Age*, 1843.

90) A. Le Braz, *op. cit.*, I, XLVII-L.

91) 『프랑스의 나무들』의 「주목朱木L'If」(pp. 105~109) 편을 볼 것 - A. Le Braz, *op. cit.*, I, pp. 301~302.

91) M. A. Courtney, *Cornish Folklore, The Folklore Journal*, t. Ⅴ. p. 218.
92) F. M. Luzel, *Légendes chrétiennes de basse Bretagne*, Paris, 1881, t. Ⅱ, p. 189.
93) P. Sébillot, *Légendes chrétiennes*, Vannes, 1892.
94) Pierre Le Goff d'Argol이 지은 이야기 "나무의 죽음le mort dans l'arbre", in A. Le Braz, *op. cit.*, I, pp. 227~229.
95) Abbé Y. Lucas, in *Revue historique de l'Ouest*, 1892, p. 793.
96) Queruau-Lamerie, in *Revue des Traditions populaires*, t. XIV, p. 277.
97) Paul Pinonis, in *Revue des provinces de l'Ouest*, 1890년 1월.
98) Robert Graves, *La Déese blanche, op. cit.* J. Markale이 *Les Celtes*(pp. 87~88, 111~113)에 번역한 *Câd Goddeu*의 결정본 참조.
99) J. Markale, *l'Épopée celtique d'Irlande*, p. 133, *Merlin, op. cit.*, pp. 74~75.
100) F.M. Luzel, *Légendes chrétiennes*, t. I, p. 216, 225.
101) Paul Sébillot, *Le Folklore de France*, t. Ⅲ, pp. 423~424.

제7장 사로잡힌 숲

1) Jacques de Voragine, *La Légende dorée*, trad. fr. par T. de Wyzewa, Paris, 1913, XVIII, Saint Paul ermite.
2) Grillot de Givry, *Le Musée des sorciers, mages et alchimistes*, Paris, 1929, p. 35.
3) *Dictionnaire des symboles, op, cit.*, p. 578에서 article "Pan" 참조.
4) P. Grimal, *Dictionnaire de la mythologie grecque et romaine, op. cit.*, p. 342.
5) Alfred Rambaud, *Français et Russes, Moscou, Sébastopol*, Paris, 1877, p. 105.
6) *Mont-Athos, presqu'île sacrée*, trad. fr., Paris, 1981.
7) Grassi, *op. cit.*, pp. 125 et 131.
8) 『황금 전설』, *op. cit.*, CXVIII, Saint Bernard, docteur.
9) J. Loth, *Mabinogion*, édit. de 1979, p. 169.
10) *Yvain*, p. 287 sq
11) Traduction J. Boulanger, p. 29.
12) Henri Dontenville, *Les Dits et récits de mythologique française*, Paris, 1950, pp. 11~37, "La chasse Arthur".
13) Albert Meyrac, *Traditions, coutumes, légendes et contes des Ardennes*, 1890.

14) Dontenville, *op. cit.*, p. 16.
15) Dontenville, *op. cit.*, p. 35.
16) O. Bloch et W. von Wartburg, *Dictionnaire étymologique de la langue française*, Paris, 1950.
17) 『황금 전설』, CXXXVII, Saint Eustache, martyr.
18) *Dictionnaire des saints*, sous la direction de John Coulson, trad. fr., Paris, 1964, art. 《saint Hubert》.
19) Edit. Folio, pp. 118~119.
20) *Contes de Grimm*, Paris, 1964. Marthe Robert의 편역과 서문.
21) *Vita s. Marcelli, parisiensis episcopi*, Fortuna가 잘 알고 있던 후임 파리 교구장 제르맹 Germain에게 헌정된 것.
22) *Dictionnaire des symboles, op. cit.*, art. "ogre", p. 555.
23) 더 많은 수를 밝혀내려는 민속학자들의 노력이 부족했던 것은 유감스러운 일이다.
24) 고대의 신들은 유해한 존재가 아니었으며 축소화되어 그려졌다.
25) Paris, 1882.
26) H. Dontenville, *La Mythologie française*, Paris, 1948, p. 180.
27) 더 확실한 어원은 스위스의 독일어권 지역인 Eidgenosse의 위그노로부터 유래한다.
28) L. Léger, *La Mythologie slave*, Paris, 1901. 특히 E. Anilkov, *Le Paganisme et la Russie ancienne*, Saint-Pétersbourg, 1914.
29) 루살카Roussalka는 슬라브권 국가들의 시나 오페라에 등장하는 인기 있는 인물임을 상기하자. 유명한 오페라로는 안톤 드보르작의 오페라(1901)와 특히 푸슈킨의 미완성 작품(1837)이 있다. 후자는 푸슈킨이 Alexendre Dargomy skij에게 헌정한 오페라 모음집으로 위대한 고전이 되었다.
30) 아르테미스 소유의 압생트(Artemisia absinthium) 잎은 통경제通經劑로 사용되었다. 이 잎은 여성들의 월경을 원활하게 하는 데 그 목적이 있었으나 낙태용으로도 쓰였다.
31) H. Dontenville, *Les Dits et Récits, op. cit.* chap. 10 《Farfadets》.
32) Émile Souvestre, *Les Derniers Bretons*, Paris, 1836.
33) P.-Y. Sébillot, *Le Folklore de Bretagne, op. cit.*, p. 63.
34) P.-Y. Sébillot, *op. cit.*, p. 56.
35) P.-Y. Sébillot는 *Tradition et superstitions de la haute Bretagne*(Paris, 1883)에서, 부모나 조부모들이 요정을 만난 적이 있다고 말하는 노인들을 조사하여 그 예를 들었다. 88세 된 할머니 한 분은 기억을 더듬어 자신의 어린 시절인 17세기 말에 요정들을 본 적이 있

다고 증언하였다. 그들의 공통된 의견을 종합해 보면, 결국 요정이 사라지기 시작한 것은 19세기 초 무렵부터이다.

36) P. Grimal, *Dictionnaire de la mythologie, op. cit.*

37) J. de Vries, *La Religion des Celtes, op. cit.*, p. 128 sq.

38) De Vries, *op. cit.*, p. 87.

39) P.-Y. Sébillot, *Le Folklore de Bretagne, op. cit.*, p. 66.

40) Tacite, *Annales*, X IV, 30.

41) *Géographie*, IV, 4, 6.

42) Alfred Maury, *Les Fées au Moyen Age*, Paris, 1843.

43) 소수―약 40여 개―의 바위나 특정 장소가 증명하고 있는 것에서 알 수 있다. 요정들의 이름은 브르타뉴에서도 이러한 장소들에 언급되어 있기 때문이다.

44) Michel Le Nobletz, *Vie de M. Le N., missionnaire en Bretagne*, 1637, cité par P.-Y. Sébillot.

45) Homère, *Odyssée*, X, 133~574.

46) 절대 권력의 상징인 왕홀은 마법의 반지로 만들어진다.

47) L. Séchan et P. Lévêque, *Les Grandes Divinités de la Grèce*, Paris, 1996, p. 136.

48) 아이아 섬의 여신인 키르케가 다른 여신들처럼 그리스도교로 개종을 했는가? 필자가 살고 있는 근처에는, 그랑-뢰세로부터 얼마 떨어지지 않은 사르트라는 곳에 성녀 키르케에게 바쳐진 특정한 장소가 하나 있다. 키르케는 필자가 참조한 그 어떤 전문 서적에도 등장하지 않는데, 아마도 다른 성녀의 이름이 변형된 것으로 보여진다. 그녀는 현재까지도 마녀 재판으로 잘 알려진 어느 지방에 잔존해 있는데, 이곳은 망스 지방의 요리에 사용되는 돼지가 대단위로 사육되고 있다. 이 지역에서 그리 멀지 않은 곳에는 생트-세로트라고 불리는 한 마을이 있는데 이 이름의 성녀 역시 성인전에서는 찾아볼 수가 없다. 사실 8세기 중반에 프랑스에는 이미 1,300명 이상의 성인이 있었다. 텍스트가 전하는 이들에 관한 이야기는 엄청난 경이로움을 담고 있다.

49) 고대 작가들에 의해 단순히 아틀라스Atlas와 플레이오네Pléioné의 딸이라고만 전해지는 이 여신의 이름은 문자 그대로 "어머니"를 뜻하는데, 흔히 나이 든 여인을 지칭할 때 사용되었다. 우리가 살고 있는 세계의 환상적인 힘이자 현실을 은폐하는 힘인 힌두교의 마야와 이 마이아를 서로 연관 지어 봄은 흥미로운 일이다. 요컨대 탁월한 환상가이자 "타로의 바틀뢰르Bateleur du tarot"인 헤르메스와도 충분히 일치한다.

50) 4장, p. 174 이하와 5장 p. 231 이하 참조.

51) *Hymne homérique à Hermès*(trad. J. Humbert, Paris, 1936), p. 572에서 아폴론은 있는 그대로의 그를 인정하고 있다.

52) *Hymne homérique à Hermès, op. cit.*, Ⅴ, 529~532.
53) Arthur Avallon, *La Puissance du Serpent*, trad. fr., Paris, s. d., de *The Serpent Power*, Londres, 1918.
54) 아폴론과 헤르메스가 만났을 때 올림포스의 신들은 아직 11명이었다. 헤르메스가 자신이 훔친 황소 무리 중 두 마리를 제물로 바치면서 고기를 12개의 조각으로 나누었다. 이 모습을 보고 아폴론이 놀라자, 마이아의 아들인 헤르메스는 12번째 신이 바로 자신이라고 대답한다.
55) Pseudo-Apollodore, *Bibliothèque*, Ⅲ, 10, 2 - Diodore de Sicile, *Bibliothèque historique*, I, 16; Ⅳ, 75. -Hygin, *Fables*, 277
56) Pseudo-Apollodore, *Bibliothèque*, Ⅲ, 10, 3~4 - Hygin, *Fables*, 49, 202 -Pausanias, *Périégèse*, Ⅱ, 26, 4~6; Ⅲ, 14, 7; Ⅷ, 25, 6; Ⅸ, 36, 1. - Ovide, *Métamorphoses*, Ⅱ, 630 sq.
57) Macrobe, *Saturnales*.
58) Alain Daniélou, *Le Polythéisme hindou*, Paris, 1960, pp. 59~64.
59) 이 방법은 아직까지도 우리의 시골에서 흔하게 사용되고 있다. 몇몇 지방에서는 우물을 파기 전에는 반드시 '지팡이로 수맥을 찾는 사람sourcier'에게 조언을 구한다. 15년 전 사르트에서 필자도 우물을 새로 판 적이 있었다. 필자 역시 자문을 구했고 그에게서 정말로 수긍이 가는 고도의 정확한 정보들을 듣게 되었던 것이다.
60) 『프랑스의 나무들』의 「개암나무Le Coudrier」(pp. 69~70) 편 참조
61) *Dictionnaire historique des institutions des moeurs et coutumes de France*(1855). 주석 59번에 인용한 대로, 필자는 사르트에서 '지팡이로 수맥을 찾는 사람'의 행동을 직접 목격했다.
62) *Exode*, 16, 1~7
63) *Exode*, 7, 8~12.
64) 라틴어로 빗자루는 '스코파scopa'라고 불린다. 이 단어는 그리스어 '스켑토마이skêp-tomai'와 동일한 어원에서 유래하며, 이 말에 기원을 두고 있는 sképtron은 '막대기'를 뜻하다가 나중에는 '왕홀'을 의미하게 되었다.
65) 빗자루balai라는 단어는 골어 banatto에서 왔다. banatto로부터 "금작화"를 의미하는 웨일스어 banadl와 브르타뉴어 benel/bonal이 파생하여 음위 전환에 의해 balatno가 된다.
66) Jean Servier, *Tradition et civilisation berbères*, Paris, 1863, p. 76.
67) Collin de Plancy, *Dictionnaire infernal*, Paris, 1863, p. 76.
68) L. Séchan et P. Lévêque, *Les Grandes Divinités de la Grèce, op. cit.*, p. 278.
69) J. Boulnois, *Le caducée et la symbolique dravidienne, indo-méditérranéenne de l'arbre,*

de la pierre, du serpent et de la déessemère, Paris, 1939, p. 166.
70) 필자의 책 *Les Tours du monde des explorateurs, Les grands voyages martitimes 1764 ~1843*, Paris, 1983.
71) *Lettre de Commerson à l'astronome Lalande*, 1769년 간행.
72) *Voyage de La Pérouse autour du monde pendant les années 1785, 1786, 1787 et 1788.* Edit. du Club des Libraires de France, Paris, 1965, p. 360.
73) F. Péron et L. Cl. de Freycinet, *Voyage de découverte aux Terre australes exécuté sur les corvettes le Géographe, le Naturaliste... Historique* par Péron, vol. 1.
74) Conan Doyle, *Le Monde perdu, Œuvres complètes*, trad. fr., Paris, 1958.
75) Alexandre de Humbolt, *Relation historique du voyage aux régions équinoxales du Nouveau Continent*, Paris, 1814~1825. Edit. partielle, 1961, pp. 195~197.
76) Hérodote, L'*Enquête*, Ⅲ, 37; Ⅱ, 32; Ⅳ, 43.
77) Aristote, *Histoire des animaux*, 8, 12, 3.
78) *Le Livre blanc des Indiens d'Amérique du Sud.*
79) Marco Polo, *Le Devisement du monde*, version française de Louis Hambis, Paris, 1980, pp. 416~419, 444.
80) Marco Polo, *op. cit.*, p. 110.
81) 『프랑스의 나무들』의 「사과나무Le Pommier」(pp. 175~180) 편 참조.
82) 그리스 문학의 피그미족과 마찬가지이다.
83) *Les Voyage en Asie, au XIVe., du bienheureux Oderic de Pordenone*, par H. Cordier, Paris, 1891.
84) A. David-Néel, *Mystiques et magiciens du Tibet*, Paris, p. 119.
85) 몇 년 후 린네는 발견자의 이름을 따 이 종을 Adansonia라고 명명했다.
86) Perrotet, Guillemin et A. Richard, *Florae Senegambiae Tentamen*, Paris, 1830~1833.
87) 사실상 바오밥나무는 2000살 이상을 넘지 않는다.
88) 오래전에 사라져 버린 오로타바Orotava 용혈수와는 반대로, 오아사카Oaxaka의 실편백은 현재도 살아 있다. 필자는 1978년에 이 나무를 본 적이 있는데, 40m를 초과하는 높이에 그 두께가 직경 42m를 넘어서는 거대한 나무였다.
89) 쿡Cook 선장은 이곳을 Botany Bay라고 부르면서 탐험가들의 업적을 기념했다.
90) J. Banks, *Illustrations of the Botany of capt. Cook's Voyage round the World in H.M.S. Endeavour*, 2 vol., gr. in f°, Londres, 1900. - *Journal of sir Joseph Banks during captain Cook's first voyage*, Londres, 1890.

91) G. Vancouver, *A Voyage of Discovery to the North Pacific Ocean and round the World*, 3 vol. Londres, 1798.

92) W. Wilks, Journal kept by *David Douglas during his travel in North America, 1823~1827*, Londres, 1914.

93) Dalimore Jackson. *A Handbook of Coniferae and Ginkgoaceae*, 4ᵉ édit., Londres, 1966, pp. 575~582.

94) D. Jackson, *op. cit.*, pp. 229~233.

95) D. Jackson, *op. cit.*, pp. 317~319.

96) 쿡 선장의 뒤를 이어 탐험가들이 멜리네시아와 폴리네시아 군도를 발견했다. 이들은 그 당시 원주민들이 뽕나무의 껍질을 벗긴 후 두들겨 납작하게 만든 다음 천tapa으로 사용하는 것에 경탄한다. 원주민들은 이 껍질로 벽걸이 천, 돗자리, 허리에 두르는 옷 등을 만들었다.

97) A. de Humbolt, *L'Orénoque*, Paris, 1961, pp. 56~57.

98) *Voyage dans l'intérieur de l'Afrique, fait en 1795, 1796 et 1797 par M. Mungo Park*, trad. fr., An Ⅷ; réedit. Paris, 1980, p. 212.

99) *Dictionnaire d'Histoire naturelle*, dirigé par M. Charles d'Orbigny, Paris, 1844, article 《Artocarpe》, rédigé par Spach.

제8장 열매, 신화 그리고 역사

1) *Géorgiques*, I, 147~149 참조.
2) *De agricultura*.
3) *De re rustica*.
4) *De re rustica*, trad. fr., Pankoucke, Paris, 1844~1845.
5) *Histoire naturelle*, livre XV.
6) G. Glotz, *La Civilisation égéenne*, Paris, 1937, p. 188.
7) 건장한 육상 선수들의 신체에 바르던 이 기름은 건강에도 유익한 것으로 통했다. 체육 지도자들은 올리브 기름을 의사들에게 팔기도 하였다(Dioscoride, *Sur la matière médicale*, 1, 30, 6, et Pline, XXVIII, L.).
8) P. Faure, *La vie quotidienne en Grèce au temps de la guerre de Troie, 1250 av. J-C.*, Paris, 1975, p. 194.

9) *Ibid., op. cit.*, p. 151~152.
10) 오늘날 우리는 이 기름을 "처녀유"라고 부른다.
11) *Genèse*, 8, 10~11.
12) Marc Bloch, *Les Rois thaumaturges*, Paris, 1924, rééd, 1983.
13) Abbé J-P. Migne, *Encyclopédie théologique*, en 52 volumes, tome huitième, Liturgie, 1844, p. 426, 2e col.
14) Migne, *op. cit.*, art. 《Extrême-Onction》, pp. 594~599.
15) *L'Office divin, Missel, Vespéral et Rituel*, Tours, 1935, p. 1385.
16) E. Westermarck, *Ritual and Belief in Marocco*, 2 vol, Londres, 1926.
17) 『코란』, XXIV, 35, trad. fr. par le cheikh Si Boubakeur Hamza, Paris, 1972, t. Ⅱ, p. 729.
18) 『코란』, édit. cité. t. Ⅱ. p. 730.
19) Martyros는 본래 "증인"을 의미한다.
20) 이후 이 이름은 올빼미의 빛나는 눈을 소유한 여신 아테네의 신전에 붙여진다.
21) 이 단어는 '나무 모양의 히스꽃'(에리카 아르보레아Erica arborea)를 지칭하는 ereikè에서 유래한다. 그리고 ereike는 '부수다', '찢다', '먼지가 되다'의 뜻을 갖는 동사 ereikein에서 나왔다. 그레이브스는 에레크테Erechtée라는 이름에 다음과 같은 의미를 부여하고 있다. "히스꽃 아래에서 분주하게 움직이는 자."
22) G. Glotz, *Histoire grecque, op. cit.*, tome I, p. 388.
23) M. Collignon, *Le Parthénon*, Paris, 1914.
24) R. Graves, *Mythes grecs, op. cit.*, p. 56.
25) 헤로도투스는 이 전쟁에 대해 언급한 최초의 작가로 알려져 있다. *L'Enquête*, Ⅷ, 55.
26) Pausanias, *Périégèse*, I, 26~27장.
27) 약 0. 45m.
28) Hérodote, 주석 25번을 볼 것.
29) *Histoire naturelle*, XV, 1.
30) Webb et Berthelot, *Histoire naturelle des îles Canaries*, 1836~1850.
31) A. L. Guyot, *Origine des plantes cultivées, op. cit.*, p. 106.
32) Pline, *Histoire naturelle*, XV, XX - Plutarque, *Caton*, 27.
33) 우리는 크노소스Knossos에 관한 자료들에서 무화과나무와 올리브나무를 의미하는 표의문자를 발견했다.
34) *Dictionnaire grec français* d'A. Bailly, dit. revue et complétée par L. Séchan et P. Chantraine, Paris, 1950, p. 1371

35) *Histoire naturelle*, XV, XXI.

36) 고대의 자연학자들은 자연 발생설을 믿었다.

37) *Causes des plantes*, 2, 9, 5 sq.

38) Palladius, *De opus agriculture*, 4, 10, 28.

39) Jean Servier, *Tradition et civilisation berbères, op. cit.*, p. 401 .

40) 오늘날 북아프리카에서 가장 수확이 좋을 때는 생무화과 열매를 500kg까지 거두어들일 수 있으며 그중 100~150kg은 건과를 만드는 데 사용한다. Joseph Piton de Tournefort, *Voyage d'un botaniste*, édit., Paris, 1982. T. I. *L'Archipel grec*.

41) 고대 프랑스어로 fi는 "무사마귀verrue"를 뜻하며, 간肝은 fie로 불렸다.

42) 콜레스테롤이라는 단어는 "담즙"을 뜻하는 그리스어 kholê에서 파생했다.

43) Robert Flaceli re, *La Vie quotidienne au siècle de Périclès*, Paris, 1959, pp. 280 sq.

44) Bailly, *Dictionnaire grec français, op. cit.*, p. 1817.

45) Plutarque, *De cup. div.*, 8 - chap. 4, p. 137 참조.

46) Henzen, *Acta fratrum Arvalium*, p. 141.

47) A. de Gubernatis, *Mythologie des plantes, op. cit.*, I, p. 142.

48) Macrobe, *Saturnales*, Ⅱ, 16.

49) Lucien, *Alexandre*, 47.

50) Plutarque, *Les Symposiaques*, Ⅵ, Ⅹ.

51) Plutarque, *Vies des Hommes illustres, Antoine*, XCI, trad. d'Amyot.

52) *Géographie*, XIV, 1, 27.

53) '사투르누스-크로노스'가 무화과나무를 창조한 것으로 알려져 있다.

54) Pline, *Histoire naturelle*, XV, XX.

55) Tite-Live, *Histoire romanine*, 7, 6, 5 .- Valère Maxime, *Faits et dits mémorables*, 5, 6, 2.

56) Macrobe, *Saturnales*, 3, 20. 2.

57) 플리니우스는, 무화과나무 '루미날Ruminal'이 아투스 나비우스Attus Navius의 도움으로 루페르칼 동굴에서 위원회Comitium까지 가게 된 것이라고 믿고 있었다. 아투스 나비스는 대 타르퀴니우스와 동시대의 점술가로, 마법의 해석가였다. 파우사니아스에 따르면 (*Périégèse*, 7, 44; 8, 23; 9, 22), 위원회의 무화과나무는 루페르칼 동굴에서 꺾어 온 나무로부터 태어났다(J. Carcopino, *La Louve du Capitole*, Paris, 1925 참조). 1988년 1월, 필자는 위원회에서 어린 무화과나무 한 그루를 발견하고 매우 놀랐다. 심어진 지 얼마 되지 않은 이 나무의 옆에는 한 그루의 올리브나무가 있었는데, 이 모습은 마치 로마와 아테네가 한 장소에서 동시에 탄생한 것을 축하하려는 것 같았다.

58) 3장, pp. 103~106 참조.
59) Tite-Live, *Histoire romaine*, I, Ⅳ - Plutarque, *Vies des hommes illustres, Romulus*, V sq. - Ovide, *Fastes*, 2, 412.
60) Pline, *op. cit.*, XV, 77.
61) Pline, *op. cit.*, XV, 82.
62) Plutarque, *Romulus*, Ⅲ, trad. J. Amyot.
63) Tite-Live, *Histoire romaine*, Livre I, Ⅲ.
64) 『프랑스의 나무들』의 「산수유나무 Le Cornouiller」(pp. 65~67) 편 참조.
65) *Annales*, XIII, LVII.
66) W. F. Otto, *Dionysos, op. cit.*, p. 167.
67) H. Jeanmaire, *Dionysos, op. cit.*, pp. 459~469.
68) Plutarque, *Isis et Osiris*, 36.
69) Plutarque, *Les Symposiaques*, Livre Ⅵ, question Ⅹ.
70) Pausanias, *Périégèse*, 4, 20, 2.
71) Frazer, *op. cit.*, édit. abrég. p. 542.
72) J. Servier, *Tradition et civilisation berbères, op. cit.*, pp. 205, 228, 412.
73) *Histoire naturelle*, XV, 47~52.
74) Ovide, *Métamorphoses*, Ⅳ, 630~640.
75) 『신통기』에 따르면 밤의 여신은 "아무와도 결합하지 않고" 헤스페리데스를 임신했다. 이는 파르카에 여신들, 케레스, "냉혹한 살인자" 그리고 "죽은 자들의 심판관" 네메시스와 마찬가지이다. 그러므로 헤시오도스의 작품에서 헤스페리데스는 부정한 신으로 나타나서는 곧 자취를 감춘다.
76) 시링크스의 아버지인 아르카디아 강의 신 역시 이와 동일한 이름을 갖고 있다(5장, p. 176.)
77) Apollodore, *op. cit.*, 11, 5, 11과 Hygin, *op. cit.*, Ⅱ, 15.
78) *Théogonie*, 335 참조.
79) 이것은 단순히 *La Belle Hélène*라는 오펜바하 Offenbach의 매력적인 패러디를 지칭하는 것이다.
80) Pausanias, *op. cit.*, Ⅸ, 12, 1~2.
81) 여기서 전혀 그리스적이지 않은 민간 어원설이 유래한다. 그러나 사람들은 아프로디테라는 이름을 바다의 거품을 뜻하는 '아프로스 aphros'에서 온 것이라고 주장한다.
82) *Hymne homérique à Aphrodite*, I.
83) *Mythes grecs, op. cit.*, p. 64.

84) Servius가 *Commentaire sur Virgile*에서 증언하고 있는 바의 것이다.
85) 『프랑스의 나무들』에서 「올리브나무L'Olivier」(pp. 139~145), 「무화과나무Le Figuier」 (pp. 81~87), 「사과나무Le Pommier」(pp. 175~181) 편 참조.

제9장 에덴 동산에서 나무 십자가까지

1) *Genèse*, 6, 1~5.
2) *Genèse*, 4, 25~26.
3) 루브르 박물관에는 아담을 표현한 미켈란젤로의 흥미로운 데생 한 점이 있다. 이 그림에는 그의 성기가 두 개의 무화과 사이에 뱀의 형상으로 그려져 있다.
4) *Genèse*, 2, 8, citation d'après la traduction de R. de Vaux dans l'édition de *La Sainte Bible* par l'Ecole biblique de Jérusalem, Paris, 1951.
5) Paul Humbert, *Études sur le récit du Paradis et de la chute dans la Genèse*, Neuchâtel, 1940 참조.
6) *Genèse*, 3, 22~23.
7) P. Hembert, *op. cit.* Mircea Eliade, *Traité d'histoire des religions, op. cit.*, pp. 249~253.
8) '아담Adam'은 "흙"을 의미하는 '아다마adamah'에서 유래한다.
9) Philon d'Alexandrie, *Commentaire allégorique des saintes lois*, trad. fr., Paris, 1909.
10) *Genèse*, 2, 16~17.
11) 이전의 다신교 전통과 관련된 것임을 의미할 수 있다.
12) "하느님께서 남자와 여자를 창조하셨다"라는 명백한 의미의 표현임에도 불구하고, 주석가들 사이에서도 해석상의 논란이 많은 문구이다.
13) *Tao Tö king*, trad. fr., Liou Kia-Hway, Paris, 1967, I, 4.
14) *Tao Tö king*은 다음과 같이 말하고 있다. "이름이 없이도 (道는) 우주의 기원을 상징한다. 이름과 더불어 그것은 모든 존재들의 어머니가 된다." 최초의 창조적 발현은 말le Verbe, 즉 신으로부터 나온 말씀la Parole이며, 말이 일단 밖으로 나오면 그것은 신에게서 떨어져 나온다. 본서 「세피로스의 나무」편을 볼 것.
15) Jean Libis, *Le Mythe de l'Androgyne*, Paris, 1980, p. 49, G. G. Scholem, *La Kabbale et sa symbolique*, Paris, 1966.
16) *Genèse*, 3장, 17~24절.
17) *Ézéchiel*, 47장, 12절.

18) *Proverbes*, 3장, 18절.
19) *Apocalypse*, 22장, 2절.
20) 동양의 고대 신화와 헤브라이의 「요한 계시록」을 서로 관련 지어 설명하는 여러 다른 판본들은 E. C. Quinz에 의해 면밀히 검토된 바 있다(E. C. Quinz, *The Queen of Seth*, Chicago, 1962). 다음의 책들도 참조할 것. Arturo Graf, Miti, *Leggende e superstitione del Medio Evo*, Torino et *Leggenda di Adamo e Eva*, texte du XIXe siècle, publi par D'Ancona, Bologne, 1870. 이 전설들은 수많은 초상화집을 낳았다. 특히 John Ashton의 다음의 화집에 재현된 대단히 아름다운 나무 조각을 볼 것. *Illustrations from the Legendary History of the Cross* from a Dutch Book, published by Velderner, Londres, 1937.
21) 우리가 앞서(3장, p. 81) 도도네의 신탁을 내리는 참나무에서 언급한 바 있는 우주목과 비둘기의 주제가 여기서 다시 한번 논의되고 있다.
22) 여기에는 하나의 모순점이 발견된다. 왜냐하면 모세는 홍해를 건너가 헤브룬 계곡 가까이에 도착한 연후에야 비로소 마법의 나무들을 발견할 수 있기 때문이다. 그런데 이 계곡은 예루살렘에서 30㎞ 떨어진 곳에 위치하는 곳으로, 성경에 따르면 모세는 이곳에 간 적이 없다. 우리는 이 대목에서 확연한 비일관성을 발견할 것이다. 그러나 신화의 논리성은 우리의 합리적인 사고로는 도저히 도달할 수 없는 영역이다.
23) J. de Voragine, 『황금 전설』, *op. cit.*, LXVI, "L'Invention de la Sainte Croix".
24) 『프랑스의 나무들』에서 「서양삼나무Le Cèdre」(p. 41), 「실편백Le Cyprès」(p. 71), 그리고 「올리브나무L'Olivier」(p. 139) 편을 참조할 것.
25) 이 소논문의 정확한 제목은 *Advertissement très utile du grand proffit qui reviendrait à la chrétienté s'il se faisoit inventaire de tous les corps saints et reliques qui sont tant en Italie qu'en France, Allemaigne, Espaigne et autres royaumes et pays*(Genève, 1543)이다.
26) *Dictionnaire historique des saints*, Paris, 1964, article "Hélène".
27) *Adversus haereses*, 5, 18, 3.
28) *Catechesis*, 13, 28.
29) *Divinae Institutiones*, 4, 26, 36.
30) Rémy de Gourmont에 의한 인용, *Le Latin mystique*, Paris, 1913.
31) René Guénon의 *Le Symbolisme de la Croix*(Paris, 1931) 참조.
32) H. B. Alexander, *Le Cercle du monde*, trad. fr., Paris, 1962.
33) 7장, p. 298 볼 것.
34) *Daniel*, 4, 10~28.

35) *Isaïe*, 10, 33~34; 11, 163.
36) *Matthieu*, XXVIII, 37. Marc, XV, 43 그리고 *Luc*, XXIII, 51.
38) R. Graves, *La Déesse blanche, op. cit.*, p. 202. -John Michell, *The Earth Spirit, Its Ways, Shrines and Mysteries*, London, 1975.
39) 『프랑스의 나무들』 중 「산사나무L'Aubépine」(pp. 23~27) 편 참조.

찾아보기

1. 신, 요정, 신화 속의 인물

〔ㄱ〕

가이아Gaea 85, 94, 95, 128, 168, 169, 228, 335

고블랭Gobelins 271, 272

기이/비Guy/Vit 116

〔ㄴ〕

네메시스Némésis 25,26, 89, 209

네미Némi 26, 86, 87, 96, 208, 225

노른느Nornes 15, 25, 26, 89, 267

누마Numa 26, 52, 88, 105, 225

〔ㄷ〕

다포에네Daphoenée 232

다프네Daphné 227~232

데메테르Déméter 94, 100, 101, 180, 185, 281, 285, 320, 326

도나르-토르Donar-Thor 53, 110

드뤼아데스Dryades 100, 104, 108, 244

드뤼오페Dryopé 105, 228, 229, 242, 243

디아나Diane 86~88, 96, 217, 230

디오네Dioné 84~87, 94, 96, 138, 191, 228, 229, 236

디오니소스Dionysos 83, 85, 86, 93, 128~130, 132~139, 141, 142, 144~160, 167, 169, 173, 175, 232, 235, 236, 244, 326, 332

[ㄹ]

라돈Ladôn 98, 176, 335, 336, 338, 346

레무스Remus 52, 105, 106, 328~331

레시Lechy 272~275

레아Rhéa 29, 85, 93~95, 124, 132, 135, 138, 161, 167~169, 193, 228

레토/라토나Létô/Latone 191, 192, 228, 231, 281

로물루스Romulus 52, 105~107, 328~331, 342

로키Loki 121, 122

루살키Roussalki 273, 274

루틴Lutin 268, 270, 271, 274, 295

루페르쿠스Lupercus 52, 105

리베르Liber 133, 152

[ㅁ]

마르스Mars 105, 112, 320, 328~331, 342

마르시아스Marsyas 174~178, 181, 187

마이나데스Ménades 131, 136, 138, 139, 146, 149, 150, 157, 177, 232, 243,

278, 288

마이아Maia 82, 87, 91, 281, 285

멀린Merlin 222~226, 257, 258

메르쿠리우스Mercure 112, 240, 285

멜리세우스Melisseus 89

멜리아Mélia 29, 177, 244

멜리아데스Méliades 244

멜리아이/멜리에Méliae/Méliées 244

모에라이Moires 15, 26, 267, 276

뮈라Myrrha 179~181, 185~187, 190, 191, 226, 227

미노스Minos 22, 25, 26, 131, 132, 140, 228, 230

미미르Mimir 15, 17, 18, 20, 29

밀레토스Miletos 228~230

[ㅂ]

바우키스Baucis 238, 240, 241

바이-윌갠Baï-Ülgan 44, 48~50

바쿠스Bacchos 128, 133, 138, 146~150, 153, 157, 158, 232, 288

박칸테스Bacchantes 135, 137, 138, 149, 150, 152, 153, 157, 232

발데르Balder 20, 112, 120~123

베르툼누스Vertumne 307

베스타Vesta 91, 108, 326~330

베조비스Véjovis 91, 285

벨랑/벨레노스Belen/Belenos 220, 225

벨카노스Velkanos 91, 92

볼카누스/불카누스Volcanus/Vulcanus 91

브리지트Briggitte 51, 52, 246

[ㅅ]

사바지오스Sabazios 132, 133

사투르누스Saturne 104, 327, 332

사티로스Satyre 157, 174, 176~178, 253

세멜레Sémélé 134, 135, 137, 138, 144, 148, 167, 169

세트Seth 193~195, 203, 341

스뮈르나Smyrna 179, 186

시링크스Syrinx 176, 177, 226, 234

시페토텍Xipe Totec 35, 176

실바누스Silvanus 211, 327, 331

[ㅇ]

아그디티스Agditis 165, 166, 169~172, 203

아도니스Adonis 160, 162, 167, 179~186, 190, 192, 204, 205, 341

아드라스테이아Adrastée 25, 26, 89, 209

아레스Arès 30, 181, 185, 204, 330, 341

아르테미스Artémis 92, 141, 144, 165, 191, 229~231, 235, 332

아리아드네Ariane 139~142, 144, 172, 231, 237

아말테이아Amalthée 89

아스클레피오스Asclépios 97, 283~285, 289

아스타르테Astarté 165, 181

아이네이아스Énée 119, 120, 330, 339, 341, 342

아이아코스Eaque 98, 99

아테나Athéna 19, 22, 126, 177, 236, 317~319, 338~340, 343

아티스Attis 93, 125, 130, 160~163, 165~167, 169~173, 175, 176, 178, 185, 186, 192, 198, 199, 203~205, 234, 330

아폴론Apollon 27, 29, 79, 94, 97, 102, 149, 150, 174~178, 181, 189, 191, 227~231, 238, 242, 252, 281, 283, 332

아프로디테Aphrodite 85, 141, 179, 180~184, 191, 204, 338~342, 344

암몬Ammon 81

에게리아Égérie 26, 88, 96, 105, 225, 235

에리고네Érigoné 139~142

엘프Elfes 17, 265~268, 272, 275

오디세우스Ulysse 108, 210, 279, 281

오딘/우단Odin/Wodan 16~20, 22~25, 29, 31, 42~46, 53, 63, 65, 89, 110, 113, 120, 122, 123, 132, 142, 204, 225, 263, 269, 347, 349

오르쿠스Orcus 269

오르페우스Orphée 85, 93, 177, 178, 232, 243, 249

오시리스Osiris 192~205, 332, 341

오케아노스Okéanos 85, 228, 229, 233

우라노스Ouranos 34, 85, 94, 128, 169, 193, 228, 244, 283, 340

우르드Urd 15, 16, 23, 26, 89

유노Junon 87, 91, 119, 330

유피테르Jupiter 87, 91, 99, 101, 107, 108, 110, 149, 157, 240, 330, 331

이시스Isis 135, 192~196, 199, 201~204, 341

이아손Jason 30, 83, 337, 349

이아코스Iacchos 133, 152

익시온Ixion 86, 87, 97

〔ㅈ〕

자그레우스Zagreus 130~133, 138, 142, 151, 157, 173, 175, 260

제우스Zeus 25, 26, 28~30, 79~87, 89~99, 105, 106, 108, 110, 112, 113, 124, 126, 128~131, 133, 134, 137, 138, 144, 148, 157, 165~169, 171, 172, 179, 209, 210, 236, 241, 244, 281, 285, 318, 319, 335~340

〔ㅋ〕

카넨스Canente 104, 105

카뤼아Carya 233, 308

카르/케르Kar/Ker 235, 236, 308

카르멘타Carmenta 235, 236

칼카스Calchas 210, 327

케이론Chiron 233, 284

케크롭스Cécrops 100, 316~319

켄크레이스Cenchréis 180, 185, 191

코로니스Coronis 97, 283

코리반테스Corybantes 138

쿠르테스Courètes 92, 133, 138

퀴파리소스Cyparissos 238

크로노스Cronos 28, 29, 85, 89, 90, 94, 131, 132, 169, 193, 233, 234, 244, 256, 269, 284, 331, 340

키르케Circé 104, 279, 281

키벨레Cybèle 93, 132, 160~172, 174, 175, 185, 203

〔ㅌ〕

테세우스Thésée 26, 140, 141, 237

테이레시아스Tirésias 19, 281, 327

테이아스Théias 179~181, 187

티스베Thisbé 238, 239

[ㅍ]

파르카에Parques 15, 120, 276, 277, 280

파시파에Pasiphaé 230, 232

파우누스Faunus 52, 105, 106, 285

파이드라Phèdre 141

판Pan 52, 105, 176~178, 211, 226, 228, 234, 253~255, 258, 288

페르세포네Perséphone 96, 131, 133, 155, 179~181, 183, 186, 204, 236

펠레이아데스/플레이아데스Péléiades/Pléiades 80, 82~86, 89, 285

포모나Pomone 307

포세이돈Poséidon 28~30, 90, 94, 232, 244, 270, 317~319

포이닉스Phoenix 187~190

포이베Phébé 230, 232

포이보스Phoibos 102, 230

퓌라모스Pyrame 238, 239

퓔리스Phyllis 237

프리아포스Priape 130, 242, 332

피쿠스Picus 104~106

피튀스Pitys 234

필레몬Philémon 238, 240, 241

필뤼라Philyra 233, 234, 284

〔ㅎ〕

하데스Hadès 28, 29, 31, 90, 94, 130, 137, 232, 233, 236, 282, 283, 335, 338

하마드뤼아데스Hamadryades 101, 108, 244

하이드룬Heidrun 16, 89

헤라Héra 87, 94~98, 134, 137, 233, 237, 281, 330, 334, 335, 337~340

헤라클레스Héraclès 83, 258, 334~338, 344, 348, 349

헤르메스Hermés 87, 105, 136, 138, 177, 235, 281~285, 287~289, 332

헤스페리데스Hespérides 334~338, 344, 348

헤카테Hécate 120

헬레네Hélène 141, 142

헬리아데스 Héliades 244

헬리오스Hélios 244

호루스Horus 194~196, 199, 201, 203, 204

히아데스Hyades 83, 89, 90, 136, 138, 149

히아킨토스Hyacinthe 92, 150

2. 나무 이름

개암나무Coudrier(=Noisetier) 286

너도밤나무 Hêtre 242, 250, 256, 258, 308

담쟁이덩굴Lierre 130, 133~136, 141, 145~149, 157, 160

대추나무Jujubier 127, 243

대추야자나무Dattier 188~191, 297

마가목Sorbier 127

몰약나무Myrrhe 180, 183, 186, 190, 205, 226

무화과나무Figuier 32, 33, 40, 61~64, 66~68, 71, 74, 130, 135, 141, 156, 199, 202, 320~323, 325~333, 346

물푸레나무Frêne 14~17, 20, 21, 23, 25, 26, 28~31, 45, 48, 55, 66, 85, 88, 90, 110, 111, 177, 204, 209, 210, 212, 216, 225, 244, 247, 287, 347, 349

바오밥나무Baobab 300

밤나무Châtaignier 127, 308

배나무Poirier 127, 249, 307, 322, 339

보리수Tilleul 66, 68, 71, 233, 234, 250, 284

복숭아나무Pêcher 34, 307, 333

빵나무Arbre à pain 304, 305

뽕나무Mûrier 34, 199, 239, 240

사과나무Pommier 223, 224, 244, 249, 322~334, 336, 338, 339, 342, 344, 346, 347

산사나무Aubépine 154, 249, 309, 365, 366

서양모과나무 Néflier 127

서양삼나무Cèdre 142, 197, 198, 205, 356

석류나무Grenadier 127, 134, 160, 165, 322

세쿼이아Séquoia 302, 303

소나무Pin 135, 139, 142, 145, 156, 160, 162, 166, 172~176, 186, 198, 199, 205, 214, 215, 224, 225, 226, 234, 302, 308, 356

실편백Cyprès 238, 301, 356

아소카나무Asoka 69

아슈밧타Açvatta 62, 69~71, 73~76

오리나무Aulne 177, 265~267

올리브나무Olivier 22, 78, 126, 127, 177, 191, 213, 233, 309~312, 314~322, 333, 337, 358

용혈수Dragonnier 300, 301

월계수나무Laurier 227, 230~232, 331

은백양Peuplier blanc 92, 232, 233

이그드라실Yggdrasill 14, 16~18, 20, 23, 29, 43, 45, 48, 66, 85, 88, 89, 111, 122, 123, 204, 287, 347, 349, 353

자작나무Bouleau 44, 46~51, 53~59, 61, 70, 223, 273, 288

잣나무Pin pignon 127, 172, 173

전나무Sapin 44~46, 48, 50, 53, 130, 135, 249, 301

종려나무Palmier 180, 181, 188~191, 231, 253, 303, 321, 356, 358

종려나무-대추야자나무Palmier-Dattier 187, 188, 190

주목If 241, 247

징코 빌로바Ginkgo biloba 302

참나무Chêne 28, 79~92, 94~116, 118, 120, 122, 124, 126, 132, 144, 145, 209, 213, 218, 221, 225, 228, 229, 236, 241, 244, 245, 249, 250, 256, 257, 285, 311, 331, 337, 364, 365

코르크참나무Chêne-liège 228

팽나무Micocoulier 127

편도나무Amandier 127, 165, 237

포도나무Vigne 128~130, 135, 139, 141, 145, 146, 150, 151, 156~158, 193, 326

포플러나무Peuplier 229, 242, 244

플라타너스Platane 92, 134, 141, 142, 210, 298

피팔Pipal(=Figuier sacré) 61, 66, 68, 73

호두나무Noyer 127, 142, 235, 236, 244, 247, 250

호랑가시나무Chêne vert(=Yeuse) 107, 245

흑양Peuplier noir 96, 233

히이드나무Bruyère 194, 197

옮긴이 · 주향은

옮긴이 주향은은 1967년 광주에서 출생하여 한국외국어대학교 불어과 및 동대학원 박사 과정을 수료했다. 『문예 사조』를 통해 문단에 등단한 바 있으며, 현재 프랑스 파리 10 대학에서 중세 불문학을 공부하고 있다. 논문으로 「샹송 드 롤랑에 나타난 구어성의 시학」 「장르 이론」 등이 있다.